21世纪高职高专精品教材·秘书专业

# 秘书心理学

MISHU XINLIXUE

（第二版）

陈勇 编著

东北财经大学出版社
Dongbei University of Finance & Economics Press
大 连

图书在版编目(CIP)数据

秘书心理学 / 陈勇编著. —2版. —大连 : 东北财经大学出版社，2015.9
(21世纪高职高专精品教材 · 秘书专业)
ISBN 978-7-5654-2082-5

Ⅰ. 秘… Ⅱ. 陈… Ⅲ. 秘书-心理学-高等职业教育-教材 Ⅳ. C931.46

中国版本图书馆CIP数据核字(2015)第191013号

东北财经大学出版社出版
(大连市黑石礁尖山街217号 邮政编码 116025)
教学支持：(0411) 84710309
营 销 部：(0411) 84710711
总 编 室：(0411) 84710523
网 址：http://www.dufep.cn
读者信箱：dufep@dufe.edu.cn

大连美跃彩色印刷有限公司印刷 东北财经大学出版社发行

幅面尺寸：185mm×260mm 字数：328千字 印张：17

2015年9月第2版 2015年9月第4次印刷

责任编辑：张晓鹏 王 娟 责任校对：众 校
封面设计：张智波 版式设计：钟福建

定价：30.00元

# 第二版前言

为贯彻落实《国家中长期教育改革和发展规划纲要（2010—2020年）》和教育部关于高等职业教育工作的精神与要求，适应高职高专教育人才培养目标的需要，我们对《秘书心理学》进行了修订。

本版在内容和体系上与第一版相同，仍为12章，分为5个部分。第一部分（第1章）是秘书心理学概述，主要介绍秘书心理学的概念、研究对象、学科性质、理论体系、研究原则和研究方法；第二部分（第2～6章）是秘书个体心理的研究与个性品质的培养，内容包括秘书的角色认知、秘书的一般心理品质、秘书的情感与意志、秘书的个性心理与秘书的特殊能力；第三部分（第7～10章）是秘书社会心理的研究与社会行为的塑造，内容包括秘书的人际关系、秘书的人际交往、秘书与领导的关系与交往、秘书的公关心理与行为；第四部分（第11章）是秘书的工作激励与自我管理；第五部分（第12章）是秘书的心理卫生与健康，内容包括秘书的心理卫生、心理健康和心理保健知识。

与第一版相比，本版兼顾“理论”、“实务”、“案例”和“实训”教学与训练环节，按照“原理先行、实务跟进、案例同步、实训到位”的原则，增加了“引例”、“同步思考”、“同步案例”、“教学互动”和“知识拓展”等栏目，既丰富了教师的教学内容，也增强了学生的学习兴趣，培养了学生问题思维和主动学习的能力。本书每章之后除了有“本章小结”对本章内容进行系统性梳理之外，还增加了“主要概念”、“主要观念”和“重点实务”等内容，扩展了高等职业教育“职业学力”建构的基本内涵，强化了职业教育人才培养的目标定位。

本版对每章之后的“心理自测”做了部分调整和更新，学生可独立完成，也可在教师指导下完成。需要说明的是，自测项目大部分为心理测验，测试结果仅供参考。

本书在修订过程中参考了一些教材和资料，并引用了其中一部分研究成果，具体见书后主要参考书目，在此对原作者表示诚挚的谢意。一些引证参考资料由于疏忽或其他原因未标明出处，在此对原作者表示真诚的歉意。

由于编者水平有限，书中难免有疏漏和不当之处，敬请读者批评指正，以便在下一版中进行修改。

编著者

2015年6月

# 第一版前言

《秘书心理学》是根据教育部颁发的《高等学校教学质量和教学改革工程》、《关于加强高职高专教育人才培养工作的若干意见》以及《关于开展高职高专教学改革试点工作的意见》的指导精神，结合东北财经大学出版社“精品教材建设工程”的阶段性要求，组织编写的“21世纪高职高专精品教材”之一。

本书共有12章，分为五个部分。第一部分（第1章）是秘书心理学概述，主要介绍秘书心理学的概念、研究对象、性质、学科体系和研究方法；第二部分（第2~6章）是秘书的个体心理，主要介绍秘书的角色心理、秘书的一般心理品质、秘书的情感与意志、秘书的个性心理和秘书的特殊能力；第三部分（第7~10章）是秘书的社会心理，主要介绍秘书的人际关系与人际交往、秘书与领导的关系和秘书的公关心理与行为；第四部分（第11章）是秘书的工作与自我管理，主要介绍秘书的需要、动机、工作激励和自我管理；第五部分（第12章）是秘书的心理卫生与健康，主要介绍秘书的心理卫生、心理健康和心理保健的知识。

本书结合高职高专学生的特点，在内容和体例的设计上设置了学习目标、趣味导读、阅读资料等栏目，在每章章后设置案例分析、实践训练和心理自测。其形式多样，内容活泼，能够提高学生的学习兴趣，增强学习效果。

在编写过程中，本书参阅了大量文献资料，以丰富本书内容，在此，特别向各位作者表示谢意。本书每章后所收录的心理自测大部分为心理测验，测量结果仅供参考。

本书由辽宁商贸职业学院陈勇编著，由于学识和时间有限，加之秘书心理学还是一门年轻学科，书中可能有许多不妥之处，诚望广大读者批评指正。

**编著者**

2010年9月

# 目　　录

# 第1章

# 秘书心理学概述

## 学习目标

通过本章学习，你应该达到：

【知识目标】了解秘书心理学的概念和研究对象、学科性质和理论体系。

【能力目标】掌握秘书心理学的研究原则。

【素质目标】掌握秘书心理学的研究方法。

【引例】

**微笑的力量**

**背景与情境：**卡耐基说过，笑容能照亮所有看到它的人，像穿过乌云的太阳，带给人们温暖。他鼓励成千上万的商人花一个星期时间，每天24小时都对人微笑，然后再回来上班，谈谈自己的感受。情形如何呢？美国某大企业的秘书威廉·史坦哈便是几百人中最典型的例子，他能带给我们什么启发呢？

“我已经结婚20多年了”，史坦哈说，“在这段时间里，从我早上起来，到我要上班的时候，我很少对我太太微笑，或对她说上几句话。同样，我也是公司最闷闷不乐的人。”

“既然你要我以微笑的经验发表一段谈话，我就决定试一个星期看看。”

“现在，我上班的时候，会对大楼的电梯管理员微笑着说一声‘早安’，我以微笑跟大楼门口的警卫打招呼；当我跟地铁的出纳小姐换零钱的时候，我会对她微笑；当我站在交易所时，我对那些以前从没见过我微笑的人微笑。”

“我很快就发现，见到我微笑的人也对我报以微笑。我以一种愉悦的态度来对待那些满肚子牢骚的人。我一面听着他们发牢骚，一面微笑着，于是问题就容易解决了。我发现微笑带给我更多的收入，每天都带来更多的钞票。”

“我跟另一位秘书合用一个办公室，他是个很讨人喜欢的年轻人，我告诉他最近我所学到的为人处世哲学，他很为我所取得的成果而高兴。他接着承认说，当我最初跟他共用办公室的时候，他认为我是个闷闷不乐的人，直到最近，他才改变看法，他说我微笑的时候，看起来很慈祥。”

“我也改掉了批评他人的习惯。我现在只欣赏和赞美他人，而不是蔑视他人。我已经停止谈论我所要的，我现在试着从别人的观点来看事物，而这正在改变着我的人生。我变成一个完全不同的人，一个更快乐的人，一个更富有的人，在友谊和幸福方面很富有——这些才是真正重要的东西。”

**问题：**

1）笑容为什么有如此大的作用？

2）这个案例给了你什么启发？

如果你是一个敬业的秘书，那么请你记住，笑容就是你最好的信使，你的笑容会照亮所有看到它的人。对那些整天紧皱眉头、愁容满面的人来说，你的笑容会驱散他们心头的苦闷，尤其对那些受到领导、客户、同事压力的职场中人，一个笑容或许就能帮助他们了解周围的一切，也会给自己的工作带来意想不到的收获。

现代社会，随着工作范围的扩大，参谋职能的加强，专业化程度的提高，秘书的工作平台也日趋现代化，这给秘书工作带来更多困难和挑战。在这种形势下，秘书人员如何才能更好地承担起参谋、处事、服务的职能，同时又能身心愉悦、轻松高效地工作呢？于是，研究人的心理规律和心理现象的科学，同研究处理人的事务的科学及秘书工作实务有机地结合，便产生了心理学的分支——秘书心理学。

## ● 1.1 秘书心理学的概念、研究对象及研究意义

秘书工作是一种为领导进行综合服务的辅助性劳动，有其特定的工作内容，以及特定的活动方式和活动领域。同人类活动的其他领域一样，在秘书的活动领域内同样存在着大量的心理现象，这些心理现象不仅是一种客观存在，而且对秘书工作也产生着直接或间接的影响。

### 1.1.1 秘书心理学的概念

秘书心理学是运用心理学的观点和方法，从秘书活动的微观领域着手，研究秘书活动主体的心理现象，探讨秘书活动中各种心理现象的特点和规律的一门学科。

秘书心理学作为一门新兴的交叉学科，是心理科学与秘书事务科学的有机结合，对它的理解可以从三个方面来把握：第一，它研究和解释的是秘书活动的心理现象和规律；第二，它运用了心理学的相关原则和研究方法；第三，它的最终目的是指导秘书的实践活动。

### 1.1.2 秘书心理学的研究对象

秘书心理学的研究对象是秘书活动主体的心理现象，它包含丰富的内容。具体包括秘书人员的个性心理特征及其活动规律，秘书的情感与意志，秘书活动领域中的人际关系与行为特征，秘书的工作激励和秘书人员的心理卫生与心理健康等。

1）秘书人员的个性心理特征及其活动规律

秘书人员的个性心理特征，是以职业类型作为区分标准的，是指从事秘书工作的人与从事其他工作的人相比较，在性格上的独特之处。人的个性的形成，既受先天遗传因素的制约，又受后天环境因素的影响。在社会分工基础上所形成的职业，是影响从业者性格形成的重要因素之一。有时甚至可以说，职业对从业者性格的形成和发展具有一种规范性、强制性的作用。秘书人员的个性心理特征，显然受秘书职业的影响和规范，有别于其他从

业者的特点及其活动规律。

秘书心理学探讨秘书的基本心理品质，主要涉及到秘书的认知品质、情感意志品质和个性心理品质，这些作为秘书个体素质方面的要求，是秘书人员适应工作环境、顺利开展工作所必须具备的。

2）秘书活动领域中的人际关系与人际交往

秘书活动是一种社会性很强的公务活动。在秘书活动领域，人际关系是一种公务关系和工作关系。秘书活动领域中人们的行为也主要是一种公务行为和工作行为。秘书的交往与行为，就其主要意图来看，是为了工作。因而，秘书的交往行为与一般公众的交往行为相比较，更多地受组织纪律、角色意识的制约。

秘书心理学研究秘书的人际交往、人际关系以及与领导的关系，主要是为了使秘书人员了解和掌握一些处理人际关系的基本方法和技巧，提高处理各种人际关系的能力。秘书工作是与人打交道的工作，自觉地掌握人际交往中的各种常识，增强与人交往的能力，是每一个秘书人员都应该认真思考和解决的现实课题。

**同步思考1-1**

又是星期五。刚刚应聘来公司不久的张雪正准备收拾东西回家，公司研发部的大马进来了，说他们部有四五个人决定明后天去塞外天山洞郊游，问总裁办有没有人愿意去，费用AA制。总裁办总共有四个年轻人，其他三个几乎是异口同声地说“去”，面对这种情况，张雪应该如何处理？现在张雪有这样几种选择：①听人家说，塞外天山洞没什么意思！②我要在家复习功课（正在专升本）。③我准备明天约朋友一起逛西单。④我也去。⑤这几天有些累，我想在家歇歇。

**问题：**对于以上几种选择，你认为张雪的哪种选择比较合适，请说明理由。

**理解要点：**作为刚刚走进职场的新人，应尽量与同事打成一片，建立良好的人际关系，以便未来工作的开展。

3）秘书的工作激励

秘书工作作为一种社会职业，能够为人们所选择、所追求，说明这一职业本身具有其独特的吸引人的地方。从事任何一种职业或工作的人都有其就业动机，只有使人们真正认识到秘书职业的魅力，才能吸引更多德才兼备的人士加入到这一职业行列中来。另外，对于多数人来说，就业的目的是谋生，只有认识到这一点，才能清楚为什么有些人并不喜欢秘书工作而走上了秘书工作岗位。当然，对于多数人来说，除了谋生作为基本的就业动机外，还有许多层次不同的动机。只有充分认识到这些动机，才能采取有效的措施激励秘书人员，以调动他们的工作热情，提高工作效率。

秘书心理学研究秘书的工作激励问题，就是要探讨秘书人员的动机结构，探讨秘书人员的基本需要，寻找影响秘书人员工作积极性的因素，总结出调动秘书人员工作积极性的方法。

4）秘书人员的心理卫生与健康

秘书工作由于所处的特殊位置，要涉及到较为复杂的人际关系问题，因而可能涉及到较复杂的工作矛盾或冲突，在工作中也可能遇到许多困难和挫折。同时，由于秘书工作的特殊性质，要经常打乱作息时间和规律，这就要求秘书人员不仅要有健康的体魄和充沛的精力，还要有良好的精神状态。这些都属于秘书心理卫生的问题。现代医学认为，人的健康不仅指人的身体没有疾病，而且包括人的心理健康，即身心健康的统一。秘书人员只有身心健康，才能精力充沛，心情愉快，积极进取，进而提高工作效率。

秘书心理学研究秘书人员的心理卫生问题，主要涉及到影响秘书心理健康的因素、秘书人员的心理挫折及预防、秘书心理健康的要求、促进秘书人员心理健康的途径和方法等，为提高秘书人员的心理健康提供有益的帮助。

### 1.1.3 秘书心理学的研究意义

加强秘书心理学的研究，对提高秘书人员的心理素质、推动秘书工作的有效开展，具有十分重要的意义。

1）提高秘书人员的心理素质

秘书人员的素质，从心理学的角度，主要是心理品质问题。由政治道德、认知水平、个性气质、实际能力等要素构成的心理品质，是秘书人员素质的基础。秘书心理学研究秘书人员这个特定群体的心理现象，研究秘书心理素质在秘书活动中的地位和作用，其根本目的是提高秘书人员的心理素质。秘书心理学探讨秘书的基本心理品质，涉及到秘书的认知品质、情感意志品质、气质与性格等内容。这些作为秘书人员素质方面的要求，是一个秘书人员适应工作环境、顺利开展工作所必须具备的。秘书人员应对此全面了解，做到正确地了解自己，认识自己，提高自己。

2）推动秘书工作的有效开展

通过秘书心理学的研究，揭示秘书心理特点和行为规律，既有利于秘书人员明确秘书的角色定位，增强秘书人员对工作的适应性与匹配性，提高秘书处理各种人际关系的能力，调动秘书人员的工作积极性，加强秘书人员自身的心理调节和心理保健，同时也有利于领导充分尊重秘书工作的特殊规律，对秘书人员进行合理安排与搭配，以取得秘书工作的最佳绩效，从而推动团队工作的有效开展。

**同步案例 1-1**

**背景与情境：**王芸是东方进出口公司总经理秘书。下午两点多，江苏天成公司的朱总来电话："你是王芸吗？我是江苏天成公司的朱江，我想跟李总通电话。事情是这样的，我们委托你们公司进口的那套设备，现在压在港口，卸不下来了。给你们进出口部的人打过几次电话，他们似乎不太积极，所以，我想与李总通电话，请他给进出口部的人打个招呼。我们这里的开工典礼都筹备好了，要是设备这个星期运不到，市领导看不到东西，白跑一趟，那我们就没法交待了。"

由于华东地区前几天受台风影响，设备无法卸船，这事昨天公司进出口部已经向李总作了汇报。这是无可奈何的事，再急也没用。

"朱总，您别急，李总刚刚散会，我马上就去找他，您稍等，请别挂电话。"小芸到李总办公室汇报了朱总电话内容。

李总说："刚才进出口部的人又给我打了电话。你说这个电话我还接吗？"李总有些犹豫不决，接这个电话吧，也帮不上忙，解决不了问题，解释多了反而可能会产生误会；不接吧，多年的客户和朋友，而且还是老乡。“王芸，还是你帮我处理一下吧。”李总犹豫了一会儿后说。

“好，李总您放心吧，这事我会处理好的!”王芸非常自信地说。

“那你就看着办吧!”李总对王芸的自信很满意。

**问题：**李总为什么对王芸很满意?

**分析提示：**在有些人眼里，秘书不需要什么自信，只要理解和执行就行，因此，在大多数人眼里，秘书大多唯唯诺诺，默默无闻，没有什么个性，上司说是一，他们就不会说是二。其实在实际工作中，秘书比其他员工更需要自信，因为这是由秘书的工作特点决定的。

## ● 1.2 秘书心理学的学科性质、理论体系及与其他学科的关系

心理学是研究人的心理现象和规律的科学。心理学的原理应用于不同领域，便产生不同领域的心理学。职业心理学是应用心理学的一个分支，是心理学的原理在各种职业活动中的应用，秘书心理学是职业心理学的一种。

### 1.2.1 秘书心理学的学科性质

1）秘书心理学是一门新兴的交叉学科

与其他学科相比，秘书心理学历史较短，研究内容较新，是一门新兴学科。秘书学与心理学是秘书心理学最相关的两个学科，虽然二者作为独立的学科出现的时间并不长，但都长于秘书心理学。1879年心理学作为一门独立的学科出现，20世纪80年代现代意义上的秘书学经历了它的初创阶段，而秘书心理学到20世纪90年代才发展起来，是新兴学科之一。

秘书心理学是多门学科相互交叉发展起来的学科，它既不属于秘书学，又不属于心理学；但同时又是秘书学，又是心理学，是在秘书学与心理学的结合中发展起来的一门学科。之所以说秘书心理学不属于秘书学和心理学，是因为秘书学是以秘书活动为研究对象，其主要内容包括秘书活动的基本理论、秘书活动的职责功能、秘书活动的技术、秘书人员的知识等。而秘书心理学虽然比秘书学研究范围窄，却超越了秘书学而进入了心理学领域。同样秘书心理学也不属于心理学，因为心理学研究对象是一切人的一切心理现象，而秘书心理学只研究秘书人员在秘书活动中的心理现象和规律，秘书心理学的研究范围比心理学的研究范围窄，但超越了心理学而进入了秘书学领域。所以秘书心理学既不属于秘书学也不属于心理学。

秘书心理学是秘书学，又是心理学，是因为秘书心理学与秘书学和心理学都有着紧密的联系。在研究对象上，秘书心理学与秘书学和心理学具有一致性。秘书心理学与秘书学二者都研究秘书角色与秘书活动，都要探讨秘书活动的性质、特点、规律，只是在范围与重点上有所区别而已。秘书心理学与心理学二者都研究人的心理现象和规律，只是秘书心理学基本上局限于秘书人员和秘书活动的心理现象而已。鉴于此，有理由认为秘书心理学同时又是秘书学，又是心理学，是一门交叉学科。

【知识拓展1-1】

### 国际秘书节

提起“秘书节”，想必是个十人九不知的“冷节”，其实它的诞生也不过短短的60年。为了肯定秘书的贡献，1952年两位美国芝加哥资深秘书向美国商务部部长提议建立秘书周计划，很快获得批准。正式“秘书节”的提出是在1955年，将秘书周定在每年4月份最后一个完整的星期，而这周的星期三为秘书日。

秘书节设立的宗旨是为了表达对秘书的敬意，借节日向秘书们道声辛苦。秘书节庆祝的方式是多种多样的，没有一个法定的规定。例如这一天老板给秘书们放假，对平日辛苦工作的秘书而言，半天假，既是心理安慰，也是身心的休息、或是送一些礼物或者是鲜花来表达谢意和理解，还有的老板邀请秘书为座上客，让从来都是席间应酬的秘书成为餐桌上的主角。

这一天不但是秘书获得殊荣与奖励的时候，也是秘书们可以畅快发泄对老板不满的一天。其间的一些趣闻也颇具戏剧性。1992年，“美国平等就业妇女联盟”为了庆祝全国秘书节，根据上百名秘书的陈述，评选出当年度的“恶老板奖”得主。获得1992年度“恶老板奖”第一名的是一家食品供销中心的负责人。这个公司的黛博拉·珀金斯小姐除了担任会计工作外，还得充当活闹钟，每天早晨到办公室隔壁的公寓里把老板夫妇从床上叫醒。珀金斯小姐觉得这份工作和老板夫妇的德性使她难以忍受。“恶老板奖”第三名的得主是一名司法系统女秘书的顶头上司。他要求女秘书帮他包扎臭烘烘的脚趾头，检查嘴巴里的溃疡伤口，在女秘书办公室内修剪八字胡，把胡子渣倒在女秘书的垃圾桶内，并不准女秘书在办公室吃带有腥味的食品。

随着国际化进程的加快，秘书节也渐渐走进中国秘书们的视野和生活中。在国内，秘书节的庆祝活动最初只悄然流行在外企中，近些年来随着民间力量及相关组织的大力推广及商业行为的推波助澜，秘书节在中国也逐渐成为一种时尚，越来越多的本土企业开始为秘书们过自己的节日。

2）秘书心理学是应用学科，是应用心理学的一种

秘书心理学是在广泛借鉴其他学科研究成果的基础上形成和发展起来的一门交叉学科，虽然涉及到心理学领域的一些基本问题，但其侧重点放在具体的应用方面，即将心理学研究的理论和成果运用到秘书工作实践中去。它所研究的秘书活动中的心理现象和规律，属于秘书实践的范畴，在许多方面，对秘书实践活动的指导是直接的、现实的和实用的，带有实际应用性与可操作性的特征，是应用心理学的一种。

### 1.2.2 秘书心理学的理论体系

1）秘书心理学的理论框架

秘书的心理与行为，同样受内部心理因素和外部环境因素的制约。内部心理因素主要受个体内在特征的影响，外部环境因素主要受外在环境的影响。秘书心理与行为的产生是内部因素与外部因素协同作用的结果，秘书心理学的理论框架，也是建立在这个基础之上的（如图1-1所示）。

2）秘书心理学的研究内容

秘书心理学研究的基本内容包括两个方面：

（1）秘书的个性心理。重点研究秘书活动中秘书角色的心理现象及活动规律，如秘

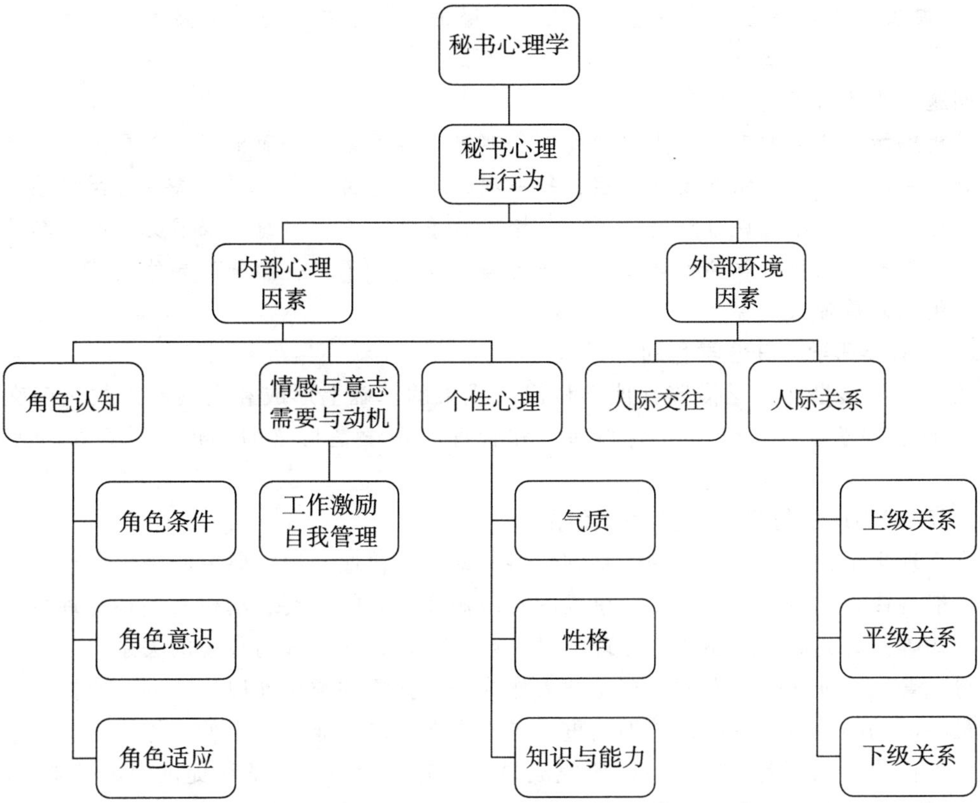


**图 1-1　秘书心理学的理论框架**

书的角色特征、个性心理、需要与动机、智能结构等。通过对这些内容的研究，可以较全面地了解秘书个性心理的每个侧面，并根据不同的心理特征采取相应的工作方式加强自我选择，为取得良好的工作绩效打下基础。

（2）秘书的人际互动。重点研究秘书人员的人际关系、人际交往、公关行为、工作激励等。通过对这些内容的研究，可以全面地了解秘书行为特点及行为方式，使秘书及秘书管理者都能正确地进行人际交往，处理好人际关系，搞好工作激励，获得最佳工作绩效。

**同步案例 1－2**

**背景与情境：**小薇是天成林集团公司总裁办秘书。为了提高工作效率，公司准备进行机构改革，先要召开一个中层以上干部的动员大会，总裁办主任让小薇起草会议通知。因为会议内容简单，小薇很快就将拟好的会议通知交给总裁办主任审阅。当主任看到“精减机构”这个词时，向小薇提出来，应改为“精简机构”。小薇不以为然地说：“这有什么啊，这年头谁还会有功夫去抠这些字眼儿，意思差不多就行了！”见小薇满不在乎的样子，主任严肃地说：“精简机构，是使人员‘精’，使机构‘减’，就如同精简内容是使内容‘精’，使文字‘减’一样，一字之差，内容就全变了。”

“好，我改！”小薇将草稿拿过来后，自言自语地嘟囔了一句“世上还有这么死心眼的人？”她没想到这句话让主任听到了。不久，她被调离了总裁办，她后悔不该骂主任“死心眼”。其实，总裁办主任并不是一个心胸狭隘的人，不是因为小薇骂了他，而是因为小薇满不在乎的态度不适合当秘书。

**问题：**小薇的遭遇说明了什么？

**分析提示：**秘书的工作是为领导处理一些日常性的杂务，而他们的领导大多是组织的高层领导人，肩负着组织发展的重担，每一项工作都意义重大，很多决策甚至关系到组织的生死存亡。他们不允许自己的手下松松垮垮、嘻嘻哈哈。因此，秘书必须有认真的工作态度，如果秘书在协助领导处理日常工作时马马虎虎，不仅会影响领导的决策质量，而且可能给组织发展带来危害。

### 1.2.3 秘书心理学与其他学科的关系

秘书心理学是在广泛借鉴其他学科研究成果的基础上形成和发展起来的一门交叉学科，普通心理学、秘书学、社会心理学和管理心理学是与秘书心理学关系最为密切的学科。

1）秘书心理学与普通心理学的关系

在心理学中，普通心理学处于基础学科的地位。普通心理学研究心理现象产生和发展的最一般规律，如感知觉、记忆、思维的一般规律，人的需要、动机及各种心理特性最一般的规律等。普通心理学还研究心理学最一般的理论，如心理与环境的关系，心理与脑的关系等。普通心理学研究人的心理是把人作为一个抽象的类属加以研究的，它探讨人这个类属最一般的心理活动特点，并不注重于考察人在不同职业活动中的具体心理反应。普通心理学的内容概括了各分支学科的研究成果，同时又为各分支学科提供理论基础。因此，普通心理学的原理具有最广泛的应用性，但它往往又缺乏对在某些具体活动中的人的心理进行分析的针对性。秘书心理学利用普通心理学所提供的最一般的原理和方法去分析解释在秘书活动这个特殊领域的心理现象，秘书心理学的研究限定在秘书活动这个特定的领域。因此可以说，普通心理学是心理学科体系的主干，秘书心理学是心理学科体系的一个分支。

2）秘书心理学与秘书学的关系

秘书学是研究秘书活动的性质、特点和规律的科学。它主要从秘书工作的内容来揭示秘书活动的特性，涉及秘书各项工作的业务内容。秘书心理学的研究内容涉及秘书活动，但并不涉及秘书的具体工作。秘书心理学承接了秘书学所开拓的许多领域，但并不重复秘书学的研究内容，而是站在心理学的角度去挖掘秘书活动的深层结构——研究秘书人员的心理品质，秘书工作对秘书人员的心理影响，揭示秘书活动的心理动力及由此产生的各种心理现象和规律。因此可以说，秘书学是表层的工作研究，秘书心理学是深层的心理探讨。

3）秘书心理学与社会心理学的关系

社会心理学是系统研究社会心理与社会行为的科学，探讨人们在社会活动过程中的心理规律。它研究群体中的社会心理现象，如社会情绪，社会交往与人际关系，群体规范与群体凝聚力，社会助长与社会惰化，以及人格的社会心理学问题，如人格倾向性，人格的自我评价、自尊和自重。社会心理学的应用范围很广，它的研究有助于解决生产管理和劳动的科学组织，群众性的信息沟通与宣传等。秘书心理学借鉴引用社会心理学的研究成果和方法，并将这些成果和方法具体应用到秘书活动领域，特别是涉及到秘书的人际交往、人际关系内容时，较多地借鉴和引用了社会心理学的研究成果和方法。虽然社会心理学研究的是群体心理中共性的东西，秘书心理学研究的是特殊性的东西，即以秘书活动领域为特定的研究背景，来探讨秘书人员社会互动的特点和规律，但不可否认的是，社会心理学的研究成果和方法为秘书心理学的研究提供了理论基础，因此可以说，秘书心理学与社会心理学是具体运用与概括研究的关系。

**同步思考 1-2**

**问题：**秘书如何区分“清高”和“清高心理”？

**理解要点：**“清高”是褒义词，原指人品德高尚，不肯同流合污。但在现实生活中，一些秘书，尤其是领导看重的秘书，则误解了清高的内涵，错把对组织其他员工的冷淡与藐视当作是清高，看到其他员工便眼睛向上，摆出一副盛气凌人的架势。秘书人员一旦有了这种“清高”的心理障碍，在人际交往中轻则使人敬而远之，重则使自己孤立无援，工作难以开展。

4）秘书心理学与管理心理学的关系

管理心理学是研究在各种管理活动中人的心理活动规律的科学。它研究的内容主要包括管理活动中个体、群体、组织和领导过程中具体的心理活动和规律，但主要探讨的是如何调动人的积极性的问题。秘书心理学中涉及秘书人员的工作激励，提高秘书人员的工作效率，就必须调动秘书人员的工作积极性，因此需要借助管理心理学的研究成果和方法，对秘书人员的需要和动机进行研究。因此可以说，秘书心理学与管理心理学是被指导和指导，被借鉴和借鉴的关系。

## 1.3　秘书心理学的研究原则和方法

秘书心理学的研究对象是秘书活动中的心理现象，人的心理现象是非常复杂的，因此，在秘书心理学的研究过程中，要遵循一些基本原则，并综合运用多种研究手段和方法。

### 1.3.1　秘书心理学的研究原则

秘书心理学的研究应以唯物辩证法为指导，在研究过程中要遵循以下原则：

1）客观性原则

客观性原则即实事求是原则，是一切科学研究的基本原则。所谓客观性就是要尊重客观事实，按照客观事物的本来面目去认识事物，不能主观臆断。秘书心理学中坚持客观性原则，就是不能把秘书心理学的客观规律当作脱离现实的抽象理论，想当然地进行推理。在研究过程中，对实验结果和测量数据不能任意改动，要如实地总结秘书心理现象和规律。坚持客观性原则是秘书心理学研究真实性的保证。

2）实践性原则

实践性原则即理论联系实际原则。秘书心理学是实践性较强的应用心理学，因此研究秘书心理学必须立足于秘书人员的社会实践活动，必须从秘书人员的工作实践中去考察、分析、总结秘书人员的心理活动规律。坚持实践性原则，不仅在于要揭示秘书工作实践中出现的各种心理现象，同时还应该自觉地运用这些规律去指导秘书工作的实践，将理论与实践相结合。坚持实践性原则是秘书心理学科建立的关键所在。

3）系统性原则

系统性原则即普遍联系的原则。一方面，人的心理活动并不是一个封闭系统，它的发生发展与外部刺激、个体状态及反映活动过程是紧密相联的；另一方面，秘书人员总是要处在一个特殊的环境（活动）系统之中，秘书人员的心理活动变化将受到来自所处系统中各种因素的影响和制约，所以秘书心理学的研究必须坚持系统性原则。一方面要研究秘书心理活动变化的内在规律，另一方面还要把握秘书参与外界活动，接受外界刺激的特点。只有坚持系统性原则，才能在各种因素的相互联系中揭示秘书心理活动的规律。

4）发展性原则

发展性原则即动态性原则。任何心理现象的产生都有其情境性，都是由特定的刺激引起的。当外界环境变化了，刺激的方式变化了，人的心理活动必然发生变化。所以，坚持发展性原则，就是以动态的观点、发展的眼光去探讨秘书心理活动变化的规律，把秘书的心理活动看作是随着时间、地点、条件的变化而变化发展的。只有坚持发展性原则，才能不断完善和发展秘书心理学理论。

### 1.3.2 秘书心理学的研究方法

秘书心理学是一门实践性较强的应用性学科，它的研究对象是有思想、有感情的人，这就决定了它的研究方法有其自身的特点，既有多样性和综合性的特点，又有研究的客观性和研究者的主观能动性。秘书心理学的具体研究方法主要有以下几种：

1）观察法

观察法是心理学、社会学研究中最常用的、最简单的方法。它是在日常不进行人工干预的自然情境下，研究者有目的、有计划地直接观察、记录个体的行为表现，分析并推测被观察者内心的心理活动和行为规律的研究方法。

人的心理活动是内在的，具有内隐性，严格说来是无法直接观察到的，只能通过观察人的行为反应状态和特征来推断人的心理特征。研究秘书的心理活动，主要是考察秘书这个特定社会角色的心理活动。因此利用观察法进行研究时，只考察秘书作为角色活动时的心理现象，而不是考察秘书角色以外的所有的心理活动。

观察法的优点是简便易行，所观察的对象呈现和表露的是自然而真实的心理和行为，缺点是容易陷入片面性和主观主义。因此，运用观察法有两点必须注意，一是要坚持长期观察，二是要注意选取重点。

2）调查法

调查法是研究者根据研究需要，运用一定的手段，对特定的人群进行调查，以确定其心理活动和行为规律的方法。调查法也是应用非常广泛的一种研究方法，根据获取资料的不同方式，调查法又可分为谈话法、问卷法、资料阅读法等。

（1）谈话法。它就是研究者在调查中通过面对面的谈话，以口头沟通的途径直接了解研究对象的心理状态的一种方法。谈话法简单易行，便于迅速获得第一手资料，因而使用范围较广，但由于研究对象的心理特征必须从谈话内容中去寻找，所以也有较大的局限性。

（2）问卷法。它就是用内容明确、表达清楚的问卷，让研究对象根据个人情况自行提供答案的研究方法。问卷法常用的形式有问答式、选择式和等级排列式等。问卷法的优点是可以在较短的时间内迅速获得广泛的资料，结果明确，方法简单，易于掌握。缺点是可行程度较低，也难以将其结果直接与研究对象的实际行为直接进行比较。

（3）资料阅读法。它就是收集各种已成文的书面材料，进行分类归纳整理，从而进行研究。资料阅读法要求必须占有大量的资料，这样才能在众多的资料中进行提取加工，如果占有的资料较少，难以得出真实的结论。

3）心理测量法

心理测量法是根据预先制定的标准化量表或精密的测量仪器对人的心理品质进行测量，以评定和了解被测量者心理特点的方法。如性格测试、智力测试、态度测验、人际关系测验等。使用标准化的测量工具，要注意信度和效度两个基本要素。信度是指测验本身的可信性，效度是指测验本身的有效性。通常各种量表的信度系数必须达到或超过0.80，效度系数必须达到或超过0.60。

4）实验法

实验法是研究者有目的地通过严格控制或创设的条件，主动地引起被试者的行为变化，从而揭示其心理规律的方法。实验法一般分实验室实验法和自然实验法两种。

（1）实验室实验法。它是借助专门的实验设备，在对实验条件严加控制的情况下进行的，这种方法有助于发现事件的因果联系，并允许对实验的结果反复验证。缺点是由于严格控制实验条件，使实验情境带有极大的人为性质，有可能干扰实验结果的客观性，并影响到将实验成果应用于日常生活中。

（2）自然实验法。它也叫现场实验，在某种程度上克服了实验室实验的缺点。自然实验法虽然也对实验条件进行控制，但它是在日常情境中进行的，因此，其结果比较符合实际。缺点是由于条件控制的不够严格，难以得到精确的实验结果。

## 本章小结

秘书心理学是运用心理学的观点和方法，从秘书活动的微观领域着手，研究秘书活动主体的心理现象，探讨秘书活动中各种心理现象的特点和规律的一门学科。秘书心理学是一门新兴的交叉学科，也是应用学科，是应用心理学的一种。

秘书心理学主要研究对象包括秘书人员的个性心理特征及其活动规律，秘书活动领域中的人际关系与行为特征，秘书人员的工作激励和秘书人员的心理卫生与健康。秘书心理学的研究内容主要包括秘书心理与行为的一般规律，秘书的情感与意志，秘书的个性心理和秘书的人际互动等。研究与学习秘书心理学的主要目的和意义在于提高秘书人员的心理素质，推动秘书工作的有效开展。

与秘书心理学密切相关的学科主要有普通心理学、秘书学、社会心理学、管理心理学等。在学科关系上，普通心理学是心理学科体系的主干，秘书心理学是心理学科体系的一个分支；秘书学是表层的工作研究，秘书心理学是深层的心理探讨；秘书心理学与社会心理学是具体运用与概括研究的关系；秘书心理学与管理心理学则是被指导和指导、被借鉴和借鉴关系。

秘书心理学的研究要坚持客观性原则、实践性原则、系统性原则和发展性原则。秘书心理学的主要研究方法有观察法、调查法、心理测量法和实验法。

## 主要概念和观念

### □ 主要概念

秘书心理学　观察法　实验法　访谈法

## 知识掌握

1.1　秘书心理学的概念是什么？

1.2　秘书心理学的研究对象有哪些？

1.3　如何理解秘书心理学的学科性质？

1.4　如何理解秘书心理学的学科体系？

1.5　秘书心理学的研究原则有哪些？

1.6　秘书心理学的研究方法有哪些？

## 知识应用

### □ 案例分析

#### 三个秘书

一家公司的总裁手下有三个秘书（分别以甲、乙、丙称呼）。

有一天，总裁要秘书甲通知公司全体经理第二天下午开会。甲很快就联系好了公司各经理，半小时后，秘书甲回复："总裁，已经通知好了。" 总裁随口答到："哦，知道了！"总裁心想：不错，办事很快，有效率！

第二天，会议准时召开，可是有五位经理缺席，会后查明原因：其中，有两位经理忘了开会事宜，另有两位有事不能到会，还有一位经理表示没有收到开会通知。

这时，总裁心中有些不快，问秘书甲："怎么有经理没有收到开会通知呢？"

"不可能啊！我都通知了，我打电话过去有人接听啊！您看，不是有两位经理说是自己忘了嘛……" 秘书甲说。

说没收到开会通知的经理说："不可能，我当时根本不在公司……"

最终，辩不出个结果来，事情也就慢慢过去了……

过了一段时间，总裁又要召开公司全体经理会议，这次他安排秘书乙去通知……

第一天秘书没有回复总裁，到了第二天早上，秘书也没有给总裁一个回复，总裁很好奇，但没有去追问……到了下午开会前，秘书乙终于给回复说："总裁，除了一位经理有事不能来参加会议，其他经理已经通知到了，并将准时出席会议。"

总裁："那你怎么到现在才跟我说呢？"

秘书乙："我昨天通知告诉了各位经理，这次会议很重要，希望都能参加，其中有两位经理说，今天可能有事不能来。我告诉他们，在今天下午，我会再和他们确认。现在，其中一位经理已经办完事了，可以到会，仍有一位经理有事不能到会，因为还没有确认到会人数，所以我没有给您回复……"

总裁这时心里才有些释然，心想：不错，看来做事很认真……

又过了一段时间，总裁再一次召开公司全体经理会议，这次他让秘书丙去通知……

结果到第二天开会前，秘书丙也没有给总裁一个回复，甚至在开会时，总裁也没有见到秘书丙……

各部门经理都准时参加了会议，会后，总裁问各部门经理："是谁通知你们开会的啊？"

"秘书丙啊！"

"她现在帮我去办事去了，我今天原本是有事的，来不及开会，但丙告诉我，这个会议很重要，她帮我去办事，让我来先参加这个会……"其中一位经理说道。

"是啊！她也是这样跟我们说的啊！"其他经理附和道。

总裁听后点了点头，什么也没说……

事后，秘书乙对秘书甲说："这次丙惨了……"

甲说："谁让她傻啊！通知到了就可以了，经理来不来，管得着吗？还去帮经理做事，管那闲事干嘛……"

一个月以后，公司精简人员，秘书甲和秘书乙被辞退，秘书丙被留用……

**问题：**

1）秘书甲和秘书乙为什么被辞退，秘书丙却被留用？

2）你如何评价秘书丙的行为？试对这三个秘书的心理与行为进行分析。

□ 实践训练

根据以上案例，分组讨论，如果你遇到这种情况，你会怎么做？说明理由。

## 心理自测

### 你是否适合做秘书

从心理学来讲，选择一个适合自己的职业，要涉及到性格、气质、兴趣、能力、教育状况等许多方面。那么，以下两组20道题，只要在题后回答"是"或"否"，就可以帮你出个好主意。

| 序号 | | 测试项目 | 选项 | |
|---|---|---|---|---|
| | | | 是 | 否 |
| 第一组 | 1 | 就我的性格来说，我喜欢同年轻人而不是同年龄大的人在一起 | | |
| | 2 | 我心目中的另一半应具有与众不同的见解和活跃的思想 | | |
| | 3 | 对于别人求助我的事情，总乐意帮助解决 | | |
| | 4 | 我做事情考虑较多的是速度和数量而不在精雕细琢上下工夫 | | |
| | 5 | 总之，我喜欢新鲜这个概念，例如新环境、新旅游点、新朋友等 | | |
| | 6 | 我讨厌寂寞，希望与大家在一起 | | |
| | 7 | 我读书的时候就喜欢语文课 | | |
| | 8 | 我喜欢改变某些生活惯例，以使自己有一些充裕的时间 | | |
| | 9 | 不喜欢那些零散、琐碎的事情 | | |
| | 10 | 我进入招聘职员经理室，经理抬头瞅了我一眼，说声请坐，然后就埋头阅读他的文件不再理我，可我一看旁边并没有座位，这时我没站在那里等，而是悄悄搬来个椅子坐下等经理说话 | | |
| 第二组 | 1 | 我读书的时候很喜欢数学课 | | |
| | 2 | 看了一场电影、戏剧后，喜欢独自思考其内容，而不喜欢与人一起谈论 | | |
| | 3 | 我书写整齐清楚，很少写错别字 | | |
| | 4 | 不喜欢读长篇小说，喜欢读议论文、笑话或散文 | | |
| | 5 | 业余时间我爱做智力测验、智力游戏一类题目 | | |
| | 6 | 墙上的画挂歪了，我看着不舒服，总想将它扶正 | | |
| | 7 | 收录机、电视机出了故障，喜欢自己动手摆弄、修理 | | |
| | 8 | 做事情愿做得精益求精 | | |
| | 9 | 我对服装的评价是看它的设计而不大关心是否流行 | | |
| | 10 | 我对经济开支能控制，很少有“月初松月底空”的现象 | | |

测试说明：

1. 共20题，前10题为一组，后10题为二组；

2. 从第一题起依次划出“是”与“否”的答案，然后算出两组各有几个“是”；

3. 比较两组答案：第一组中答“是”比第二组多为A；第二组中答“是”比第一组多为B；如果两组回答“是”相等为C。

评析：

| 得分结果 | 测试结果评析 |
|---|---|
| A | 你最大长处是思想活跃，善于与人交往。你喜欢让别人去实现自己的想法，或者与大家共同去实现，适合你的职业是记者、演员、导游、推销员、采购员、服务员、节目主持人、人事干部、广告宣传人员等 |
| B | 你具有能忍耐、谨慎、刻苦钻研的品质，是个稳重的人。适宜选择编辑、律师、医生、技术人员、工程师、会计师、科学工作者等职业 |
| C | 你具备A、B两类型人的长处，不仅能独立思考，也能维持、处理良好的人际关系。供你选择的职业包括教师、教练、护士、秘书、美容师、理发师、公务员、心理咨询员、各类管理人员等 |

（注：本测试结果仅供参考）

# 第2章 秘书的角色认知

## 学习目标

通过本章学习，你应该达到：

【职业知识】了解社会角色的概念、类型，秘书工作的性质、特点，秘书的自然生理条件和文化知识条件，秘书常见的错误角色知觉。

【职业能力】掌握秘书的角色特征和秘书在常规工作中的心理特征。

【职业素质】正确的理解秘书角色，掌握秘书角色意识培养的内容。

【引例】

**辞职的李冰**

**背景与情境**：张经理手下曾经有个秘书叫李冰，人很聪明能干，替张经理处理过几件棘手的事情，深受张经理所赏识，小李因此就有些得意忘形。

某天下班后，原本很好的艳阳天一下子就变了脸。看着大雨即将来临，张经理因为有个重要的应酬，一时半会儿回不去，再加上又没人在家，很担心家里阳台上晾晒的衣服，就关照小李，要她去家里帮忙收拾一下。没想到李冰脸上马上晴转多云，很委屈地说了句："老板，我是你的秘书！"言下之意，似乎埋怨张经理没把她当回事。李冰这么一说，张经理有些不知所措，幸好司机在旁边主动打圆场："老板，这事我去办，你放心！"

还有一次，有重要客户来访，临下班时，张经理告诉李冰，让她预订饭店的餐位，并要她陪同自己招待客人。没想到李冰的语气有些酸酸的："啊，又让我当'三陪'啊，今晚我家里有事呢！"当着客人的面这样任性，一点儿也不顾及老板的面子，张经理真想发作。

八小时之外的放肆也就算了，可工作中李冰也常常做出让张经理头痛的事。一天，小李上机场接人，走得匆忙，连自己桌上的文件资料都没有收拾起来，张经理正好从她桌边路过，看着满桌摊着公司财务报表，这么机密的文件就这样暴露在大庭广众之下！张经理立刻拨通了李冰的手机。

"你在哪里？"张经理问。

"快到机场了。"李冰回答。

"你知道闯祸了吗？"张经理强压怒火。

“啊，什么？”李冰先是困惑，但立刻醒悟过来，“桌上的文件还没收拾起来，老板，麻烦你帮我收拾一下。”

“到底谁给谁当秘书？”

“哦，我知道，谢谢您噢！”

居功自傲、恃宠生骄，也是张经理太宽容与放纵李冰的结果。虽然李冰曾经有功，但几件这样不大不小的事情的发生，张经理对她的看法已大打折扣，从此之后对李冰就是冷处理，再也没有好心情待她。李冰自己也明白，但改起来很难。她觉得尴尬，张经理也觉得别扭。后来，李冰呆不下去了，正好有别的公司请她过去，她向张经理辞职，张经理也就顺水推舟，同意了李冰的请求。

**问题：**

1）秘书李冰的言行有何不妥？

2）作为秘书该如何帮上司处理私事？

秘书工作多由女性来担任，有些女秘书不知是由于自己天生特有的性格特点还是因为从小娇生惯养的原因，不时要撒娇耍赖，甚至和领导抢白几句，如果秘书始终是这样的表现，肯定不会受欢迎。还有些秘书常常以为自己是上司最为倚重的人，地位很高，不肯屈尊，更不屑于做些陪衬与伺候的工作。照顾领导本来就是秘书的本分，聪明的秘书会正确地认知和理解自己的角色，不介意为领导做分外的琐事，而且会欣然去做，无微不至。

## ● 2.1　社会角色理论

“角色”又称为“脚色”，本是戏剧中的名词，指演员扮演的剧中人物。20世纪20至30年代，乔治·米德将其引入社会学研究中，但对这一概念未作明确界定，米德使用此概念旨在说明在人们交往中可以预见的互动行为模式以及说明个人与社会关系。角色理论的另一个重要代表人物是拉尔夫·林顿，他认为角色是在任何特定场合作为文化构成部分提供给行为者的一组规范。他区分了角色与地位，认为当地位所代表的权利与义务发生效果时即为角色扮演。在社会这个大舞台上，也正像戏剧舞台一样，需要不同的人物，完成不同的活动，所以，在任何一个社会的不同岗位上，都需要各种不同的人物，以完成社会成员所期望的行为。这些各种各样的人物，便成为不同的社会角色。秘书是成千上万个社会角色中的一种。

在社会生活中，每个人都拥有一定的社会地位，都与他所处的社会有着千丝万缕的联系，每天都与周围的人发生着各种不同的交往关系。

### 2.1.1　社会角色的概念

对于社会角色的定义，人们有着不同的理解和界定。但如果给社会角色下一个最一般的定义，可以认为，社会角色是指与人们的某种社会地位、身份相一致的一整套权利、义务的规范与行为模式，它是人们对具有特定身份的人的行为期望，它构成社会群体或组织的基础。具体说，它包括四个方面的含义：

1）角色是社会地位的外在表现

社会地位是人们在社会关系中所处的位置。人的社会关系是多方面的，因而人的社会地位也是多方面的。但是，无论怎样复杂，社会地位总要通过社会角色表现出来，社会角色是社会地位外在的、动态的表现形式，而社会地位则是社会角色的内在依据。

2）角色是人们的一整套权利、义务的规范和行为模式

任何一种社会角色总是与一系列的行为模式相联系的。首先是一系列的权利，即这种角色有权要求别人进行某种活动，其次是一系列的义务，即别人有权要求这个角色进行某些或表现出某种行为。所有角色无不具有特殊的权利与义务，长期的社会生活使各种角色形成了一整套各具特色的行为模式，这就要求承担特定角色的人学会特定的待人处世方法。

3）角色是人们对处在特定社会地位上的人们行为的期待

社会角色总是要与一定的行为模式相联系，如教师要为人师表，医生要救死扶伤。当人们知道某人处在某种地位上时，便期望他具备一套与此地位相一致的行为模式——角色。当然，并不是每个处在特定地位上的人都能具备该地位应有的角色行为，如教师中总会有些人不能为人师表，医生也并不总是救死扶伤。在这种情况下，他们不能完成本职工作，因而，人们就认为他们承担的角色是不称职的。

4）角色是社会群体或社会组织的基础

社会群体或社会组织是人与人之间形成的一种特定的社会关系，而这种社会关系网络就是由社会角色编织而成的。如由夫妻、父母、子女等角色组成的群体，称之为家庭；由学生、教师、教学管理人员等角色组成的群体，称之为学校。

### 2.1.2 社会角色的类型

1）先赋角色与自致角色

这是从人们获得角色的方式上所做的区分。

（1）先赋角色。它也称归属角色，指建立在血缘、遗传等先天的或生理因素基础上的社会角色。如一个人从一出生就被赋予了种族、民族、家庭出身、性别等角色。先赋角色地位则是一种社会规定性地位，反映的是社会角色所普遍具有的一种角色共性，如秘书的从属性地位。

（2）自致角色。它也称自获角色或成就角色，指主要是通过个人的活动与努力而获得的社会角色。自致角色是个人活动的结果，如一个人取得了冠军的称号，与他的努力是分不开的，而另一个人堕落为罪犯，也是由他的犯罪行为所致。

当然，先赋角色与自致角色的区分是相对的，而不是绝对的。自致角色的获得也与人们的一些主客观条件有关。毫无疑问，秘书是自致角色。没有人生下来就是秘书，要成为一个优秀的秘书，需要付出很大的努力。

**同步思考2-1**

**问题：**秘书是先赋角色还是自致角色？

**理解要点：**当然是自致角色，没有人天生是秘书。秘书角色也需要努力才能获得。

2）自觉角色与不自觉角色

这是根据人们承担社会角色时的心理状态所做的区分。

（1）自觉角色。它指人们在承担某种角色时，明确意识到了自己正担负着一定的权利、义务，意识到周围的人都是自己所扮演角色的观众，因而努力用自己的行为去感染周

围的观众。自觉角色是每个人在生活中都经常体验到的。一般情况下，自觉角色的出现与下列因素在关。首先，一个人刚充当某一角色时往往容易表现为自觉角色；其次，在有他人在场或他人对此角色提出了明确希望的条件下，容易出现自觉角色；再次，特定的环境与任务常容易使人表现出自觉角色；最后，经常的自我提醒也是实现自觉角色的重要条件。

（2）不自觉角色。它指人们在承担某一角色时，并没有意识到自己正充当这一角色，而只是按习惯性行为去做。一般说来，形成自觉角色的原因不存在时，如一个人长期充当某一角色，没有他人在场，没有特定的环境与任务，及没能经常的自我提醒的情况下，人们往往容易表现为不自觉角色。

这里所谓的自觉与不自觉，仅就心理状态而言，即角色扮演者是否明确意识到自己正充当某一角色，而与“觉悟”、“道德”无关。究竟是自觉角色好还是不自觉角色好，并不能一概而论，两类角色各有优缺点。自觉角色能使人更好地遵守这一角色的行为规范，但是，人们如果总是考虑自己的特定角色，就容易出现做作、不真实或畏首畏尾的现象。不自觉角色虽然具有容易使人散漫、有时甚至偏离角色行为的缺点，但是，一个人在长期的、严格的职业化训练后，他所担当的角色规范已经融入他的每一项行动中，尽管他没有经常感到自己在扮演的角色，却能出色地表现这一角色，这是一种比较理想的不自觉角色。

作为职业角色，秘书在职务活动中应该时时处处表现为自觉角色，对自己的行为有清醒的认识。

3）规定性角色与开放性角色

这是从社会角色规范化的程度上所做的区分。

（1）规定性角色。它指有比较严格和明确规定的角色，即对此种角色的权利与义务、应当做什么、不应当做什么都有明确的规定。属于这类角色有教师、警察、法官等。人们在充当此类角色时，其行为受到较大的限制。

（2）开放性角色。它指那些没有严格、明确规定的社会角色。这类角色的承担者可以根据自己对角色的理解和社会对角色的期望而从事活动。如父母、夫妻、朋友、同学等大量日常生活中的角色都是开放性的，人们在扮演这类角色时，有很大的选择余地。

通常作为职业角色而言，都有明确的角色规范。秘书作为一种职业角色，属于规定性角色。

**同步思考 2-2**

**问题：**秘书是否一定要做规定性角色？

**理解要点：**一般情况下，秘书人员有着严格的职业规范，是必须遵守的，但秘书人员在无规范可遵循的情况下，也可以发挥自己的创造性和主动性。

4）表现性角色与功利性角色

这是从社会角色所追求的目标上做的区分。

（1）表现性角色。它指不是以获得经济上的效益或报酬为目的，而是以表现社会制度与秩序，表现社会行为规范、价值观念、思想道德为目的的社会角色，如学者、警察等。

表现性角色的行为维护着社会的道德，人们之所以履行角色要求，主要是出于一种责任感、义务感，而不是着眼于报酬。

（2）功利性角色。它指那些以追求效益和实际利益为目标的社会角色。这种角色的价值在于实际利益的获得，如商人、企业家等各种从事生产性、经营性活动，以营利为目的的社会角色。一个人处在功利性角色位置上，并不一定排斥其他角色。当然，功利性角色和表现性角色的区分也是相对的。

### 2.1.3 角色期望与角色领悟

1）角色期望

人们在承担某一种社会角色时，首先遇到的就是社会或他人对于这一角色的期望。这好比戏剧、电影的剧本或导演对某一角色行为的限制一样。无论是承担父母、子女等家庭角色，还是承担领导、秘书等职业角色，哪怕只承担一些微不足道的角色，都会感到对这个角色的限制和要求，这也是个体承担社会角色的第一阶段。一般而言，人们为了更好地承担角色，会尽力了解社会或他人对这一角色的要求与期望。

角色期望是他人（或社会公众）和自己提出的符合自己身份或某种特定角色要求的希望，角色期望是社会角色获得的驱动力。角色期望可分为社会期望和自我期望两种。

（1）社会期望。一般来说，社会对每个人都有所期望，即都希望他成为什么样的人。这种期望是每个人获得特定角色的驱动力，被期望者往往会按照一定的社会要求，努力成为社会所希望的角色。

（2）自我期望。它是角色自己提出的符合自己身份或成为某一特定角色的希望，自我期望也是获得社会角色的有效手段之一。一个人期望自己将来成为秘书这一职业角色，就会按照秘书的条件去要求自己，做好知识、专业、学历、技能各方面的准备工作，以便获得秘书这一职业角色。

社会期望只有内化为自我期望后，才能保证角色期望的实现。

2）角色领悟

社会或他人对角色的期望是一种外在的社会力量，它还不是角色承担者自己的想法。人们对角色的扮演虽然受到社会期望的影响，但在更大的程度上是个体本身对角色的认识、理解，即角色领悟的结果。由于每个人的思想基础、道德水平、价值观念以及所处的环境不同，因而对同一角色的理解常有差别，甚至很不相同。

角色期望反映的社会上多数人的看法，一般不会有太大的差别。角色领导反映的是个人的看法，因而总是各不相同，正是这种不同形成了社会上千差万别的角色。

### 2.1.4 角色学习与角色实践

1）角色学习

角色学习一般包括两个方面，一是学习角色的权利与义务，二是学习角色的态度与情感。任何一种社会角色都有与之相对应的权利、义务规定和态度、情感的要求。权利与义务是对角色外在的规定，态度与情感是对角色内在的要求。一个合格的角色，必须了解和履行该角色所规定的权利和义务，并具备相应的态度和情感。角色学习，一般可分为三个阶段：

（1）权利义务学习阶段。对有关权利与义务进行了解，并通过家庭、学校的教育和影响，了解作为一定社会角色应该做些什么，怎样做才好。

（2）角色移情阶段。角色扮演者将情感移入角色中，和角色情感融为一体，扮演者成为角色本身。

（3）角色行为阶段。这一阶段也叫角色实践阶段，角色扮演者完全按照角色要求去行事，以角色的面目出现在社会公众面前。角色扮演者不仅要完全履行角色的权利与义务，在态度和情感上也与角色完全一致。

2）角色实践

角色实践是在角色领悟和角色学习基础上的进一步发展，是个人在实际行动中表现出来的角色行为。在很多情况下，对角色领悟与角色实践是一致的，但有些情况下，实践与领悟并不完全一致。因为，角色实践除了受角色领悟的指导外，还受到当时主观、客观条件的限制，使角色实践不能完全按照领悟的那样去做。

人们在实践角色的过程中常常会做出“角色建设”。所谓角色建设是指人们在实践角色时，遇到了意想不到的困难、挫折或新情况，这样，角色的扮演者不得不随机应变地创造出一些过去为这一角色所不具有的行为规范。

### 2.1.5 角色行为与角色规范

1）角色行为

角色行为是被社会或公众认可的某一角色适宜的行动方式。不同的社会和团体，对其成员的行为有其特殊的期望和要求，而不同社会角色都必须按照这种期望和要求去行动。

不同的社会角色，由于所面对的期望和要求不同，使得角色不仅在思想情感方面有别，在行为方式上也各有特点。人们也往往按照其行为特点去判定他扮演何种角色。

2）角色规范

社会对其成员的行为有着一整套模式和规定，这些模式和规定就构成角色规范。角色规范是评价角色行为的重要标准，具有两种形态。

（1）显性规范。显性规范是政策性、条文化的角色规范，它对角色的行为具有明显的强制性，角色行为一旦违反了这一规范，就会受到相应的惩罚。

（2）隐性规范。隐性规范没有明文规定，但实际上又影响着人们行为，它主要表现为习俗、传统、惯例等形式。它对角色行为的影响有时比强制性的显性规范更有力、更深刻。

显性规范和隐性规范虽各有侧重，但二者常常相互影响，相互渗透，并形成合力影响社会角色的行为。而且，显性规范的变革也会导隐性规范的变化，隐性规范在一定程度上影响着显性规范的制定和执行，并对显性规范起着调整补充作用。

**同步案例2-1**

**背景与情境：**王月很有能力，她在一家广告创意公司工作，担任公司总经理的秘书。她平时在公司里上上下下的关系都打理的不错，而且还很有才气，工作之余经常做一些策划。有一次，她组织几个员工策划出来的创意为公司带来了巨大的收益和后续业务，总经理也对她赞不绝口。她感到十分荣耀，逢人便提自己在这个创意中的努力与成就，同事们当然也向她表示祝贺。但过了个把月，她失去了往日的笑容，因为她发现同事，包括上司，似乎都在有意无意地回避她，甚至和她过不去。

**问题：**王月为什么会遇到这种结局？

**分析提示：**原因很简单，王月犯了“独享荣誉”的错误，也就是通常说的“吃独食”。作为主创人员的她，贡献当然很大，但也离不开团队其他成员的努力，他们当然也应分享这种荣誉。每个职业角色都既有明确的规范，即该做什么不能做什么，是显性规范；也有非明确规定的隐性规范，如团队中的集体主义，不能“吃独食”等，在工作中同样不能违反，都决定着角色行为。

### 2.1.6 角色距离

角色距离由美国社会心理学家E.戈夫曼提出，指一个人自身的素质、能力、水平与他所要扮演的角色之间的差异现象。一个人扮演社会角色，既然角色不完全是其本人，一个人与所要扮演的角色之间总会有差异，所以角色距离是普遍存在的。一个人对于他所承担的角色，扮演的优与劣，水平的高与低，在很大程度上都与角色距离有关。角色距离是影响角色扮演成功与否的一个非常重要的因素。

戈夫曼认为，所谓表现出角色距离者，既包括那些行为、品质达不到角色规范的人，也包括那些素质远在角色规范之上的人。不能将任何与某种角色规范不符的现象均称为角色距离，当一个人不再承担某种角色时，其行为便谈不上角色距离。

## ● 2.2 秘书的角色特征

秘书到底是一种什么样的角色，人们从不同的角度提出了许多不同的看法，比较典型的有“助手说”、“参谋说”、“配角说”、“助理说”、“角色组说”等。这些观点实质是在阐述秘书的作用或工作内容，并没有揭示出秘书角色的本质。作为一种社会职业角色，秘书角色具有什么样的特征，只有从秘书工作的本质属性，即秘书工作的性质和特点中才能找出答案。

### 2.2.1 秘书工作的性质

秘书工作是秘书部门和秘书人员辅助领导和组织开展决策和管理的各项实践活动。秘书工作主要是辅助领导开展工作，秘书工作的性质主要表现为辅助性。

辅助性是秘书工作的根本属性。从秘书工作和领导工作的关系考察，秘书工作从诞生起，就是服从、服务于领导工作的，其实质是辅助领导从事各项工作。秘书通过辅助领导处理许多琐碎事务，使领导腾出更多时间，处理重要事务，提高工作效率。秘书人员通过收集、分析、提供信息，提供预案，为领导决策与管理提供辅助。

### 2.2.2 秘书工作的特点

秘书工作的特点是由秘书工作的性质决定的，它主要体现在以下几个方面：

1）综合性

秘书工作在组织工作中处于枢纽地位，具有全局性，是涉及全局的综合性工作。当然，秘书工作的综合性特点是相对于组织内部各职能部门业务工作的单一性而言的。在一个组织内部，各职能部门业务比较单一，而秘书部门不分管某一方面的具体业务，但它的工作又涉及每一个职能部门，涉及组织方方面面的工作。秘书工作的综合性是由领导工作的综合性决定的，领导工作总揽全局，秘书工作必然随着延伸。认识秘书工作的综合性，有利于秘书人员树立全局观念，不断提高自身的综合协调能力，达到高效的工作目的。

2）中转性

秘书处于领导与下属的中间位置，上传下达是秘书工作的重要内容之一。秘书的作用，往往也体现在信息的中转活动之中，中转性是秘书工作的重要特点之一。传递信息是秘书的重要工作内容之一，在信息的传递过程中，秘书既不是信息源，也不是信息的最终接收者，只是信息传递的通道，秘书是信息传递的“中转站”。及时与真实则是对秘书工作中转性的基本要求。

3）事务性

处理繁杂而琐碎的事务，是秘书工作的主要任务，也是秘书工作的主要特点。同其他职业活动相比，秘书工作范围广，几乎涉及到领导工作和组织工作的方方面面；工作内容繁杂，既有常规性事务，又有非常规性事务；具体工作过程中，相同或相似的事务反复出现，反复去做，无休无止。秘书工作的事务性，主要目的是帮助领导处理日常事务，让领导摆脱事务干扰，集中精力搞好决策和管理。

4）被动性

秘书工作的辅助性，决定了秘书活动的被动性，秘书工作必须以领导活动为中心，受制于领导活动。秘书行为的启动、运行和终止，常常受到领导活动的制约。秘书是服从和服务于领导的，在领导与秘书的关系中，领导处于主动地位，秘书处于被动地位；在工作上，往往是领导安排，秘书执行。但秘书工作的被动性是从秘书与领导的关系而言的，就秘书的具体工作要求来看，又应是主动的，主动向领导提供服务。只有这样，才能提高秘书工作的效率。

**【知识拓展2-1】**

**秘书的日常工作**

所谓日常工作，是指秘书每天都要做的工作，一般都有固定模式。对于日常工作，一般不需要领导作专门的指示，秘书可以自行处理或决定，秘书的日常工作如下：

（1）办公室的整理：领导办公室和会客室的整理打扫，空调、换气、照明设备的调整等。

（2）接待客人和接打电话：为来客登记、带路和传话；给客人端茶送水和送客出门；接电话并转达电话内容。

（3）文书工作：起草组织内外的文件信函；各种文件信函的收集存档。

（4）日程管理：日常日程表的管理；会面的预约和登记等。

（5）信息管理：收集组织内外的各种信息，并对信息进行整理、汇报和上报。

（6）出差准备：出差期间的日程管理；与相关单位的联系和协调；安排交通工具、住宿地点；出差回来后的费用报销、出差总结等。

（7）准备会议：会场的安排；登记工作；制作会议文件资料并发放给与会人员；做会议记录和会议纪要等。

（8）照顾领导：给领导沏茶（冲咖啡）；安排午餐；健康管理；安排交通工具等。

（9）档案管理：领导与组织档案的管理。

（10）辅导新秘书的工作。

### 2.2.3　秘书在工作中的角色特征

1）地位的从属性

秘书地位的从属性是秘书角色的本质特征，是秘书与领导关系状态的具体体现。作为一种社会角色，秘书活动是由领导活动的需要产生的，是根据领导活动的轨迹运转的。秘书角色自出现之日起，就从属于领导角色，受领导活动支配，成为领导活动系统的组成部分。没有领导角色，秘书角色就失去了其存在的可能性，也就没有了秘书角色。秘书角色活动要受领导活动的直接影响和制约，不能脱离领导活动的主线自行运转，秘书角色的从属性是由秘书工作与领导工作的关系决定的，具有先赋角色地位的明显特征。

2）作用的辅助性

秘书作用的辅助性是由秘书角色的规定性决定的，秘书作为规定性社会角色，其为领导提供的辅助性工作必须围绕领导意图开展，必须在领导授权下进行，不能擅自越权代办，不能出现角色错位。秘书的角色地位规定了秘书是辅助工作而不是代理工作，秘书人员只有忠实地执行领导的决策，正确地体会领导意图，才能更好地履行自己的职责，使自己的工作更贴近领导的要求，这也是秘书角色的基本特征。

秘书人员认识到秘书作用的辅助性，有助于明确自己的角色定位，正确处理与领导之间分工与合作的共事关系，采取合适行为，做到“既不失职，又不越权”，积极主动，尽量出色地完成职责范围内的工作。

总之，秘书角色是一个从属性、辅助性的社会角色，这是从秘书与领导所处的社会关系的比较中得出的结论。秘书人员只有明确自己的角色特征，才能增强为领导服务的自觉性和主动性。

### 2.2.4 秘书在常规工作中的心理特征

秘书工作、秘书角色的基本特征，决定了秘书在常规工作中的心理特征。对秘书工作中的心理特征的总体把握，是做好秘书工作的前提。

1）作为领导的服务员，有从属感和被动感

秘书和领导是两种社会角色，虽然工作目标一致，但工作职能不同。在秘书活动中，秘书人员的性质始终是辅助性、参与性和支持性的，而不是指令性、决策性的。

秘书人员要善于领会领导意图，在思想上、言行上与领导保持一致，全力辅助领导做好各项工作。秘书工作劳心伤神、清苦操劳，工作优秀，领导满意；倘若工作失误，领导的批评指责在所难免。因此，长期的幕后奉献，会使秘书人员或多或少萌生一种从属感和被动感。

2）作为领导的代言人，有居高感和成就感

秘书的常规工作是办文、办会、办事。在办文工作中，秘书人员在领导的授意下执笔行文，代领导个人或组织立言，所用多为命令、督促、建议、通报或总结等文体；在办会过程中，秘书常常是会议组织者、参与者和服务者，既了解会议的主旨议题，又熟知会议的程序，甚至连领导的发言内容都了如指掌。领导若不能躬亲会议，就可能由秘书代言或主持。因此，秘书必然会熟悉和掌握组织的全局性工作和某一时期的中心工作内容。秘书所展示的是领导形象，所行之事也是领导之事，自然会产生一种居高感和成就感。

秘书的这种居高感，多数时候体现在与下级部门的沟通过程中，这往往是不成熟的秘书新人常有的心理感觉，同时也是秘书人员出现职能越位的重要心理因素。

3）作为领导的参谋，有专家感和睿智感

秘书人员履行参谋职能已被公认，一名优秀的秘书应当有广博的知识、敏捷的思维、见微知著的分析能力、敢谋善断的魄力。在一定程度上，秘书是领导思维的外脑，即领导的幕僚、咨询人员、决策参谋，同时，秘书人员也应该是全才和通才。秘书人员往往通过自身的才华和能力，出色地完成领导交待的任务，对领导工作中的疑难问题及时地给予协助，这些都为秘书工作平添了几分专家感和睿智感。

4）作为领导的保密员，有持重感和信任感

秘书贴近领导，了解和掌握组织的政策秘密和商业秘密，能保守秘密，领导才会委以重任和给予信任。所以，一个称职的秘书，其言必缜密，其行必无过失，与领导保持一致，忠诚守密，由此，秘书人员会感受到工作中的持重感和信任感。

**同步案例 2-2**

**背景与情境：**高科公司每到年底的时候，都要进行例行的人事调整。因此，每年的这个时候，公司的气氛都会比较压抑，暗潮涌动。在这个微妙的时期，秘书王静的办公室却很热闹：一会儿财务部李经理过来转一圈；一会儿公关部张经理打来电话，问她有没有什么事儿；一会儿研发部赵经理借故来一趟。王静询问他们有什么事情，他们也说不出一个所以然来。不了解内情的人可能会觉得很奇怪，但对经验丰富的王静来说，却是见怪不怪了。她心里明白，这些部门经理之所以总往这跑，就是因为她是总经理的秘书，近水楼台先得月，知道一些关于人事调整的内幕，想事先从她这里打听一些消息。但既然他们不好意思明说，她也乐得假装糊涂。

中午在餐厅吃饭的时候，销售部的刘科长端着饭菜来到她对面坐下。寒暄了几句，就话锋一转问道："王秘书，咱们平时关系不错，我也就不转弯抹角了，能跟我透露点儿消息吗？这次我们销售部的人事怎么变动？咱们总经理很信任你，有机会的话，帮我在总经理面前美言几句啊。"王静听了，该来的还是来了，望着刘科长期待的眼神，她却只能回答："对不起，刘科长，我不太清楚。"刘科长对她的回答有点失望，不高兴地说："你要不知道，还有谁能知道。是不想告诉我吧！"王静只好说："刘科长，我真的不知道。所有人事方面的文件都是人力资源部做的，不是我起草的啊。"其实，王静说的话，一半真一半假。文件是人力资源部起草的不错，但经过她手送给总经理的时候，文件的内容她自然是清楚的。接下来，刘科长只好转移话题，闲聊了几句后，悻悻地走了。

看着刘科长的背影，王静心里也有些难过。人事调整对于刘科长这些男性中层干部影响较大，但是职场的生存环境就是这么残酷，作为职业秘书，她必须严守不泄露秘密这条最基本的职业准则。否则，她的饭碗不知什么时候就会被砸掉。

**问题：**王静明明知道人事调整的内容，为什么要对刘科长说谎？

**分析提示：**秘书作为一种职业角色，身处组织的核心要害部门，长期在领导身边服务，经常接触重要文件和资料，掌握的秘密多，知道信息的时间早，因而必须树立保密观念，严守秘密。任何组织都有自己的规章制度，所有的职业也都有应该遵守的职业纪律，秘书要正确地把握自己的角色，清楚地认识到自己在组织中的位置，一定要对组织事务守口如瓶，尽量使自己避免介入太敏感或令人尴尬的事情中。

## ● 2.3 秘书的角色条件

秘书人员要想高质量地完成工作，顺利地履行职责，就必须具备一定的角色条件。秘书的角色条件，是由秘书的工作性质决定的，其实质就是秘书人员的任职资格，是按照秘书职位来确定任职者的一系列相应的个人条件。

秘书的角色条件包括许多方面，可以分为生理条件、心理条件、社会条件。生理条件包括年龄、性别、身体健康状况等；心理条件包括认知与兴趣、情感与意志、需要与动机、气质与性格、知识与能力等；社会条件包括家庭背景、教育背景、生活阅历等。不同的社会角色，在自然生理条件和文化知识条件方面会有不同的要求。

### 2.3.1 生理条件

生理条件是角色条件的物质基础，是角色心理条件的必要前提。秘书角色的生理条件主要包括以下三个方面的内容：

1）年龄条件

社会角色不同，对年龄条件的要求也不同。有些社会角色对年龄条件有明确的要求，而有些社会角色则无明确的年龄条件要求。就秘书角色而言，很难断定什么年龄条件最好，因为不同年龄阶段有不同的优势。秘书的年龄到底多大合适，没有具体的规定，也很难做出具体规定。但从世界范围看，发达国家秘书人员平均年龄为26岁左右。因为秘书工作繁忙，对体力、智力要求较高，尤其是记忆力、灵敏度、准确性等，这些都是年轻人的优势。因此，就秘书角色特征和工作职责来看，秘书应该年轻化，秘书班子的年龄应低于同组领导班子的年龄，因为秘书是领导的参谋、助手。如果秘书班子的年龄比领导班子的年龄还大，将很难适应秘书角色的特定要求。

通常情况下，20岁左右的青年，精力旺盛，头脑灵活，但经验不足；30岁左右的中青年，年富力强，精力充沛，经验积累丰富。当然，由于工作特点不同，业务范围不同，对秘书的年龄要求不可能统一。单就某一具体秘书角色而言，很难规定他的具体年龄。在进行秘书队伍建设时，需要考虑秘书年龄上的梯队结构和年龄互补，以便在工作中更好地发挥其系统功能和整体优势。

2）性别条件

不同的社会角色对性别的要求也不尽相同。虽然最新的社会心理学研究成果表明“甚至在身体特征方面，男性与女性各自的个体差异也远远超过了两性之间的平均差异”，英国心理学家沙威尔认为“男女‘性格沟’在缩小”，但在人类历史的发展进程中，由于社会实践和文化规范对男女的要求不同，形成了男女两性在个性、智力、能力方面发展的不平衡（见表2-1），并且在此基础上形成了性别的刻板印象（见表2-2）。

这两个表格所列举的男性与女性性别角色的性格差异与刻板印象是心理学家们调查研究的结果，虽不一定完全准确，也不能作为考察秘书角色性别要求的唯一依据，但对认识秘书角色的性别条件却有很大的启发。从两个表格所提供的男女性别角色差异和刻板印象的启示看，女性比男性更适合扮演秘书角色，更有利于完成秘书工作的任务。在现实生活中，秘书队伍中的女性比男性更多。在不同层次的单位，对秘书性别的要求有所区别。政府机关的秘书角色，男性比女性更合适，所占比例也比女性高；在企业、事业单位的秘

表2-1　男性与女性性格特点的对照

| 男　　性 | 女　　性 |
|---|---|
| 积极进取的 | 忠于爱情的 |
| 有主见的 | 文雅的 |
| 有雄心的 | 爱小孩的 |
| 理智的 | 富于同情心的 |
| 靠自己的 | 言语流畅的 |

表2-2　男性和女性的刻板印象

| 男性刻板印象 | 女性刻板印象 |
|---|---|
| 攻击性　独立性　情绪稳定　客观　支配　主动　竞争性强　富于逻辑　直率　喜欢冒险　从不哭泣　自信　野心　爱好数学与科学　善于经商　善于决断　临危不惧　能分清理智与情感　值得信任　不怕打击　智商较高　好将自己的意见强加于人 | 喜欢聊天　机敏圆滑　温和　安静　善解人意　对安全有强烈需求　好嫉妒　爱整洁　笃信宗教　喜爱文艺　推理能力强　注意自己的容貌　忠实于婚姻　重道德价值　比男性更多对生活的忍受　缺少欢乐 |

书角色，女性则比男性更有利，所占比例比男性大。目前，我国秘书职业的女性化倾向已成为一种发展趋势，我国高校文秘专业80%以上都是女生。

从世界范围看，秘书职业的女性化是一个显著的特征。女性的生理特点和心理特点决定了大多数女性温柔体贴，善于管理，长于形象思维，乐于做程序性、重复性的工作，适于体力较轻而技术要求规范、单纯的工作。在处理复杂事务方面，女性比男性更为迅速、高效，处理事务的结果也更为有序、准确。

【知识拓展2-2】

### 男女“性格沟”在缩小

英国心理学家沙威尔在40年前所做的一项调查证实，男女之间的“性格沟”（即性格差异）从总体上来说“大得惊人”。然而有趣的是，他在2003年对数千名16~64岁的男女（分属不同民族、职业、信仰、文化水平、经济状况等）进行的同类测试却显示：时下男女之间的“性格沟”正日趋缩小。这就是说，男女性格差异已变得越来越不分明。

在测试时，沙威尔把被测试者的“典型性格”归为顽强、坚定、果敢、幽默、勇敢、乐观、随和、潇洒、多变、热情、含蓄、好斗、爱妒忌等32种，再加以统计，最后发现：40年前被列为男性“典型性格”的顽强、坚定、勇敢等时下许多女性也已具有，其比例分别占35%、47%和33%。以往男性大多“暴躁”，但现在占40%的女性承认自己时时“大发雷霆”，比例只比男性低5个百分点。此外，乐观、好斗、幽默并不只是男性“独有”的性格特征；相反，温柔、含蓄、随和的男性也不乏其人；而潇洒、热情、开朗等已成为男女两性越来越“共有”的性格……

沙威尔对此分析说，越来越多妇女的“职业化”，女性受教育程度的提高，男女交往的日趋密切，都可能导致男女之间性格的互补或对流，最后使“性格沟”越来越小。

3）健康条件

虽然社会角色不同，但对健康的要求大体是相同的。角色健康条件包括两个方面的内容，一是生理健康，二是心理健康。这两个方面既相互联系，又相互制约。生理健康是心理健康的前提，心理健康又影响着生理健康。

（1）生理健康。从事秘书工作，身体健康是必要条件，这是由秘书的工作性质决定的。秘书生理健康的要求主要包括以下几个方面：一是发育正常，五官端正。二是体魄强健，精力充沛。秘书工作经常需要加班加点，作息缺少规律，需要有强健的体魂和旺盛的精力；同时秘书人员在一定程度上代表了一个组织的形象，需要从业者发育正常、五官端正。

（2）心理健康。秘书心理健康的要求主要包括以下几个方面：智力发展水平正常；情绪稳定，沉着冷静；具有较强的环境适应性；人际关系良好。

健康的身体和健康的心理，是担任任何一个社会角色都必须具备的基本条件。秘书角色不仅要有健康的身体，还要有健康的心理，如果不具备健康的心理条件，就不能适应秘书这样复杂的社会角色。

### 2.3.2 文化知识条件

秘书角色主要从事文字性、智力性工作，文化程度是秘书角色条件中不可或缺的条件之一，不具备一定的教育程度是难以胜任秘书工作的。传统上学历曾经是作为评判秘书文化知识条件的一个重要标准，也是判断一个人是否胜任秘书角色的重要条件。但学历只表明一个人接受教育的程度，并不意味其具备了相应的秘书知识，也不意味着其具备了秘书的能力水平。在必要学历的前提下，文化知识条件可以从以下两个方面来理解，一是以知识结构作为评判标准；一是以能力结构作为评判标准。

1）秘书的知识结构

秘书的知识结构，是指秘书人员所掌握的知识类别，各类知识相互影响而形成的知识框架以及各类知识的比重。这里所讲的“比重”，不仅指数量关系，也指质量关系。秘书的知识结构对于一个秘书工作者而言，一个完整的合理的知识结构应有三个方面：基础知识、专业知识、辅助知识，见表2-3。

表2-3 **秘书应具备的知识结构**

| 知识结构 | 分类知识 | 学科知识 |
|---|---|---|
| 基础知识 | 政治哲学类 | 马克思主义哲学、政治经济学、科学社会主义、现代科学方法论知识等 |
| | 文化基础类 | 语文、历史、物理、化学、生物、历史、地理知识等 |
| | 法律政策类 | 与业务密切相关的法律、法规、政策等 |
| 专业知识 | 秘书工作的专业知识 | 秘书学、文书学、公文写作学、信访学、会议学、调研学、档案管理学、现代通信知识、办公自动化知识等 |
| | 所在行业（部门）的业务知识 | 不同行业不同组织的不同业务知识 |
| 辅助知识 | 心理学知识 | 普通心理学、管理心理学、领导心理学、社会心理学和秘书心理学等 |
| | 其他知识 | 管理学、决策学、咨询学、预测学、文学、人才学、创造学、情报学、编辑学、新闻学、传播学、社会学等 |

（1）基础知识。它是秘书知识结构中的根基，主要包括政治哲学类知识、文化基础类

知识和法律政策类知识。

（2）专业知识。它指秘书在工作范围、工作职责和工作内容内应掌握的知识，主要包括秘书工作的专业知识和所在行业（部门）的业务知识。

（3）辅助知识。它主要包括心理学知识和其他知识，既不像基础知识那样具有“根基”作用，也不同于专业知识那样起“标志”作用，它对秘书人员起到丰富头脑、开阔视野、扩大思路、提高工作效率的作用。

2）秘书的能力结构

掌握了知识并不意味着具有了相应的能力，秘书还要在已有知识的基础上，形成秘书职业角色所需要的各项能力。秘书应具备的能力结构见表2-4。

表2-4　**秘书应具备的职业能力结构**

| 秘书人员应具备的一般职业能力 | 能力要求 |
| --- | --- |
| 语言表达能力 | 语言流畅、口齿清楚、用词准确、逻辑严谨，恰当地运用秘书语言 |
| 文书处理能力 | 熟练拟定请示、函、总结、启事、申请、通知等 |
| 处理文书与档案能力 | 选用公文文种，收发文的处理，文书的整理与归档，档案的收集、整理、鉴定、保管、检索、提供利用、编研、登记统计等 |
| 计算机应用能力 | 熟练使用办公软件，运用数据库、网络等计算机技术处理公务，对文字进行编辑、排版等 |
| 公关能力 | 公关调查法、方案策划、公众关系处理、公关演讲等 |
| 办公室日常事务的处理能力 | 办公室环境、办公用品、办公效率和时间、后勤管理 |

## ● 2.4　秘书的角色意识

### 2.4.1　秘书的角色知觉

角色知觉是个体在社会活动过程中，对自己或他人在一定社会关系中所处的社会地位、身份及行为规范的认识和判断。秘书的角色知觉是秘书人员对自己所担任的角色的社会地位、身份及行为模式、规范的整体认识和判断。正确的角色知觉，对秘书做好自己的本职工作，作为一个称职的秘书人员有重要的意义。同时，一个秘书人员只有形成正确的角色知觉，才会有能力评估自己的行为，并由此推断自己是否是一个合格的秘书工作者。

秘书角色知觉的发生与形成同实践活动相联系，并受过去知识经验的影响。一方面，个体的主观因素，如个体的社会经验、行为动机、人格特征会影响秘书知觉的形成；另一方面，社会客观因素，如社会文化发展水平、社会政治经济条件及社会角色特征的差异，也会影响秘书角色知觉的形成。常见的错误的秘书角色知觉主要有以下几种：

1）秘书是领导的“高级保姆”

此种观点认为，秘书为领导服务没有界限，从日常工作到家庭事务都要为领导提供服务，是一种不需要什么专长，只会察言观色就行的角色。这显然是对秘书工作的一种误解。秘书为领导服务是一种角色规定，但这种服务是秘书职责范围内以工作为主的服务，如果超出了工作职责范围，则不属于秘书角色份内的事。如果秘书与领导关系密切，私人之间的关系很好，在生活中相互关心和帮助也属正常，但它属于非职业角色关系，而是一种个人关系。

把秘书当作是领导的“高级保姆”，将秘书角色置于受领导雇佣的地位上，是对秘书角色的错误知觉。

2）秘书应当唯唯诺诺、低三下四

秘书作为一种特定的社会角色，不仅有自己重要的工作内容，而且有自己独立的人格。秘书和领导之间不存在人身依附关系，秘书与领导具有相等的政治地位和法律地位。秘书人员是依靠自己的知识能力和勤奋工作来塑造自己的独立人格形象的。秘书人员在工作中聆听领导的指示、领会领导的意图、执行领导的决定是一种工作需要。

3）秘书是领导的“高参”

秘书工作是围绕领导的工作开展和进行的。在工作进程中，秘书人员能够发挥参谋作用，为领导出主意、想办法。在领导决策前进行信息搜集与积累，在领导决策后进行信息反馈和督促检查，但这并不等于说秘书是领导的参谋，甚至是“高参”。秘书的基本工作是办文、办事、办会，是一些较为繁琐的具体事务性工作，秘书部门的参谋作用是在办事基础上得以发挥的。如果过分强调参谋作用，而忽视办事职能，则是本末倒置。秘书角色不是领导的专职高参，不是专为领导出主意、想办法的人员，其基本任务是辅助领导开展工作，把领导从繁杂的事务中解脱出来。

有些人过高地估计了秘书角色所发挥的参谋作用，将秘书人员理解成是“智库”、“高参”，是过分夸大了秘书角色的作用，也是对秘书人员寄予了太高的角色期望。这种观点于秘书无益，于领导无益。秘书人员在很好地完成自己的各项事务性工作任务的前提下，尽可能地发挥自己的聪明才智，为领导的决策工作提供一些可供选择的优化方案或有价值信息，更好地发挥参谋作用则是可取的。

**教学互动2-1**

**讨论：**秘书是“助手参谋”还是“参谋助手”？

**提示：**秘书这个职位从设立以来最基础的还是助手的作用，后来随着社会的发展，要求秘书必须还要具备参谋作用。很多组织的领导都是秘书出身，可见秘书的角色基础还是助手的作用。

### 2.4.2 秘书的角色理解

在社会或组织中，任何人都不可能仅仅承担着一种社会角色，而总是承担着多种社会角色，他所承担的角色又总是与更多的社会角色相联系。角色理解就是从角色的相互关系和情境变化中去认识和把握身份的变化。角色的相互关系又是随着交往情境的变化而发生变化，即每一种社会角色在不同的条件下具有不同的内容。如果离开了具体的情境条件，离开了角色的相互关系，就不可能真正理解角色。

秘书作为特定的社会角色，主要是与领导角色相对而言的。秘书的身份并不是单一的，有些情况下可能是双重的，甚至是多重的。秘书角色可以从以下三个层次来理解：

1）一般员工

在任何组织内部，秘书只是组织内的一员，和组织的其他成员一样，都是为了完成组织任务，实现组织目标而工作的。秘书工作主要是为领导工作提供服务的，虽然是一种非常重要的工作，但除职责不同和分工不同外，并无任何特殊之处。所有秘书人员都需要正确理解这一点。由于秘书工作在特殊岗位上，经常与领导接触并代表领导处理一些问题，往往使一些秘书人员对角色理解错位，认为自己是组织中的特殊成员，甚至以“二领导”自居，对领导和一般员工采取截然不同的姿态。在领导面前阿谀奉承、投其所好，以博得领导的欢心；对一般员工居高临下，颐指气使、傲慢无礼。这不仅会引起一般员工的极大反感，而且会损害秘书形象，给自身工作带来不良影响。作为组织一员的秘书，要自觉遵守组织内所制定的各项规章制度，率先垂范，为其他员工做出表率，谦虚待人，才能在人们心目中真正塑造出良好的秘书形象。

2）领导下属

在任何组织中，领导与秘书的关系都是上下级关系，领导是上级，是主角，是决策者和管理者；秘书是下级，是配角，是辅助者和服务者。在理解领导与秘书的上下级关系时，秘书人员一定要准确把握自己的位置与心态，克服不健康心理。领导对秘书有支配权，秘书要服从和尊重领导的指挥和调遣，围绕领导的决策工作来开展活动，这是由秘书和领导的角色关系所决定的。

秘书活动的目的主要是服务于领导活动的既定目的，秘书必须按照领导的要求和意图确立、调节自己的行为，这不仅是秘书的角色规定，也是社会对秘书的角色期望。如果秘书不能形成正确、清醒的角色意识，使自己的行为偏离了领导活动的轨道，就将失去自身的基本价值，失去其继续存在的可能性。同时，秘书作为领导的下属，还要克服一些不健康心理。一是自卑心理。一些秘书在与领导交往时有一种自卑心理，认为自己处处不如领导，事事顺从领导，有时也可能觉察出领导的意见和决策有不正确的地方，但不敢发表自己的意见，表明自己的观点，甚至怀疑自己的意见是否正确。二是依附心理。一些秘书看不到领导与秘书只是分工不同而将领导作为自己的依附对象，并把自己的前途、命运寄托在领导身上。三是功利心理。一些秘书在处理与领导的关系时，以实用主义为目的，想通过搞好与领导的关系保持已获得的利益并进而获得新的利益。与领导交往时投其所好，甚至违反原则去讨好领导。

3）组织代表

秘书除了与组织内部的领导和同事发生工作上的联系外，在某些情况下，秘书常常受领导和组织的委派，作为组织和领导的代表参加一些活动。这时，秘书是作为组织和领导的代表身份出现的，其言行必须体现领导的意图，代表组织的形象，为组织和领导赢得信誉。

需要注意的是，越是受到领导重视并代表领导的时候，越应保持清醒的头脑，越要防止角色意识的错位。代表领导不等于是领导，代表领导表达意见也不能以领导的口气讲话，更不能打着领导的旗号为自己谋取私利。

总之，秘书角色可以从多个层面去理解和把握。只要秘书人员能够根据情境和所处关系的变化，及时调整自己的角色行为，说话做事符合自己的身份、地位等角色特征，秘书人员就一定能够塑造好自己的形象。

### 2.4.3 秘书角色意识的培养

秘书的角色意识是对秘书的责任、义务自我感知的心理活动。明确的角色意识是秘书工作不可或缺的灵魂，淡化或削弱这种角色意识，秘书人员就无法发挥其主观能动性。

1）秘书角色意识培养的内容

正确的角色意识是在正确的角色认知基础上形成的，秘书人员为了更好地履行秘书职责，在秘书工作实践过程中，应培养和树立以下六个方面的角色意识。

（1）培养和强化高度的责任意识。秘书人员在领导身边工作，直接为领导服务，在社会生活中负有重要责任。只有培养强烈的责任意识，为领导服务过程中认真履行职责，才能实现自己的角色价值。

（2）培养和树立强烈的服从意识。服从是秘书最基本的角色意识和职业道德品质，秘书是领导决策的坚定执行者和维护者，秘书人员必须坚定不移地贯彻领导的决策，执行领导的决定。秘书在执行领导决策过程中的创造性，只是形式上的创造和丰富，而不是本质上的偏离和改造。秘书人员要学会对不同领导的工作适应和心理调节，保持心态的平衡和稳定。

（3）培养和树立明确的服务意识。服务是秘书的基本职能，秘书人员必须充分理解和认识服务的崇高性，树立自觉服务的角色意识，甘当领导配角，甘于奉献，不能过于计较名利。

（4）培养和树立积极的参与意识。秘书人员在坚决服从和执行领导决策的前提下，把强烈的社会责任感和事业心转化为积极的参与意识，为领导出谋划策，想办法，当参谋，成为一个富有主动性和创造性的秘书。

（5）培养和树立强烈的原则意识。秘书人员发现领导工作上的失误，尤其是决策上的问题和错误，要通过正当的渠道，采取妥善的方法向领导及有关部门反映；对领导的违法违纪问题，要坚持原则，及时向相关部门举报和揭发；对领导个人生活小节、工作细节方面的问题，要适时进行善意的提醒和规劝。在服务领导的过程中，既要服从领导又要坚持原则，不盲目顺从，做一个原则性强、作风正的秘书人员。

（6）培养和树立良好的主体意识。秘书作为特定的社会角色，是由秘书在社会中的活动内容和活动方式所决定的，领导是秘书存在的前提，为领导提供服务是秘书活动内容的实质，这构成了秘书角色的首要前提。它确定了秘书在社会活动中所扮演的是配角，这也是秘书的基本角色。但是，秘书人员是秘书活动的主体，在处理秘书业务活动中，秘书人员要发挥其主动性和积极性，积极主动地完成本职工作。秘书人员要充分正确地认识到秘书角色的双重性，不断调适自己的行为，培养和树立良好的主体意识。

2）秘书角色意识培养的途径

秘书的角色意识不是先天就有的，而是在后天的学习和工作实践中培养起来的。秘书的责任意识、服从意识、服务意识等，无一不是在实践中形成和培养出来的。秘书角色意识的培养，应当从以下两个方面进行。

（1）领导培养。秘书作为领导的辅助者和服务者，其角色意识的强弱和到位与否，不仅影响到自身的工作质量，而且还影响领导的决策和管理水平。作为领导，有责任也有义务培养秘书，增强秘书的角色意识。培养方式可以灵活多样，如与秘书人员谈话谈心、交流思想，定期组织秘书人员学习秘书工作的有关文件资料，召开秘书工作经验交流会和学术研讨会等。这样可以促进秘书人员意识到自己的角色地位、角色规范、角色特点及其在组织中存在的价值和意义。

（2）自我培养。领导培养是树立秘书角色意识的必要条件，自我培养是形成秘书角色意识的根本。自我培养，可以通过自觉培养秘书的角色意识，但更重要的是通过对秘书角色的体验来强化秘书的角色意识。角色体验既是对秘书知识的内化过程，又是从态度上、情感上对角色意识的深化过程，在自我体验中获得的角色意识具有较强的稳定性、恒常性。

**【知识拓展2-3】**

**好秘书是怎样炼成的？**

领导究竟喜欢什么样的秘书？一个优秀的秘书又是怎样炼成的？

对于这个问题，著名的秘书学研究学者谭一平先生有一个非常经典的比喻，他在接受《决策》记者采访时指出，秘书既要像只穿山甲，立足现实，有埋头苦干的精神，又要像只狐狸，胸怀全局，有勤于思考的习惯。只有这样，才有可能成为一个优秀的秘书。

“穿山甲一天到晚躲在地底下，埋头打洞穿山，对外面的事它一概不管；而狐狸则整夜蹲在山顶上，望着天上的月亮，想着怎么才能啃一块月亮。如果一个秘书像穿山甲那样，一天到晚只知道干活，没有一点灵气，领导肯定不喜欢；相反，一个秘书像只狐狸，不踏踏实实干活，一天到晚打小算盘，领导也不会欣赏。”

### 2.4.4　秘书的角色适应

社会的发展变革促进了秘书队伍、工作内容、办公条件的全面变化，这些变化必须要求秘书角色不断调整思维、更新观念，以适应新的工作内容和工作条件，这就是秘书的角色适应。秘书的角色适应可以分为主动适应和被动适应两种情况。

1）主动适应

主动适应是指秘书人员以积极的心态自觉地适应社会发展变革对秘书角色提出的新要求，成为社会变革的推动力量。

秘书人员要具有超前意识，不断自我更新。具有超前意识的秘书人员，能敏锐地透视历史、预见未来，在充分了解、尊重社会现实的同时能够超越现实的局限，预测未来的发展趋势，并从各个方面做好准备，主动适应社会发展的历史趋势。“凡事预则立，不预则废”，秘书人员如果没有超前意识，就不能根据事物的现状预测其发展趋势，也不能及时正确地因势利导，创造性地开展工作，积极主动地为领导服务，做好本职工作。

2）被动适应

被动适应是指秘书人员以消极的心态被动地适应社会发展变革对秘书角色提出的新要求，随波逐流。被动适应的表现，如观念滞后、行动迟缓等，观念滞后的秘书人员，不能根据现实预测社会的变化和发展趋势。

## 本章小结

社会角色是指与人们的某种社会地位、身份相一致的一整套权利、义务的规范与行为模式，它是人们对具有特定身份的人的行为期望，它构成社会群体或组织的基础。从人们获得角色的方式上划分，社会角色可分为先赋角色和自致角色；从人们承担社会角色时的心理状态来划分，社会角色可分为自觉角色和不自觉角色；从社会角色规范化的程度上划分，社会角色可分为规范性角色和开放性角色；从社会角色所追求的目标上划分，社会角色可分为表现性角色和功利性角色。秘书是自致角色，是自觉角色。

秘书作为一种职业角色，人们从不同的角度提出了许多不同的看法，比较典型的有“助手说”、“参谋说”、“配角说”、“助理说”、“角色组说”等。秘书的角色特征是由秘书的工作性质和工作特点决定的。辅助性是秘书角色的主要特征。辅助性是秘书部门的天生属性，是领导工作对秘书工作的必然要求，是由秘书部门所处的地位所决定的，是由秘书部门所承担的工作内容所决定的，也是由秘书与领导之间的关系所决定的。

秘书的工作特点有开放性、中转性、事务性和被动性。

秘书作为特定的社会角色，主要是与领导角色相对而言的。秘书的身份并不是单一的，有些情况下可能是双重的，甚至是多重的。秘书角色可以从一般员工、领导下属和组织代表三个方面来理解。

秘书的角色知觉是秘书人员对自己所担任的角色的社会地位、身份及行为模式、规范的整体认识和判断。

## 主要概念和观念

**□ 主要概念**

社会角色　先赋角色　自致角色　自觉角色　角色学习　角色实践　角色规范

**□ 主要观念**

秘书的工作特点　秘书的角色特征　秘书在常规工作中的心理特征

## 知识掌握

2.1　什么是社会角色？秘书的角色特征有哪些？

2.2　秘书在常规工作中的心理特征有哪些？

2.3　秘书应当具备什么样的自然生理条件和文化知识条件？

2.4　常见的错误的秘书角色知觉主要有哪些？

2.5　秘书应当有什么样的正确角色理解，如何培养秘书的角色意识？

# 知识应用

## □ 案例分析

### 比尔·盖茨的秘书

**背景与情境：**微软公司在创业之初连一间正式的办公室都没有，比尔·盖茨每每想到此事都感慨万千。他说，在他最艰难的创业阶段，是他的秘书露宝为他扫除了很多工作上的障碍，让他能够全身心地投入到这个行业。

1）“邂逅”大龄女秘书

微软公司当时基本上都是年轻人，这些人搞业务、搞推销都是一把好手，可是弄起内务、管理方面的杂事，没有人有那份耐心。

一次，为了接待即将来访的惠普公司人员，盖茨在亚帕克基市中心租了一套四个房间的办公室，可里边是空荡荡的。盖茨动员大家连夜去寻找办公用品，自己则亲手安装终端设备。可这时，他的第一任秘书——一个年轻的女大学生却一副不闻不问的冷漠劲儿，让盖茨大伤脑筋。

盖茨深切地感到，公司应该有一位热心肠、事无巨细地把后勤工作都能揽下来的总管式女秘书，不能总让这方面的事来分他的心。不久，盖茨在自己的办公室召见了总经理伍德，问他需要的女秘书找到没有。伍德一连交上几个年轻女性的应聘资料，盖茨看后都连连摇头。

伍德犹犹豫豫地拿出一份资料递给盖茨：“这位女士做过文秘、档案管理和会计员等不少后勤工作，只是她年纪太大，又有家庭拖累，恐怕……”不等伍德说完，盖茨已经看完了这份应聘资料，丢下一句“就是她了”后扬长而去。就这样，43岁的露宝上任了，她是4个孩子的母亲。

2）在娃娃公司的日子

露宝刚进公司几天后的一个早上，她看到一个男孩直接进入董事长的办公室，经过她面前只是“嗨”地打了一声招呼，像孩子对待母亲似的那么自然，然后摆弄起自己的电脑。

因为先前伍德曾特别提醒她，严禁任何闲人进入盖茨的办公室操作电脑，所以她立刻告知伍德说有个男孩闯进了董事长的办公室。

伍德表情淡然地说：“他不是小孩，他是我们的董事长。”

“什么，他就是比尔·盖茨？”

“没错。”

露宝回到自己的办公室，愣了几分钟还是不死心，又跑去问伍德：“对不起，请问盖茨几岁了？”

“21岁。”

露宝想：一个给人印象如此稚嫩的董事长办实业，遇到的困难恐怕很多吧！她以一个成熟女性特有的缜密与周到，考虑起自己以后在娃娃公司应尽的责任与义务。

一些日子后，露宝发现盖茨和艾伦行为颇异于常人。他们通常是中午到公司上班，一直工作到深夜。假如要在第二天早上会客，他们就在办公室里睡到天亮。累了的时候，就拉过一条毛毯盖在头上，不管何时，也不管环境如何喧嚣，他们总能马上进入甜甜的梦乡。

细心的露宝就适时地为他们准备毛毯，特别是出差的时候，无论时间多紧张，盖茨想睡觉时总能随手拉出毛毯。关心盖茨的饮食起居，成了露宝日常工作的一项重要内容，这使盖茨感到了一种母性的关怀和温暖。

3）“垃圾”事件

露宝把微软公司看成是一个大家庭，她对公司的每个员工、每份工作都有一份很深的感情。很自然，她成了微软公司的后勤总管，负责发放工资、记账、接订单、采购、打印文件等工作，这引得周围好多人的羡慕。

然而，此时的她却有了新的苦恼。每天早上9点左右，清洁工会进入微软公司进行清理工作。有一天，一位软件工程师突然从办公室里嚷着冲出来，板起脸问露宝有没有把他的程序扔掉。露宝莫名其妙地说：“没看见什么程序呀！”经过仔细询问，方知是清洁工误把这位软件工程师放在电脑旁、写在废纸上的一叠程序当做垃圾扔掉了。这位工程师懊恼不已，那可是他的灵感之作呀。

这件事过后，露宝制订了制度：在微软公司的办公室，清洁工只能清除垃圾桶里的东西，其他地方的东西一律不准移动。

可是问题又来了。程序设计师把喝完饮料的空罐随手扔在电脑旁或桌子角，清洁工也不敢去碰。没过多久，办公室里空罐堆积如山。露宝又得向清洁工解释：哪些东西是有用的，不可以碰；哪些东西是垃圾，应该清除。

露宝成了公司的灵魂人物，盖茨和其他员工对她都有很强的依赖心理。当微软公司决定迁往西雅图，而露宝因为家庭原因不能随迁时，盖茨对她依依不舍。盖茨、艾伦和伍德联名写了一封推荐信，信中对露宝的工作能力给予很高的评价。露宝凭借着这封推荐信，重找一份工作不成问题。临别时盖茨握住露宝的手动情地说：“微软公司为你留着空位，随时欢迎你回来！”

3年后，露宝先是一个人从亚帕克基来到西雅图，后又说服了丈夫举家迁来。

露宝一直无法忘掉和盖茨相处的日子。她对朋友说：“一旦你和盖茨共过事，就很难离开他。他精力充沛，平易近人，和他共事可以无忧无虑，很开心！”

是的，盖茨从露宝那里得到了工作上的帮助，露宝则从盖茨那里得到了尊重，相辅相成，唇齿相依，成了微软公司一道独特的风景。

**问题：**

1）露宝成功的原因是什么？

2）你对秘书角色有了哪些新的理解？

**□ 实践训练**

根据以上案例，同学分组讨论交流露宝是否还有需要改进的地方？各小组选派代表发言。

## 心理自测

### 秘书的自我概念测量

请在六、七分钟内写出十五个“秘书是……”的陈述句，要求：这些句子是为你自己而不是为别人写的，按照你思考时的顺序写，不必考虑其中的重要性和逻辑关系。

| | |
|---|---|
| 1 | |
| 2 | |
| 3 | |
| 4 | |
| 5 | |
| 6 | |
| 7 | |
| 8 | |
| 9 | |
| 10 | |
| 11 | |
| 12 | |
| 13 | |
| 14 | |
| 15 | |

说明：书写越靠前的内容越表明你对秘书角色的认知和看法。

（注：本测试结果仅供参考）

# 第3章

# 秘书的一般心理品质

## 学习目标

通过本章学习，你应该达到：

【职业知识】了解和掌握秘书观察能力、注意能力、记忆能力、想象能力和思维能力的概念和意义。

【职业能力】了解和掌握秘书培养观察能力、注意能力、记忆能力、想象能力和思维能力的方法。

【职业素质】了解和熟悉秘书观察能力、注意能力、记忆能力、想象能力和思维能力的基本要求。

【引例】

**细致观察**

**背景与情境：**下班之前，孟秋声提议小张陪她到接待室坐坐，喝杯咖啡。也许在离别之际有太多的话要说，孟秋声和小张反而不知从何说起，所以，只有墙上的壁钟在滴答滴答地响着，好像是在代替相互祝福。

“孟姐，我有些紧张。”小张说，“我怕自己经验不够，不能像你那样协助总经理的工作，辜负了总经理对我的期望。”

“小张，不用紧张。”孟秋声笑了笑说，“一是你给李总已经当了一年的专职秘书，有了一定的经验；二是你平时也经常和总经理接触，相互都挺熟悉的。再说，大多数上司和你我这些普通人一样，思维方式一样，处理问题的方法一样，他们也有自己的喜怒哀乐，在决策过程中会受各种情绪的影响：取得成绩的时候，他们需要人欣赏；承受过重工作压力的时候，他们也需要有人听他们倾诉。因此，如果你了解了上司内心真正的思想和情感，给他们当好助手也不是很难的事情。”

但是，要完全真正了解上司内心的真实想法，谈何容易！

孟秋声似乎看透了小张的心思，仍只是笑笑。“的确，有许多时候，连上司自己都不知道自己在想什么，当然就不可能告诉你他到底在想什么。事实上，在一般情况下，上司也不会向秘书做‘思想汇报’。”孟秋声喝了口咖啡，停了一会儿，说：“所以，你自己必须细心地观察上司。”说着，孟秋声指着墙上的壁钟问，“小张，你听出这钟的声音有什么特别的地方吗?”

小张摇摇头。这是一个很正常的壁钟，小张没听出钟声有什么异样。

“你再仔细听听。”

“滴答，滴答……”小张凝神听了一会儿，发现了那秒针在不同时间的确发出了不同声音，强弱不一。原来，从0秒到30秒时，秒针是在走“下坡路”，似乎不太费劲，特别是到了第20秒的时候，似乎能感觉到秒针在加速，它的“脚步”特别轻快；而从30秒到60秒的时候，它的“脚步”又仿佛变得特别吃力，所以它发出的声音也慢慢地变得微弱。小张兴奋地说出了自己的感觉。

“当秘书就得用这种细心和敏感去观察和了解上司。”孟秋声说，“要了解上司，就得细心观察上司的日常工作，如他哪天见了哪些人，打了哪些电话，批了哪些文件；又如在约见客人时，先后顺序的安排，谈话时间的长短，说话的口气，关注的问题……通过这种仔细的观察，你就能慢慢地了解上司，知道他内心真正在想些什么，比方他目前最关心哪些问题，哪些问题最让他头痛，他有哪些事急于实现，他正在筹划什么项目或行动……”

**问题：**

1）秘书小张为什么最后听出了壁钟声音的差别?

2）孟秋声最后的一席话对你有什么启示?

当秘书人员了解了领导的真正想法后，工作就会轻松许多，许多工作可以提前准备，不至于总处于被动状态。在他想要他需要的材料的时候，你已经准备好了；在他想要约见什么人的时候，你已经把对方的电话号码找了出来；当他想要喝杯咖啡的时候，你已经冲好了咖啡……总之，要做到这一切，秘书就需要具备良好的观察力、注意力、记忆力、想象力和思维能力等，简言之，就是要具有良好的一般心理品质。

普通心理学认为，心理品质是指一个人在认知过程和个性心理特征两方面表现出来的本质特征，包括情感、意志、兴趣、能力和性格等。一般心理品质则是心理品质形成的基础和重要组成部分，它以各种能力为基础。一般能力是指在不同种类的活动中表现出来的能力，如观察能力、注意能力、记忆能力、想象能力和思维能力。平常所说的智力，就是指一般能力而言的。人要完成任何一种活动，都和这些能力的发展分不开。秘书的一般心理品质，则主要是指秘书的各种一般能力，具体包括秘书人员应具备的敏锐的观察能力、稳定的注意能力、良好的记忆能力、丰富的想象能力和科学的思维能力这几个方面。

## ● 3.1　秘书的观察能力

观察的客观性与敏锐性，准确地把握观察目的、对象与重点，并及时加以升华，形成合乎实际的理性认识，对秘书人员十分重要。秘书只有具备较强的观察感知能力，时时、事事、处处做有心人，善于观察，才能变被动服务为主动服务。

### 3.1.1　观察能力的概念

观察是有计划、有目的、有思维的持久的知觉。人的知觉有时是有目的的，有时则是无目的的。观察是有思维的知觉，因此是知觉的高级形式。观察是认识客观事物的重要途径，是获得感性知识、积累感性经验，形成各种技能的必要条件。观察能力是人们有意识地对客观事物进行知觉感受的能力，是认知事物的必要前提。人们对客观事物的认识过程是一个渐进的过程，人的认知过程是由感觉和知觉开始的。

1）感觉

感觉是人脑对作用于感觉器官的客观事物个别属性的反映。感觉是一种简单低级的心理现象，感觉虽然简单，但却很重要，它在人们的生活和工作中有重要意义。首先，感觉提供了内外环境的信息，通过感觉，人们能够了解事物的各种属性。感觉是一切高级、复杂心理现象的基础，是人的全部心理现象的基础，人的知觉、记忆、思维等复杂的认识活动，必须借助感觉提供的原始资料；人的情绪体验，也必须依靠人对环境和身体内部状态的感觉。因此，没有感觉，一切较复杂、较高级的心理现象就无从产生。

感觉是由刺激物直接作用于感觉器官引起的，根据刺激的来源，感觉可以分为外部感觉和内部感觉。外部感觉的刺激来源于身体外部，包括视觉、听觉、嗅觉、味觉、皮肤觉等；内部感觉的刺激来源于身体内部，包括运动觉、平衡觉、机体觉等。

并不是所有的刺激都能引起人的感觉。人的感官只对一定范围内的刺激产生反应，刺激只有达到一定的强度才能引起人们的感觉。人的感受能力的高低用感受性来衡量，感受性是人对刺激的感受能力，不同的人存在着感受性方面的差异。

不同的职业对感觉能力的要求是不同的，但人的感觉能力有很大的可塑性，经过实践锻炼和专门训练，人的感觉潜力可以极大地发挥出来。

2）知觉

知觉是人脑对作用于感觉器官的客观事物整体属性的反映。通过感觉，人们认识事物的个别属性，通过知觉，人们了解了事物的整体属性。知觉以感觉为基础，但它并不是感觉的简单总和。知觉作为一种活动、过程，包含了相互联系的几种作用：觉察、分辨和确认。觉察是发现事物的存在；分辨是把一个事物的属性同其他事物区别开来；确认是指人们利用已有的知识经验和现有的信息，确定知觉的对象是什么，给它命名，并将其纳入一定的范畴。

知觉具有选择性、理解性、整体性和恒常性的特征。所谓知觉的选择性是指人们在认知过程中，总是有选择地把少数事物当成知觉的对象，而把其他事物当成知觉的背景，以便清晰地感知一定的事物和对象；知觉的理解性是指人在知觉过程中，不是被动地把知觉对象的特点登记下来，而是以过去的知识经验为依据，力求对知觉对象作出某种解释，使它具有一定的意义；知觉的整体性是指人的知觉系统具有把个别属性、个别部分综合成为整体的能力；知觉的恒常性是指当知觉的客观条件在一定范围内发生变化时，知觉印象在很大程度上保持它的稳定性，它是人们知觉客观事物的一个重要特性。

**同步思考 3-1**

**问题：** 看图 3-1 和图 3-2，在这两幅图中，你都看到了什么？为什么不同的人看到的会有判别？

**理解要点：** 知觉形象的变化在于人们对知觉对象与背景的选择及转换上，随着知觉对象与背景的转换，能看到不同的形象，这就是知觉的选择性。在图 3-1 看到花瓶与两张人脸侧面剪影，在图 3-2 中看到的则是少女或老妇的形象。另外，最容易看到的形象，往往是个体最感兴趣或信息储备较多的事物，或者是其某种需要或情绪的表达。

图3-1

图3-2

知觉的恒常性使人们的认知活动倾向于事物的真实状态和属性，但并非所有条件下人们的认识活动都是准确的，有时候人的知觉不能正确地表达外界事物的特性，而出现种种歪曲，从而产生错觉。错觉是人们对客观事物错误的知觉。错觉的产生既有客观原因，也有主观原因，只要错觉产生的条件存在，错觉是不可避免的。

外界信息往往以片断的形式进入人的感觉，但人类并不是以片段的方式来觉察世界的。人类所感知的世界是物和人的世界，是一个以统一的整体作用于人的世界，而不是零碎的各种感觉。在实际生活中，人们的感觉和知觉是密不可分的，“纯粹”的感觉是不存在的。

3）社会知觉

社会知觉是相对于物体知觉的，是对人的知觉。社会知觉包括对自己、对他人、对人际关系的知觉。在社会知觉过程中，由于认知者和被认知者总是处在相互影响和相互作用的状态，因此在认知他人、形成有关他人的印象过程中，由于认知主体与认知客观及环境因素的作用，社会知觉往往会发生偏差，这些偏差包括：

（1）首因效应。首因即第一印象。在社会心理学中，首因效应指的是在社会知觉过程中，最先的印象对人的认知具有极其重要的影响。由于首因效应的存在，使得人们对他人的社会知觉往往表现出这样的倾向，即当人们刚刚获得了有关他人的少量信息，就力图对他人的另外一些特征进行推理、判断，以期形成有关他人的统一、一致的印象。

（2）近因效应。近因即最后的印象，近因效应是指最后的印象对人的认知具有重要的影响。

在社会知觉中既存在首因效应，又存在近因效应，如何解释这似乎矛盾的现象，社会心理学家对此进行了多种解释。卢钦斯认为，在关于某人的两种信息连续被人感知时，人们总倾向于相信前一种信息，并对其印象深刻，此时起作用的是近因效应。而在关于某人的两种信息断续被人感知时，起作用的则是近因效应。也有人指出，认知者在与陌生人交往时，首因效应起较大的作用，在与熟人交往时，近因效应则起较大的作用。

（3）晕轮效应。它又称光环效应，指的是认知者对一个人的某种人格特征形成好的或坏的印象之后，人们还倾向于据此推论该人其他方面的特征。晕轮效应实际上是个人主观推断的泛化、扩张和定型的结果。在社会认知过程中，由于晕轮效应，一个人的优点一旦变为光环被夸大，其缺点也就隐退到光的背后被遮挡住了；反之亦然。

（4）社会刻板印象。人们的社会认知偏差不仅发生在对个人的认知中，也发生在对一类人或一群人的认知中。社会刻板印象是指人们对某个特定社会群体形成的一种概括而固定的看法。在对人的认知中，刻板印象容易导致偏见。

### 3.1.2 秘书观察能力的基本要求

观察是人们认知事物的前提，能否对客观事物进行全面深入的观察，直接影响人的认识正确与否，作为秘书，其观察能力主要有以下几点要求：

1）观察的客观性

观察的客观性是要求秘书人员在对客观事物的观察过程中，排除各种干扰因素，避免以主观臆测来代替对细节的观察，防止武断偏见，不被暂时的假象所迷惑，以便正确地反映客观事物真实的面貌。秘书能否坚持观察的客观性，是能否获得正确认识的关键，是能否为领导提供正确信息的关键，秘书人员坚持观察的客观性，就必须克服各种不利因素的影响，排除各种干扰因素。

（1）排除来自外部的干扰因素。观察是一种有意识的知觉活动，人们在对外界事物产生知觉时，要受到客观事物本身的特征、对象与背景的对比及对象的组合方式等诸多因素的影响。能否排除这些因素的影响，将影响人们对事物的正确认知。如观察对象比较突出的外部特征、鲜艳的颜色、突出的标记等新异刺激首先会引起注意，并被迅速地感知。如果被观察的对象没有突出的形象特征，并且与背景的对比度较小，就不容易被迅速地观察到。另外，知觉的整合、简化及选择等都对人的观察力有较大的影响。因此，秘书人员必须正确地运用知觉原理，以保证观察的客观性。

（2）排除来自内部的干扰因素。内部因素主要是指观察者的兴趣、动机、态度和经验等。人们往往对自己感兴趣的事物观察较细，感知较深，而把那些自己不感兴趣的事物排除在观察的视野之外。同样，自己迫切需要的、有强烈追求动机的事物也会成为知觉和注意的中心。另外，人们过去的经历、见识，即曾经的经验也会影响人们对事物观察的客观性。秘书人员必须克服各种不利因素的影响，真正做到从实际出发，实事求是地观察事物。

2）观察的全面性

观察的全面性，就是避免在观察事物或事件时只注意一个方面而忽视其他方面，出现片面性。观察的全面性是对事物正确认识、判断的基本前提。由于客观事物的复杂性，在观察事物时很容易出现挂一漏万的现象；又由于任何事物都是发展变化的，许多事物之间都有内在的联系，因此对事物孤立地、静止地观察也容易出现片面性。秘书人员不仅要了解、反映真实情况，而且还要了解、反映全面情况，这就要求秘书人员在观察事物时，必须立体地、多层次地、多角度地看问题，同时还应该把被观察对象放在所处的系统中去观察，只有这样才能获取比较全面的认识。

“旁观者清，当局者迷”，在观察客观事物时，要避免以偏概全、先入为主，要从不同的角度去观察，既要注意正面的东西，也要注意反面的东西，克服各种认知过程中的偏差。

3）观察的敏锐性

观察的敏锐性是指在观察活动中能够迅速抓住事物的本质特征。人们对事物观察的敏锐程度是不同的，有的人很敏感，反应很迅速，有的人可能反应得慢一些。观察的敏锐性是人们进行创造性活动的一个重要品质，达尔文曾说，“我既没有突出的理解力，也没有过人的机智。只是在觉察那些稍纵即逝的事物并对其进行精细观察的能力上，我可能在普通人之上。”观察的敏锐对秘书人员同样重要。作为一个秘书，只有观察敏锐，才能及时而准确地捕捉那些新颖的不易觉察的信息，才能发现事物的新趋势，才能真正成为领导的好参谋、好助手。

观察的敏锐性能够帮助秘书人员正确恰当地处理各种人际关系。秘书在特定的角色活动中，要接触各种各样的人，要想处理好同各种人的关系，就应该敏锐而细致地观察这些人的言谈举止、音容笑貌，以便及时调整自己的行为，传递适宜的信息，沟通相互间的感情，融洽相互间的关系。特别是在与领导的交往活动中，秘书敏锐的观察力可以及时地把握领导的情绪和思路，积极接受领导的暗示，协助领导处理好比较棘手的问题，进一步密切与领导的关系。

**同步案例3-1**

**背景与情境：** 赵悦、钱程程、孙莉和李丹是某商贸职业学院文秘专业的应届毕业生。钱程程、孙莉和李丹面容姣好，身高都是一米六七，体重五十余公斤，青春可人，因此，她们三人被称为学院文秘专业的“三朵金花”；更难得的是，三人的学习成绩也不相上下。毕业前夕，一家国内知名的企业来学院招聘文秘人员，三个人心里暗暗努力，都想获得这唯一的名额，并且都做了充分的准备。而和她们参与同一竞争的赵悦看起来没有任何优势。

招聘过程分为三轮：自我介绍、专业测试和面试。前两轮下来，三个人的分数居然相等，远远超过后面的应试者。最后一关三个人都觉得非常紧张。面试开始后，主考官提出两个问题：你的竞争优势和劣势各是什么？你对自己的职业生涯有什么规划设计？三个人都是侃侃而谈，回答得不相上下。但是，结果却出人意料，因为最后被选中的是排在后面的赵悦！是她有后门？还是其他什么原因？可同学都知道赵悦家境贫寒，上学的学费都是自己勤工俭学挣来的。后来，班主任老师通过请教招聘人员了解到赵悦成功的原因：当时招聘单位在面试教室门旁边放了一把倒下的扫帚，其他参加面试的同学都视而不见，而赵悦不仅捡了起来，还放到了应该放的地方。面试的桌子上有一叠凌乱的打印纸，赵悦自然地将它们整理整齐。招聘人员说：“秘书人员所从事的是服务性质的工作，其他专业知识可以通过学习获得，但是服务意识却是多年的习惯养成。同时，赵悦进出时特别懂规矩，非常有礼貌。而恰恰是这些方面，才是我们最需要的。”

**问题：** 赵悦的懂规矩、有礼貌是建立在哪项能力基础上的？

**分析提示：** 对文秘人员而言，专业知识可以通过努力很快学到、掌握，而服务意识和礼仪规范却是长时间积累养成的，而做出这些良好行为的前提是你必须能够“看到”，就是通常说的“眼里见儿”，即观察能力。

### 3.1.3 秘书观察能力在秘书工作中的作用

秘书的观察能力在秘书工作中主要具有以下两个方面的作用：

1）收集信息，发现问题

秘书工作的职责之一是信息反馈，及时地了解各种新情况，发现新问题，是秘书人员信息反馈作用的重要体现。如果一个秘书人员没有良好的观察能力，就不可能及时把握各种新的事物和现象，就很难获得各种有价值的信息资料。秘书具有良好观察能力的作用还表现在能够积极主动地去寻找各种信息，而不是消极地、被动地接受信息资料。当上级的一个文件精神贯彻下来之后，当领导的一项决定布置完毕之后，基层的态度如何、落实结果如何、存在问题的症结何在等问题，都需要秘书人员认真细致地观察。

2）认知事物，形成正确的观念

人的正确认知是在社会实践活动中产生的，离开了社会生活实践就失去了认识的来源。观察活动作为秘书人员的实践活动之一，对于秘书客观地认识事物，形成正确的观念具有重要影响。特别是比较复杂的事物，如果不掌握第一手可靠的资料，不去深入地观察了解，满足于间接的了解，或是仅依靠推理去作判断，往往是行不通的。在缺乏认真、细致的观察而形成的一些印象或观点，往往也会随着长期的观察和了解而发生改变。所以，秘书人员只有具备良好的观察能力，才能形成正确的认识。

作为秘书需要有准确的判断力，对领导的工作及整个组织的情况有全面而深刻的了解。如果能站在领导的角度看问题，不仅能理解领导对各项工作的要求，而且能提前主动做好相应的准备工作。当然，这一切是建立在准确、敏锐的观察能力基础之上的。

### 3.1.4 秘书观察能力的培养

观察能力是秘书人员的一项重要职业素质，秘书人员培养良好的观察能力，一般可以通过以下几种途径：

1）做好观察准备，明确观察目的，培养观察的兴趣和意向

人对事物的观察细致与否和人对该事物的兴趣大小有直接的关系，凡是自己感兴趣的事物往往观察得仔细认真，并有强烈的观察意向，一旦这类事物出现后，便能够及时地注意和观察；相反，对于不感兴趣的事物则往往视而不见，即使看到了也是一扫而过。培养良好的观察能力，秘书人员必须明确观察目的，凡是与工作相关的人和事都应认真观察，并且在观察前就应清楚地意识到应观察哪些东西，哪些是观察的重点，哪些是次要的，可以一扫而过的，以便把自己的注意力集中到对重要事件的观察上。同时还要培养观察兴趣，"世事洞明皆学问"，使自己养成一种自觉的观察习惯，能够做到时时留心、事事留心、处处留心，对工作和事业负有高度的责任感。

2）掌握正确的观察方法

掌握正确的观察方法，可以做到有序地、系统地进行观察。对任何事物，要想获得深刻的感受，获得完整的认识，都必须作深入细致地观察、了解，都必须认真地、一部分一部分地获得感性资料。秘书人员在观察事物时，必须注意掌握观察方法，有顺序、系统地去进行，这样才能在观察后形成明确的认知，使观察的各部分、各阶段做到有内在的衔接和联系，从而进行有效地综合和分析。

当然，秘书在培养观察能力的同时还必须以正确的思想为指导，必须以一定的知识为前提，否则便会发生观点的错误或者不能深入地了解观察对象，使观察失去应有的效果和意义。

教学互动3-1

**要求：**在最短的时间内，找出图3-3中两幅图的不同之处。

图3-3　观察力训练

**说明：**视觉辨别，其实就是找不同。说白了就是把相同和不同的地方要很快地找出来，这是儿童最喜欢的游戏，也是小学老师最常考的题目，长期做这种游戏，可以提高观察力、分辨力。

## ● 3.2　秘书的注意能力

注意是一种伴随性的心理活动过程。良好的注意能力不仅可以使人更快地感知、记忆客观事物，还可以使人更多地感知、记忆客观事物。秘书人员培养良好的注意能力，对于顺利完成各项工作具有十分重要的意义。

### 3.2.1　注意能力的概述

注意是心理活动对一定对象的指向和集中。注意具有两个特点，即注意的指向性和集中性。注意的指向性是指人在某一瞬间，他的心理活动选择了某个对象，而忽略了另一些对象；注意的集中性是指当心理活动指向某个对象的时候，会在这个对象上集中起来，即全神贯注。也可以说，注意的指向性是指心理活动朝向哪个对象，集中性是指心理活动在一定方向上活动的强度或紧张程度。

注意能使所选择的对象处于心理活动或意识活动的中心，并加以维持，从而能够对其进行有效地加工。注意本身不是一种独立的心理过程，而是知觉过程的伴随现象。表现为一种认知性的心理倾向。注意不反映任何事物及其本质属性，离开了心理过程，注意也就不存在了。

注意是心理活动的一种积极状态。注意保证了人对事物清晰的认识、更准确的反应和进行更有序的可控行为。

1）注意的种类

人们对事物的注意，有时是自然而然发生的，不需要任何意志努力；有时是有目的的，需要付出意志努力来维持。因此，可以将注意分为不随意注意、随意注意和随意后注意三种。

（1）不随意注意。它也称无意注意，是指事先没有目的、也不需要意志努力的注意。不随意注意是一种消极被动的注意，在这种注意活动中，人的积极性水平较低。不随意注意与刺激物的特点和人本身的状态有关。不随意注意既可以帮助人们对新事物进行定向，使人们获得对事物的清晰认识，也能使人们从当前进行的活动中被动地离开，或者干扰人们正在进行的活动，因而具有积极和消极两方面的作用。

（2）随意注意。它也称有意注意，是指有预定目的、需要一定意志努力的注意。它是注意的一种主动、积极的形式。随意注意与注意的目的、兴趣、知识经验和性格有关。目的越明确、越具体，越易于引起随意注意；有趣的事物容易引起随意注意；知识经验既能引起随意注意，也能使随意注意保持下去；一个人具有顽强、坚毅的性格，容易使自己的注意服从当前的目的与任务，相反，意志薄弱、害怕困难的人，不可能有良好的随意注意。

（3）随意后注意。它是注意的特殊形式，它同时具有随意注意和不随意注意的某些特征，随意后注意自觉地和目的、任务联系在一起，又不需要意志努力。随意后注意既服从于活动的目的与任务，又能节省意志的努力，因而对完成长期、持续的任务特别有利。

2）注意能力

注意能力，通常是指人们随意注意的能力，是人按照预定的目的在指定的时间内把内心活动集中指向一定对象的能力。根据注意的品质，注意能力集中体现在注意的范围、注意的稳定性、注意的分配和注意的转移等几个方面。

注意作为一种心理现象，是各种心理活动的共同特性，是一种伴随性的心理活动过程；注意能力属于个人能力，是在实践活动中不断发展起来的。注意能力的强弱，既有生理原因，也受知识水平和经验积累等因素的影响。

### 3.2.2 秘书注意能力的基本要求

1）注意的范围

注意的范围又称注意广度，指人们在同一时间内能清楚地观察到对象的数量。一般情况下，人的注意范围为7±2个单元。影响注意范围的因素来自两个方面。一是知觉对象的特点。知觉对象越集中，排列得越有规律，越能成为相互联系的整体，注意的范围就越大。二是人们的活动任务和知识经验。在知觉对象相同的条件下，如果人们的活动任务不同，知识经验不同，注意的范围也不同。

注意的范围对秘书人员十分重要。秘书人员每天要接收许多文件资料，搜集大量信息，这就要求秘书人员具有迅速阅读、通览文章的能力，“一目十行”就是指一个人的知觉速度快、注意范围广，这是秘书人员所应该具备的。一个秘书人员如果注意范围狭窄，不仅不能迅速获得有价值的信息资料，而且会影响注意的视野，变得孤陋寡闻。

2）注意的稳定性

注意的稳定性又称注意的持久性，是指注意保持在某一对象或某一活动上的时间久暂的特性。它是衡量注意品质的一个重要指标，在工作和生活中有重要意义。没有注意的稳定性，人们就难以完成任何任务。注意的稳定性与注意对象的特点及人的自身积极性有关。复杂、变化、活动的对象比单调、静止的对象更能引起人们长久、稳定的注意；如果人们对所从事的活动感兴趣、持积极的态度，那么对该活动的注意就比没有兴趣、态度消极的活动的注意更稳定、持久。

对秘书而言，注意的稳定性是十分重要的心理品质。作为秘书工作者，其注意的稳定性是指能够长时间地把注意力集中在自己的工作上，不分心、不动摇；同时，还要能把注意力集中到工作中的重要问题上。在解决比较重要或时间性较强的问题时，更能专心致志。

3）注意的分配

注意的分配是指人们在进行两种或多种活动时能把注意指向不同对象的现象。注意的分配是有条件的。其中最重要的条件是，在同时进行的几种活动中，必须每一种都是相当熟悉的，其中的一种是自动化了的或部分自动化了的。这样，人们对自动化或部分自动化了的活动，不需要更多的注意，而把注意主要集中在较不熟悉的活动上，使同时从事的几种活动能够顺利进行。另外，注意的分配也和同时进行的几种活动的性质有关。一般来说，把注意同时分配在几种动作技能上比较容易，而把注意同时分配在几种智力活动上就困难得多。

注意的分配对秘书人员十分重要。秘书人员每天要从事大量繁杂的事务性工作，既要保质又要保量，需要有较强的注意分配能力。秘书人员要眼快、手快，离不开其注意分配能力。

4）注意的转移

注意的转移是指人们有意地把注意从一个对象或活动上转移到另一个对象或活动上的现象。注意转移的快慢和难易主要依赖于两个因素。一是原来注意的强度。如果原来注意的强度越大，注意的转移就越困难、越慢；反之，注意的转移就比较容易、快速。二是新注意对象的特点。如果新注意对象符合人们的需要和兴趣，注意转移就容易；反之，就会困难。

注意的转移能力表明了一个人处理问题的机动性，表现出一个人应变能力的高低。对秘书而言，具有重要的意义。注意转移与注意分散是两个不同的概念，有着本质的区别。注意的转移是一种有意识、有目的的活动，受意识的明确支配。而注意的分散是一种无意识的活动，往往表现为注意力不能集中，是注意不够稳定的表现。作为秘书人员，对于已经完成的工作或虽然没有完成但又出现新的更重要工作时，就必须有注意转移的能力，把注意力集中到新的工作任务上来。

秘书的注意范围、注意稳定性、注意分配和注意转移是秘书良好注意品质的重要体现，反映了秘书注意能力的基本特征，是所有秘书人员应该自觉加以培养的。

### 3.2.3 秘书注意能力在秘书工作中的作用

1）良好的注意能力有利于秘书人员提高工作效率

良好的注意力有利于秘书集中注意力解决工作中的主要问题，将自己的全部精力投入到工作中去，以提高工作效率。注意的稳定性实质上就是专心致志，秘书人员只有在特定的时间内专心于一件事情上，才能较顺利地去完成这件事情。秘书工作中有许多纷繁复杂的事情，有时甚至会同时出现几件棘手的事情，如果秘书人员不能集中自己的注意力，不能抓住最关键、最主要的矛盾，很可能一事无成。因此，作为秘书，必须善于控制自己的注意力，有选择地、有目的地去完成那些必要而又紧迫的事情，只有如此，才能高效率地进行工作。

2）良好的注意能力有利于秘书人员充分利用时间

时间对于每个人来说都是宝贵的，秘书人员要充分而合理地利用时间，在尽可能少的时间内完成更多的事情，提高单位时间内的工作量。秘书注意的稳定性能够保证其全神贯注于一件事情，不分心，不一心二用。秘书注意的转移能力可以使秘书人员在处理完一件事情之后能够将精力迅速转移到另一件事情上去，而不停留在原来的事情上，同样可以节省时间。

**同步案例 3-2**

**背景与情境：** 杨梅大学毕业从前台秘书做起，只用了五年时间，就成为公司老总的左膀右臂——秘书科科长。后来学妹缠着她介绍经验的时候，她只说出了八个字：事事留意，细致周到。在同事们软磨硬泡的攻势下，她缓缓地说出了事事留意、细致周到的具体体现。

原来的总经理是个刻板严谨的老者，他非常讲究卫生并要求物品摆放工整，自己放的文件如果被人换了位置他都会相当不满。所以杨梅从来都不让保洁人员为总经理打扫房间，而是自己亲自来做。她不仅把办公室收拾得整洁、有条理，而且保证清理之后任何物品都在原处。发现老总喜欢喝西湖龙井茶，她出差到杭州特意为老总带回几盒茶叶。后来老总退休了，换了一位中年妇女，大家想这次她肯定得不到老总的赏识了。但是杨梅凭借自己的事事留意、细致周到又一次获得了领导的青睐。每次老总下楼的时候，她都走在老总的外侧，有时还如同对待家长一样，乖乖地搀扶领导的手臂。当老总过生日的时候，知道老总是单亲妈妈，还专门放了一束鲜花在老总办公桌上。不仅如此，老总经常晚上有应酬，而孩子准备中考，她主动提出帮老总的孩子补习功课。女老总是个急性子，一次着急让杨梅打印一份商业合同，她当时心急火燎，而杨梅依旧在打印之前耐着性子将合同仔细地阅读一遍。结果，细心的杨梅发现合同有一处数据错误，此举为公司避免了上千万元的损失。由于杨梅的事事留意、细致周到，与领导建立了良好的关系，自然成为秘书工作的佼佼者。

**问题：** 杨梅的成功给你什么启示？

**分析提示：** 较强的工作能力和扎实的基本功是秘书工作的基础，但要想获得领导好感得益于做事时的事事留意、细致周到。而要做到事事留意、细致周到，就需要秘书人员有良好的注意力。杨梅在工作中通过细心观察，善于发现领导的需要，针对不同情况细致周到地满足领导的需求，所以获得了领导赏识，她的成功是水到渠成的。

### 3.2.4　秘书注意能力的培养

兴趣是引起人们注意的重要因素，凡是自己感兴趣的事物，就容易给予优先的注意。例如，平时对体育感兴趣的人，一有什么体育活动便马上注意到了，而对于体育没有兴趣的人，往往对此缺少注意。因此，秘书人员要培养自己对工作、对事业的兴趣，使自己自觉地投身于工作中。

当然，人们对事物的兴趣毕竟是有限的，有些事物我们感兴趣，有些事物则不感兴趣，有些甚至还让我们厌烦。在这种情况下，则很难集中注意力。秘书人员不仅要依靠对事物的兴趣培养自己的注意力，同时还应该运用意志力的作用，提高自制能力，克服注意力分散的弱点。因此，秘书人员应该有意在各种不利的环境条件下，锻炼自己的注意力，如在办公室待人接物的繁忙工作中随时静下心来起草文件，在别人正常谈话时能强制自己不分心。如果长期坚持这种锻炼，就一定能够取得较显著的效果。

**教学互动3-2**

**要求：**在最短的时间内，在图3-4中按顺序找出1-25数字。

| | | | | |
|---|---|---|---|---|
| 2 | 20 | 9 | 22 | 14 |
| 7 | 17 | 24 | 11 | 3 |
| 13 | 4 | 21 | 8 | 25 |
| 16 | 19 | 5 | 1 | 15 |
| 10 | 23 | 12 | 18 | 6 |

**图3-4　许尔特图表——注意力训练**

**说明：**许特尔图表是自制的一种表格，在一张20×20厘米的正方形卡片上，画有25个小方格，在每个小格内无顺序地填写上阿拉伯数字1—25，要求按顺序找出1—25的数字，而且必须边读边指出。正常成年人看一张表格的时间大约是25～30秒，有些人可缩短到11～12秒，极个别的人只需7～8秒的时间。

## 3.3　秘书的记忆能力

记忆作为一种基本的心理过程，联结着人们心理活动的过去和现在。通过记忆，人们不仅可以识记感知过的形象，还可保持、重现发生过的情感。人的一切活动，从简单的感知、观察到复杂的思维、想象和创造，只有在记忆的基础上才能进行。一个人失去了记忆能力，所有心理活动都将中断。离开了记忆，人们的行为也只能由本能来决定。

### 3.3.1　记忆能力概述

记忆是在头脑中积累和保存个体经验的心理过程。人们感知过的事物，思考过的问题，体验过的情感，从事过的活动，都会在头脑中留下不同程度的印象，并在一定条件下能在头脑中重现出来。这种人脑对过去经验中发生的事物的保存、再认或再现的心理现象，就是记忆。

1）记忆的种类

（1）根据记忆的内容，可以将记忆分为形象记忆、逻辑记忆、情感记忆与运动记忆。形象记忆是以感知过的事物形象为内容的记忆。形象记忆可以帮助人们记住事物的具体形象，如事物的大小、形状、颜色，空间及时间的关系，声音及物体的运动等；逻辑记忆是以概念、判断、推理等为内容的记忆。其保持的不是事物的具体形象，而是关于事物的意义、性质、规律等方面的内容，这种记忆具有高度的理解性和逻辑性；情感记忆是以体验过的情绪情感为内容的记忆，所保持的是曾经体验过的情感，如快乐、忧愁、悲伤等；运动记忆是以过去曾经做过的动作或运动为内容的记忆，如书写、行走、各种运动技能等。在运动记忆的基础上，人们才能形成熟练的技巧。

（2）根据记忆保存时间的长短，可以将记忆分为瞬时记忆、短时记忆与长时记忆。瞬时记忆也称感觉记忆或感觉登记，指当刺激停止后，信息在感觉中有一个短暂的停留，最多1～2秒钟，所以称其为瞬时记忆；短时记忆指一次经验后能保持1分钟以内的记忆；长时记忆也称永久记忆，是指保存时间从1分钟以上直到保存多年甚至终身的记忆。长时记忆的信息提取有两种基本形式，即再认和回忆。在现实生活中，这三种记忆是可以转换的。瞬时记忆稍加注意就可以转换为短时记忆，短时记忆经过复习便可转为长时记忆。

2）记忆的基本过程

按照现代信息加工的观点，记忆是一个结构性的信息加工系统。记忆是信息的输入、加工、储存和提取或输出的过程。记忆主要包括识记、保持、再认和回忆四个基本阶段。识记是识别记住事物而积累知识经验的过程，是记忆的第一阶段。保持是对识记的知识经验进行积累加工、贮存和巩固的过程，这是记忆的第二阶段。再认是指对感知过、思考过、体验过的事物，当它再度呈现时，仍能认知的心理过程，这是记忆的第三阶段。回忆是过去经历过的事物的形象或概念在头脑中重新出现的过程。一般说来，能够回忆的事物，一定能够再认，而能够再认的事物，则不一定能回忆，这是记忆的第四阶段。

记忆的这几个环节是相互联系、相互制约的。没有识记，就没有对经验和知识的保持，没有保持就不可能有再认和回忆，识记和保持是再认和回忆的前提和基础；再认和回忆则是识记和保持的结果，能进一步巩固和加强识记和保持。人的记忆能力也就是在这几个相互联系的环节中所表现出来的认知能力。

3）遗忘

遗忘是指记忆的内容不能保持或提取时发生困难。如识记过的事物，在一定条件下不能再认和回忆，或者再认和回忆时发生错误，就发生了遗忘。遗忘有四种情况：能再认不能回忆称为不完全遗忘；不能再认也不能回忆称完全遗忘；一时不能再认或重现称为临时性遗忘；永久不能再认或回忆称永久性遗忘。

遗忘的影响因素主要包括识记材料的性质和数量、学习的程度、识记材料的系列位置及识记者的态度。一般认为，有意义的材料比无意义的材料遗忘得要慢，识记的材料越多，遗忘得越快；在人们的生活中不占重要地位、不引起人们的兴趣、不符合人们需要的事情，容易出现遗忘。

关于遗忘的原因，心理学上有各种不同的看法，主要有四种理论对此做了解释。一是衰退说，认为遗忘是记忆痕迹得不到强化而逐渐减弱，以致最后消退的结果，这种说法易为人们所接受；二是干扰说，认为遗忘是在学习与记忆之间受到其他刺激干扰所致，一旦干扰被解除，记忆就能恢复；三是压抑说，认为遗忘是由于情绪或动机的压抑作用引起的，如果这种压抑被解除，记忆也就能恢复；四是提取失败说，该学说认为储存在长时记忆中的信息是永远不会消失的，人们之所以对一些事情想不起来，是因为在提取有关信息时没有找到适当的提取线索。

### 3.3.2　秘书记忆能力的基本要求

记忆能力是人们在记忆活动过程中所表现出的一种心理品质，它主要包括记忆的敏捷性、记忆的准确性和记忆的持久性三个方面。

1）记忆的敏捷性

记忆的敏捷性指的是识记速度的快慢，通常以单位时间内记住内容的多少来衡量。在这方面有很大的个体差异，对同一材料，有的人很快就能记住，而有的人却要花很长的时间才能记住。当然，也不能单纯以记忆的敏捷性来判定一个人记忆力的好坏，因为有的人虽然记得快，但忘得也快；而有的人尽管记得慢，但忘得也很慢。记忆的敏捷性只有和记忆的其他品质相结合才有意义。秘书工作有很多是时效性很强的工作，如领导临时交办的事项，听取口头汇报时的观点、数字、材料，由于时间条件所限，不容许花太长时间去记忆，必须迅速把它们记住，这就需要有良好的记忆敏捷性。

2）记忆的准确性

记忆的准确性是指对识记的材料记得是否正确。有的人对识记的材料能正确无误地加以回忆，而有的人在回忆时经常出现歪曲、遗漏。记忆的准确性是记忆的重要品质。如果缺乏记忆的准确性，那么记得再快、再牢也是没有意义的。秘书人员对日常工作中接触过的人、事物、材料要记忆准确，力求做到一字不差，绝不能似是而非、张冠李戴，否则会对工作造成不良影响。

3）记忆的持久性

记忆的持久性是指识记的事物保持时间的长短。有的人能把识记过的内容长久地保持在记忆中，而有的人却很快将其遗忘，并且有些人记忆的持久性是非凡的。

秘书记忆的持久性对于处理日常工作是极为重要的。如一些基本的数据资料，是经常要用到的，秘书必须要牢固地记住。记忆的持久性可以节省秘书人员大量的时间，如在文件起草中需要的一些数据，如果没有记住，就需要临时去找原始材料，既分散了精力，又浪费了时间。在某些特殊场合，可能不允许秘书去查资料，领导要对某项事情查询时，如果有些应该记住的东西没有记住，会出现极为尴尬的局面。

**同步案例 3-3**

**背景与情境：**陈颖在宏图公司做了十五年秘书，她从见习秘书做起，先后做过前台秘书、销售部秘书、总经理办公室秘书，直至五年前被提升为总经理助理。这几天，她想应该和总经理谈谈了，她已经快四十岁，不再年轻，应该给年轻人机会，是不是该给她换一个工作了。总经理听了她的陈述，诚恳地对她说："小陈，按你的工作能力和这些年的优秀表现，胜任一个部门经理绰绰有余，我早就应该让你独挡一面，可我真的不想离开你。

从你做我的秘书开始，这些年我已经习惯了你为我打点一切，你的细心周到，让我在工作上游刃有余。这也是我的私心，让你受委屈了。怎么办呢？要不，你先带一个秘书，等她出徒，我再考虑给你调工作。”

为什么总经理会这么说呢？到底陈颖有什么过人的本事？原来，陈颖虽然称不上漂亮，但待人热情，诚恳有度，而且陈颖有着非凡的记忆力。只要她见过的客户，经手过的文件资料，她都能了如指掌，过目不忘，在领导和其他相关人员遗忘或记不清楚的时候都能给予及时的提醒和补充。在公众场合和日常工作中，她的这种能力，使总经理减少了很多尴尬，赢得了良好的口碑。还有，她管理的事情，都井井有条，轻重有序。

**问题：**陈颖为什么会得到总经理的赏识？

**分析提示：**秘书是一个看似简单实则要求很高的职业，要想成为一个优秀的秘书要经过长期的积累和实践的训练。秘书只具备了基本的知识和技能是远远不够的，还有一些能力必须在工作实践中去领悟，良好的记忆力无疑是一个优秀秘书必须具备的品质。

### 3.3.3 秘书记忆能力的培养

良好的记忆能力对秘书人员是十分重要的，它不仅可以帮助秘书人员快速地学习新知识、新方法，跟上时代的发展潮流，而且有助于提高秘书的工作效率，增进秘书与各方面的人际交往，提高秘书人员的威信。因此，秘书人员应该充分重视培养自己的记忆能力。

1）培养有意记忆的能力

记忆按照有无目的性可以分无意记忆和有意记忆两种。无意记忆是依靠自己的兴趣以及外界事物的强烈刺激来实现的，一般不需要意志努力，是一种不自觉的行为；有意记快是有明确的目的并用一定的方法进行的记忆方式，有时还必须依靠意志努力才能完成。秘书人员要积极培养有意记忆的能力，明确记忆目的，自觉地克服各种记忆障碍，完成记忆任务。当然，也应充分重视运用记忆规律，善于将有意记忆转化为无意记忆，以提高自己识记兴趣，将记忆变成自己的一种良好习惯。

2）培养意义记忆的能力

根据对材料的理解程度和材料本身是否有规律，可将记忆分为意义记忆和机械记忆。秘书人员应该充分运用以往的知识经验，寻找材料的意义及内在联系，找出有规律性的东西，加深理解，融会贯通，提高意义记忆的水平。这样可以不断提高识记的速度，并使记忆保持得更长久。一般情况下，应该尽量避免采用机械记忆的方式，但是有些材料是孤立的，又没有特别的意义，一定的机械记忆则是必不可少的。秘书人员要提高记忆水平，应该重视将意义记忆和机械记忆有机地结合起来，合理运用，既不能将本来有着十分密切联系的事物割裂开来记忆，也不要把本来没有任何联系的材料找出所谓的规律来。

3）掌握科学的记忆方法

掌握一定的记忆方法，同遗忘作斗争。遗忘是与记忆相对立的，要培养良好的记忆品质，必须了解遗忘的特点，掌握遗忘的规律。艾宾浩斯的遗忘规律认为，遗忘在记忆之初就开始出现，遗忘过程是不均衡的，在识记的最初时间遗忘最快，随着时间的流逝失衡逐渐减慢，到了某一时间几乎不再遗忘了，即遗忘具有先快后慢的特点。这要求秘书人员在学习新东西之后，及时复习，巩固已获得的各种新知识，这样便可以克服过多遗忘的现象。当然，遗忘并不完全是一种负面现象，有时为了更好地记忆，还必须善于学会遗忘，即要把那些没有记忆价值的、已经失去意义的、不需要记忆的东西及时遗忘掉，这样有助于秘书人员接受记忆新知识。

同时，秘书人员掌握适当的记忆方法，可以提高自己的记忆水平，常用的记忆方法有：

（1）简化法。它是化繁为简，简化记忆的方法。在记忆过程中抓重点、记提纲。简化是人们学习知识时的一种心理倾向，简化的东西可以减轻人们的记忆负担。

（2）分组法。分组法即把知识内容按照相似性的原则进行归类，寻找出规律性的东西，也可以提高记忆效果。

（3）联想法。运用回忆的方式，将有关记忆材料通过对比、类似联想的方法再现出来，可以帮助秘书人员及时地复习巩固，增强记忆水平。

当然，记忆的方法还有很多，但每一种方法都不是万能的，是因人而异的。秘书人员在积极锻炼自己记忆能力的同时，还要运用其他手段来帮助自己收集资料信息。俗话说"好记性不如烂笔头"，秘书人员在培养自己记忆力的同时，还必须借助纸笔的帮助，记住更多的信息。

## ● 3.4 秘书的想象能力

### 3.4.1 想象能力概述

想象是对头脑中已有的表象进行加工改造，形成新形象的过程，是一种高级的认知活动。表象是感知观察之后在头脑里留下的有关事物的形象。想象不同于表象，表象是过去感知过的事物的形象在头脑中的再现，并没有创造出新的形象，因此属于记忆的范畴；想象是新形象的创造，属于思维的范畴。

1）想象的种类

根据想象活动是否具有目的性，可以将想象分为无意想象和有意想象。

无意想象是没有预定目的、不自觉产生的想象。无意想象是在人们意识减弱时，在某种刺激的作用下，不由自主地想象某种事物的过程；有意想象是按一定目的、自觉进行的想象。在有意想象中，根据想象内容的新颖程度和形成方式的不同，可分为再造想象、创造想象和幻想。

再造想象是根据言语的描述或图样的示意，在头脑中形成相应的新形象的过程。再造想象的形成要有充分的记忆表象作基础，表象越丰富，再造想象的内容就越丰富。创造想象是在创造活动中，根据一定的目的、任务，在头脑中独立地创造出新形象的过程。创造想象比再造想象更复杂、更困难，它需要对已有的感性材料进行分析、综合、加工、改造，在头脑中进行创造性地构思；幻想是指向未来，并与个人愿望相联系的想象。

2）想象的综合过程

想象是从旧的形象中分析出必要的要素，按照新的构思重新结合、创造出新的形象，想象过程是对形象的分析和综合过程，它的综合有以下几种独特形式。

（1）黏合。它是把客观事物中从未结合过的属性、特征、部分在头脑中结合在一起而形成新的形象。

（2）夸张。它又称为强调，是通过改变客观事物的正常特点，或者突出某些特点，略去另一些特点进而在头脑中形成新的形象。

(3) 典型化。它是根据一类事物的典型特征创造新形象的过程。

(4) 联想。它是由一个事物想到另一个事物创造出新形象的过程。

### 3.4.2 秘书想象能力的基本要求

1) 秘书要有再造想象的能力

再造想象是根据语言的描述或图形的示意，在头脑中形成相应的新形象的过程。再造想象并不是一种完全被动的想象，它本身也含有创造性的成分，这种想象只是以他人已有的描述或示意形成形象的过程。以同样的描述和示意为基础，每个人再造出来的形象是不同的。因此，秘书人员要想理解他人意图，根据他人描述再造出接近原型的形象，必须具备一定的再造想象的能力。首先，必须有较强的理解能力，能够将描述与图示的意义读懂，这是形成再造想象的基础；其次，必须具有丰富的想象储备，即必须有广泛的阅历和对各种事件的深刻体验，这样才能使再造想象更合乎情理。

2) 秘书要有创造想象的能力

创造想象是一种不依据现存的材料，独立创造出新形象的过程。创造想象与创造思维是密切联系的，是人类创造性活动必不可少的因素。秘书人员运用创造性想象，可以设计新的工作目标，产生新的方案，这些都是发挥参谋作用不可或缺的。要进行创造性地想象，必须具有强烈的创新意识，有创造新事物的兴趣和愿望，还要充分调动自己思维的积极性，进行细致的构思，同时还必须保持注意力的高度集中。

### 3.4.3 秘书想象能力在秘书工作中的作用

想象力作为认知能力，是社会实践活动的结果。爱因斯坦曾说，“想象力比知识更重要，因为知识是有限的，而想象力概括着世界上的一切，推动着世界的进步，并且是知识进化的源泉。严格地说，想象力是科学研究中的实在因素”。秘书工作虽然不属于科学创造，但它同样需要丰富的想象力。

1) 想象能力是进行创造性工作的基础

作为秘书人员，不能仅以自如地应付一天的工作为安慰，还应该能在平凡而琐碎的日常工作中进行创造性的工作，追求更远大的理想。理想是一种符合事物发展规律的经过努力可以实现的想象。一个秘书能否树立切合实际的理想，是其想象力高低的标志。秘书人员的创造想象力，不仅可以体现在日常的工作中，而且也体现在对领导的参谋作用上。对工作规划的合理设想，对改革工作的大胆建议，都需要秘书人员有丰富的想象力。秘书的想象力对于自我发展也有着十分重要的意义，它可以帮助秘书寻求最佳活动方式，不断鼓舞秘书人员克服各种困难，去追求新的理想和更加完美的生活方式。想象可以成为秘书工作的一种内部推动力。

2) 想象能力对处理各种人际关系有重要意义

美国学者奥斯本曾说，“在很大程度上想象力支配着我们生活。没有想象，任何金科玉律也不可能产生好的结果，因为我们行事不能不为他人设身处地着想”。在秘书的交往活动中，运用想象力来推断自己的行为会引起对方什么样的反应，对于秘书人员正确调整自己的行为习惯，处理好各种复杂的人际关系，具有十分重要的意义。有时候由于对他人缺乏了解，一句话或一个动作都可能引起对方的不满。因此，秘书人员不仅要推己及人，己所不欲，勿施于人，而且还要根据想象推断他人可能有的反应方式，这对增进人际关系是有所裨益的。

**同步案例3-4**

**背景与情境：** 张天是市贸易局的办公室秘书，近几年来，市里大力发展经济，提出很多优惠政策招商引资，来市里洽谈合作投资项目的外国公司络绎不绝。

这天，局领导跟张天说："后天法国的一家大公司要来市里商洽有关合作事宜，这是一家知名国际服装设计公司，市领导很重视，要求我们一定要接待好，争取合作成功。他们后天下午到达，晚上为他们接风洗尘。你准备一下，拟定一份正式宴请名单交给我。"

张天是老秘书了，经验非常丰富，很快按照领导的意思拟定了一份名单，包括五名法国外宾、局长、主管副局长，当然还有他自己。考虑到市里领导很重视这次合作，名单里还有市里主管经济的刘副市长。名单提交给领导后，领导很满意，对张天说："不错，就这样吧。刘副市长我来请，其他人你负责请，要准时参加。"经验老到的张天又向局长建议说："局长，我们是否还要考虑到一点，万一刘副市长有要事来不了，我们必须考虑一个合适人选来代替他；否则，会降低接待的规格。同时，由于时间紧，这个替代人选还得不介意我们临时通知他，局长您看谁合适呢？"局长说："小张，你考虑得很周到，就李副市长吧，我跟他是老同学，关系不错。我跟他先打声招呼，刘副市长实在来不了，就请他来救场，应该没什么问题，我现在就给他打电话。"

**问题：** 为什么说张天是一个经验丰富的秘书？

**分析提示：** 之所以说张天是一个经验丰富的秘书，是因为张天在拟定宴请客人名单时考虑得很周到。他既领会了领导意图，确定这是一次高规格接待，体现市里和局里对这次合作谈判的重视；又想到万一重要客人有事来不了由谁替代的问题，能及时向领导进言。

### 3.4.4　秘书想象能力的培养

人的知识经验在想象活动中起着重要作用，知识经验能够提高想象的水平，能够帮助人们进行创造性的想象。一个一无所知的人，是很难进行创造性想象的。人的知识面越广、知识越丰富，想象的领域就越宽广，想象也就越合理、越生动。人的想象力是与知识水平成正比的。秘书人员培养想象力，必须不断扩充知识、积累经验。

秘书人员应深入到各项工作中做细致观察，丰富头脑中的各种表象。生活是想象的源泉，人的想象正是对过去感知过的形象进行加工改造形成新形象的过程。如果没有各种生活表象的积累，也就没有想象的基础。秘书人员只有善于观察各种事物，并对这些事物形成正确的表象，才能不断提高自己想象力的水平。

秘书人员培养想象力还必须同提高思维能力结合起来。想象参与思维过程，对思维起着重要的促进作用。思维离开了想象，就要产生困难；想象也是在思维的基础上形成的，离开了对各种现象材料的分析、比较和综合，就很难形成新想象。

# ● 3.5 秘书的思维能力

### 3.5.1 思维能力概述

1）思维的概念

思维是借助语言、表象或动作实现的，对客观事物的概括的间接的认识，是认识的高级形式。思维能揭示事物的本质和内在联系。思维不同于感觉和知觉，感觉和知觉只是对客观事物的直接的反映，思维反映的则是客观事物共同的、本质的特征和内在联系。

思维与感知都是人脑对客观现实的反映，但两者有着本质的不同。感知是对客观现实的直接反映，所反映的是客观事物的外部特征和外在联系，是认识的感性阶段；思维反映的是客观事物共同的、本质的特征和内在联系，属于认识的理性阶段，是更复杂、更高级的认识过程。当然思维与感知是密不可分的，思维是在感知的基础上产生和发展起来的。正确的思维不但不能脱离客观事物，而应更加接近客观现实，使人更深刻、更正确地认识现实，同时感性认识的材料如不经过思维加工，就只能停留在对事物表面现象的认识上，而不能认识客观事物的规律和本质。

2）思维的特征

概括性和间接性是思维最基本的特征。

（1）概括性。思维的概括性是指在大量感性材料的基础上，把一类事物共同的特征和规律抽取出来，加以概括。思维的概括性不仅表现在反映某一类客观事物共同的、本质的特征上，也表现在它反映了事物之间的内在联系和规律上。

概括在人们的思维活动中有着十分重要的作用，它使人们的认识活动摆脱了具体事物的局限性和对事物的直接依赖关系，这不仅扩大了认知范围，也加深了人们对事物的理解。概括水平在一定程度上反映了思维水平。

（2）间接性。它是指人们借助于一定的媒介和知识经验对客观事物进行间接的认识。由于思维的间接性，人们才有可能超越感知所提供的信息，认识那些没有直接作用于人的感官的事物和属性，从而揭示事物的本质和规律。所以，思维认识的领域要比感知认识的领域更广阔、更深刻。

**同步思考 3-2**

**问题：**肖像放在哪个盒子里？

这是根据英国戏剧家莎士比亚《威尼斯商人》这部名剧中的一个情节改编的小故事：女主人公鲍细娅是名门闺秀，长得妩媚动人，引来了许多求婚者。一天，鲍细娅带来三只盒子，对众多的求婚者说："这里有三只盒子，每只盒子上写着一句话。三句话中只有一句是真话。谁能够猜中我的肖像放在哪只盒子里，谁就可以成为我的意中人。"三只盒子依次排开。

金盒子上写的是："肖像在这只盒子里。"

银盒子上写的是："肖像不在这只盒子里。"

铅盒子上写的是："肖像不在金盒子里。"

大家礼让两位王子先猜，令人遗憾的是，他们都没有猜中，只得先后悻悻离去。一位年轻潇洒且颇有学识的富商子弟猜中了，并说出了他的推理过程。

**理解要点**：如果求婚者运用逻辑推理知识，他就不难推出：由于金盒子与铅盒子上写的话是相反的，那么其中必有一真一假。而三句话中只有一句为真，于是银盒子上的话只可能是假的，假银盒子上说“肖像不在这只盒子里”，相反，肖像恰好就放在这只盒子里。这也反映了思维的概括性和间接性。

3）思维的种类

思维可以从不同角度进行分类。

（1）动作思维、形象思维和逻辑思维。根据思维过程中的凭借物或思维形态的不同，可把思维划分为动作思维、形象思维和抽象思维。

动作思维又称实践思维，是指在思维过程中以实际动作为支持的思维。其特点为：任务是直观的，以具体形式给予的，解决方式是实际动作。形象思维是用表象来进行分析、综合、抽象、概括的过程。形象思维的基本单位是表象，成人的思维虽然主要是借助概念来实现的，但也不可能完全摆脱形象思维。人们在解决比较复杂的问题时，形象思维的作用就表现出来了，鲜明、生动的客观形象有助于思维的顺利进行；抽象思维是借助概念、判断、推理等形式来反映客观事物的运动规律，对事物的本质特征和内部联系加以认识的过程。

（2）形式逻辑思维和非形式逻辑思维。根据思维时是否具有或遵循明确的逻辑形式和逻辑规则，可将思维划分为形式逻辑思维和非形式逻辑思维。

形式逻辑思维是指有明确的逻辑形式，遵循一定的逻辑规则的思维。非形式逻辑思维是指不具有明确的逻辑形式或不遵循明确的逻辑规则的思维。动作思维、形象思维属于非形式逻辑思维。直觉思维是指没有完整的传统逻辑过程，迅速对问题的答案做出合理的猜测、设想或突然领悟的思维。直觉思维也是非形式逻辑思维。

（3）常规思维和创造思维。常规思维是指人们运用已有的知识经验，按现成的方案和程序直接解决问题。这种思维的创造水平低，对原有的知识不需要进行明显的改组，也没有创造出新的思维成果；创造思维是重新组织已有的知识经验，创造出新的思维成果的思维活动。创造性思维是人类思维的高级形式。

（4）集中思维和发散思维。根据思维过程中的指向性不同，思维可分为集中思维和发散思维。

集中思维是指思考时信息朝一个方向聚敛前进，从而形成单一的、确定的答案的认识过程，即利用已有的信息，达到某一正确结论，集中思维的主要功能是求同。发散思维是指思考问题时信息朝各种可能的方向扩散，并引出更多新信息，使思考者能从各种设想出发，不拘泥于一个途径，不局限于既定的理解，尽可能做出合乎条件的多种解答。发散思维的主要功能是求异与创新。

4）思维的基本过程

人类思维活动的过程表现为分析、综合、比较、抽象、概括和具体化等。其中，分析和综合是思维的基本过程，其他过程都是从分析、综合过程派生出来的，或者说是通过分析、综合来实现的。

（1）分析与综合。分析是在认识上把事物的整体分解为各个部分、个别特性或个别方面的过程。综合是在认识上把事物的各个部分或不同特性、不同方面结合起来形成一个整体的过程。任何一个事物，不论是简单的还是复杂的，总是由各个部分组成，而且具有各种不同的特性。人们在认识某一事物时，就要不断地对它进行分析和综合。

分析和综合是方向相反而又紧密联系的过程，是同一思维过程中不可分割的两个方面。分析总是把部分作为整体的部分加以区分，从它们的相互联系上来分析，而综合则是对分析出的各种部分、各种特性的综合，是通过对各个部分、各种特性的分析而实现的。分析为了综合，分析才有意义；综合中有分析，综合才更完备。任何一个比较复杂的思维过程，既需要分析，也需要综合。

（2）比较与分类。比较是在认识上确定事物之间共同点和差异及其关系的过程。人们经过分析和综合，认识事物的许多特点和属性，为进一步认识和辨别某一事物，需要在分析、综合的基础上，对与这一事物相似或对立的事物进行比较。通过比较找出它们之间的共同点和差异。比较可以是同中求异或异中求同，也可以是横向比较或纵向比较；分类是按事物属性的异同，把事物分为不同种类的过程。分类是以比较为基础。人们通过比较揭露事物之间的共同点和差异，然后根据事物间的共同点将事物集合成一个较大的类，又根据事物间的差异将较大的一类划分为几个较小的类。这样，就把众多事物区分为具有一定从属关系的大小类别，形成概念体系和合理的知识结构。

（3）抽象与概括。抽象是在认识上抽取同类事物的本质特征，舍弃非本质特征的过程。概括是在认识上把同类事物的本质特征加以综合并推广到同类其他事物的思维过程。

抽象和概括是彼此紧密联系的。抽象是概括的基础，如果没有抽象就不可能进行概括。概括就是把分析、比较、抽象的结果加以综合，形成概念。概括的作用在于使人的认识由感性上升到理性，由特殊上升到一般。只有通过概括才能使认识深化，才能更正确、更完全、更本质地反映事物。任何一个概念、一条规律、一个公式或原则都是抽象和概括的结果。

（4）具体化。它是将通过抽象和概括而获得的概念、原理、理论应用于实践中以加深、拓宽对各种事物的认识。

### 3.5.2 秘书思维能力的基本要求

思维能力的高低主要依赖于大脑对客观事物的概括、判断和推理水平。思维能力不仅反映大脑的聪慧程度，也反映出系统思维品质的锻炼程度。思维能力的个体差异较大，主要体现在思维的广阔性、深刻性、独立性、敏捷性和灵活性等方面。对秘书人员而言，其思维能力要满足以下几方面的要求：

1）思维要具有广阔性

思维的广阔性是指人在思维过程中能够全面地考虑问题，而又不忽视主要细节。秘书人员思维的全面性表现为在处理各种问题时，考虑要全面、周到。如在总结先进典型时，既要全面地概括介绍，又要有具体细节的描述；在起草一般工作报告时，既要对组织情况进行概括分析，又要抓住一些重点来阐述。这样才能既顾及重点，又顾及全面，避免因思考不周而造成失误。

2）思维要具有精确性

思维的精确性是指在思维过程中考虑问题细致严密、准确充分。对于秘书人员而言，无论是起草文件，还是向领导提出建议或请求，都要考虑再三、反复斟酌，对于那些不成熟的想法或缺少依据的设想，不能随便提出。思维的精确性是秘书作风严谨的重要体现。

3）思维要具有逻辑性

秘书人员要做到提出问题清晰、明确，不能含糊不清、似是而非，要层次分明、有条不紊。思维具有逻辑性，才能做到处理问题简洁明快、头头是道。

4）思维要具有敏捷性

思维的敏捷性是指在思维过程中，思维的速度快，当机立断，能够迅速解决问题。秘书人员要及时收集各种信息，并将信息经过加工处理后随时提供给领导。秘书人员敏捷的思维能力，来自对大量信息的精确筛选。另外，秘书思维的敏捷性还体现在处理各种紧急事情时能及时拿定主意，找出解决的办法，从而提高工作效率。

5）思维要具有灵活性

秘书在思维过程中，要能够根据具体情况随机应变，相机而行。作为领导的参谋和助手，秘书人员应该遵循领导的意图办事。但是，有些问题的处理可能领导没说，无条文可查，这时秘书人员不能背上教条主义的包袱，应该运用自己的知识经验，根据实际情况，灵活地处理。只有这样，才能不失时机，争取掌握处理问题的主动权。

6）思维要具有创造性

秘书人员在思维过程中要有独到的见解，寻求新的突破。有人认为秘书只是抄抄写写、收收发发、照章办事，不需要创造性，这是一种错误的认识。秘书是领导的参谋、助手，起着补充领导思想的重要作用，不能循规蹈矩。秘书人员的创造性思维，可以为领导出谋划策，甚至有时还可能想在领导的前面。一个秘书具备创造性思维能力，对于完成日常工作和开创新的工作局面，都具有重要意义。

**【知识拓展3-1】**

**创造性思维的培养**

秘书培养创造性思维，必须改变传统的模仿式思维，建立崭新的思维方式，应注意运用以下几种思维方法：

（1）系统式思维。系统论的观点要求秘书人员必须全面地看问题，系统式思维并不是要对所有问题的所有方面同时进行思考，而是要区别不同层次、不同作用，抓住主要环节去思考，“牵一发而动全身”，提纲挈领。同时，要把事物整体作为一个结构去认识，去研究，在思维上建立起孤立要素互相结合的系统或模型，并进行不断的变换相交、匹配互补、优化组合，进而择善而从，形成一种新的高一层次的认识。

（2）转移式思维。经验是人类的宝贵财富。要转移经验，首先必须学会总结经验，经常到基层调查研究，各地的反馈信息都能提供新鲜经验。其次要对已有的经验进行综合分析，要找出它的特殊性以及与其他事物相联系的共性。最后，在类推经验时要有新的创造。

（3）侧向式思维。人们在认真研究一个问题并想找到解决办法时，往往“左思右想”，运用不同的信息流，从相邻的领域取得启示，这就是人们常说的侧向式思维。侧向式思维有两个条件：一是要有一个明确的核心目标，左思、右想，要始终围绕一个问题去思、去想；二是要从所涉猎的事物找到与核心目标可资类比的地方。

（4）异向式思维。在遇到问题时，按照一个方向去推导遇到了阻力，应迅速改变方向，突破原有的思路，调换方向，甚至沿相反的方向，另辟新径，从而使问题顺利得到解决。这里，重要的是要有改变思维方向、突破原有思路的勇气。异向思维或逆向思维之所以得出超常的结论，或者说是具有前面所说的求新性，是因为捕捉到了矛盾的特殊性，因而也就能做到“标新立异”。

### 3.5.3 秘书思维能力的培养

1）秘书人员应不断充实自己的知识经验

人的思维活动的基础是知识经验，离开了这个基础，思维活动就无法进行。人的思维主要是借助于概念来进行的，概念是以语词的形式表达的。如果缺乏知识经验，就无法理解语词的含义，就无法使用概念来进行思维。如一个秘书人员不掌握所在组织或部门的专业术语，不仅无法作会议记录，甚至连听也听不懂，更不用说使用专业术语进行思考了。由此看出，不断充实丰富自己的知识经验，是秘书人员提高思维能力的重要前提，所以秘书人员应该广泛涉猎多学科的知识内容，做一个杂家，对于增强自己的思维能力是有帮助的。

2）秘书人员应养成自觉思考的习惯

思维品质与人的思维勤奋性有关。一个勤于思考的人，思考问题时往往思路清晰，反应敏捷；相反，如果没有良好的思维习惯，往往思路闭塞，反应迟钝。高尔基说，“懒于思索，不愿钻研深入理解，自满或满足于微不足道的知识，都是智力贫乏的原因。这种贫乏通常用一个词来称呼，就是‘愚蠢’。”秘书人员不能惟命是从，缺乏独立思考的能力，或只是凭经验办事，跟在别人的后头亦步亦趋。

**教学互动 3-3**

**要求：**在最短的时间内，在图 3-5 的每一个小九宫格中，分别填上 1—9 的数字，使整个大九宫格每一列、每一行的数字都不重复。

| | | | | | | | | |
|---|---|---|---|---|---|---|---|---|
| | | | 7 | 4 | | | | |
| | | 8 | | | | 9 | | |
| | | 2 | | | | 4 | 3 | 7 |
| | 9 | 6 | | | 4 | 7 | | |
| | | | | 8 | | | | 9 |
| | | 4 | | | 2 | | 1 | 8 |
| 1 | 6 | | 8 | | 3 | | 5 | |
| | | | | 2 | | 8 | 7 | |
| | | | | | | | | |

图 3-5 数独游戏

**说明：**“数独”一词来自日语，意思是“单独的数字”或“只出现一次的数字”。概括来说，它就是一种填数字游戏。但这一概念最初并非来自日本，而是源自拉丁方块，它是十八世纪的瑞士数学家欧拉发明的。九宫数独可以锻炼大脑的思维灵活度，提高逻辑思维，增强全面看问题的能力，在增进大脑推理能力的同时，养成自主动脑的习惯。

## 本章小结

能力是一种心理特征，是顺利实现某项活动所必须具备的心理条件。人的能力是各种各样的，通常可将能力分为一般能力和特殊能力。一般能力指在不同种类的活动中表现出来的能力，如观察能力、注意能力、记忆能力、想象能力和思维能力。平常所说的智力，就是指一般能力而言的。人要完成任何一种活动，都和这些能力的发展分不开。

观察是有计划、有目的、有思维参加的持久的知觉。观察能力是人们有意识地对客观事物进行知觉感受的能力，是认知事物的必要前提。人的认知过程是由感觉和知觉开始的。感觉是人脑对作用于感觉器官的客观事物个别属性的反映；知觉是人脑对作用于感觉器官的客观事物整体属性的反映。知觉具有选择性、理解性、整体性和恒常性的特征。社会知觉则是人们对自己、对他人、对人际关系的知觉。秘书应努力培养观察的客观性、全面性和敏锐性。

注意是心理活动对一定对象的指向和集中。注意有指向性和集中性两个特点。注意能力是指人们随意注意的能力，是人按照预定的目的在指定的时间内把内心活动集中指向一定对象的能力。秘书的注意范围、注意稳定性、注意分配和注意转移是秘书良好注意品质的重要体现，反映了秘书注意能力的基本特征。良好的注意能力有利于秘书人员充分利用时间，提高工作效率。

记忆是在头脑中积累和保存个体经验的心理过程。记忆能力是人们在记忆活动过程中所表现出的一种心理品质，它主要包括记忆的敏捷性、记忆的准确性和记忆的持久性三个方面。秘书人员应该充分重视并培养自己的记忆能力。

想象是对头脑中已有的表象进行加工改造，形成新形象的过程，是一种高级的认知活动。秘书人员要有再造想象和创造想象的能力，这是进行创造性工作的基础，而且对处理各种人际关系有重要意义。

思维最基本的特征是思维的概括性和间接性。思维能力的个体差异较大，秘书人员应不断充实自己的知识经验，养成自觉思考的习惯，加强在思维的广阔性、精确性、逻辑性、敏捷性、灵活性和创造性方面的培养。

## 主要概念和观念

**□ 主要概念**

观察能力　注意能力　记忆能力　想象能力　思维能力

**□ 主要观念**

观察的客观性　观察的全面性　观察的敏锐性　注意的稳定性　注意的分配　注意的转移　思维的概括性　思维的间接性

## 知识掌握

3.1 秘书观察能力的基本要求有哪些？如何培养秘书人员的观察能力？
3.2 秘书注意能力的基本要求有哪些？如何培养秘书人员的注意能力？
3.3 秘书记忆能力的基本要求有哪些？如何培养秘书人员的记忆能力？
3.4 秘书想象能力的基本要求有哪些？如何培养秘书人员的想象能力？
3.5 秘书思维能力的基本要求有哪些？如何培养秘书人员的思维能力？

## 知识应用

□ **案例分析**

**小秘书，大学问**

**背景与情境**：李君是一家生产速冻蔬菜的民营企业的总裁秘书。快到年底了，老板却一反常态，既不与财务经理讨论今年的决算，也没有与销售经理讨论明年的市场营销问题，与他们通电话也就是三五分钟的事；相反，他经常带着研发部的经理与当地旅游局的人喝酒聊天，似乎一天到晚不务正业。这是为什么？李君通过琢磨，终于理解老总已经看到生产速冻蔬菜难以形成新的利润增长点，因为出口欧盟和日本的速冻蔬菜的技术壁垒越来越高，所以，决定利用本公司的传统优势，开发以观光和休闲为特色的生态农业……在理解了老板的意图后，他抓紧时间，搜集进入生态观光农业的各种信息，特别是目前一些企业的经验及存在的问题，赶在年初董事会召开之前，把相关材料交给了老总。老总一看，大加赞赏，当即指示他负责这个项目的筹备工作。

**问题**：

1）李君为什么会成功？他的成功给了你什么启示？

2）为什么说小秘书却有大学问？

□ **实践训练**

同学之间相互分享自己的观察、注意、记忆、想象和思维的方法和诀窍。

## 心理自测

**测试你的观察力**

下面这个测试是测试你的观察力的，请在每题三个选项中选择一个最适合你的，然后把所对应的分数相加起来。

(1) 进入某个单位时，你：

A.注意桌椅的摆放

B.注意用具的准确位置

C.观察墙上挂着什么

(2) 与人相遇时，你：

A.只看他的脸

B.悄悄地从头到脚打量他一番

C.只注意他脸上的个别部位

(3) 你从自己看过的风景中记住了：

A.色调　　　　　B.天空

C.当时的心里感受

(4) 早晨醒来后，你：

A.马上就想起应该做什么

B.想起梦见了什么

C.思考昨天都发生了什么事

(5) 当你坐上公共汽车时，你：

A.谁也不看

B.看看谁站在旁边

C.与离你最近的人搭话

(6) 在大街上，你：

A.观察来往的车辆

B.观察房的正面

C.观察行人

(7) 当你看橱窗时，你：

A.只关心可能对自己有用的东西

B.也要看看此时不需要的东西

C.注意观察每一件东西

(8) 如果你在家里需要找什么东西，你：

A.把注意力集中在这个东西可能放的地方

B.到处寻找

C.请别人帮忙找

(9) 看到你的亲戚、朋友过去照片，你：

A.激动　　　　　B.觉得可笑

C.尽量了解照片上都是谁

(10) 假如有人建议你去参加你不会的游戏，你：

A.试图学会玩并且想赢

B.借口过一段时间再玩而拒绝

C.直言你不玩

(11) 你在公园里等一个人，于是你：

A.仔细观察周围的人　　　　　B.看报纸

C.想某事

(12) 在满天繁星的夜晚，你：

A.努力观察星座

B.只是一味地看天空

C.什么也不看

(13) 你放下正在读的书时，总是：

A.用铅笔标出读到什么地方

B.放个书签　　　　C.相信自己的记忆力

(14) 你记住领导的：

A.姓名　　　　B.外貌　　　　C.什么也没记住

(15) 你在摆好的餐桌前：

A.赞扬它的精美之处

B.看看人们是否都到齐了

C.看看所有的椅子是否都放在合适的位置上

计分标准：

| 题号 | 答案选择 | | | 题号 | 答案选择 | | |
|---|---|---|---|---|---|---|---|
| | A | B | C | | A | B | C |
| (1) | 3 | 10 | 5 | (9) | 5 | 3 | 10 |
| (2) | 5 | 10 | 3 | (10) | 10 | 5 | 3 |
| (3) | 10 | 5 | 3 | (11) | 10 | 5 | 3 |
| (4) | 10 | 3 | 5 | (12) | 10 | 5 | 3 |
| (5) | 3 | 5 | 10 | (13) | 10 | 5 | 3 |
| (6) | 5 | 3 | 10 | (14) | 5 | 10 | 3 |
| (7) | 3 | 5 | 10 | (15) | 3 | 10 | 5 |
| (8) | 10 | 5 | 3 | | | | |

参考评价：

| 得分情况 | 测试结果评析 |
|---|---|
| 大于等于100分 | 你是一个很有观察力的人。对于身边的事物，你会非常细心地留意，同时，你也能分析自己和自己的行为，如此知人入微，你可以逐步做到极其准确地评价别人。只是，很多时候，做人不能太拘泥于细节，你也应该适当豪爽一点，往大的方向去看 |
| 大于等于75分而小于100分 | 你有相当敏锐的观察能力。很多时候，你会精确地发现某些细节背后的联系，这一点，对于你培养自己对事物的判断力非常有好处，同时也让你的自信心大涨。但是，你需要注意的是，很多时候，你对别人的评价会带有偏见 |
| 大于等于45分而小于75分 | 你能够观察到很多表象，但对别人隐藏在外貌、行为方式背后的东西通常采取不关心的态度，从某种角度而言，你的适当“难得糊涂”，充满了大智慧，你很懂得把自己从某些不必要的事情中“拔”出来，享受自己内心的愉悦 |
| 小于45分 | 基本上，可以认为你不喜欢关心周围的人，不管是他们的行为还是他们的内心。你甚至认为连自己都不必过多分析，更何况其他人。因此，你是一个自我中心倾向很严重的人，沉浸于自己无限大的内心世界固然是好，但提防会给你的社交生活造成某些障碍 |

(注：本测试结果仅供参考)

# 第4章

# 秘书的情感与意志

## 学习目标

通过本章学习，你应该达到：

【职业知识】了解情绪、情感和意志的概念，情绪和情感的区别与联系；熟悉和掌握情绪的状态及其对秘书工作的影响。

【职业能力】掌握秘书人员如何控制和调节自己的情绪和情感；掌握秘书人员如何培养自己的意志品质。

【职业素质】熟悉和掌握意志品质的特征及秘书人员应具备的意志品质。

【引例】

**每当心烦意乱时**

**背景与情境**：王欢是四海生物工程公司总经理秘书。老总结束了在欧洲为期一个月的考察，今天正式上班。从王欢走进办公室开始，她桌上的两部电话机的铃声就从没断过，这个要约时间找老总汇报，那个在催问老总什么时候能把报告批复给他……一个比一个急，似乎不答应天就要塌下来似的。而王欢自己还有一大堆事要向老总请求和汇报，因此，听着那急促的电话铃声，王欢的心里越来越烦躁，说话的声音也越来越大，语速越来越快。这时，她意识到必须得控制自己的情绪，否则人家以为自己要与对方吵架，就会造成不必要的误会。于是，她决定小憩一会儿。

王欢喜欢在办公桌上放一盆鲜花，给自己制造一个温馨的小空间。她走向茶水间冲了一杯咖啡，将咖啡端到自己的桌上后，首先将文件夹放到桌上，然后坐下来将杯子慢慢放到嘴边。这时，她的眼睛一直注视桌上摆的鲜花。她一边喝着咖啡，一边赏花，于是，头脑中浮现出去年春节一家三口在海口度假时的情景……也就三两分钟时间，她的情绪就慢慢平复，变得非常愉快，头脑也变得清醒了。于是，她对自己下了战斗命令："继续工作！"

**问题：**

1）王欢为什么要调节自己的情绪？她是如何调节自己的情绪的？

2）这个案例对你有什么启示？

秘书要学会控制自己的情绪，保管好自己快乐的钥匙，不让它干扰自己的工作。每个秘书都应该像王欢一样学会调节和控制自己的情绪，当情绪变得恶劣时，能迅速地将心思转移到自己喜欢的事物上，从而改变自己的心情，这可以说是一种办公室智慧。

“人非草木，孰能无情?”我国古代就有“喜、怒、哀、乐、爱、恶、惧”七情之说。情绪会对人产生神奇的作用，有时它会使人精神焕发、干劲倍增；有时它会使人无精打采、萎靡不振。“笑一笑，十年少；愁一愁，白了头”，情绪对人的身心健康重要影响。精神愉快、心情舒畅，不仅能提高工作效率，也可以使人健康长寿。

情绪是人的心理活动中动力机制的重要组成部分，也是个性形成的重要方面。情绪与情感伴随着人的一切心理活动，对于人的社会活动具有重要的影响。秘书人员能否保持稳定的情绪，能否及时调节自己的情绪，是衡量其是否具有良好的心理品质的重要指标之一。人的行为都是有目的的行为，意志在克服困难、实现预定目的的过程中具有重要作用。秘书人员要顺利地完成工作任务，不仅需要掌握各种工作技能，还需要具备坚强的意志品质，才能不断克服工作中的困难。

## ● 4.1 秘书的情感品质

人在认知客观事物的过程中，不仅能认识事物的属性、特性及关系，还会产生对事物的态度，引起满意、不满意、喜爱、厌恶、憎恨等主观体验，这些体验就是情绪和情感。情绪和情感是在认知的基础上产生的，又对认知产生巨大的影响，积极的情绪和情感能激发人们认识的积极性，使人锐意进取；消极的情绪和情感则使人消沉、沮丧，萎靡不振，窒息人们的认识和创造热情。在现实生活中，情绪和情感对人们的工作、学习等各方面都有重大影响。

### 4.1.1 情绪和情感概述

情绪和情感是人对客观外界事物的态度体验，是人脑对客观外界事物与主体需要之间关系的反映。情绪和情感是以人的需要为中介的一种心理活动，它反映的是客观外界事物与主体需要之间的关系。外界事物符合主体需要，就会引起积极的情绪体验；否则便会引起消极的情绪体验，这种体验构成了情绪和情感的心理内容。

1）情绪和情感的概念

（1）情绪。它是人的自然需要是否获得满足而产生的体验。心理学上一般把快乐、愤怒、悲哀、恐惧看作四种基本情绪。

快乐是盼望的目的得以实现后继之而来的情绪体验。快乐的程度，取决于愿望满足程度及意外程度。

愤怒是由于目的和愿望不能达到或顽固地、一再地受到妨碍时所产生的情绪体验。由于不合理的原因或被人恶意使坏造成挫折时，最容易产生愤怒。

悲哀是失去所盼望的、所追求的东西或有价值的事物而引起的情绪体验。悲哀的强度取决于所失去的事物的价值。

恐惧是企图摆脱或逃避某种可怕的情境但又缺乏相应的力量或能力所造成的情绪体验，恐惧比其他任何情绪都具有传染性。这四种基本情绪体验是单纯的、不复杂的，在此基础上可以派生出许多不同情绪的组合，产生复杂的情绪，并被赋予不同含义的社会内容。

（2）情感。它是人的社会需要是否获得满足而产生的体验。情感主要包括道德感、美感和理智感。

道德感是根据一定的道德标准在评价人的思想、意图和行为时所产生的主观体验。

美感是根据一定的审美标准评价事物时所产生的情感体验。人的审美标准既反映事物的客观属性，又受个人的思想和价值观念的影响。所以美感既是客观的，又是主观的。美感体验的强度受人的审美能力和知识经验的制约。

理智感是在智力活动过程中，在认识和评价事物时所产生的情感体验。它是与人的认识活动、求知欲、认识兴趣的满足、对真理的探求相联系的。理智感不仅产生于智力活动，而且对推动人学习科学知识、探索科学奥秘有积极作用。

2）情绪与情感的区别与联系

情绪与情感是与人的特定的主观愿望或需要相联系的，曾统称为"感情"，人类的感情是非常复杂的，既包括感情发生的过程，也包括由此产生的种种体验，因此用单一的概念难以全面表达这种心理现象的全部特征，所以现在用情绪和情感来更确切地表达感情的不同方面。情绪主要指感情过程，即个体需要与情境相互作用的过程，具有较大的情景性、激动性和暂时性，代表了感情种系发展的原始方面，因此也可以说情绪是人和动物共有的。情感则用来描述那些具有稳定的深刻的社会意义的感情，具有较大的深刻性、稳定性和持久性。

情绪和情感是有区别的，但又相互依存、不可分割。稳定的情感是在情绪的基础上形成的，而且又通过情绪来表达；情绪也离不开情感，情绪的变化反映情感的深度，在情绪中蕴藏着情感。

3）情绪与情感的外部表现

情绪与情感的外部表现通常称为"表情"，它是在情绪和情感状态发生时身体各部位的表现形式，包括面部表情、姿态表情和语调表情。面部表情是所有面部肌肉变化所组成的模式，面部表情能精确地表达不同性质的情绪和情感，是鉴别情绪的主要标志，可以根据他人的面部表情来推断其正在体验的情绪。姿态表情是指面部表情以外的身体其他部分的表情动作。如人在痛苦时捶胸顿足，在高兴时手舞足蹈。语调表情是通过言语的声调、节奏和速度等方面的变化来表达的，如高兴时语调高昂、语速快，痛苦时语调低沉、语速慢。

人的表情并非判断情感变化的唯一依据，有时人们力图通过表情来掩盖真正的情绪，有时故意做出和内心情绪不一致的表情。

**同步思考 4-1**

**问题：** 是否面带笑容就意味着内心快乐？

**理解要点：** 喜怒哀惧是人和动物共同具有的基本情绪，基本情绪的表现具有先天遗传性，但它们的具体表露却是受社会文化因素制约的，特别是复杂情绪的表露更是如此。由于情绪表现具有一定的社会价值，因此在何种情境下表达何种情绪是后天习得的，这种现象称为情绪的"表露规则"。毫无疑问，面带笑容并非意味着内心真正快乐。

### 4.1.2 秘书的情绪状态对工作的影响

人的情绪对工作有重要影响，这里所谓的情绪，实际上是指情绪状态。情绪状态是指在某种事件或情境的影响下，在一定时间内所产生的某种情绪。其中最典型的情绪状态有心境、激情和应激三种。

1）心境

心境是指人比较平静而持久的情绪状态。心境是各种情绪最弱的表现形式，心境具有弥漫性和渲染性，它不是关于某一事物的特定体验，而是以同样的态度体验对待一切事物。

心境产生的原因是多方面的。生活中的顺境与逆境、工作中的成功与失败、人际关系是否融洽、个人的健康状况和自然环境的变化等，都可能成为引起某种心境的原因。

心境持续的时间有很大的差别，有些心境可能持续几个小时，有些心境则可能持续几周甚至几个月或更长的时间。心境持续的时间一方面取决于引起心境的事件的性质，另一方面也取决于个体的人格特征。同一事件对某些人的心境影响较小，对另一些人的影响可能则较大。性格开朗的人往往事过境迁，性格内向的人则容易耿耿于怀。

心境对人的生活、工作、学习、健康有很大影响。积极向上、乐观的心境，可以提高人的活动效率，增强信心，使人对未来充满希望，有益健康；消极悲观的心境，会降低认知活动效率，使人丧失信心和希望，经常处于焦虑状态，有损健康。秘书人员应该培养和激发积极的心境，克服和摆脱消极的情绪的影响。

（1）秘书人员保持良好的心境有助于激发工作热情，提高工作效率。积极的心境能够迁移到工作中去，从而激发秘书的工作热情和强烈的参与意识。处在良好的心境下，秘书人员能够使自己的思路清晰、思维敏捷、动作迅速，乐于接受工作任务，积极主动地去开展各项工作。

（2）秘书人员保持良好的心境有助于形成良好的人际关系。心境不仅具有自身的弥漫性，还对周围的人具有感染性。秘书人员在人际交往过程中保持良好的心境，心情愉快，则会热情主动、礼貌待人，容易与周围的人和谐相处；反之则会影响人际交往的正常进行。

2）激情

激情是一种强烈的、短暂的、爆发式的情绪状态。激情通常由对个人有重大意义的事件引起，它产生得快，消失得也快，主要表现为激愤、暴怒、恐惧、狂喜、悲痛、绝望等。

激情往往伴随着生理变化和明显的外部行为表现。人在激情状态下容易出现“意识狭窄”现象，即认知活动范围缩小，理智分析能力受到抑制，自我控制能力减弱，进而使人的行为失去控制，甚至做出一些鲁莽的行为。

培养积极的激情、控制消极的激情对秘书人员具有重要意义。积极的激情可以成为强大的工作动力，消极的激情往往导致冲动，造成工作失误。秘书人员要善于控制自己的激情，做自己情绪的主人，培养坚强的意志品质，提高自我调控的能力。

3）应激

应激是在出乎意料的紧急情况下所引起的情绪状态，是人对某种意外的环境刺激所做出的适应性反应。

应激状态下，会引起人的一系列生物性反应，改变机体的激活水平，如肌肉高度紧张，血压、心率、呼吸出现明显变化。在应激状态下，人们可能会有两种表现：一是使认知狭窄或混乱，做出一些不符合目的的行为，出现不适当的反应；另一种是激发出更大的能量，意识更加清晰，做出平时不能做出的大胆勇敢行为。

秘书人员应该具有优良的应激水平，这对于处理那些突发的、意想不到的变故具有重要意义。在应激状态下，秘书人员应该保持镇静、从容，避免慌乱和无所适从，在应付紧急情况时能够做到反应敏捷、行动果断。

### 4.1.3 秘书的情感对工作的影响

1）道德感

道德感是个体根据社会道德行为准则评价别人或自己的言行时所产生的情感体验。它是客观现实与主体的道德需要之间的关系在人脑中的反映。如果自己的思想、意图、行为举止符合社会公认的行为标准，就会产生愉快、满意、自豪等情感体验，感到心安理得；反之，则感到自责、羞愧、痛苦不安。当别人的言行符合这些准则时，人们就会产生爱慕、崇敬、钦佩等情感，反之则感到厌恶、蔑视、愤怒等。因此道德感也是对比自己和他人的言行是否符合道德需要所产生的情感。

道德感是在人的社会实践中形成与发展的，也受到社会历史条件的制约。由于不同的阶级、社会、历史时期有着不同的道德行为准则，因而也就有不同的道德感。一个人的信念、理想、世界观在人的道德感中起着决定性的作用。道德感的内容非常丰富，主要包括：爱国主义与国际主义情感、集体主义情感、对公共事业的责任感、义务感、同事间的友谊感、同情感以及正义感、是非感等。

秘书人员要具有集体主义情感，把自己的思想行为自觉纳入对集体的关心和热爱中去。凡事斤斤计较、个人主义严重的人，不可能做默默无闻的日常事务工作，不可能从全局出发，发挥协调作用。强烈的责任感是做好秘书工作的保证，是秘书职业道德的重要体现，秘书的职业道德感是秘书道德感不可或缺的组成部分，每一个秘书人员都必须培养自己高尚的道德情操。

2）美感

美感是人的审美需要是否得到满足而产生的情感体验，这种体验是个人根据所掌握的美的标准评价客观事物时产生的。美感可以由自然景物、社会生活以及艺术作品等方面引起。例如，秀丽的山水、绚丽的色彩、名胜古迹、历史文物、艺术珍品等都能引起人们的美感，在社会生活中，纯朴、真诚的人际关系、自我牺牲、舍己为公的良好道德品质和行为也能使人产生美的体验。总之，凡是符合人们美的需要的一切对象都能引起人的美感。当然，在现实生活中，人们对美的要求是不同的，每个人的审美体验也不尽相同，秘书人员必须培养健康的审美情趣。

爱美是人的天性，由于人们对美的认识不同，因而人们的审美感受也不相同，人们按照美的规律塑造自己的方式也不相同，秘书人员的穿着打扮、行为举止都与其自身对美的感受有直接联系。作为秘书人员，应该追求高雅的格调、健康的美感，不要将粗俗丑陋当作美好。

3）理智感

理智感是在智力活动过程中，人的认识和追求真理的需要是否得到满足而产生的情感体验。它与能否满足人的求知欲、认识兴趣、解决问题的需要相联系。对新奇事物所产生的好奇心、力求认识某事物的求知欲、遇到与某种规律相矛盾的事实产生的疑惑感或惊讶感、解决了难题或有了新发现的喜悦感，以及对真理的热爱、对偏见和谬误的鄙视、憎恨等，都是理智感。

理智感是人认识世界和改造世界的动力之一，它在认识过程中产生与发展并推动人的认识进一步深入。只有在人的思想中渗透着深厚的情感时，才能激励起积极的思考与探索。理智感可以激励秘书人员不断去探索新问题，达到对事物的全面认知。

秘书人员培养健全的理智感，首先，要正视现实，实事求是，不以自己的好恶和愿望去评价客观事物，避免工作的盲目性；其次，要培养积极主动的探索精神，秘书虽然是按领导意图办事的服务人员，但要养成积极主动、独立思考的习惯，显示出理性的力量；最后，秘书人员要培养严谨的工作作风，在工作上既要有高度的热情，但也不能头脑发热、异想天开，工作中追求严谨周密，才能避免失误。

**同步案例 4-1**

**背景与情境：**小宁是中业公司总经理办公室的秘书，虽然当秘书才两年多，但由于为人诚恳，工作踏实，能力提高得很快。总经理办公室副主任朱丽很快就要回家休产假了，将来副主任这个位置就是他的。小宁虽然感激主任的赏识，但与办公室的其他同事相比，他也觉得这个位置非他莫属。这天，主任找他谈话，说公司机构准备大调整，由小宁的同事小贺出任办公室副主任。听主任这么一说，小宁气得肺都要炸了。但他装作很平静地说："我准备辞职。"

这让主任非常吃惊："真的？你已经决定了？"

"是的，有家上市公司要我去那里上班。"小宁觉得应该表现出自己的气节，不能让人小看自己。

"既然有更好的选择，那么我们自然要尊重。"主任有些惋惜地说："这次老总点名要你去市场部当副总经理。现在的李经理还有一年就退休了，老总是想让李经理带带你，然后让你接他的班。"

这次轮到小宁后悔不已。从主任办公室出来后，跑到洗手间痛哭一场……

**问题：**小宁为什么后悔不已，痛哭一场？

**分析提示：**"冲动是魔鬼"，秘书人员在任何情况下，都要保持理智和冷静，尤其在领导面前。如果无法保持理智和冷静，可能会做出一些悔之不及的言行，结果断送前程。

### 4.1.4 秘书的情绪与情感的调节

俗话说，"人生不如意事常八九"，秘书在工作中出现失误或受委屈是常有的事，秘书要学会情绪的控制与管理。按照情绪对人的影响可以将情绪分为积极情绪和消极情绪，积极情绪对健康有益，消极情绪则会影响身心健康。

我国自古就有"喜伤心、怒伤肝、思伤脾、忧伤肺、恐伤肾"之说。当人的情绪变化时，往往伴随着明显的生理变化，如人在恐惧时，会出现瞳孔变大、口渴、出汗、脸色发白等一系列生理变化。这些变化在正常的范围内有积极作用，可以使身体各部分积极地动员起来，以适应外界环境变化的需要。过度消极的情绪，往往使人容易罹患各种疾病，只有保持乐观的情绪，才能保证身心健康。

每个人的情绪都会有波动，这是正常现象，秘书人员要善于控制自己的情绪和情感，自觉运用积极情绪去克服消极情绪，摆脱不良情绪的影响。人的情绪受精神意志控制，保持稳定的情绪，要提高道德修养，树立远大的理想，保持健康的心态，学会适应环境的变化。

秘书受到领导批评后，情绪低落是难免的。遇到这种情形，一定要忍耐，不能把低落的情绪表现出来。一个喜怒哀乐皆形于色的秘书会让人觉得很幼稚，也很难得到领导和同事的信任。

【知识拓展4-1】

**情绪管理的ABC理论**

情绪管理的ABC理论的创始者埃利斯认为：正是由于我们常有的一些不合理的信念才使我们产生情绪困扰。这些不合理的信念久而久之，还会引起情绪障碍呢。情绪管理的ABC理论中：A表示诱发性事件，B表示个体针对此诱发性事件产生的一些信念，即对这件事的一些看法、解释。C表示自己产生的情绪和行为的结果。

通常人们会认为诱发事件A直接导致了人的情绪和行为结果C，发生了什么事就会引起什么情绪体验。然而，你有没有发现同样一件事，对不同的人，会引起不同的情绪体验。同样是报考英语六级，结果两个人都没过。一个人无所谓，而另一个人却伤心欲绝。

为什么？就是诱发事件A与情绪、行为结果C之间还有个对诱发事件A的看法、解释的B在作怪。一个人可能认为：这次考试只是试一试，考不过也没关系，下次可以再来。另一个人可能说：我精心准备了那么长时间，竟然没过，是不是我太笨了，我还有什么用啊，人家会怎么评价我。于是不同的B带来的C大相径庭。

## 4.2　秘书的意志品质

秘书在实际工作过程中，难免会遇到这样或那样的困难。意志是与克服困难联系在一起的，意志也突出表现在克服困难之中。秘书人员能否克服来自各方面的困难，是其是否具有良好意志品质的表现。

### 4.2.1　意志概述

1）意志的概念

意志是有意识地支配和调节行为，通过克服困难，以实现预定目的的心理过程。意志是人所特有的心理现象，人的一切行为都是在一定意志指引下有意识、有目的、有计划地进行的。人在活动以前，活动的结果已经作为行为的目的而以观念的形式存在于头脑中了，并以这个目的指引自己的行动。目的是意志行动的前提，克服困难是意志行动的核心，随意行动是意志行动的基础。

**同步思考4-2**

**问题**：愚公移山的故事说明了什么？

**理解要点**：它所强调的是一种持之以恒的精神，也就是我们常说的“意志”或“毅力”。秘书人员在工作中可能会遇到这样或者那样的困难，但只要够执着，坚持一个方向，坚守一个信念，坚信自己的坚强和坚韧，没有什么困难是征服不了的。

2）意志的品质

意志品质是构成人的意志的比较稳定的方面，即所谓的意志力。人的意志力的强弱是不同的。意志品质包括意志的独立性、果断性、顽强性和自制力。

（1）独立性。意志的独立性是指一个人不屈服于周围的压力，根据自己的认识与信念，独立地采取决定，执行决定。独立性与武断不同，武断表现为置周围人的合理意见于不顾，一意孤行。独立性是和理智地分析与接纳周围人的合理意见相联系的。

与独立性相对立的意志品质是易受暗示性。易受暗示性表现为一个人很容易受别人的影响，不能从自己的认识和信念出发，而是被别人的言行所左右，人云亦云。易受暗示性是一种不好的意志品质。

（2）果断性。它表现为有能力及时采取有充分根据的决定，并且在深思熟虑的基础上去实现这些决定。具有果断意志品质的人，善于审时度势，善于对问题情境做出正确的分析和判断、洞察问题的是非真伪。果断性与草率不同，果断性能导致行为的成功，而草率以行为的冲动性、鲁莽为特征，最终往往导致失败。

与果断性相反的意志品质是优柔寡断。有这种品质的人，在决策时常常犹豫不决，在执行决定时经常出现动摇，怀疑自己的决定。

（3）顽强性。它也称坚定性。它表现为长时间坚信自己决定的合理性，并坚持不懈地为执行决定而努力。具有坚定性的人，能在困难面前不退缩，在压力面前不屈服，在引诱面前不动摇。所谓“富贵不能淫，贫贱不能移，威武不能屈”就是意志顽强性的写照。

（4）自制力。它是指善于掌握和支配自己行为的能力，它表现在意志行动的全过程中。在采取决定时，自制力表现为能够进行周密的思考，做出合理的决策，不为环境因素所左右；在执行决定时，表现为克服各种干扰，把决定贯彻执行到底。自制力还表现为对情绪状态的调节。与自制力相对立的意志品质是任性和怯懦。任性指不能约束自己的行为，怯懦指在行动中畏缩不前、惊慌失措。任性和怯懦都是意志薄弱的表现。

良好的自制能力可以帮助秘书人员克服自身的缺点，提高自我修养水平。人们在社会生活过程中可能会形成一些不良的习惯，这些不良习惯往往不利于社会交往，容易给人一种缺少教养的印象，使人产生反感，影响交往活动的顺利进行。秘书人员不断加强自我修养，注意克服各种不良习惯，行为举止文雅，就会使人感到可亲可敬。良好的自制能力还可以使秘书人员能够控制自己的情绪，缓解矛盾。秘书人员在工作过程中难免和其他人产生矛盾和误会，自制力强的秘书可以心平气和地与对方交换意见，取得相互谅解；如果不善于控制自己的情绪，一遇到和自己相左的意见就火冒三丈、暴跳如雷，甚至采取过激措施，只能激化矛盾，使工作无法顺利进行，这不仅会导致人际关系紧张，也会耽误工作。

**【知识拓展 4-2】**

**卧薪尝胆**

公元前496年，越国国王勾践即位。吴王趁越国刚刚遭到丧事，就发兵打越国。吴越两国在槜李发生一场大战。吴王阖闾满以为可以打赢，没想到打了个败仗，自己又中箭受了重伤，再加上上了年纪，回到吴国，就咽了气。吴王阖闾死后，儿子夫差即位。过了两年，吴王夫差亲自率领大军去打越国，越军大败。

越王勾践带了五千个残兵败将逃到会稽，被吴军围困起来。勾践一点办法都没有了，遂派文种到吴王营里去求和。文种在夫差面前把勾践愿意投降的意思说了一遍，吴王夫差答应了越王的求和，但是要勾践亲自到吴国去。

文种回去向勾践报告了。勾践把国家大事托付给文种，自己带着夫人和范蠡到吴国去。勾践到了吴国，夫差让他们夫妇俩住在阖闾的大坟旁边一间石屋里，叫勾践给他喂马。范蠡跟着做奴仆的工作。夫差每次坐车出去，勾践就给他拉马，有一次，夫差生病了，勾践毛遂自荐，说自己能治夫差的病，可是夫差不让勾践接近他，勾践只能尝夫差的屎来为其治病。果然，夫差的病被勾践治好了，这样过了两年，夫差认为勾践真心归顺了他，就放勾践回国了。

勾践回到越国后，立志报仇雪耻。他唯恐眼前的安逸消磨了志气，在吃饭的地方挂上一个苦胆，每逢吃饭的时候，就先尝一尝苦味，还自己问："你忘了会稽的耻辱吗？"他还把席子撤去，用柴草当作褥子。这就是后来人传诵的"卧薪尝胆"。勾践决定要使越国富强起来，他亲自参加耕种，叫他的夫人自己织布，来鼓励生产，最终越国打败了吴国。

"卧薪尝胆"是一个关于意志的故事，后来和项羽的"破釜沉舟"故事合在一起，就有了"有志者，事竟成，破釜沉舟，百二秦关终属楚；苦心人，天不负，卧薪尝胆，八百越甲可吞吴"的励志名言。

### 4.2.2　秘书人员具备良好意志品质的意义

秘书人员要想顺利地完成工作任务，不仅需要掌握各种知识技能，而且必须具有坚强的意志品质，才能不断克服工作中出现的困难，始终保持乐观进取的态度并且迎接挑战。

1）鼓舞秘书人员克服困难、战胜挫折，保证工作的顺利进行

秘书人员在工作过程中，困难、挫折是不可避免的，在困难和挫折面前，秘书人员如果没有良好的意志品质，就可能会产生消极的情绪，不能正确对待所面临的困难、挫折，并克服它们。由于秘书工作具有被动性的特点，要想迅速、及时地完成领导交办的任务，没有顽强的毅力和拼搏的精神是不可能的。

2）良好的意志品质是秘书人员加强自我修养的重要条件

意志不仅可以鼓舞人们战胜困难，而且能够帮助秘书人员克服不良的习惯和缺点。在社会生活中，每个人都可能有这样或那样的缺点，如果没有良好的意志品质，即使了解自己的不良习惯，也可能听之任之、放任自流，或虽有一定的措施但也不能坚持下去。因此，要想改正自己身上的任何因习惯而形成的不良行为都是不容易的，只有意志坚强的人，才能严于律己，勇于改过。

坚强的意志品质不仅能够在日常生活中体现出来，如刻苦拼搏的精神，在关键时刻更能充分体现出来。秘书人员具备良好的意志品质不仅对完成日常工作有重要意义，在关键时刻更能有效发挥作用。

### 4.2.3　秘书人员良好意志品质的要求

秘书人员为了更好地完成工作任务，必须具备以下几种意志品质，即自觉性、果断性、顽强性和自制力。

1）自觉性

自觉性表现为一个人的行动过程具有明确的目的性，并能充分认识到行为的社会意义，使自己的行为服从于社会所要求的品质。这种品质反映了一个人的坚定立场和信仰，它贯穿于意志行动的始终，也是产生坚强意志的源泉。一个具有坚强意志品质的人，能够始终把自己的行为置于目标系统之中，坚持目标的正确性，不为环境所左右。秘书人员的自觉性意志品质主要表现在能够自觉确定目标和自觉执行目标两个方面。

2）果断性

果断性表现为一个人善于当机立断，能及时地下定决心做出决断的能力。秘书人员的果断性意志品质主要表现在富有主见，能够审时度势、当机立断。

3）顽强性

顽强性表现为坚持不懈地克服困难、完成艰巨任务的能力。秘书人员的顽强性意志品质主要表现在坚韧不拔、不屈不挠。

4）自制力

自制力表现为一个人善于自我支配和自我调节的能力。秘书人员的自制力主要表现在要学会克制，有所为有所不为，遇到突发事件时能够镇静自若、控制情绪。

**同步案例 4-2**

**背景与情境：**小陈是风华公司总经理秘书。下午一上班，总经理就给小陈一个自己起草的大纲，说下个星期二要参加一个研讨会，这是他在会上的发言提纲，让小陈按照这个提纲帮他起草一份不超过3 000字的讲话稿，明天下班之前交给他。小陈一看大纲，自己最多用两个小时就可以搞定。于是她对总经理说："没问题！"下午没什么事，她想给总经理写讲话稿，但一想到昨晚在网上看的那篇长篇小说还没看完，总是心里痒痒的，于是决定先看小说，反正明天事也不多，推到明天再写也不迟。第二天上午一上班，小陈就忙得团团转，先是复印一大本文件，然后广告公司发来一大本产品目录校对稿让小陈校对一部分。快下班时总经理向她要讲话稿，她才想起还有这么一档子事来。当她匆匆忙忙把稿子写完交给总经理时，老总说，还不如自己写省心。

**问题：**总经理为什么对小陈很不满意？

**分析提示：**一些秘书人员由于工作量不是很大，时间宽裕，再加上自制力不强，容易养成拖延的习惯。本应上午完成的工作，觉得下午时间也宽裕，就拖到下午；本应今天完成的工作，却拖到了明天。但是，秘书工作的突发事件多，闲的时候闲，忙的时候会很忙。如果不在有闲时把该做的工作做完，一旦忙起来，就可能一步被动、步步被动，最后难以保证工作质量。

### 4.2.4 秘书人员良好意志品质的培养

一个人的意志品质是在生活实践中发展起来的，它受多种因素的影响和制约。秘书人员要培养自己良好的意志品质，可以通过以下几个方面：

1）提高自己的抱负水准

伟大的目标可以激发出巨大的热情，可以提高人们战胜困难的自觉性。对于秘书人员来说，也必须有较高的目标定位，只有具有较高的志向，才能不断激发自己战胜困难的勇气和信心。

2）扩大自己的实践活动范围

意志是和克服困难联系在一起的，只有在实践活动中才可能遇到困难和挫折，只有在和困难作斗争的过程中才能锻炼一个人的意志。如果离开了实践活动，离开了同困难的较量，一个人就不可能培养和发展自己的意志品质。秘书人员活动的范围越广，遇到的困难可能就越多，意志品质就能够得到越多的锻炼。如果一个秘书怕担风险，怕出现失误，怕遇到挫折，只想安安稳稳，就不可能培养出良好的意志品质，也很难经得起各种艰巨环境的考验。

另外，自我激励是人们在生活和工作中随时可以运用的增强意志力的方法。秘书人员要不断强化自我激励，无论遇到多大困难，都不放弃目标。

## 本章小结

情绪和情感是人对客观外界事物的态度体验，是人脑对客观外界事物与主体需要之间关系的反映。情绪是人的自然需要是否获得满足而产生的体验。心理学上一般把快乐、愤怒、悲哀、恐惧看作四种基本情绪。情感是人的社会需要是否获得满足而产生的体验。情感主要包括道德感、美感和理智感。

人的情绪对工作有重要影响，其中最典型的情绪状态有心境、激情和应激三种。秘书人员应该培养和激发积极的心境，克服和摆脱消极情绪的影响。秘书人员要善于控制自己的情绪，做自己情绪的主人，培养坚强的意志品质，提高自我调控的能力。同时，秘书人员应该具有良好的应激水平。

意志是有意识地支配和调节行为，通过克服困难，以实现预定目的的心理过程。意志品质是构成人的意志的比较稳定的方面，即所谓的意志力。意志品质包括意志的独立性、果断性、顽强性和自制力。

秘书人员要想顺利地完成工作任务，不仅需要掌握各种知识技能，而且必须具有坚强的意志品质。秘书人员为了更好地完成工作任务，必须具备意志的自觉性、果断性、顽强性和自制力。秘书人员可以通过提高自己的各项技能、扩大自己的实践活动范围来提高意志品质。

## 主要概念和观念

☐ **主要概念**

情绪　情感　道德感　美感　理智感　心境　激情　应激　意志　自制力

☐ **主要观念**

秘书情绪对工作的影响　秘书情感对工作的影响　对秘书意志品质的要求

## 知识掌握

4.1 什么是情绪和情感？情绪和情感有什么区别和联系？

4.2 秘书的情绪状态对工作有什么影响？

4.3 秘书应如何调节和控制自己的情绪和情感？

4.4 什么是意志？意志品质包括哪些方面的内容？

4.5 秘书应具备哪些良好的意志品质？

4.6 秘书应如何培养良好的意志品质？

## 知识应用

### □ 案例分析

**阿丑的礼物**

**背景与情境：**三国时候，诸葛亮手上常常拿着一把羽扇，但是很少有人知道那把扇子的来历。

诸葛亮听说他们家附近有个叫阿丑的女子很有才学，就去找阿丑的爸爸，说："我想娶你们家的女儿做我的媳妇，你看行吗？"阿丑的爸爸和诸葛亮聊了一会，聊完了就让阿丑送诸葛亮回去。阿丑在送诸葛亮出去的时候，送了诸葛亮一件礼物，阿丑说："诸葛先生，你可知道我送你这把扇子有什么用意？"诸葛亮想了想，说："这把羽扇重于泰山，轻于鸿毛，意思是礼轻情义重。"阿丑说："这也算原因之一吧，你可知还有其二？"

诸葛亮想不出来，只好说："那么愿闻其详。"阿丑就说："诸葛先生，你刚才跟家父在那里畅谈天下大事，我就在旁边听了一下。你提到刘备请你出山，眉飞色舞；讲到你的胸怀大计，气宇昂轩。但是诸葛先生，我发现你每次一讲到曹操就眉头深锁，一讲到孙权就忧心于中，大丈夫做事情要沉得住气，我送你的这把扇子是用来给你遮面的，挡你的脸。"

**问题：**

1）阿丑为什么要送诸葛亮一把羽扇？有何用意？

2）秘书人员为什么要善于控制自己的情绪？

### □ 实践训练

4.1 结合实际，谈谈在日常生活中你是如何控制自己情绪的？

4.2 如果领导交给你一项在你看来是你力所不及的工作，你会怎么办？请说明理由。

# 心理自测

**意志力测试**

| 序号 | 测 试 项 目 | 选 项 | | | | |
|---|---|---|---|---|---|---|
| | | A | B | C | D | E |
| 1 | 我决心办成的事情（如练长跑、爬山、游冬泳），不论遇到什么困难，都会坚持下去 | | | | | |
| 2 | 生活中遇到复杂的事情时，我常常举棋不定，拿不定主意 | | | | | |
| 3 | 我做一件事的积极性，主要取决于这件事情的重要性，即该不该做；而不在于对这件事是否有兴趣，即不在于想不想做 | | | | | |
| 4 | 我的兴趣多变，做事情常常是“这山望着那山高” | | | | | |
| 5 | 对别人的意见，我从不盲从，总喜欢分析、鉴别一下 | | | | | |
| 6 | 我认为做事不必太认真，做得成就做，做不成便罢 | | | | | |
| 7 | 如没有特殊原因，我每天都按时起床，从不睡懒觉 | | | | | |
| 8 | 有时我躺在床上，下决心第二天要干一件重要事情，但到了第二天，这种劲头又消失了 | | | | | |
| 9 | 学习和娱乐发生冲突的时候，即使这种娱乐很有吸引力，我也会马上决定去学习 | | | | | |
| 10 | 我常因读一本引人入胜的小说或看一档精彩的电视节目而忘记时间 | | | | | |
| 11 | 我很喜爱长跑、远足、爬山等体育活动，并不是因为我的身体条件适应这些项目，而是因为这些活动能锻炼我的体质和毅力 | | | | | |
| 12 | 我在学习和工作中遇到了困难，首先想到的就是问问别人有什么办法 | | | | | |
| 13 | 我能长时间做一件重要而枯燥无味的工作 | | | | | |
| 14 | 我的作息没有什么规律性，经常随自己的情绪兴致的变化而变化 | | | | | |
| 15 | 我决定做一件事，常常说干就干，决不拖延或让它落空 | | | | | |
| 16 | 我办事喜欢拣容易的先做，难的能拖则拖，实在不能拖时，就赶时间做完充数，所以别人不大放心让我干难度大的工作 | | | | | |
| 17 | 我信奉“凡事不干则已，若干必成”的格言，并身体力行 | | | | | |
| 18 | 凡是比我能干的人，我不太怀疑他们的看法 | | | | | |
| 19 | 遇事我喜欢自己拿主意，当然也不排斥听取别人的建议 | | | | | |
| 20 | 给自己制订的计划，常常因为主观原因不能如期实现 | | | | | |
| 21 | 我不怕做我从来没有做过的事情，也不怕一个人独立负责重要的工作，我认为这是对自己很好的锻炼 | | | | | |
| 22 | 我生来胆小，没有十二分把握的事情，从来不敢去做 | | | | | |
| 23 | 我和同事、朋友、家人相处时，很有克制能力，从不无缘无故发脾气 | | | | | |
| 24 | 我和别人争吵时，有时虽明知自己不对，却忍不住要说一些过头的话，甚至骂对方几句 | | | | | |
| 25 | 我希望做一个坚强的、有毅力的人，因为我深信“有志者事竟成” | | | | | |
| 26 | 我相信机遇，很多事实证明，机遇的作用有时大大超过人的努力 | | | | | |

测试说明：

1. 本测试每题有五个选项，分别为：

A. 完全符合　B. 比较符合　C. 无法确定　D. 不太符合　E. 完全不符

请选择一个最适合你的选项。

2. 计分标准：

选择单数题号，A记5分，B记4分，C记3分，D记2分，E记1分；选择双数题号，A记1分，B记2分，C记3分，D记4分，E记5分。

3. 将各题所得的分数相加。

评析：

| 得分区间 | 测试结果评析 |
|---|---|
| 111分及以上 | 说明意志坚强 |
| 91～110分 | 说明你意志较坚强 |
| 71～90分 | 说明你意志一般 |
| 51～70分 | 说明你意志比较薄弱 |
| 50分及以下 | 说明你意志很薄弱 |

（注：本测试结果仅供参考）

# 第5章

# 秘书的个性心理

## 学习目标

通过本章学习，你应该达到：

【职业知识】了解和掌握个性的概念、个性的特征；了解个性形成与发展的影响因素；了解和掌握气质的概念、气质的特点和类型；了解和掌握性格的概念、性格的特征和类型。

【职业能力】了解和掌握秘书的气质对工作的影响；了解和掌握秘书的性格对工作的影响。

【职业素质】了解自己的气质类型，培养积极的气质品质；掌握秘书的性格修养，形成良好的性格。

【引例】

**有个性的小孙**

**背景与情境：**小李和小孙同时进入某机关当秘书。两个人同样具有较强的工作能力，无论领导交给他俩什么任务，他俩都能非常圆满地完成。为此，两个人经常受到领导的表扬。但是，在同事眼中，他们俩却有不同的地方。大家都喜欢小李，有什么事总找他帮忙。小李的确为大家做了许多事，因为他谦逊又有能力，与大家非常合得来；而小孙则不同，虽然他能力也强，但大家都和他合不来，有什么事也不会找他帮忙，因为小孙这个人比较高傲。

小孙也意识到了这种差别，但他并不想改变这种状态，他以为这样很好。无论同事们怎么对自己，领导还是喜欢自己的，有领导撑腰，他不必总是顾虑别人的看法。况且这样也不错，他可以按照自己的个性安排一切，不必因别人的看法而改变自己的生活。而且平心而论，小孙有些看不起小李，认为小李那种谦让的态度十分虚伪，是一种做作的表现，很俗。当然，小孙并没有把自己这种感觉表现出来，他认为无论小李怎么做，都是人家自己的事，别人不应该干涉他。可见，小孙也是具有一定容人之量的，但可惜他没有表现出来。

就在小孙按照自己的个性工作的时候，领导说要在他们之中提拔一名宣传干事，而且这次领导有明确指示，一定要坚持群众选举，任何人不得从中作梗。面对这样一个好机会，小孙从心底里认为自己能上去，因为他不但喜欢这份工作，而且坚信自己一定能干好，绝对不会辜负领导的厚望。但是，听说这次不是领导任命，而是由群众选举产生，他的心真地有些凉了。他明白凭自己的群众关系，自己绝对不是小李的对手，况且小李在搞宣传上也有自己的独到之处。小孙认识到这种差距，但他不是一个小肚鸡肠的人，即使明白自己有不足，他也要进行一番公平竞争。

结果正如小孙预料的那样，小李几乎以全票得到了这个职位。其实要是小孙去了，工作照样能做好。一个本来平等的机会，结果由于两人个性和人缘的不同，导致了结果的不同。

**问题：**

1）小李和小孙能力相当，小孙为什么在选举中落败？

2）秘书人员该如何保持个性？

俗话说“性格决定命运”，“态度决定一切”。性格是人的个性中重要的组成部分，人不可以没个性，但过分追求个性、表现个性，往往不能融于群体之中，甚至还会产生意想不到的后果。

人的个性是一个复杂的结构，是指一个人的整体心理面貌，即具有一定倾向性的各种心理特征的总和。个性是复杂的、多侧面的、多层次的统一体。个性的心理结构包括个性倾向性和个性心理特征两大部分，这两大部分有机结合，使个性成为一个统一的整体结构。

个性倾向性是个体对社会环境的态度和行为的特征，是个体进行活动的基本动力，也是个性结构中最活跃的因素，它决定着个体对认识活动对象的趋向和选择。个性倾向性主要包括需要、动机、兴趣、理想、信念和世界观。

个性心理特征是指个体身上经常地、稳定地表现出来的心理特点。它是个性结构中比较稳定的成分，主要包括能力、气质和性格。

# ● 5.1 个性理论

人在认知过程中，形成了各种各样的心理特性，造成了人与人之间心理的差异。人的心理特性有些是暂时的、偶然出现的，有些则是稳固的、经常出现的。这些稳固而经常出现的心理特性，就是个性。个性心理包括个性心理特征和个性倾向性两个层面。个性心理特征包括气质、性格和能力，个性倾向性包括需要、动机、兴趣、爱好、理想、信念和价值观等。它们共同构成了人的个性心理。

## 5.1.1 个性的一般概念

1）个性的概念

个性是构成一个人的思想、情感及行为的特有统合模式，这个独特模式包含了一个人区别于他人的稳定而统一的心理品质。

个性是各种心理特征的总和，也是各种心理特性的一个相对稳定的组织结构，在不同的时间、地点，它都影响着一个人的思想、情感和行为，使一个人具有区别于他人的、独特的心理品质。

人的个性是在一定的社会环境中形成的，因而，一个人的个性必然会反映出他生活在其中的社会文化的特点，反映出他所受到的教育的影响。同时，人的心理，包括他的个性，又是大脑的机能，个性的形成必然要以神经系统的成熟为基础。所以个性是人的自然性和社会性的统一。

个性和人格两个概念具有相同的含义，常常通用。苏联心理学界常用个性，西方心理学界常用人格。过去我国心理学界受苏联的影响较大，也习惯于用个性。在日常生活中，人们用个性的概念时强调的是个体之间的差异，用人格的概念时则常常突出它的道德含义。

2）个性的特征

个性是一个具有丰富内涵的概念，反映了人的多种本质特征。

（1）个性的独特性。“世界上没有两片完全相同的叶子，也没有两个完全相同的人”。人的个性是在遗传、环境和教育等先天和后天因素的交互作用下形成的。不同的遗传、生存和教育环境，形成了人们各自不同的个性心理特点。每个人在遗传方面获得的大脑神经反应品质、天资和气质等生理特征不同，后天生活环境的物质条件、教育影响、社会实践经历等也不同，这样就形成了个性差异，人和人之间没有完全一样的个性特点。个性的差异主要表现在气质、性格、能力、兴趣和爱好等方面。

（2）个性的稳定性。“江山易改，本性难移”，人的个性一旦形成，就具有很大的稳定性。个性是在长期社会实践中形成的，并在不同情境下显示出相同的品质，具有稳定性特征，表现为人的心理的连续性。个性是人的比较稳定的心理特征，偶尔表现出的心理特征不能称为个性，因此只有那些一贯的、经常而持久出现的心理特征才能叫个性。在社会生活中，人总是接受各种各样的刺激，做出这样或那样的反应，逐渐形成了比较稳定的是非观念和反应形式，这种对现实比较稳定的态度以及与之相适应的行为方式，就是人的个性。

个性的稳定性是相对的，而不是绝对的。随着生活环境的改变和个人的主观努力，个性的有些方面是可以改变的。

（3）个性的倾向性。“苟利天下生死以，岂因祸福避趋之”。个性具有一定的意识倾向性，人在与客观现实相互作用的过程中，对现实世界总有一定的看法、态度和行为倾向。它们既表现在需要、动机、兴趣、爱好和价值观等方面，又表现在气质、性格、能力等方面。

（4）个性的统合性。个性是由多种成分构成的一个有机整体，具有内在的一致性，贯穿于个性的各个因素之中，并体现在人的行为的一贯风格之中。个性受自我意识支配，个性的统合性也是心理健康的重要标志。

个性并不表现在兴趣、爱好、气质或生物性、社会性的某一方面，而是包括兴趣、爱好、气质或生物性、社会性等在内的多种因素的总和。首先，具有某种个性的人，都会在兴趣、爱好、气质的统一中表现出来；其次，个性是人的生物性和社会性的统一，虽然人的个性是在长期社会实践中形成的，但并不排除个性的生物性基础。人的自然的生物特性不能预定个性发展的方面，然而它却构成了个性发展的基础，影响着个性发展的道路和方式，影响着个性行为形成的难易。

### 5.1.2　个性的结构

个性是一个复杂的结构系统，它包含着各种成分。主要的成分是个性倾向性和个性心理特征两个方面，个性倾向性是指个性的动力，个性心理特征是指个体间的差异。

个性倾向性是个体对社会环境的态度和行为的特征，是个体进行活动的基本动力，也是个性结构中最活跃的因素，它决定着个体对认识活动对象的趋向和选择。个性倾向性主要包括兴趣、爱好、需要、动机、理想、信念、价值观和世界观。其中，需要和动机是个性的动力，它们表现了个性的倾向性，是个性中最活跃的因素，是个性积极性的源泉。

个性的心理特征是人的多种心理特点的独特结合，构成了一个人的心理面貌的独特性，体现了心理面貌的个体差异。个性心理特征包括气质、性格和能力。气质是表现在心理活动强度、速度和灵活性等动力特点方面的心理特征；性格是表现在人对客观现实的态度，和与这种态度相适应的行为方式等方面的人格特征；能力是顺利有效地完成某种活动所必须具备的心理条件的一种心理特征。

个性的心理结构如图5-1所示。

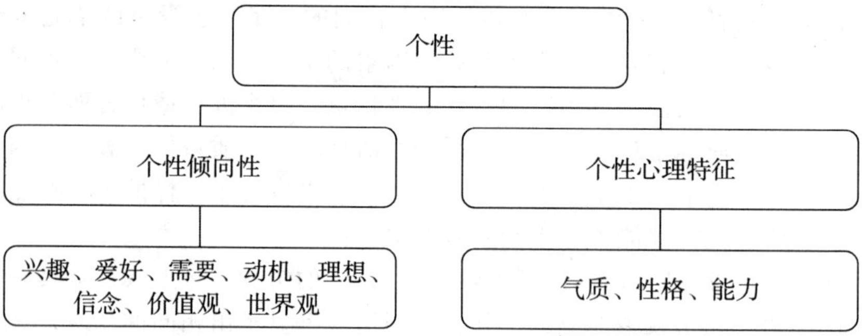


**图5-1 个性的心理结构**

### 5.1.3 个性形成与发展的影响因素

个性的形成受很多因素的影响，并且形成每个人个性的原因也不同。心理学研究表明，有些个性特征几乎完全是先天遗传的，有些个性特征又几乎完全是后天形成的。但是，人的大多数个性特征都是在先天和后天两种因素的共同作用下形成的，一些有社会意义的个性特征则主要是在后天社会环境作用下形成的。

1）先天遗传因素

人的个性是在个体成长发展过程中逐渐形成的，但是，人一出生就具有某些先天的遗传生理特征。如一些初生儿好动，另一些初生儿好静，这就是神经类型活动的兴奋型和抑制型，这些神经类型的特点是由遗传造成的，这些差异也构成了每个人独特的心理基础。先天遗传所固有的稳定心理特征决定了人心理活动方面的自然属性，决定了心理活动进行的速度、强度、指向性等特征，但这些因素仅仅决定个性差异的一个方面，更重要的是依据客观环境的影响。遗传对个性形成的作用和影响，目前还难以得出明确的结论，较为一致的看法有：

（1）遗传是个性不可或缺的影响因素。

（2）遗传对个性的作用程度随个性特质的不同而不同。通常在智力、气质这些与生物因素具有较大相关性的特质上，遗传因素的作用较大；而在兴趣、爱好、理想、信念、价值观和性格等与社会因素关系密切的特质上，后天环境的作用可能更大。

（3）个性的形成和发展是遗传与环境因素交互作用的结果。人既是一个生物个体，又是一个社会个体，社会环境因素对个性的影响贯穿于人的一生。

2）后天环境因素

后天环境因素主要包括社会文化因素、家庭因素和社会阶层等附属因素。

（1）社会文化因素。每个社会都有自己的文化传统，每个人都处在特定的社会文化环境之中，每个生活在特定社会中的人的个性都不能不受文化传统的影响。社会文化塑造了社会成员的个性特征，包括一些重大问题的价值观念，如对自然、对人生、对人与人关系的看法，解决问题的方法和行为模式等，都逐渐积淀在人的个性之中。

一个社会要求其成员有大体共同的行为模式，使其成员的个性朝着相似性的方向发展。社会文化对个体的影响力因文化不同而有差异，社会对个体的要求越严格，影响力越大。影响力的强弱取决于行为的社会意义，对社会意义十分重要的行为，影响程度较大；对社会意义不大的行为，影响程度较低。

（2）家庭因素。家庭是人生的起点，在个性的形成过程中，家庭影响是最初的根源。家庭的影响主要源于父母的个性和家庭教育两个方面。父母的个性对子女性格的形成具有潜移默化的作用，子女在父母的抚养下，父母的兴趣、爱好、态度、价值观念、为人处世的方式，都影响着子女的个性。父母的教养方式对子女个性的形成也有重要影响。

**【知识拓展 5-1】**

**教养方式对子女个性形成的影响**

家庭被称为“人类个性的工厂”，关于父母的教养方式对子女个性形成的影响，国外有很多研究。美国的彼得温把教养方式分为民主和权威两种，列维研究了母亲采取过分纵容和过分支配两种教养方式对儿童个性形成的影响。一般研究者把家庭的教养方式分为三类。

第一类是权威型教养方式。采取这种方式的父母在子女教育中，表现得过于支配，孩子的一切都由父母来控制。在这种环境下长大的孩子容易形成消极、被动、依赖、服从、懦弱的个性，做事缺乏主动性，甚至形成不诚实的个性特征。

第二类是放纵型教养方式。采取这种教养方式的父母，对孩子过于溺爱，让孩子随心所欲，父母对孩子的教育有时达到失控状态。在这种家庭环境中成长的孩子的个性多表现为倾向性、幼稚、自私、野蛮、无礼、独立性差、唯我独尊、蛮横无理、胡闹等。

第三类是民主型教养方式。采取这种教养方式的父母，与孩子在家庭中处于一种平等和谐的氛围中，父母尊重孩子，给孩子一定的自主权和积极正确的指导。这种教养方式能使孩子形成一些积极的个性品质，如活泼、直爽、自立、彬彬有礼、善于交往、富于合作、思想活跃等。

（3）社会阶层等附属因素。每个人都生活在一定的社会中，在有阶级的社会里，人就必然附属于一定的阶级和阶层，阶级和阶层对人个性的影响尤为深刻，使人不免打上阶级或阶层的烙印。

早期童年经历对个性的形成和发展也存在十分重要的影响。“三岁看大，七岁看老”，奥地利心理学家弗洛伊德对人生早期所发生的事件与个性的形成进行了充分的研究，得出了个性的发展受到童年经历的影响的结论。幸福的童年有利于儿童发展健康的个性，不幸的童年则会使儿童形成不良的人格。

## ● 5.2 秘书的气质

### 5.2.1 气质的概念

气质是个人心理活动的动力特征，是指不以人活动的动机、目的和内容为转移的，稳定的心理活动的动力特征。心理活动的动力特征主要指心理过程的强度、心理过程的速度和稳定性以及心理活动的指向性等特点。

在心理学上，“气质”这一概念与我们平常所说的“禀性”、“脾气”相似。在日常生活中，有的人总是活泼好动，有的人却总是安静沉稳，有的人不论做什么事总显得十分急躁，有的人情感总是那么细腻深刻。人与人在这些心理活动的动力特征等方面的差异，就是气质的不同体现。

气质是一个人生来就具有的，并成为后天性格形成的重要的生物学条件。一方面，气质可以按照自己的动力方式渲染性格特征，使性格特征具有独特的色彩，并影响到一定性格特征形成或改造的速度。例如，同样是乐于助人，多血质者在帮助他人时往往动作敏捷，情感明显表露于外；而黏液质者则可能动作沉着，情感不怎么表露出来。再如，要形成自制力，胆汁质的人往往需要作极大的努力和克制；而抑郁质的人则比较容易形成，他用不着特别控制自己就能办到。

**同步案例 5-1**

**背景与情境**：从前，有一个地主，雇了两个长工，一个叫张三，是个“急性子”；一个叫李四，是个“慢性子”。地主让张三和自己去讨债，而让李四照顾自己的小儿子。他认为这样的分工是合理的：让“急性子”张三讨债可以加快讨债的速度；自己的儿子尚小，让“慢性子”李四照顾会更有耐心。

分工完毕，地主就让李四在家照顾儿子，带着张三上路了。半路上遇到一条河，地主命令“急性子”背他过河，“急性子”只好背起地主。走到河的中心，由于河水很深，地主吓得胆战心惊，就对张三说：“如果你能把我安全背过去，就赏给你两个铜板。”只听“扑通”一声，张三把地主扔到了河里，伸出手来说：“拿钱来！”地主成了落汤鸡，出师不利，又惊又气，只好打道回府。

地主回到家，看见李四正在房檐下晒太阳，就问：“小少爷哪去了？”李四慢条斯理地说：“小－少－爷－掉－井－里－了。”地主大惊，又问：“那小少爷现在怎么样了？”李四又慢吞吞地说：“小少爷还在井里呢，不着急，等我晒完太阳再去捞小少爷也不迟。”地主大怒，忙命人把小少爷捞上来，但已回天乏术。

地主急于给儿子料理后事，就命张三去买棺材。过了不久，张三就风风火火地买了两口棺材回来了。地主大惊，问张三为何买两口棺材回来？张三说：“一口是给小少爷用的，一口是给老爷您预备的，老爷早晚有一天用得上，顺道一起买了。”

地主晕倒。

**问题**：张三为什么在河中央把地主扔到水里？李四为什么迟迟没有救出掉在井里的小少爷？

**分析提示：**张三的“急性子”和李四的“慢性子”就是心理学上所说的气质。气质是一个人心理活动的动力特征，作为个体心理的重要组成部分，它的特点就是不以活动动机、目的和内容为转移，保持一贯性和稳定性。

### 5.2.2 气质的特点

气质主要受遗传因素的影响，同时又是个体社会活动的结果，也不完全排除社会实践的作用。气质有三个方面的突出特点。

1）遗传性

所谓遗传性，也就是气质的天赋性。生理学、心理学的研究结果表明，影响气质的生理基础是人的神经系统类型。具有不同神经系统类型的人表现出不同的气质特点。而人的神经系统类型是由先天遗传因素决定的，在人的行为没有社会化之前便带有不同的反应特点。心理学研究表明，在未经社会实践改造的婴儿身上就表现出了气质的差异性。如有的婴儿好动爱哭，有的婴儿乖巧安静，心理学家将其分为困难型、容易型和中间型。关于气质的遗传性问题，巴甫洛夫的神经活动类型学说、斯特里劳的气质调节理论等都提供了理论上的证明。斯特里劳指出：“如果认为气质基本上是由生物性决定的，首先必须理解它是生物进化的结果。从人和动物身上均可看到这种称为气质的现象。这就是说，个体一出生，就具有由生理机制决定的某种气质。气质受胎生环境及遗传结构的影响。”

2）稳定性

以遗传、生理因素为基础的气质，从很早便开始从人的活动中体现出来，并在人的一生中具有很强的连贯性。这是因为气质受神经活动类型的影响，变化比较缓慢，并且在人的自然发育过程中，它还具有向固定化形态发展的趋势。虽然气质在环境和教育的影响下会有所变化，但其变化非常缓慢，与个性的其他因素比较，气质的变化最慢、稳定性最强。斯特里劳认为：“无论怎么变化，仍然可以看到气质特点的高度稳定性，这也就是说，在变化性面前还存在一种稳定性。”

3）可变性

气质虽然具有遗传性、稳定性的特点，但是人的气质并非一成不变。随着年龄、生活条件和教育条件的变化，它也发生着变化。如青年人比儿童活动的强度大得多，老年人的行动较之青年人显得迟缓等，这些都证明了人的气质随着年龄、生活条件的变化而变化。同时，人的气质还受意志的控制，使人的气质具有掩藏性。如一个平时容易激动、行为急躁的人，如果有意控制可以克服这种脾气；一个平时稳重的人，在某种特定的场合可能会暴跳如雷，一反常态等。气质的不变性与可变性是相对的，而不是绝对的。

现代心理学认为，气质没有好坏之分，只有适合与不适合之别。不能简单地说哪一种气质类型好，不同的气质类型各有利弊，要与工作特点结合起来考察。正确认识和了解气质的特点，对秘书人员加强自身的气质修养具有重要意义。

### 5.2.3 人的高级神经活动类型与气质的特性

俄国生理学家和心理学家巴甫洛夫通过动物实验建立了高级神经活动类型学说，巴甫洛夫又运用条件反向的方法在人身上做了大量印证性的实验，证明巴甫洛夫的高级神经活动学说也适用于人。这一学说中的高级神经活动类型学说，较好地解释了气质的生理基础，并得到了广泛的认同。

1）人的高级神经活动类型

巴甫洛夫认为高级神经活动的基本过程有两个，即兴奋和抑制。所谓兴奋是指神经活动由静息状态或较弱状态转为活动或较强状态；所谓抑制是指神经活动由活动的状态或较强的状态转为静息的状态或较弱的状态。不能简单地把兴奋看作是活动的状态，把抑制看作是静止的状态。兴奋和抑制都是一种神经活动过程，它们指的是这种活动所指的方向。

巴甫洛夫指出，高级神经活动的两个基本过程有三个基本特性，就是强度、平衡性和灵活性。神经过程的强度是指神经细胞能接受的刺激的强弱程度，以及神经细胞持久工作的能力。神经过程的强度有强弱之分，兴奋过程强者，在强烈刺激的作用下仍能形成条件反射，并能保持已形成的条件反射；兴奋过程弱者，在强刺激作用下难以形成条件反射，甚至会使已经形成的条件反射受到抑制或遭到破坏。抑制过程强者可长时间忍受持续不断的内抑制，抑制过程弱者只能忍受较短时间的内抑制。神经过程的平衡性是指兴奋和抑制这两种过程的力量是否平衡，所以神经过程的平衡性有平衡和不平衡之分，且不平衡又有兴奋占优势和抑制占优势两种情况。神经过程的灵活性是指兴奋和抑制两种过程相互转化的难易程度，有灵活和不灵活之分。

巴甫洛夫指出，两种基本神经过程的三个特性之间的不同组合，构成了高级神经活动的不同类型。从理论上可以组合成12种不同的高级神经活动类型，但是，有些类型在现实生活中是不存在的。例如，神经过程不平衡的人，不管他是兴奋过程占优势还是抑制过程占优势，两种神经过程之间的转化都是不灵活的。因而，强、不平衡、灵活或弱、不平衡、灵活的组合是不存在的。巴甫洛夫根据大量实验，确定了四种高级神经活动类型，即兴奋型、活泼型、安静型和抑制型。这四种高级神经活动类型的神经过程特点，以及与之相对应的气质类型见表5-1。

表5-1　**神经活动过程的基本特性、高级神经活动类型与气质类型的关系**

| 神经活动过程的基本特性 | | | 高级神经活动类型 | 气质类型 |
|---|---|---|---|---|
| 强度 | 平衡性 | 灵活性 | | |
| 强 | 不平衡 | | 兴奋（冲动）型 | 胆汁质 |
| 强 | 平衡 | 灵活 | 活泼型 | 多血质 |
| 弱 | 平衡 | 不灵活 | 安静型 | 黏液质 |
| 弱 | | | 抑制型 | 抑郁质 |

巴甫洛夫的高级神经活动类型和心理学中的气质类型之间有对应关系，可以把高级神经活动类型看作是气质类型的生理基础。但是，胆汁质、多血质、黏液质和抑郁质是典型的气质类型，真正属于这四种气质类型的人并不多，大多数人是界于两种气质类型之间的中间型或混合型。

2）气质的特性

气质作为个性心理特征，主要表现在人的行为和活动中，它的特性主要表现在以下几个方面：

（1）感受性和耐受性。感受性是人的感觉器官对外界刺激产生的感觉能力，用感觉阈限的大小来衡量；耐受性是指神经系统能够忍受外界刺激的强度和持续的时间。感受性强者，外界很微弱的刺激应能感受得到，因而对较强刺激的耐受性较低；相反，感受性弱者，较强的刺激才能够感受得到，因而对较强刺激的耐受性较高。

（2）反应的敏捷性。它是神经过程灵活性的外在表现，反应时的快慢、动作、言语、思维、记忆和注意转移的速度都反映了敏捷性。

（3）可塑性。它是根据环境的变化改变自己行为以适应外界环境的可塑程度，也是神经活动过程灵活性的表现。

（4）情绪的兴奋性。它是指情绪表现的强弱程度，是神经过程的平衡性的表现。在现实生活中，有的人情绪兴奋性高而对情绪的控制能力低，有的人情绪兴奋性低但对情绪的控制能力较强。

（5）指向性。它是指人的言语、思维和情感常指向于内还是指向于外，常指向于内者为内向，常指向于外者为外向。指向性和情绪的兴奋性有密切联系，兴奋性低者为内向，兴奋性高者为外向。同时，指向性也表明了兴奋和抑制哪种过程占优势，抑制占优势者为内向，兴奋占优势者为外向。

### 5.2.4　气质的类型

古希腊医生希波克拉底认为，每个人身上都有血液、黏液、黄胆汁和黑胆汁四种体液。这四种体液调和，人就健康；不调和，人就要生病。这四种体液在不同人身上的比例是不一样的，因此人们的行为方式也不同。有的人主动、活泼，对外界反应迅速，情绪兴奋性高，具有外向性；有的人精力充沛，情绪兴奋性高而强烈；有的人动作迟缓、反应速度慢，具有内向性；有的人既不主动活泼，对外界刺激反应也不强烈，等等。希波克拉底把具有上述心理特征的人，分别称为多血质的人、胆汁质的人、黏液质的人和抑郁质的人。

随着心理学的发展，心理学家不断发展和完善体液说，并揭示了高级神经活动的规律性和神经过程的基本特征，从而对人的气质类型作了科学的解释。现代心理学把气质划分为四种类型：

1）胆汁质

胆汁质又称为不可抑制型，是一种以强而不平衡的神经活动类型为基础的气质类型。胆汁质的典型特点是：直率、热情，精力旺盛，脾气暴躁，容易冲动，抑制能力差，反应迅速但不灵活，心境变换剧烈，具有明显的外倾性。

胆汁质的人精力旺盛，能以极大的热情投身于自己所从事的活动中去，开始时能够埋头于工作并能克服工作中的困难，一旦精力耗尽，往往变得情绪低落，失去信心。

2）多血质

多血质又称为活泼型，是一种以强而平衡灵活的神经活动类型为基础的气质类型。多血质的典型特点是：活泼、敏捷、好动，反应迅速，喜欢与人交往，注意力容易转移，兴趣和情绪容易变换，外部表露明显，具有可塑性和外倾性。

多血质的人容易适应变化了的环境，善于交际，在生疏的环境中不感到拘束，精神愉快，比较适应各种社会活动，但对需要付出艰苦努力的事情缺少热情和恒心。

3）黏液质

黏液质又称为安静型，是一种以强而平衡但灵活性较低的神经活动类型为基础的气质类型。黏液质的典型特点是：安静、稳重，反应缓慢，沉默寡言，情绪不容易外露，注意力稳定难以转移，善于忍耐，具有明显的内倾性。

黏液质的人善于克制自己，比较循规蹈矩，能够比较有条理地处理各种事情，态度持重，交际适度，较少空谈，显出从容不迫而又严肃认真的品格，但缺乏灵活性，不适于应付复杂多变的环境。

4）抑郁质

抑郁质又称为忧郁型，是一种以弱的神经活动类型为基础的气质类型。抑郁质的典型特点是：感受性高、情绪体验深刻，容易觉察到他人不易觉察的细节，行动较迟缓，而且不强烈，较孤僻。

抑郁质的人具有较强的坚定性，能够克服困难，内心情感丰富，具有幻想力，但常有挫折感，易动感情而爆发性差，比较刻板，对工作缺少激情，不善与人交往。

这四种气质类型只是理论上分类的需要，在现实生活中只有极少数人是四种气质类型的典型代表，并不是所有人都可以按照这四种气质类型来划分。多数人是介于这四种气质类型之间的中间型，只不过是有的人某一种气质类型稍占优势。在判断气质类型时，不能生搬硬套，也不能以一时一地的行为表现作为依据。

**教学互动 5-1**

**看看你属于哪种气质类型?**

一天，你去剧院看演出，但由于交通拥挤，你迟到了。剧院看门人说演出开始了，为了不影响他人观看，你只有等演出中间休息时进去。在这种情况下，你会：

a：觉得无所谓，在剧院外转转，等演出中间休息时再进去；

b：觉得自己真倒霉，什么事都不顺心，不看了，回家；

c：觉得不是自己的错，和看门人据理力争，有票凭什么不让我进去；

d：觉得规则要遵守，但不能耽误看演出，和看门人套近乎，想方设法进去。

参考结果：

选择a：你具有明显的黏液质倾向；

选择b：你具有明显的抑郁质倾向；

选择c：你具有明显的胆汁质倾向；

选择d：你具有明显的多血质倾向。

（注：本测试结果仅供参考）

### 5.2.5 秘书的气质对工作的影响

由于气质受遗传因素影响，因此，几乎所有心理学家和心理学著作都强调气质无好坏之分，气质不能决定一个人的实践活动与成就高低，但不可否认气质对实践活动有较大影响，能够在一定程度上影响人的实践活动与工作绩效。

1）不同气质类型的特点影响秘书活动的效率

气质使人的行为具有某种动力特征，就动力特征而言，气质无好坏之分。同时，一种气质类型既有其积极的一面，也有其消极的一面，没有办法比较哪一种气质类型更好。胆汁质的人精力旺盛，热情豪爽，但脾气暴躁；多血质的人活泼敏捷，善于交往，但难以全神贯注，缺乏耐心；黏液质的人做事有条有理，仔细认真，但缺乏激情；抑郁质的人感觉敏锐，却容易多疑多虑。气质对一个人来说没有选择的余地，重要的是了解自己，并努力发展自己气质中积极的方面，努力克服气质中消极的方面。

不同气质类型的人在处理相同的事情时会表现出明显的差异，对同一事情的态度也不相同。研究秘书的气质类型，对秘书工作效率的提高具有重要意义。一般而言，抑郁质的秘书搞公关工作，其效率和效果可能不如多血质的秘书；而多血质的秘书搞文书工作，其效率和效果可能不如黏液质的秘书。秘书由于工作需要形成了专业分工，有专管文字工作的文字秘书、有专管事务的行政秘书、有负责文件印章和通信的机要秘书等。胆汁质和多血质的秘书在处理日常事务和人际交往方面有较高的工作效率，而黏液质和抑郁质的秘书在文字处理和机要工作方面则效果更好。

2）按照气质类型合理分工有利于秘书开展工作

气质类型不能决定一个人成就的高低，这在现实生活中有大量的例证。如在俄国著名的文学家中，普希金属于胆汁质，赫尔岑属于多血质，克雷洛夫属于黏液质，果戈里属于抑郁质。可见，气质类型不决定一个人的智力发展水平，也不决定一个人成就的大小。但是社会实践的领域众多，不同领域的工作对人的要求不同，因此就有了气质类型对工作适应性的问题。如多血质的人宜于从事环境多变、要求作出迅速反应、交往繁多的工作，难以从事较为单调、需要持久耐心的工作；黏液质的人则相反，适于从事耐心细致、相对稳定的工作。如果一个人的气质类型恰好适合工作要求，他就会感到工作得心应手，对工作有浓厚的兴趣。如果不考虑气质类型对工作的适宜性，将会增加人的心理负担，给人带来烦恼，也会影响工作效率。

秘书工作有不同的内容，秘书人员的气质有不同的类型，科学、合理的分工是取得最佳工作绩效的条件之一。秘书人员的分工依据是多种多样的，传统上，人们比较注重学历层次、性别、年龄因素、健康状况等方面，而忽视了心理依据——气质类型的差异。从管理心理学的角度，气质类型也是分工的重要依据之一。依据气质类型分工，有利于发挥秘书人员的长处，减少人力资源的浪费，提高工作效率。

从气质类型与秘书工作内容的匹配性来看，属于高级神经活动安静型的黏液质和抑制型的抑郁质更适合秘书工作。黏液质的人性情沉静、兴趣稳定、寡言少语的心理特征与文书处理需要冷静、细心的工作特点相符；抑郁质的人起草文件更为周密系统，因为抑郁质的人感受性强、体验深刻的性格特征与文件起草需要专心致志、周密思考的工作特点具有一致性。胆汁质的人直率热情、反应迅速、容易冲动，具有这种气质类型的人更适合做组织发动、宣传鼓动工作；多血质的人性情活跃、行动灵敏、活泼好运的心理特征，具有这种气质类型的人则更适合做公共关系和人际交往方面的工作。不同气质类型的秘书人员的工作分工与工作的匹配关系见表5-2。

表5-2　**秘书的气质类型与工作匹配关系**

| 气质类型 | 工作分工与工作的匹配关系 |
|---|---|
| 胆汁质 | 办公室日常事务工作及具有开创性的鼓动、组织类工作 |
| 多血质 | 对外联系、交际方面工作，人际关系协调工作 |
| 黏液质 | 材料综合及文字处理方面工作 |
| 抑郁质 | 文件起草和提供咨询工作 |

### 5.2.6 秘书的气质修养

虽然一个人的气质类型在一生中是比较稳定的，但也不是一成不变的。秘书人员应根据自己气质类型的特点和工作的需要，不断加强气质修养，不断增强自己对工作的适应性，培养出积极的气质品质。

1）认识并了解自己的气质类型

秘书人员应了解自己的气质类型，认识自己气质的长处与不足。只有正确地了解了自己的气质类型，才能心中有数，有针对性地培养优良的气质品质，克服不良的气质品质。

2）主动培养积极的气质品质

人的气质虽然具有与生俱来的特点，但在社会化的过程中，还是能够被意志所控制的。秘书人员加强气质修养，可以通过加强各种能力的培养来弥补气质的缺陷，人的气质的不变性和稳定性只是相对的，而不是绝对的。只要秘书人员具有明确的意识、坚强的意志，是能够克服不良气质品质的。

**同步思考5-1**

**问题：**气质既然无好坏之分，为什么还要培养积极的气质品质？

**理解要点：**气质并无好坏之分，是因为气质与生俱来，不同气质类型各有优势也各有不足，但不同气质类型均有缺陷，需要后天改进。

## ● 5.3 秘书的性格

性格是个性的鲜明表现，是个性心理中重要而稳定的心理特征。性格也是一种与社会关系最密切的个性心理特征，包含了许多社会道德评价的含义。性格既表现在人们对现实世界的态度上，也表现在人们的行为举止中。

### 5.3.1 性格概述

1）性格的概念

性格是人在对现实的稳定的态度和习惯化了的行为方式中所表现出来的个性心理特征。人在生活中偶然的表现不能被认为是他的性格特征，人的性格具有稳定性，一旦形成是较难改变的。

性格主要体现在对自己、对他人、对事物的态度和所采取的言行上。性格表现了一个人的品德，受人的价值观、人生观、世界观的影响。具有道德评价含义的性格差异，称为人格差异。

性格是在社会生活中逐渐形成的，同时也受生物学因素的影响。

2）性格的特点

（1）复杂性。性格是由多种因素构成的复杂体，一个人性格的复杂性通常表现为各种对立成分的同时存在。任何一个人，不管性格多么复杂，都是由正反的两极所构成的。正反的两极，从生物进化角度看，有保留动物原始需求的动物性的一极，有超越动物性的社会性的一极，从而构成人的所谓“灵与肉”的矛盾；从个人与人类社会总体的关系来看，有适于社会前进要求的肯定性的一极，又有不适应社会前进要求的否定性的一极；从人的伦理角度来看，有善的一极，也有恶的一极；从人的社会实践的角度看，有美好的一极，也有丑恶的一极。此外，从其他角度也可以体现出人类性格的复杂性，如悲与喜、刚与柔、粗与细、崇高与卑鄙、理智与情感的交织。

（2）独特性。性格是在遗传、环境、教育和社会实践活动等多种因素影响下形成的稳固的心理特征，每个人的遗传基因不同，所处的社会环境千差万别，所受的教育各异，社会实践活动各具特色，在此基础上形成的性格自然千差万别，具有独特性。

（3）整体性。构成性格的各种因素是相互联系、密切相关的统一体。在正常情况下，人的性格的各个方面是一个统一的整体，只是统一的形式有所不同。有的是在一致性基础上的综合，有的是对立的统一。即使是那些复杂的性格，也有其主导性的一面，是围绕主导性展开并统一于主导性上的。如在人的性格的行为层面上，思想与行为是一致的，想和做是统一的，口是心非和口非心是都是不正常的表现。

（4）稳定性。性格概念中的“对现实的稳定的态度”和“习惯化了的行为方式”表明性格具有稳定性的特征。性格的稳定性并不意味着性格是凝固不变的，在一般情况下，性格是相对稳定的，性格的变化过程是持续性的渐变。但在外界环境重大变化或重大压力下，人的性格可能会发生较大的转变。

3）性格与气质的关系

性格和气质关系十分密切，它们都是人脑的活动，也都是在人的生活实践中形成和发展的。气质是个人心理活动的动力特征，与性格相比较，受先天因素影响大，并且变化比较慢、比较难；性格主要是在后天因素影响下发展起来的，变化容易些，也快些。

性格和气质相互渗透、彼此制约。一方面，气质影响性格的表现，使性格特征涂上一种独特的色彩；另一方面，性格可以在一定程度上掩盖或改造气质，使之符合社会实践的要求。具有不同气质的人可以形成同样的性格特征，同一气质类型的人可以形成不同的性格特征。

### 5.3.2 性格的特征

1）性格的态度特征

性格的态度特征主要指的是一个人如何处理社会各方面关系的性格特征，即对社会、对集体、对他人及对自己的态度的性格特征。

（1）对社会、对集体和对他人的态度的特征。表现在这方面的性格特征主要有爱国主义、集体主义、富于同情心、诚实、正直、有礼貌等；与此相对应的有对国家和集体漠不关心、自私、孤僻、虚伪等。

（2）对工作和学习的态度的特征。表现在这方面的性格特征主要有：勤劳或懒惰，有责任心或粗心大意，认真或马虎，有首创精神或墨守成规，节约或奢侈等。

（3）对自己的态度的特征。例如谦虚谨慎、自尊、自信、自律、大方以及与之相对的骄傲、自卑、自弃、羞怯等。

2）性格的意志特征

性格的意志特征主要指一个人在对自己行为的自觉调节方式和水平方面的性格特征。自觉性、坚定性、果断性、自制力等是主要的意志特征。自觉性是指在行动之前有明确的目的，事先确定了行动的步骤、方法，并且在行动的过程中能克服困难，始终如一地执行；与之相反的是盲从或独断专行。坚定性是指能采取一定的方法克服困难，以实现自己的目标。与坚定性相反的是执拗性和动摇性，前者不会采取有效的方法，一味我行我素；后者则是轻易改变或放弃自己的计划。果断性是指善于在复杂的情境中辨别是非，迅速做出正确的决定；与果断性相反的是优柔寡断或武断、冒失。自制力是指善于控制自己的行为和情绪；与自制力相反的是任性。

3）性格的情绪特征

性格的情绪特征，是指一个人在情绪活动时在强度、稳定性、持续性和心境方面表现出来的性格特征。在情绪的强度方面，有的人情绪强烈，不易控制，有的人则情绪微弱，易于控制；在情绪的稳定性方面，有的人情绪波动性大，情绪变化大，有的人则情绪稳定，心平气和；在情绪的持续性方面，有的人情绪持续时间长，对工作、学习的影响大，有的人则情绪持续时间短，对工作、学习的影响小；在主导心境方面，有的人经常情绪饱满，处于愉快的情绪状态，有的人则经常郁郁寡欢。

4）性格的理智特征

性格的理智特征是指一个人的认知活动特点与风格，又称性格的认知特征，主要指人在感知、记忆、思维和想象等认识过程中表现出来的认知特点和风格的个体差异。例如表现在感知方面的有主动与被动、详细与概括；表现在记忆方面的有主动记忆与被动记忆、形象记忆与逻辑记忆以及记忆的快慢、保持的是否持久；表现在思维方面的有独立型与依赖型、分析型与综合型；表现在想象方面的有广阔与狭隘、丰富与贫乏等。

性格的各个特征并不是相互分离的，而是彼此联系，相互制约，有机地组成一个整体。性格的态度特征是性格的核心，而且对集体、对社会的态度又是最为重要的态度，因为态度直接表现出一个人对客观事物所特有的、比较恒常的倾向，同时它也决定了性格的其他特征。如一个对社会、对集体有高度责任感的人，对学习、对工作也一定是认真负责、兢兢业业的，对他人也会是诚恳的、热情的，对自己也是能严格要求的。另外，性格的各种特征并不是一成不变的机械组合，在不同场合下常常会显露出一个人性格的不同侧面。

**同步思考 5-2**

**问题：**性格是否有好坏之分?

**理解要点：**与气质不同，人的性格是在后天生活过程中逐渐形成和发展的，能够作道德上的评价。每一个用来描述性格的词语都有其反义词存在，如热情-冷漠、谦虚-骄傲、慷慨-吝啬，等等，所以性格有好坏之分。

### 5.3.3 性格的类型

1）向性说

瑞士心理学家荣格把人的性格分成两种类型：外向型和内向型。荣格在《心理类型论》一书中认为，一个人的心理活动可以指向内部，也可以指向外部。指向外部的叫外向，指向内部的叫内向，而且每个人都有内向和外向两种特征。根据一个人是外向还是内向占优势，可将性格分为外向型和内向型两种。外向型的人爱社交，活泼、开朗，当机立断，不拘小节，情感外露，独立性强，容易适应环境的变化；内向型的人好沉思，善内省，孤僻，自律严谨，易害羞，不善社交，较难适应环境的变化。

2）独立性说

按照个体独立的程度，人的性格可分为顺从型和独立型两种。顺从型的人独立性差，容易不加批判地接受别人的意见，照别人的意见办事，在紧急情况下惊慌失措；独立型的人喜欢独立思考，善于发现问题和解决问题，在紧急情况下沉着冷静不慌张，对他人意见能有选择地接受，不易受外界干扰，但易于固执己见，甚至喜欢把自己的意见强加于别人。

3）心理机能说

按照心理机能优势，人的性格可以划分为理智型、情绪型、意志型和中间型四种。理智型性格的人以理性的眼光来衡量世界并支配自己的行为，在感知客观事物时不易被刺激物所干扰，能按照自己的任务进行观察和独立思考；情绪型性格的人情绪体验深刻，行为易受情绪左右，感知事物反应迅速，观察不能持久，思考问题时富有想象力，但推理能力较差；意志型性格的人具有明确的目标，行为主动，自我控制力强，独立性强，有恒心、有韧性，执拗而顽强；中间型性格的人兼具两种或两种以上的性格特征，如理智-意志型、情感-意志型等。

**教学互动5-2**

**性格测试**

你在喝水时，是怎样拿杯子的？

a：拿杯子上端

b：拿杯子中央

c：拿杯子下端

d：用两只手拿杯子

e：喝水时摇晃杯子

f：一只手拿杯子，另一只手拿其他东西

参考结果：

a：你对细微之事不太在意，是一个爽朗乐观的人

b：你适应能力很好，信用好，人缘不错，有很强的交际能力

c：你通常比较敏感，对于许多事情都会感到很意外，甚至过度重视对方的意见

d：你多半内心空虚，需要有人慰藉

e：你通常具有很严重的不安全感，无法静下心来做一件事

f：对自己的生活和学习都有极度的自信，很善于交际

（注：本测试结果仅供参考）

### 5.3.4　秘书的性格对工作的影响

现代社会是一个开放性的社会，秘书工作又是一种开放性的工作，迎来送往、公关交际是秘书工作的重要内容之一，秘书人员的性格对秘书工作的绩效有重要影响。开放性的社会和开放性的工作，需要秘书人员有开放性的性格。

1）不同的性格特征影响秘书的工作绩效

人的社会实践影响其性格的形成与变化，人的性格又影响着人的社会实践与生活方

式，在人的社会实践活动中，性格具有重要意义。秘书活动是社会实践领域的一个方面，同样受到从业者性格的影响。

不同性格的秘书人员，在从事不同种类的秘书工作时，会对工作绩效产生不同的影响。外向型的秘书人员活泼、开朗、善于交际，从事人际交往工作能够迅速建立关系，工作效率高；内向型的秘书人员沉静、迟缓、不善交际，从事文字工作坐得住，效率高、效果好。

2）性格差异在秘书工作中的应用

（1）性格测试在秘书人员选拔时的应用。在选拔秘书人员时，注意对知识、能力的测评是必要的，但对性格特征的考察也是不可忽视的。在知识、能力符合工作要求的前提下，只有通过对选拔对象进行性格考察，了解其性格特征，掌握其性格类型，才可能对选拔对象有更全面的了解，在任务分配上做到人尽其才、人尽其用。

（2）性格类型在预测秘书行为中的应用。性格在各个实践领域和各项具体工作中都是比较重要的，不同的性格类型总有不同的行为特点。心理学理论强调，在分配工作任务方面，要考虑一个人性格的职业品质，尽量安排适合性格特点的工作，只有这样，才能提高工作效率，顺利、富有创造性地完成工作任务。可以通过观察、谈话、调查等方法了解秘书人员的性格类型，也可以通过专业的性格测试测定秘书人员的性格，预测秘书的行为特点，并根据情况合理安排秘书人员的工作岗位和科学分配工作任务。

### 5.3.5 秘书的性格修养

性格是秘书心理素质的核心部分，是秘书做好本职工作的重要因素，是秘书职业有别于其他职业的心理特征。秘书要保持乐观、开朗、随和的性格，处理好人际关系，更好地适应工作环境，更好地协调工作，推动工作和谐开展。秘书的社会角色、秘书的工作性质决定了秘书要有不同于其他职业的健全性格。

1）秘书人员积极的性格品质

诚实、善良、乐观、开朗、独立、自我控制、谦虚、自信自尊、宽容和有责任感等是积极良好的性格品质，是任何人都应该具备的。对秘书人员而言，诚实、谦虚、宽容等品质尤为重要。

（1）诚实。诚实就是实事求是，这是秘书人员十分重要的性格品质。秘书人员的诚实正直直接影响其工作作风和工作态度。虽然坚持真理、诚实正直并不是一件容易的事，有时甚至会受到不公正的待遇，但是，作为秘书人员，必须坚持真理、实事求是、光明正大，对于领导的弄虚作假，不仅不能为虎作伥，还要敢于直抒己见、据理力争。

（2）谦虚。谦虚是公认的美德，是一种良好的性格品质。秘书人员是否具有谦虚的品质，对工作能否开展有重要的影响。作为领导的助手，秘书人员必须严格按照领导的意图办事。秘书人员如果妄自尊大，就不可能尊重领导的意见，更不可能把工作做好。秘书人员不论才能大小，都应遵循自己的角色规范，谦虚谨慎，尊重他人，显示出秘书人员应有的修养水平。

（3）宽容。宽容是能容忍、有气量，不斤斤计较，体谅他人。宽容是秘书人员重要的性格品质，是化解矛盾的有效方法。秘书人员的宽容要做到：一是能以大局为重，小事不计较，在非原则问题上能忍让。在工作中，人与人之间的摩擦是不可避免的，秘书人员要表现出宽大的胸怀，以利于开展工作。二是能够团结与自己意见不同甚至是相反的人，容忍他人的错误和缺点，对待他人不计前嫌，更不耿耿于怀，保持良好的人际关系。三是不嫉贤妒能，对比自己有才能的人应该取人之长、补己之短，绝不能心胸狭窄。

**同步案例 5-2**

**背景与情境：**孙晶是天圣公司常务副总成刚的专职秘书，在小孙的眼里，成总非常霸道，跟电影里的军阀没什么两样。她给成总当秘书快半年了，几乎没有一天感到舒心过。昨天下班前，成总叫她今天一上班就去邮局给他在老家的父亲邮一包药。今天一上班，总经理办公室主任就叫她赶紧帮自己起草会议通知。通知刚写完，总经理又叫她去做临时会谈记录……中午，成总开完会，看见药还在办公桌上，就朝她发火说："怎么搞的？这点东西还没寄出去！"小孙也是刚做完总经理的会谈记录才回来，整整忙了一个上午了，连上洗手间的时间都省了……她正想解释，不料成总根本不听她解释，说话口气很凶："你一天到晚在忙些什么？只知道吃干饭！"见成总不分青红皂白就这样骂自己，联想起成总平时对自己的霸道，"新仇旧恨"一下涌上小孙的心头，她也怒不可遏："我就是吃干饭的，有本事你自己的事自己去做好了！"听她这么顶撞自己，成总更凶了："行，我会马上通知人力资源部，今后你就什么都不用干了！"成总用"炒鱿鱼"来吓唬她，以为她会害怕，没想到小孙更生气、嗓门更大了："不用你炒！我还不想在这里给你打一辈子杂呢！"虽经同事劝阻，小孙很快就偃旗息鼓了，但她还是被"炒鱿鱼"了。

**问题：**孙晶为什么会被"炒鱿鱼"？

**分析提示：**国有国法，家有家规。一般的组织都会采取"斩立决"的方式处理拒不执行指令、公开与上司对着干的秘书。孙晶之所以被"炒鱿鱼"，关键在于她不良的性格特征，与上司积怨颇深，压抑久了，自然爆发。

2）秘书人员性格品质的培养

（1）培养积极乐观的人生态度和开朗的性格。积极乐观的人生态度是人进取的原动力，可以增强秘书人员战胜困难、挫折的勇气和信心。人际关系的多向性以及秘书工作任务的繁重性，要求秘书始终保持开朗的性格。开朗有利于处理好人际关系，有利于消解不必要的误解和嫌隙，有利于抛除工作中的烦恼和忧虑，有利于保持健康向上、轻松愉快的精神面貌。秘书的开朗是一种积极健康的开朗，开朗不是随便，不是放纵和轻佻，开朗展示的是积极向上的精神和宽阔的胸怀，开朗之中现真诚，开朗之中显豁达。

（2）培养坚韧的性格，善于剖析自己，正视自己的性格缺陷。秘书的性格要坚强有韧性。秘书在工作中常常会遇到很多失误、挫折和误会，甚至会听到流言蜚语、责备怨恨。无论处于什么样的环境，无论是真诚的批评还是指责、嫉妒，或是埋怨，秘书都要保持坚强的性格。同时，秘书人员要善于剖析自己，对自己性格中不适应秘书工作的缺点加以改正。如内向型的秘书可以有意增加和同事的交往，参加一些感兴趣的交往活动。在增加交往的过程中，观察、学习具有良好性格修养的人，汲取其长处。

秘书人员靠近权力中心，受权力的诱惑与考验。在多方关系的集结点上，应对着各种矛盾，要想沉着自若、从容不迫，就必须有良好的性格品质，要清心寡欲，心若止水，静于心而淡于利，勤于行而精于业，永远保持平和、健康的心态。

## 本章小结

个性是构成一个人的思想、情感及行为的特有统合模式，这个独特模式包含了一个人区别于他人的稳定而统一的心理品质。个性的心理结构包括个性倾向性和个性心理特征两大部分，这两大部分有机结合，使个性成为一个统一的整体结构。个性倾向性是个体对社会环境的态度和行为的特征，主要包括需要、动机、兴趣、理想、信念和世界观；个性心理特征是指个体身上经常地、稳定地表现出来的心理特点，主要包括能力、气质和性格。

个性是一个具有丰富内涵的概念，反映了人的多种本质特征。独特性、稳定性、倾向性和统合性是个性的主要特征。个性的形成受很多因素的影响，影响个性形成的主要因素有先天遗传因素和后天环境因素，后天环境因素主要包括社会文化因素、家庭因素和社会阶层等附属因素。

气质是个体心理活动的动力特征，是不以人活动的动机、目的和内容为转移的、稳定的心理活动的动力特征。气质是一个人生来就具有的，并成为后天性格形成的重要生物学条件。遗传性、稳定性和可变性是气质的主要特点。现代心理学把气质划分为四种类型，即胆汁质、多血质、黏液质和抑郁质，不同气质类型的人的外在行为表现具有显著差异。

气质无好坏之分，也不能决定一个人的实践活动与成就高低，但不同气质类型的特点影响秘书活动效率，按照气质类型合理分工有利于秘书开展工作。秘书人员应根据自己气质类型的特点和工作的需要，不断加强气质修养，不断增强自己对工作的适应性，培养出积极的气质品质。

性格是人在对现实的稳定的态度和习惯化了的行为方式中所表现出来的个性心理特征。性格具有稳定性，一旦形成是较难改变的。复杂性、独特性、整体性和稳定性是性格的主要特点。性格的特征包括性格的态度特征、意志特征、情绪特征和理智特征。性格的类型根据不同的标准可以分为内向型和外向型，顺从型和独立型，理智型、情绪型、意志型和中间型。

性格是在后天环境的基础上形成的，有好坏之分，也可以做道德评价，不同的性格特征会影响秘书的工作绩效。在选拔秘书人员时，注意对知识、能力的测评是必要的，但性格特征的考察也是不可忽视的。秘书人员应养成诚实、善良、乐观、开朗、独立、自我控制、谦虚、自信自尊、宽容和有责任感等积极的性格品质。

## 主要概念和观念

□ **主要概念**

个性　个性倾向性　个性心理特征　气质　胆汁质　多血质　黏液质　抑郁质　性格

□ **主要观念**

气质类型　气质类型学说　性格类型学说　性格的特征

# 知识掌握

5.1　什么是个性？个性的特征有哪些？

5.2　个性形成与发展的影响因素有哪些？

5.3　什么是气质？气质的特点和类型有哪些？

5.4　气质对秘书的工作有哪些影响？

5.5　什么是性格？性格的类型和特征有哪些？

5.6　性格对秘书工作有哪些影响？秘书的性格修养包括哪些内容？

# 知识应用

## □ 案例分析

### 孙悟空与猪八戒的性格PK

**背景与情境：**悟空和八戒在吴承恩的笔下可谓是一对欢喜冤家，也是唐僧西天取经路上的左膀右臂。悟空能力超群，八戒好逸恶劳，可是在师傅的眼中他们又是怎样的呢？

不妨看一个细节：三藏道："徒弟，我这一日，肚中饥了，你去哪里化些斋吃。"

行者陪笑道："师傅好不聪明。这等半山之中，前不着村，后不着店，有钱也没处买，让我往哪里寻斋？"三藏心中不快，口中骂道："你这猴子有些忘本……"行者将身一纵，跳到云端里，手搭凉棚，睁眼观看……

八戒道："师傅请下马，在此等老猪去寻。"长老问："哪里去？"八戒道："莫管，我这一去，钻冰取火寻斋至，压雪求油化饭来。"八戒出了松林，走得辛苦，心里沉吟道："当年行者在时，老和尚要的就有；今日轮到我的身上，真可谓当家才知柴米价。"却又走得瞌睡上来，思道："我若这就回去，对老和尚说没处化斋，他也不信我走了这许多路，须再多晃几个时辰，才好去回话……"呆子就把头拱在草里睡下……

悟空事情是做了，但惹得师傅不开心；八戒嘴很甜，既赢得了师傅的好感，自己又落得个轻松。这都是因为他们两个有不同的性格。

悟空是唐僧的得力"干将"，没有悟空，唐僧不可能走完西天取经的路，一路上平妖扫魔，求斋化缘，困难最后总是由悟空铁腕搞定。在《西游记》中，悟空灵性好动，充满活力，性情急躁，无坚不摧，喜好卖弄，冷酷无情，是实干型性格的代表人物之一。这种性格是领导眼中的实干家，但由于冷酷无情而难以亲近，又由于水平太高、能力太强、工作太认真而给领导和同事带来沉重的心理压力，因而容易受到别人的嫉妒。由于这种性格的特点，在《西游记》中悟空既受到师傅的重视，又常常受到师傅的打压，师傅在遇险时第一个想到的是悟空，在和平时期，又觉得他碍手碍眼，这种心情是复杂和微妙的。

八戒则是唐僧的"心腹"。如果没有八戒，唐僧照样可以顺利完成西天取经的伟业，但唐僧一路上则会寂寞孤独得多。情感外露、热情奔放、好逸恶劳、贪图享受、无责任心，是活泼型性格的人的典型特征。由于活泼的性格和热情的外表能讨得别人的欢心，这种人虽然能力稍有些欠缺，但别人总是能够理解和原谅，所以悟空在不同的场合多次总是说师傅对八戒"护短"。

“干将”和“心腹”是领导身边常见的两种类型的人物，没有“干将”，领导就不会出成绩，没有“心腹”，领导就会活得没有乐趣。从这一点上看，唐僧也是一个“俗人”。

**问题：**

1）试分析并评价孙悟空与猪八戒的性格特征。

2）孙悟空与猪八戒在唐僧心目中的不同印象说明了什么？给你哪些启示？

### □ 实践训练

根据气质测试量表和性格测试量表，在教师指导下对自己的气质和性格进行测试，结合测试结果和秘书工作实际，找出自己气质和性格中积极与消极方面的特征，并制订改进计划。

## 心理自测

### □5-1　气质测试

请认真阅读下列各题，对于每一题，有五个选项：

A：非常符合

B：比较符合

C：拿不准

D：比较不符合

E：完全不符合

注意：每题只有一个选项，选出一个最接近情况的选项。

| 序号 | 测试项目 | 选项 | | | | |
|---|---|---|---|---|---|---|
| | | A | B | C | D | E |
| 1 | 做事力求稳妥，不做无把握的事 | | | | | |
| 2 | 遇到可气的事就怒不可遏，想把心里话全说出来才痛快 | | | | | |
| 3 | 宁肯一个人干事，不愿很多人在一起 | | | | | |
| 4 | 到一个新环境很快就能适应 | | | | | |
| 5 | 厌恶那些强烈的刺激，如尖叫、噪声、危险的镜头等 | | | | | |
| 6 | 和人争吵时，总是先发制人，喜欢挑衅 | | | | | |
| 7 | 喜欢安静的环境 | | | | | |
| 8 | 喜欢和人交往 | | | | | |
| 9 | 羡慕那种能克制自己感情的人 | | | | | |
| 10 | 生活有规律，很少违反作息制度 | | | | | |
| 11 | 在多数情况下情绪是乐观的 | | | | | |

续表

| 序号 | 测试项目 | 选项 | | | | |
| --- | --- | --- | --- | --- | --- | --- |
| | | A | B | C | D | E |
| 12 | 碰到陌生人觉得很拘束 | | | | | |
| 13 | 遇到令人气愤的事，能很好地自我克制 | | | | | |
| 14 | 做事总是有旺盛的精力 | | | | | |
| 15 | 遇到问题常常举棋不定，优柔寡断 | | | | | |
| 16 | 在人群中从不觉得过分拘束 | | | | | |
| 17 | 情绪高昂时，觉得干什么都有趣 | | | | | |
| 18 | 当注意力集中于一件事时，别的事很难使我分心 | | | | | |
| 19 | 理解问题总比别人快 | | | | | |
| 20 | 碰到危险情境，常有一种极度恐惧感 | | | | | |
| 21 | 对学习、工作、事业怀有很高的热情 | | | | | |
| 22 | 能够长时间做枯燥、单调的工作 | | | | | |
| 23 | 符合兴趣的事情，干起来劲头十足，否则就不想干 | | | | | |
| 24 | 一点小事就能引起情绪波动 | | | | | |
| 25 | 讨厌做那种需要耐心、细致的工作 | | | | | |
| 26 | 与人交往不卑不亢 | | | | | |
| 27 | 喜欢参加热烈的活动 | | | | | |
| 28 | 爱看感情细腻、描写人物内心活动的文学作品 | | | | | |
| 29 | 工作、学习时间长了，常感到厌倦 | | | | | |
| 30 | 不喜欢长时间谈论一个问题，愿意实际动手干 | | | | | |
| 31 | 宁愿侃侃而谈，不愿窃窃私语 | | | | | |
| 32 | 别人说我总是闷闷不乐 | | | | | |
| 33 | 疲倦时只要短暂的休息就能精神抖擞，重新投入工作中 | | | | | |
| 34 | 理解问题常比别人慢些 | | | | | |
| 35 | 心里有话宁愿自己想，也不愿说出来 | | | | | |
| 36 | 认准一个目标就希望尽快实现，不达目的，誓不罢休 | | | | | |
| 37 | 学习、工作一段时间后，常比别人更疲倦 | | | | | |

续表

| 序号 | 测 试 项 目 | 选 项 | | | | |
|---|---|---|---|---|---|---|
| | | A | B | C | D | E |
| 38 | 做事有些莽撞，常常不考虑后果 | | | | | |
| 39 | 老师或师傅讲授新知识、技术时，总希望他讲慢些，多重复几遍 | | | | | |
| 40 | 能够很快地忘记那些不愉快的事情 | | | | | |
| 41 | 做作业或完成一件工作总比别人花的时间多 | | | | | |
| 42 | 喜欢运动量大的体育活动，或参加各种文娱活动 | | | | | |
| 43 | 不能很快地把注意力从一件事转移到另一件事上去 | | | | | |
| 44 | 接受一个任务后，希望把它迅速完成 | | | | | |
| 45 | 认为墨守成规比冒风险强些 | | | | | |
| 46 | 能够同时注意几个事物 | | | | | |
| 47 | 当我烦闷的时候，别人很难使我高兴起来 | | | | | |
| 48 | 爱看情节起伏跌宕、激动人心的小说 | | | | | |
| 49 | 对工作抱认真严谨、始终一贯的态度 | | | | | |
| 50 | 和周围人的关系总是相处不好 | | | | | |
| 51 | 喜欢复习学过的知识，重复做已经掌握的工作 | | | | | |
| 52 | 喜欢做变化大、花样多的工作 | | | | | |
| 53 | 小时候会背的诗歌，我似乎比别人记得清楚 | | | | | |
| 54 | 别人说我“出语伤人”，可我并不觉得这样 | | | | | |
| 55 | 在体育活动中，常因反应慢而落后 | | | | | |
| 56 | 反应敏捷，头脑机智 | | | | | |
| 57 | 喜欢有条理而不甚麻烦的工作 | | | | | |
| 58 | 兴奋的事常使我失眠 | | | | | |
| 59 | 老师讲新概念，常常听不懂，但是弄懂以后就很难忘记 | | | | | |
| 60 | 假如工作枯燥无味，马上就会情绪低落 | | | | | |

计分标准：

本气质测验量表为自陈形式，计分采取数字等级制，即A：非常符合+2分；B：比较符合+1分；C：拿不准为0分；D：比较不符合－1分；E：完全不符合－2分。分别把属于每一种气质类型的题的分数相加，得出的和即该气质类型的得分。

1. 属于胆汁质的各题为：2，6，9，14，17，21，27，31，36，38，42，48，50，54，58题，得分为：________；

2. 属于多血质的各题为：4，8，11，16，19，23，25，29，34，40，44，46，52，56，60题，得分为：________；

3. 属于黏液质的各题为：1，7，10，13，18，22，26，30，33，39，43，45，49，55，57题，得分为：________；

4. 属于胆汁质的各题为：3，5，12，15，20，24，28，32，35，37，41，47，51，53，59题，得分为：________。

评分标准：如果某种气质类型的得分明显高出其他三种（均高出4分以上），则可定为该种气质类型；如果两种气质得分接近（差异低于3分）而又明显高于其他两种（高出4分以上），则可定为两种气质的混合型；如果三种气质均高于第四种的得分且相接近，则为三种气质的混合型。由此可推断出13种气质类型，即：

（1）胆汁质；（2）多血质；（3）黏液质；（4）抑郁质；（5）胆汁－多血质；（6）多血－黏液质；（7）黏液－抑郁质；（8）胆汁－抑郁质；（9）胆计－多血－黏液质；（10）多血－黏液－抑郁质；（11）胆汁－多血－抑郁质；（12）胆汁－黏液－抑郁质；（13）胆汁－多血－黏液－抑郁质。

（注：本测试结果仅供参考）

### □5-2　性格测试

本心理测试是由中国现代心理研究所以著名的美国兰德公司（战略研究所）拟制的一套经典心理测试题为蓝本，根据中国人心理特点加以适当改造后形成的心理测试题。注意：每题只有一个选项，选出一个应为你第一印象的选项。

（1）你更喜欢吃哪种水果？

A. 草莓□　B. 苹果□　C. 西瓜□

D. 菠萝□　E. 橘子□

（2）你平时休闲经常去的地方是：

A. 郊外□　B. 电影院□　C. 公园□

D. 商场□　E. 酒吧□　F. 练歌房□

（3）你认为容易吸引你的人是？

A. 有才气的人□　B. 依赖你的人□

C. 优雅的人□　D. 善良的人□　E. 性情豪放的人□

（4）如果你可以成为一种动物，你希望自己是哪种？

A. 猫□　B. 马□　C. 大象□

D. 猴子□　E. 狗□　F. 狮子□

（5）天气很热，你更愿意选择什么方式解暑？

A. 游泳□　B. 喝冷饮□　C. 开空调□

（6）如果必须与一个你讨厌的动物或昆虫在一起生活，你能容忍哪一个？

A. 蛇□　B. 猪□　C. 老鼠□　D. 苍蝇□

（7）你喜欢看哪类电影、电视剧？

A.悬疑推理类□　　B.童话神话类□
C.自然科学类□　　D.伦理道德类□
E.战争枪战类□

(8) 以下哪个是你身上必带的物品?
A.打火机□　　B.口红□　　C.记事本□
D.纸巾□　　E.手机□

(9) 你出行时喜欢坐什么交通工具?
A.火车□　　B.自行车□　　C.汽车□
D.飞机□　　E.步行□

(10) 以下颜色你更喜欢哪种?
A.紫□　　B.黑□　　C.蓝□
D.白□　　E.黄□　　F.红□

(11) 下列运动中你最喜欢的是哪一个(不一定擅长)?
A.瑜珈□　　B.自行车□　　C.乒乓球□
D.拳击□　　E.足球□　　F.蹦极□

(12) 如果你拥有一座别墅,你认为它应当建立在哪里?
A.湖边□　　B.草原□　　C.海边□
D.森林□　　E.城中区□

(13) 你更喜欢以下哪种天气现象?
A.雪□　　B.风□　　C.雨□
D.雾□　　E.雷电□

(14) 你希望自己的窗口在一座30层大楼的第几层?
A.7层□　　B.1层□　　C.23层□
D.18层□　　E.30层□

(15) 你认为自己更喜欢在以下哪一个城市中生活?
A.丽江□　　B.拉萨□　　C.昆明□
D.西安□　　E.杭州□　　F.北京□

计分标准:

| 题号 | 得分 | | | | | |
|---|---|---|---|---|---|---|
| | A | B | C | D | E | F |
| 第(1)、(2)、(3)、(4)、(7)、(9)、(12)、(13)、(14)题 | 2 | 3 | 5 | 10 | 15 | 20 |
| 第(5)题 | 5 | 10 | 15 | | | |
| 第(6)题 | 2 | 5 | 10 | 15 | | |
| 第(8)题 | 2 | 2 | 3 | 5 | 10 | |
| 第(10)题 | 2 | 3 | 5 | 8 | 12 | 15 |
| 第(11)题 | 2 | 3 | 5 | 8 | 10 | 15 |
| 第(15)题 | 1 | 3 | 5 | 8 | 10 | 15 |

参考评价：

| 得分区间 | 测试结果评析 |
|---|---|
| 180分以上 | 意志力强，头脑冷静，有较强的领导欲，事业心强，不达目的不罢休。外表和善，内心高傲，对有利于自己的人际关系比较看重，有时显得性格急躁，咄咄逼人，得理不饶人，不利于自己时顽强抗争，不轻易认输。思维理性，对爱情和婚姻的看法很现实。对金钱的欲望一般 |
| 140～179分 | 聪明，性格活泼，人缘好，善于交朋友，心机较深。事业心强，渴望成功。思维较理性，崇尚爱情，但当爱情与婚姻发生冲突时会选择有利于自己的婚姻。对金钱的欲望强烈 |
| 100～139分 | 爱幻想，思维较感性，以是否与自己投缘为标准来选择朋友。性格显得较孤傲，有时较急躁，有时优柔寡断。事业心较强，喜欢有创造性的工作，不喜欢按常规办事。性格倔强，言语犀利，不善于妥协。崇尚浪漫的爱情，但想法往往不切合实际。对金钱时欲望一般 |
| 70～99分 | 好奇心强，喜欢冒险，人缘较好。事业心一般，对待工作，随遇而安，善于妥协。善于发现有趣的事情，但耐心较差，敢于冒险，但有时较胆小。渴望浪漫的爱情，但对婚姻的要求比较现实。不善理财 |
| 40～69分 | 性情温良，重友谊，性格踏实稳重，但有时也比较狡黠。事业心一般，对本职工作能认真对待，但对自己专业以外的事物没有太大兴趣，喜欢有规律的工作和生活，不喜欢冒险，家庭观念强，比较善于理财 |
| 得40分以下 | 散漫，爱玩，富于幻想。聪明机灵，待人热情，爱交朋友，但对朋友没有严格的选择标准。事业心较差，更善于享受生活，意志力和耐心都较差，我行我素。有较好的异性缘，但对爱情不够坚持，容易妥协。没有财产观念 |

（注：本测试结果仅供参考）

# 第 6 章

# 秘书的特殊能力

## 学习目标

通过本章学习，你应该达到：

【职业知识】了解和掌握能力的概念、类型和差异影响能力形成和发展的因素；了解表达能力、信息处理能力、应用能力、活动能力、创造能力的概念；掌握秘书表达能力、信息处理能力、应用能力、活动能力、创造能力的基本要求。

【职业能力】熟悉和掌握秘书表达能力、信息处理能力、应用能力、活动能力、创造能力的基本要求，并形成相应能力。

【职业素质】掌握秘书表达能力、信息处理能力、应用能力、活动能力、创造能力的培养方法。

【引例】

**九段秘书的故事**

**背景与情境：**总经理要求秘书安排次日上午九点开一个会议。通知所有参会的人员，然后秘书自己也参加会议来做服务工作。下面是一至九段秘书的不同做法。

一段秘书的做法：发通知——用电子邮件或在黑板上发会议通知，然后准备相关会议用品，并参加会议。

二段秘书的做法：抓落实——发通知后，再打一遍电话与参会的人确认，确保每个人被及时通知到。

三段秘书的做法：重检查——发通知，落实到人后，第二天在会前30分钟提醒与会者参会，确定有没有变动，对临时有急事不能参加会议的人，立即汇报给总经理，保证总经理在会前知悉缺席情况，也给总经理确定缺席的人是否必须参加会议留下时间。

四段秘书的做法：勤准备——发通知，落实到人，会前通知后，去测试可能用到的投影仪、电脑等是否工作正常，并在会议室门上贴上小纸条："此会议室明天×点到×点有会议"。

五段秘书的做法：细准备——发通知，落实到人，会前通知，测试设备，事先了解这个会议的性质是什么，总经理的议题是什么，然后发给与会者与这个会议相关的资料，供他们参考。

六段秘书的做法：做记录——发通知，落实到人，会前通知，测试设备，提供相关会议资料，并在会议过程中详细做好会议记录（在得到允许的情况下，做个录音备份）。

七段秘书的做法：发记录——会后整理好会议记录（录音）给总经理，然后请示总经理是否发给参加会议的人员或者其他人员。

八段秘书的做法：定责任——将会议上确定的各项任务，一对一地落实到相关责任人，然后经当事人确认后，形成书面备忘录。交给总经理与当事人一人一份，并定期跟踪各项任务的完成情况，及时汇报给总经理。

九段秘书的做法：做流程——把上述过程做成标准的"会议"流程，让任何一个秘书都可以根据这个流程，把会议服务的结果做到极致，形成不依赖于任何人的会议服务体系。

**问题：**

1）各段秘书的差距是什么？

2）九段秘书为什么是秘书工作的最高形式？

不同的职业有不同的要求，从业者需要具备不同的职业能力。心理学上通常把人的能力分为一般能力和特殊能力。一般能力是完成各种活动时都需具备的能力；特殊能力则是完成特殊活动时所需具备的能力，即指人们在从事某些专门性的工作时所表现出来的能力。秘书人员的特殊能力就是指在秘书工作活动中所表现出来的各种专门能力。表达能力、信息处理能力、应用能力、活动能力和创造能力是秘书从业人员所必须具备的特殊能力。秘书人员特殊能力的高低不仅取决于秘书人员智力发展水平的高低，更取决于秘书人员的工作实践。

# ● 6.1　秘书的特殊能力概述

### 6.1.1　能力的概念

能力是直接影响活动效率，使人们顺利完成某种活动所必须具备的个性心理特征。只有具备顺利地完成某种活动所必需的个性心理特征，才成为能力。

首先，能力是和活动紧密相连的，离开了具体活动，能力就无法形成和表现出来。出来一个有绘画能力的人，只有在绘画活动中才能施展自己的能力；一个教师的组织能力，只有在教育教学活动中才能显示出来。只有通过活动才能了解一个人能力的大小。

其次，能力是保证一个人顺利完成某项活动的必要条件，但不是唯一的条件，因为顺利完成某项活动所需要的条件是多方面的，如知识经验、性格特征、兴趣与爱好等，但这些因素都不直接影响活动的效率，不直接决定活动的完成，而只有能力才有这种作用，它是完成某项活动所必备的心理特征。例如，思维的敏捷性和言语表达的逻辑性，是直接影响秘书人员能否成功地完成工作任务的能力因素，如缺乏这些因素，则无法顺利有效地完成秘书工作。

### 6.1.2 能力与知识、技能

能力与知识、技能既有区别又有密切联系。

1）知识、技能不同于能力

个人所掌握的知识就是信息在头脑中的储存。技能是个人掌握的动作方式。例如，证明一道几何题，在推证的过程中，所应用的公理、定理、定义、公式等属于知识，而在推证过程中思维活动的严密性和灵活性则属于能力。又如，在学骑自行车时，操作自行车的一套动作方式是技能，而支配此动作方式的心理过程的稳定特点则属于能力。如果一个人不仅在学骑自行车时表现出动作敏捷，而且在掌握其他技能时也经常表现出这一特点，这就说明其具有动作敏捷的能力。

2）能力和知识、技能是密切联系的

它们之间的相互联系表现为：一方面能力是在掌握知识、技能的过程中形成和发展起来的，离开了学习和训练，任何能力都不可能形成，更不可能得到发展；另一方面掌握知识、技能又是以一定的能力为前提的，能力制约着掌握知识、技能的难易、速度和巩固程度，随着知识、技能的掌握又会带来能力的提高或新能力的形成。

虽然能力的形成离不开知识、技能，但能力和知识、技能毕竟不是一回事。能力不表现为知识、技能本身，而表现在获得知识、技能的动态上，即在其他条件相同时，人在掌握知识、技能时所出现的快慢、深浅、难易以及巩固的程度。

正因为能力和知识、技能既有联系又有区别，因此，秘书人员不仅需要掌握必备的知识，而且更应注重各种职业能力的培养。这样才能更好地去接受新知识，发现新问题，进行创造，成为一个合格的秘书。

**同步思考6-1**

**问题：**在大学学习、掌握了秘书工作领域的各种相关知识，是否意味着工作后就会成为一个合格的秘书？

**理解要点：**知识不等同于能力，只有把所学知识灵活应用到工作实践中，并不断使其熟练化、技能化，才是一个合格的秘书。

### 6.1.3 能力的类型

人的能力有很多种，按照不同的标准进行分类，一般可分为以下几种：

1）一般能力和特殊能力

（1）一般能力。它是在许多基本活动中都表现出来的，是在各种活动中都必须具备的能力。例如，观察力、记忆力、思维力、想象力都属于一般能力，也属于人的一般心理品质的范畴。包括学习、工作、创造发明在内的任何活动的顺利完成，都离不开这些能力。一般能力的综合也称为智力。

（2）特殊能力。它是在某种专业活动中表现出来的能力。例如，数学能力、音乐能力、绘画能力、机械操作能力等，这些能力对于完成相应的活动是必须具备的。每一种特殊能力都是由该活动性质所制约的几种基本的心理品质构成的。

要顺利地完成某种活动，必须具备一般能力和该种活动的特殊能力。在活动中，一般能力和特殊能力的关系是辩证统一的。一方面，一般能力在某种活动中的特别发展，就可能成为特殊能力；另一方面，特殊能力得到发展的同时也发展了一般能力。

2）认知能力和元认知能力

（1）认知能力。简单地说，认知能力就是个人获取和保存知识的能力，如注意力、观察力、记忆力和思维力等。很明显，一个人头脑里储存着某种知识是一回事，当这些知识在他需要的时候能否加以利用却是另一回事；具有技能和应用该技能也是两回事。

（2）元认知能力。对于拥有某种能力和是否善于运用该种能力的差异，心理学家用元认知能力这一术语来加以说明。所谓元认知能力是指个人对自己的记忆、理解和其他认知活动的评价和监控能力。人们的元认知能力是有很大差别的。专家和新手的明显区别不仅在于前者对本行知识知道得较多，还在于善于应用和组织所知道的知识，也就是说，在元认知能力上他们有着明显的区别。

3）优势能力和非优势能力

一个人往往有多种能力，形成一个能力系统。通常有一种能力占优势，其他的能力从属于它。优势能力在一个人的生活实践中占主导地位，其他能力起增强优势能力的作用。

不少人都能顺利地完成同样的活动，但是完成这种活动的能力组成因素所处的地位可能不同，有的因素在一些人身上是优势能力，但在另一些人身上是非优势能力。如在运动竞技中，两个优秀乒乓球运动员，一个主要依靠动作的稳健和准确，另一个主要依靠动作的强度和灵活，他们同样可以表现出在乒乓球运动方面的卓越能力。在这种情况下，优势能力在完成某种活动时可以补偿非优势能力的不足。

区分优势能力和非优势能力，发挥优势能力的作用，对秘书人员具有重要的意义。

### 6.1.4　能力的个体差异

人与人之间在能力上存在着明显的个体差异。这种差异主要表现在能力水平、能力表现的早晚和能力结构类型等方面。

1）能力水平上的差异

能力水平上的差异，就是通常讲的人的能力有大小：有的人聪明，有的人愚笨，而大多数人属于中常。总体来说，能力在人口中的表现为正态分布：中间大，两头小。以智商为例，智商在100±32以内的人占人口总数的95.4%，智商高于132或小于68的人只占极少数（见表6-1）。

2）能力表现早晚上的差异

能力表现早晚上的差异主要是指：有些人在少年儿童时期就表现出优异的能力、聪慧超群，这叫“人才早熟”；有些人的能力表现较晚，甚至到了晚年，能力才充分发挥出来，称为“大器晚成”。

3）能力结构类型上的差异

所谓能力结构类型上的差异，是指能力中各种成分构成方式上的不同。例如，在智力中，有的人观察能力和记忆能力强，而思维能力和想象能力弱；有的人思维能力和想象能

表6-1 智商在人口中的分布

| 智商 | 智力水平 | 百分比 |
|---|---|---|
| 140以上 | 极优秀 | 1.3 |
| 120 ~ 139 | 优异 | 11.30 |
| 110 ~ 119 | 中上 | 18.10 |
| 90 ~ 109 | 中等 | 46.50 |
| 80 ~ 89 | 中下 | 14.50 |
| 70 ~ 79 | 临界 | 5.60 |
| 70以下 | 智力落后 | 2.90 |

力强，而观察能力和记忆能力较差。有的人模仿能力强，但却缺乏创造能力；而有的人既富于模仿能力又富于创造能力。有的人智力发展水平高，但元认知能力弱；有的人智力发展水平中等，但元认知能力强。甚至在观察能力、记忆能力和思维能力等方面，也有结构上的差异。例如，在观察能力方面，有些人长于分析，对细节感知清晰，但整体性较弱；另一些人富于概括性和整体性，但分析较弱；还有一些人既善于分析又善于综合。在记忆力方面，一些人善于形象记忆，另一些人善于语词、符号记忆，还有一些人则既善于形象记忆也善于语词记忆、符号记忆，等等。

### 6.1.5 影响能力形成和发展的因素

当代心理学认为，遗传和环境是影响能力形成和发展的两大因素。能力是在这两种因素相互作用下形成和发展起来的。在能力发展过程中，遗传因素和环境因素的作用是无法分离的，两者相互依存，彼此渗透，使能力得到发展，没有环境，遗传的作用无法体现出来；没有遗传作为最初的基础，环境无法产生影响。

1）遗传因素在能力发展中的作用

遗传是父母的性状结构传给子女的现象。心理学家一般都认同遗传因素在能力发展中的作用，但对能力发展中遗传因素和环境因素的相对作用的看法就不同了。

智力是心理特质，它本身是不能遗传的。遗传对能力的影响主要表现在身体素质上，如感官的特征、发音器官的特征、四肢和运动器官的特征、脑的形态和结构特征等。身体素质是能力形成和发展的自然前提。没有这个自然前提，任何能力都无从产生。身体素质对能力发展的影响是不容忽视的，但身体素质却不等同于能力本身。具有相同身体素质的人，可以发展出几种不同的能力；而具有良好素质的人如果得不到应有培养和训练，能力也不可能形成。这说明，在能力形成问题上，遗传决定论是不对的，但良好的遗传素质却是能力形成和发展的一个必要条件或重要条件。

2）环境因素在能力发展中的作用

一般来说，大多数儿童的素质相差不大，其能力发展之所以有差异，是由环境、教育和实践活动所造成的。在环境因素中，社会生产方式是最重要的因素，社会生活条件对能力发展的决定作用是通过教育来实现的，是一种有目的、有计划、系统性的影响，教育在能力发育中起主导作用。环境因素对能力形成的作用是不可低估的，良好的物质和文化环境、良好的教育是能力形成和发展的决定条件。

总之，遗传因素只为能力的发展提供了可能性，而环境和教育则有可能把这种可能性变为能力发展的现实。

【知识拓展6-1】

在心理学发展史上，遗传和环境在能力形成和发展中谁起着决定性作用，曾经历过长期的争论。许多研究者对不同遗传关系的人IQ的相关度研究结果表明，遗传关系愈相近，测得的智力愈相近，父母的IQ和亲生子女的IQ相关度为0.50，养父母和养子女IQ的相关度为0.25。同卵双生子由同一受精卵发育而来，遗传的关系很密切，IQ之间的相关度很高，为0.90。异卵双生子由两个受精卵发育而来，其遗传的相似性类似于同胞兄弟姐妹，他们在IQ之间的相关度为0.55。分开抚养的同卵双生子，其IQ的相关等于0.75，比在一起抚养的异卵双生子的相关度高。这些研究一方面说明遗传对智力的重要影响，同时也说明环境对智力的重要影响。

3）实践活动和个性品质在能力发展中的作用

人的能力是在实践活动中形成、发展起来的，离开了实践活动，即使有良好的素质和优越的环境，能力也得不到发展，一个人的能力水平与他所从事活动的积极性成正比。在实践活动中，优良的个性品质对能力的形成和发展具有重要的意义。如动机、勤奋、谦虚和坚强的毅力等都有助于能力的形成和发展。

### 6.1.6　秘书的特殊能力结构

无论从事何种工作，都需要一定的能力作保证。能力是多种多样的，要使某种复杂的活动顺利完成，往往需要多种能力的结合。传统上人们认为秘书就是打字员和办事员，但在过去的几十年中，秘书的角色变化很快，已不再是简单的打字员和办事员。秘书除了必须具有辅助决策、撰写公文、沟通信息、协调关系、组织会议、办理事务等方面的能力之外，在表达能力、办事能力、交际能力、应变能力、管理能力、操作能力、调研能力等方面均有更高要求。特别是与不同的人交往的能力、应付复杂关系的能力、协调不同行为主体关系的能力，及了解新情况、处理新问题的能力等，秘书人员必须达到一定的水平。

现代职场对秘书人员的能力也提出了更高的要求。一个合格的秘书，不仅要有合理的知识结构，而且还必须具有较合理的能力结构。秘书的能力结构是一个多层次、多因素的综合体。它是各种知识、智力与实践活动的结晶，只有通过努力学习和实践才能形成和发展。秘书的特殊能力结构是由其职业特点决定的，下面五个方面的能力特点是现代秘书人员应该具备的（如图6-1所示）。

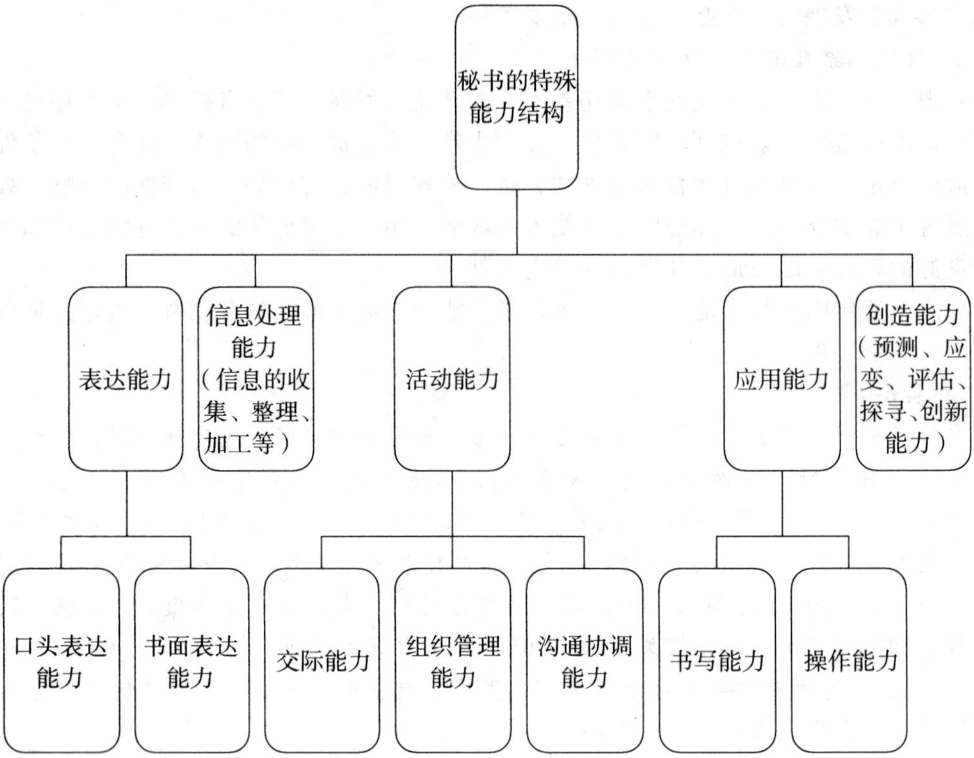


图6-1　秘书的特殊能力结构图

## ● 6.2　秘书的表达能力

### 6.2.1　表达能力的概念

表达能力是指个体运用语言表达、传递有关信息的能力。秘书的表达能力，既包括口头表达能力，也包括书面表达能力。

口头表达作为人们表情达意的一种方式，看似十分容易，但每个人说话不仅存在着音色、音量的不同，也存在着水平的差异。有的人讲起话来头头是道、娓娓动听，有的人则显得语无伦次、枯燥呆板。因此，口头表达并不是一件简单的事情，要想把话说得有水平、有艺术性，就更加不容易了。在书面表达方面，要想把文章写得通顺，符合语法标准，富于文采，不经过严格的学习和训练也是不可能的。良好的口头表达能力和书面表达能力是每个人都应该具备的，但对秘书人员而言，有着更严格的要求。

**教学互动6-1**

一天上午11点左右，舜博通讯公司的老总正同一客户就价格问题进行激烈的讨价还价。这时公司的另一重要客户天宇公司打来电话，要求将原定今天下午2点在本公司举行的合同谈判改到他们公司。理由似乎很充分，并要求马上答复，否则谈判只能无限期推迟。老总秘书张玥接到电话后，觉得很难向老总传达，思考过后，她想出了以下几种表达方式：

a．老总，天宇公司来电话让您下午2点到他们公司去谈判，并要求现在答复，您看怎么办？

b．老总，天宇公司来电话让您下午2点到他们公司去谈判，并要求现在答复，我觉得您还得去，否则生意就黄了！

c．老总，天宇公司来电话让您下午2点到他们公司去谈判，并要求现在答复，要不您来打个电话？

d．老总，天宇公司来电话让您下午2点到他们公司去谈判，并要求现在答复。我觉得他们这是没有诚意，故意找茬！

e．老总，天宇公司来电话让您下午2点到他们公司去谈判，并要求现在答复，我琢磨了一下，觉得他们说的有道理，可以考虑答应他们，您看如何？

**互动问题：**

1）如果你是张玥，你会选择哪种表达方式？

2）你还有其他的表达方式吗？

**要求：**学生回答问题并说出理由。

### 6.2.2　秘书表达能力的基本要求

在表达能力方面，不同的职业、不同的岗位有着不同的标准。如教师说话要准确、言简意赅、形象生动；作家写作要有文采、妙笔生花。秘书人员的表达能力也有其特定的职业要求，一个优秀的秘书人员表达能力要符合以下要求：

1）准确

秘书人员无论是日常会话还是起草公文，都必须做到准确。在实际工作中，任何含混不清的表达都会影响到工作，特别是表达中涉及的数据资料更应准确无误。表达的准确，有助于人们对事物的正确理解、分析和判断，能使人们很快地掌握事情的性质。秘书人员表达的准确性体现在：第一，要有诚实的态度，不弄虚作假，不哗众取宠；第二，引文、事实要准确，不能含糊不清、张冠李戴；第三，表述要清楚明白。

2）严密

秘书人员的表达要做到严谨周密，不能出现遗漏、丢三落四。向领导汇报工作要严密，不能自相矛盾；起草公文要严密，突出重点，兼顾全面。表达的严密性是一个人逻辑推理能力的重要体现，秘书人员只有善于分析、善于推理，才能在思考问题时、在表达中做到严谨周密。

3）简明

简明扼要体现一个人的表达风格，是一个人概括能力的集中体现，反映了一个人对问题把握、归纳的能力。所谓简明，就是要善于抓住实质性的东西，在准确严密的基础上，用简短的语言叙述出来。表述简明，不仅可以节省自己的时间，也可以节省他人的时间。一个人的概括能力越强，对纷繁复杂的事物越善于归纳总结，越会对事物有清晰明确的认识，在表述问题时也就越简练。

**【知识拓展6-2】**

**秘书汇报的要点**

秘书要将自己执行领导指示的结果向领导汇报，或者将自己收集的信息向领导汇报，秘书在工作中需要汇报的情况很多，在汇报的时候，要记住以下要点：

1. 需要汇报什么，自己事先想好；

2. 向领导汇报时尽量减少不必要的背景介绍，按结论、经过、理由这样的顺序汇报（或按结论、理由、经过这样的顺序汇报）；

3. 向领导汇报工作，要选择合适的时机，最好在完成某项工作之后或在谈其他工作的时候顺便汇报，如果情况不是很急，不要打断领导的工作进行专门汇报；

4. 有些事确实需要在领导工作进行时汇报，应尽快汇报完，等待领导指示；

5. 汇报比较重要的工作时，要把重点内容写下来交给领导。

### 6.2.3 秘书表达能力的培养

1）学习语言，掌握语言

秘书人员对语言的掌握情况如何，对表达能力有着直接影响。“工欲善其事，必先利其器”，语言作为一种工具，只有不断地了解它、熟悉它、掌握它，才能更好地驾驭它、运用它。秘书人员学习语言，要做到以下两个方面：

（1）要不断丰富自己的词汇，扩大自己的词汇量。词汇是语言建筑的材料，离开词汇就不能构建语言的大厦。一个人如果词汇贫乏，就必然造成语言的平淡呆板。词汇量的增加，是一个人依靠大量的阅读和随时随地地摘抄不断积累起来的。所谓“读书破万卷，下笔如有神”，正是如此。

（2）要掌握遣词造句的规则，懂得说话和写文章的一般规矩，使自己在运用语言时不至于出现文理不通的现象。掌握语言规矩，除了要学习语法修辞外，更重要的是多读多看，特别是多读多看一些优秀范文，这对于提高语言运用能力是很有帮助的。

2）进行实践

一个人表达能力的获取，不仅与他掌握多少词汇、看了多少语法书有关，更重要的是与其进行语言实践的多少有关。只有在不断的语言实践中，人们才能不断地提高自己的表达能力。“冰冻三尺，非一日之寒”，一个人的表达能力不是短时期内通过突击便可以提高上去的。“台上一分钟，台下十年功”，秘书人员的表达能力是在实践中锻炼出来的，必须多读多写才能有所提高。

**同步案例6-1**

**背景与情境：**吴力是远大公司的总经理秘书，各项能力都很突出，但他也有不尽如人意的地方，就是说话有时不太注意细节。一天，一个外地客商来公司谈合作事宜，公司上下都非常重视，早早做出了安排。公司总经理腾出专门的时间，在会客室等候，并准备好了烟、茶、水果，还派吴力提前在公司门口等候。

客商进了公司大门后，等候在门口的吴力赶紧迎上去握手，可能是知道事情的重要性，他反倒有些紧张，竟然对客商说：“我们总经理在那边（会客室），他叫你过去。”客商一听，当即非常生气：他叫我过去？我又不是他下属，他凭什么叫我？他们就是这样对待合作者的？还没正式合作就这样，以后还了得？合作应当是关系平等的！于是这位客商回答说：“贵公司如有合作诚意，叫你们总经理到我住的宾馆去。”说完，拂袖而去。

**问题：**秘书为什么要培养表达能力？

**分析提示：**说话是一门艺术，如果用词不当，一字之差可能造成不良后果。秘书人员工作在领导身边，负有沟通上下左右关系的责任，如果没有良好的表达能力，说话不讲究艺术，有时会带来严重后果。

## ● 6.3　秘书的信息处理能力

随着科技的进步、现代化传播手段的广泛应用，传统的信息概念已被赋予了更多的内容。它不仅指消息，也包括知识，甚至比知识的含义更广。因此，现代社会对秘书人员的信息处理能力要求越来越高。

### 6.3.1　信息处理的重要性

现代社会是信息社会，信息在人类生活中的作用越来越重要。秘书人员处在组织的中枢位置，对内对外，每天要和众多的人交往，接收和传达大量的信息。这些信息对维持组织的正常运转和辅助领导进行决策具有重要意义。

1）维持组织的正常运转

信息在组织中的流通性，是一个组织工作的重要指标，同时反映了一个组织的工作效率水平。秘书工作部门是对外的窗口、办事的关口，能否及时地处理各种信息，对信息的传递具有重要影响。特别是某些时效性较强的信息，能否及时传递给相关人员，作为信息处理的第一环节，秘书负有很大的责任。

2）及时发现问题

优秀的秘书人员不仅要做到准确无误地传递信息，还要善于从各种信息中发现问题，寻找带有规律性的或具有重要参考价值的信息，为领导决策提供服务。秘书人员及时处理来自四面八方的信息，并将这些信息及时地传递给领导，可以为领导形成决策提供有参考价值的第一手资料，帮助领导全面地了解组织的情况，使决策准确无误，具有针对性。

**同步案例 6-2**

**背景与情境：**张玲从名牌大学毕业不久，应聘到一家外企做人力资源部秘书。因为公司初建，面向全国招聘，所以秘书刚上班时的主要工作就是：拆应聘信，阅读；阅读，拆应聘信。量大枯燥，索然无味，却忙得四脚朝天。因此，许多美好的憧憬都灰飞烟灭，办公室里弥漫着沉闷、不耐烦的空气。在众多秘书中，只有张玲不急不躁，一直耐心、仔细地做着这项工作。

很快，张玲被提升为人力资源部门主管。升迁的理由是：一个名牌大学的毕业生，每天千篇一律地拆信，并在上百封信中，不厌其烦地整理有价值的信息，推荐给老板，展示了她人事管理的才能，因此深得赏识。总裁认为：连这种小事都做得如此出色的人，其他的事情一定会做得很好。张玲是同时进入公司那批员工中第一位升迁者。

**问题：**张玲成功的启示是什么？

**分析提示：**信息处理工作是秘书工作的一项重要内容，从众多信息中筛选出有价值的信息提供给领导是秘书的重要职责，看似平常，但不简单。另外，初入职场的秘书，首先要学会耐心做小事情：天下大事，必做于细。

### 6.3.2 信息处理能力的基本要求

1）信息收集能力

从信息收集方面来说，秘书人员不能只被动地接受信息、等信息，而应该积极主动地去收集信息。作为秘书人员，要使收集信息面扩大，不仅应从文件中、信访中、电话中、会议中收集信息，而且还应该从报刊中、广播电视中、调查中以及闲谈中收集信息。同时，在信息收集中还要将平时的积累、个人兴趣与工作需要结合起来，做到时时、处处收集、积累信息。秘书人员只有真正成为拥有大量信息的人，才能起到咨询参谋作用。

2）信息归纳整理能力

从信息归纳整理方面来说，秘书人员要将收集来的各种信息进行归纳分类，即要根据信息自身的特征将同一种类的信息集中在一起，这是信息加工的最初阶段。秘书人员对于信息的归纳整理主要是为了查找和使用的方便，为进一步的信息加工打下基础。为此，秘书人员对信息的加工要分门别类，并考虑其价值，这项工作可以伴随信息收集工作同时进行。

3）信息筛选鉴定能力

从信息筛选鉴定方面来说，秘书人员必须能够对各种信息进行分析、概括和总结，这是信息处理的重要环节。如果这一环节的工作做不好，即使收集了大量的信息也没有意义。秘书人员不能只做资料的保管者，还应成为一个真正的信息加工者。秘书人员要将收集到的各种信息资料在初步归纳整理的基础上进一步筛选鉴定，将没有参考价值的剔除出去，而对有参考价值的进行分析、总结和概括，以便对实际工作产生一定的参考价值。秘书人员对信息的筛选鉴定和总结、概括既要做到准确，又要做到简练。

4）信息提供利用能力

从信息提供利用方面来说，秘书人员收集、加工、处理信息，其根本目的就是利用信息，为领导服务。如果一个秘书掌握了大量信息而不充分利用它们，信息也就失去了其收集保存的价值。当然，秘书人员提供的信息必须是有参考价值的，必须是经过科学整理的，这样才能体现出信息的价值。同时，秘书人员提供信息必须注意对象，不能将自己知道的情况向所有人讲，要有保密观念。

## ● 6.4 秘书的活动能力

### 6.4.1 秘书活动能力的基本要求

作为秘书人员，必须有较强的活动能力。如果一个秘书人员缺乏与各方面打交道的能力，是不能很好地适应秘书工作的，也很难在秘书工作中施展自己的才华。秘书人员的活动能力主要表现为交际能力、组织管理能力和协调能力。

1）交际能力

交际应酬是每个人在生活中都要接触的，但对秘书人员来说，有着较高的要求。因为秘书工作就是与人打交道的工作，不善于交际应酬就不能开创工作新局面，也不可能进行富有效率的工作。秘书人员的交际能力要符合以下几方面的要求：

（1）主动。秘书工作本身具有被动性，往往是随时准备完成领导交办的任务，随时准备接听电话等。在这些活动中，如果秘书人员自身缺乏主动性，就很难化被动为主动。对秘书来说，必须不断摸索工作规律，尽量将一些准备性的工作做到前面，在被动性的工作中体现出自己的积极性，化被动为主动。如主动问领导有无交办的任务、提前对工作做出计划、预约谈话时间等。

（2）热情。秘书在与人打交道时，要表现出热情而诚恳的态度，对于任何交往活动都要抱着极大的兴趣。奥地利心理学家阿德勒说过："对别人不感兴趣的人，他一生中困难最多，对别人的伤害也最大，所有人类的失败都出自这种人。只有对别人热情，才能获取人们的尊重与信任。"

（3）礼貌。所谓礼貌，是指秘书人员在交往过程中要注意使自己的言谈举止符合社会风俗习惯及道德要求，遵守有关社交礼仪的规定，注意使用文明用语，行为得体，不唐突、不粗俗，尊重他人，维护他人的自尊心。同时，在交往活动中，秘书人员还要注重自身的形象，恰当地使用姿态语言，取得他人的信任与好感，促进交往活动的顺利进行。

总之，交际能力是衡量秘书人员的一个基本尺度，秘书人员必须给予高度的重视。

**同步思考 6-2**

**问题：** 国人上厕所时习惯直截了当地说"上厕所"或"方便一下"，等等，秘书人员在公开场合这样说是否合适？

**理解要点：** 秘书人员应该掌握一些雅语。雅语是指一些比较文雅的词语，常常用在一些正规的场合或有长辈及女性在场的情况下，被用来代替那些比较随便甚至粗俗的话语。如上厕所可以说成"去洗手间"或"请稍候"，以示礼貌和修养。

2）组织管理能力

秘书人员虽然没有决策权、指挥权，但在秘书工作中存在着大量的组织管理活动。如组织会议、组织调查研究、维持工作秩序，都需要秘书人员具备一定的组织管理水平。秘书人员的组织管理能力要符合以下要求：

（1）措施要得力。秘书人员无论是组织活动，还是管理事务，一定要有得力的措施。所谓措施得力，就是要考虑周密，做好准备工作，要有针对性，这样才能使组织管理工作落到实处，使活动顺利地进行。

（2）奖惩要严明。秘书在组织管理活动中，一定要奖惩分明，这样才能做到奖勤罚懒。对于那些在活动中表现突出的人应给予必要的奖励，以鼓励他们的良好行为；对于那些不遵守规定的人要坚决给予处罚。同时，秘书人员在组织管理活动中还要善于运用激励手段来调动人们参与各项活动的积极性，以提高组织管理的成效。

3）协调能力

秘书人员根据自己的权限，在一定的范围内要处理在工作中产生的矛盾、纠纷，有时根据领导的授权，也可能参与一些重要的协调工作。秘书协调的范围有人与人之间的协调、个人与组织间的协调、组织与组织间的协调等。因此，秘书人员必须有较强的协调能力。

（1）秘书人员在协调工作中既要有原则性，又要有灵活性。坚持原则性，按政策办事，是秘书处理一切协调工作必须遵循的基本原则。秘书人员不能因为工作中出现了矛盾，为了调和这种矛盾而丧失自己的立场，甚至违背政策规定，一味地迁就。同时，在协调工作中，秘书人员又要注意把握灵活性原则，不能犯教条主义错误，而应该本着实事求是的态度，灵活地根据实际情况给予解决，这样才不致使工作陷入僵局。

(2) 秘书人员在协调工作中要处理好局部与整体的关系，树立全局观念。秘书人员参与协调不能站在某一局部的立场上，而应该有全局意识。因为秘书是作为组织的代理人参与协调工作的，应以维护组织的整体利益为重。当个人利益与集体利益、局部利益与整体利益发生矛盾时，更应该注意这个问题。另外，秘书人员在协调工作中不能有偏见，不能以个人的好恶为标准，否则不利于工作的正常进行。

(3) 秘书人员在协调工作中要注意自己的权限范围。秘书人员参与协调工作是有限度的，不是什么样的矛盾都要由秘书去解决，不能包办代揽、超越自己的职权范围去处理问题。未经领导授权，需请示领导，根据领导的指示办理。同时，在协调工作中，秘书人员一定要与领导保持口径一致。

另外，秘书人员在协调工作中还要时刻注意自己的态度，不能以领导自居，更不能仗势欺人。要做好各方面的工作，从感情上沟通协调对象，以取得他们的谅解、支持与合作。

**教学互动 6-2**

快到年底了，公司特别忙。马上就要开董事会，由于销量大幅度滑坡，老总的心情非常烦躁。这天上午十点左右，广告公司的赵总来电话，想就明年的广告代理问题与老总交换一下看法。正忙得晕头转向的老总一听说谈明年的广告问题，就对秘书王芳说："不就是明年广告的事吗？现在没时间！"现在王芳有这样几种选择：

a. 赵总，我们老总今天安排实在太满，很难抽出时间，回头我们给您打过去，可以吗？

b. 赵总，您的事我们老总知道了，下次再约时间吧。

c. 赵总，我们老总正急着赶份材料，不能接电话。

d. 赵总，关于明年的广告问题，跟我们公司市场部刘经理谈谈可以吗？

e. 赵总，我们老总今天身体有些不舒服，您先跟我说说，我再转告他可以吗？

**互动问题：**

(1) 对于以上几种选择，你认为哪种选择比较合适，请说明理由，并对其他几种选择进行评析。

(2) 如果你是王芳，应该如何处理？

**要求：**学生回答问题并说出理由。

### 6.4.2 秘书活动能力的培养

秘书人员要增强和提高活动能力，必须从两个方面着手：一是要不断扩大自己的知识面，二是要不断参加各项实践活动。一个人只有知识丰富，才能思路开阔，处理各种问题时才能相互比较、有所参照。秘书活动能力的知识要求主要涉及公共关系、心理学和管理学。因此，秘书人员要提高自己的活动能力，必须进行这些知识的学习，只有掌握了这些知识，才能更好地理解人，进而根据人的需要特点去与人打交道。同时，秘书人员还要广泛地参与各种实践活动，在各种实践活动中锻炼自己的活动能力。

## ● 6.5　秘书的应用能力

### 6.5.1　秘书应用能力的概念

秘书的应用能力，主要指的是秘书使用各种工具、设备的能力。从心理学上说，应用能力属于技能的范畴，因为它是以实践活动为主的。

秘书的应用能力涉及面比较广，特别是随着办公自动化水平的不断提高，对秘书人员这种能力的要求也越来越高。从目前情况来看，一个优秀的秘书人员应掌握以下几种技能：书写、打字、复印、影印及电脑、通信设备、照相、录像、多媒体和交通工具的使用等。秘书的应用能力对秘书的工作有着重要影响，过去秘书人员仅靠一支笔、一部电话的传统办公方式已经远远不能适应现代秘书工作的需要。因此，现代秘书要树立新的观念，尽可能地多掌握一些实际技能。

### 6.5.2　秘书应用能力的基本要求与培养

1）在应用能力方面应该是一个“通才”

秘书人员应具备较强的应用能力以扩大自己的工作范围，这对于秘书人员当好领导的参谋、助手有着十分重要的意义。一个秘书不能只满足于动动笔、张张嘴，应该尽自己的能力参与各种活动，这对于秘书了解和熟悉各方面的情况、与各方面人员的交往都有帮助。一个秘书人员的“通才”正是体现在能够广泛地参与各种活动方面。

2）在应用能力方面还应该是一个“全才”

秘书人员应具备较强的应用能力以提高工作效率。秘书人员掌握了一定的应用能力，就能够在紧急的情况下产生应激作用。如在下班时间或节假日遇有较重要、较紧急的公务活动，秘书依靠自己的各种应用能力随时可以补充上去，这样便能节省大量时间，不耽误工作。当然，在一般工作中，也许秘书人员的这些应用能力发挥不了作用，但这并不意味着秘书不需要掌握这些技能，并不意味着秘书掌握它们是一种多余甚至浪费。现代秘书职能发生了很大的变化，虽然不同行业、不同部门对秘书的能力要求不同，但秘书人员应根据工作实际，尽可能多学习、多掌握一些现代办公技术手段。

**同步案例 6-3**

**背景与情境：**李雷大学毕业后成为天圣电子有限公司市场开发部的一名秘书，每天忙于公司繁杂而琐碎的事务中，充满干劲和热情，深得部门经理赏识。

一天，李雷又早早来到自己的办公桌前，准备开始一天的工作。今天他的办公室和平时有些不一样，整理得干净整齐的办公桌上静静地躺着一台崭新的扫描仪。这台扫描仪是他主动向部门经理提出购买的，因为他平时主要负责收集整理一些重要客户的资料，经常需要上传客户照片等，以前总是去别人办公桌前麻烦别人，影响别人不说，自己也很没有效率。但他没想到，自己对部门经理一反映，要求便马上得到了满足，这让刚走出校门的年轻人感到自己很受重视，整个人都很振奋。

但当李雷打开电脑时觉得有些异样，好像电脑显示器的图像一直在抖动。可电脑昨天明明还好好的，显示器不应该出现这种情况啊，他肯定这不是显示器本身的问题。李雷记得上大学时老师好像说过这种情况，自己努力回忆一下觉得可能有三种原因。他先检查了一下显示器设置的刷新频率，发现并不是很低，应该不是这个问题。那会不会是电源设备老化了呢？他觉得也不可能，因为之前电脑都没有出现这种情况，这个应该不是主要问题。于是，他将注意力集中在那台新添置的扫描仪上。他想起显示器周围如果有其他设备变压器的话，就会对其产生电磁干扰，从而会产生图像抖动现象。果然，当他将扫描仪搬离显示器一段距离后，显示器的画面就恢复了正常。李雷长长地出了一口气，一直悬着的心也终于放下了。

**问题：**李雷为什么能找出显示器图像抖动的问题所在？

**分析提示：**现代化办公设备是秘书的好帮手，作为秘书人员，对常用的现代办公设备不仅要会使用，还要懂得其基本工作原理，在出现问题时，能够找出问题所在，并做一些简单维修与处理，这是对现代秘书应用能力的最低要求。

## 6.6 秘书的创造能力

### 6.6.1 创造能力的概念

创造能力是人的一种高级能力，它是人的全部体力和智力都处于最佳状态下的一种创新能力。创造心理学研究表明，一个人的创造能力主要包括如下内容：探索问题的敏锐性、统摄思维活动能力、转移经验的能力、侧向思维的能力、形象思维的能力、联想能力、思维的活跃性、产生思想的能力、预见的能力等。

秘书人员虽然从事的多是事务性工作，但同时也需要有创造性才能。

### 6.6.2 秘书创造能力的基本要求

在现阶段，秘书的创造能力主要体现在预测能力、应变能力、评估能力、探寻能力和创新能力等几个方面。

1）科学的预测能力

预测是在大量的事实和信息的基础上，对可能发生或即将发生的情况做出科学的预见。秘书人员的预测能力不仅有利于制订出切实可行的工作计划，使工作有步骤地开展，而且还可以使秘书人员在充分准备的基础上，掌握工作的主动权，从而更加积极地投入到各项活动中去。

预测能力反映了秘书的洞察水平，也反映了秘书人员对工作规律的研究和把握。提高秘书人员的预测能力，可以使秘书工作化被动为主动，争取到工作上更大的主动权。“凡事预则立，不预则废”，秘书人员提高自己的预测能力要做到：

（1）秘书人员应不断积累知识经验，扩大自己的经验领域，掌握工作动态及其发展变化规律，这样就有助于秘书人员培养自己的预测能力。如依照经验，秘书人员应该知道本组织本部门应该在什么时间召开什么样的会议、什么时间组织什么活动、什么时间准备工作总结的资料等，这样就可以将工作做到前面。

（2）秘书人员要不断提高自己的逻辑推理能力，从而对客观事物的发生、发展进行预测。这种能力是秘书人员逻辑思维能力的一种体现，秘书人员只有养成善于分析推理的思维习惯，才能不断提高预测能力。

2）灵活的应变能力

应变能力是人们对突发事件的处理能力，它反映了一个人应激水平的高低。应激水平高的人，其应变能力就高。秘书人员的工作一般都是有章可循、按部就班的，但在实际工作中，也可能会出现一些比较特殊的意想不到的情况。对于这些情况，秘书人员要有遇事不慌、沉着冷静，临危不乱、机智果断的良好心理品质，面对各种突发事件，能够做到既符合原则，又有一定的机动灵活性；既要坚持原则，又不能固执刻板，不考虑时间、地点、条件的变化。

秘书人员应变能力的高低，受多种因素的制约，但主要与心理品质和社会经验有关。秘书人员要提高自己的应变能力，必须培养良好的心理品质，不断积累经验。经验在人的应激活动中具有十分重要的作用，不断积累和丰富知识经验，可以提高秘书人员的应变能力。

**同步案例 6-4**

**背景与情境：** 天马公司举办周年庆典，邀请了市领导和新老客户及各界朋友。庆典在隆重热烈的气氛中进行。上午，朱市长作了热情洋溢的发言，与会各界代表也纷纷发言表示祝贺。下午，与会代表参观了公司的厂房、设备。晚上，按照日程安排，在公司宴会厅设宴款待与会人员。

负责安排晚宴的总经理助理张秘书，按照与会人员的人数和职位高低，一共安排了六桌。按照以右为尊的原则，在一号桌总经理的右首安排了朱市长，但听会务组李秘书说朱市长下午有事先走了，晚上可能不来，张秘书就把这个位置安排给了李副市长。为了方便来宾入席，张秘书做了桌签和座位名签，摆在相应的桌子上。

一切准备就绪，贵宾在主桌坐好，客人们也先后有序地入座。就在宴会即将开始之时，意想不到的事情发生了，朱市长来了！张秘书一下子呆住了，因为她没给朱市长留位置！

**问题：** 张秘书应该怎么办，朱市长坐哪儿呢？

**分析提示：** 如果没有朱市长的到来，张秘书的晚宴安排堪称完美，但朱市长的到来，让张秘书所有努力都化为泡影！朱市长坐在主位是不容置疑的，需要张秘书立即向李副市长承认错误，解释说明。当然，在这种情况下，李副市长一般也会识趣地让开。在无法确认也无法准确预测朱市长是否参加晚宴时，正确的做法是朱市长的位置应该保留，待宴会开始后如果朱市长确实未能参加，可将李副市长调至主桌。

3）评估能力

评估能力就是对客观事物进行分析、判断、评价的能力。秘书人员的评估能力主要体现在对本组织本部门工作成绩的总结、对某一典型事件或经验的意义和作用的评价以及对各种信息资料的分析、对各种方案的选择上。一个有较高评估能力的秘书，可以恰如其分地对各种成功经验进行总结而不至于看不到它们的意义或是过分地加以夸张，可以确定最佳的优化活动方案，保证工作的顺利进行，可以准确地收集各种有价值的信息资料。秘书人员只有具备较高的评估能力，才能有主见，不人云亦云。

秘书人员虽然不是专业的评估人员，但在评估过程中也要做到恰如其分、实事求是，应尽量使结论或判断符合客观事实。同时应保持逻辑上的一致性，不能自相矛盾。秘书人员为了提高自己的评估能力，必须做到以下几点：第一，要有正确的思想作指导，态度必须端正，这是人们观察问题、分析问题的首要条件；第二，应该掌握科学的分析方法，有步骤、按层次地进行分析评价；第三，要不断积累经验，在实践中不断检验自己的评估能力。

4）探寻能力

所谓探寻能力，就是不断学习、不断探求的能力。探寻能力是一个人不断获取新知识、新发现的基础，也是前进的动力。秘书人员的探寻能力，可以帮助秘书形成独立思考的良好习惯，不因循守旧，不惟经验办事，对工作中出现的新情况、新问题敢于提问，敢于做出新的解释。只有这样，才能培养自己的创新精神，才能有新的发现。

5）创新能力

秘书人员的创新能力主要体现在开创新的工作局面、创造新的工作方法、提出新的见解、拟定新的工作方案等活动中。创新能力是秘书人员创造才能的集中体现。虽然秘书工作是一种较为被动的服务性工作，是严格按照领导意图办事的，但这并不意味着秘书人员不需要创新能力。秘书人员不仅要为领导服务，为领导办事，还要当好参谋。一个当参谋的人如果没有一些新的见解、新的主意，完全按习惯、传统去做，就不可能为领导的决策提供多少帮助。

秘书工作看似烦琐，细细品味，真的不乏创造的快乐：理解上司的敏感，接打电话的技巧，传达信息的准确，整理文件的快捷，安排会谈的合理，发现问题、解决问题的喜悦，有时还需要调节轻松的气氛甚至转危为安的幽默，这一切都需要秘书人员的创新和活力。

### 6.6.3 秘书创造能力的培养

创造能力是人人皆有的一种潜在属性，并不是少数天才人物才有的，创造能力是孕育在每个人身上的一种自然性潜力。由于过去人们为创造能力涂上了一层神秘的色彩，使人们认为创造能力是深奥莫测、高不可攀的，其实这是一种误解。人们的创造能力不仅是客观存在的，而且也是可以通过科学的训练和教育被开发出来的。与创造能力关系最为密切的素质因素是自信、质疑、勇敢、热情、紧迫感、好奇心、兴趣、情感和动机等。

## 本章小结

能力是直接影响活动效率，使人们顺利完成某种活动所必须具备的个性心理特征。能力和知识、技能既有区别又有密切联系。人的能力有很多种，按照不同的标准进行分类，可以分为一般能力和特殊能力、认知能力和元认知能力、优势能力和非优势能力等。人与人之间在能力上存在着明显的个体差异。这种差异主要表现在能力的水平、能力表现的早晚和能力结构类型等方面。当代心理学认为，遗传和环境是影响能力形成和发展的两大因素。

现代职场对秘书人员的能力也提出了更高的要求。一个合格的秘书，不仅要有合理的知识结构，还必须具有较合理的能力结构。秘书的能力结构是一个多层次、多因素的综合体。秘书人员除了必须具备一般能力外，在表达能力、信息处理能力、活动能力、应用能力和创造能力等方面均有更高要求。

## 主要概念和观念

### □ 主要概念

能力　一般能力　特殊能力　认知能力　元认知能力　优势能力　非优势能力　表达能力　信息处理能力　活动能力　应用能力　创造能力

### □ 主要观念

秘书人员表达能力　信息处理能力　活动能力　应用能力和创造能力的基本要求

## 知识掌握

6.1　能力的概念是什么？能力的类型和差异有哪些？

6.2　影响能力形成和发展的因素有哪些？

6.3　秘书表达能力的基本要求有哪些？如何培养秘书的表达能力？

6.4　秘书信息处理能力的基本要求有哪些？如何培养秘书的信息处理能力？

6.5　秘书应用能力的基本要求有哪些？如何培养秘书的应用能力？

6.6　秘书活动能力的基本要求有哪些？如何培养秘书的活动能力？

6.7　秘书创造能力的基本要求有哪些？如何培养秘书的创造能力？

## 知识应用

### □ 案例分析

**会议室的协调安排**

**背景与情境：**李春是人和公司的秘书，主要负责会议室的安排和协调工作。为了做好这项工作，李秘书每周都根据各科室提交的会议室使用申请表，提前编制公司会议室使用情况一览表，做到心中有数。她对公司会议室的情况了如指掌，每个会议室有多少桌椅，可以容纳多少人开会；会议室配有什么设备，设备状态如何；会议室的格局，适合开什么类型的会议等都非常清楚。因此，每当其他部门借用会议室，李春都能根据情况安排合适的会议室供其使用。

有一次，销售部的秘书小胡拿着会议室使用申请表来找她，说是她们经理临时决定召开一个重要的会议，请她务必安排一个会议室开会。李春打开一看，申请表上参加会议人数一栏是30人，设备一栏填写的是投影仪，开会时间是明天上午9：30。李秘书打开会议室使用情况一览表查看，发现有投影仪的会议室已经全部安排出去了，而有投影仪并能容纳30人的会议室只有301室和303室，也被人事部门和客服部门预订了，就问胡秘书是否一定要用投影仪。胡秘书说会议上要演示营销方案，所以一定要用投影仪。李春又问："你们部的会一定要明天上午开吗？可不可以推迟到后天上午，后天有一个可以容纳30人的装有投影仪的会议室空着，可以使用。"胡秘书着急地说："不行啊，这个会议很急，因为要确定最终的营销方案以便执行，总经理要求明天务必召开。"那怎么办呢？李春为难了。她跟胡秘书说："你先回去吧，我看看怎么协调一下，过一会儿再打电话给你。"

胡秘书回去后，李春仔细研究其他部门登记的会议室使用情况，发现使用301会议室开会的人力资源部的参会人数只有15人，就给人力资源部秘书打电话说明情况，同其商量是否可以换一个小一点的302会议室开会，302可容纳20人。人力资源部的周秘书说："302会议室没有幕布和投影仪，怎么办呢？"李春说："放心吧，我会叫人安装一个临时的幕布和投影仪，不会影响你们使用的。"周秘书说："那好吧，我会向田经理汇报，并通知其他人。"李春说："谢谢，我也会在公司公告栏上贴一个会议更改通知。"挂断电话后，李春拿过公司会议室使用情况一览表，在相应的栏目上做了改动。之后给胡秘书打电话，告诉她会议室已经安排好了，他们明天上午可以使用301会议室开会。然后打了一份会议室更改通知，贴到了公告栏中。

随后，李春到总务部借了一台投影仪和幕布，又从办公室拿了一台笔记本电脑，让人把这些设备安装到302会议室，并进行了调试。由于李春的协调，各部门的会议都正常召开了。

**问题：**

1）为了准确地安排和协调会议室的使用，秘书应具备什么能力？

2）在出现会议室使用冲突时，秘书应该怎样进行有效协调？

### □ 实践训练

表达能力是一种将自己的感觉正确地传递给他人的能力，传递的途径有很多种。你可以通过表情或者肢体语言向别人暗示你的心思，当然，最重要的表达方式还是你的语言。假如你没有语言表达能力，那么你就很难与别人交往，无法告诉别人你所想的和你所希望的。这里提到的语言能力不仅仅是指你能够正常地表达自己的想法，而且还指你还要通过正确的方式，恰当地把自己的想法告诉别人，并获得别人的理解。以下是给希望提高语言表达能力者的建议：

（1）读一本讲授如何提高语言表达能力的书；

（2）增强信心；

（3）广泛涉猎多种学科的基础知识，这样，无论与何种人交谈，都会有共同话题；

（4）与人谈话时，要真诚、饱含热情、自然；

（5）试着和陌生人谈话，这是提高语言表达能力的难点，也是提高语言表达能力的捷径；

（6）每天都坚持写日记、日志或博客，这些不仅可以练文笔，而且它们可以成为你无话不谈的朋友。

## 心理自测

### □6-1 语言表达能力测试

请根据自己的实际情况，选择"是"或"否"。

| 序号 | 测试内容 | 选项 | |
|---|---|---|---|
| | | 是 | 否 |
| 1 | 我在表达自己的情感时，很难选择准确、恰当的词汇 | | |
| 2 | 别人难以准确地理解我口语和非口语所要表达的意思 | | |
| 3 | 我不善于与和我观念不同的人交流感情 | | |
| 4 | 我对连续不断的交谈感到困难 | | |
| 5 | 我无法自如地用口语表达我的情感 | | |
| 6 | 我时常避免表达自己的感受 | | |
| 7 | 在给一位不太熟悉的人打电话时我会感到紧张 | | |
| 8 | 向别人打听事情对我而言是困难的事 | | |
| 9 | 我不习惯和别人聊天 | | |
| 10 | 我觉得同陌生人说话有些困难 | | |
| 11 | 同老师或是上司谈话时，我感到紧张 | | |
| 12 | 我在演说时思维变得混乱和不连贯 | | |
| 13 | 我无法很好地把握别人的情感 | | |
| 14 | 我不喜欢在大庭广众下讲话 | | |
| 15 | 我的文字表达能力远比口头表达能力强 | | |
| 16 | 我无法在一位内向的朋友面前轻松自如地谈论自己的情况 | | |
| 17 | 我不善于说服人，尽管有时我觉得很有道理 | | |
| 18 | 我不能自如地用非口语(眼神、手势、表情等) 表达感情 | | |
| 19 | 我不善于赞美别人，感到很难把话说得自然亲切 | | |
| 20 | 在与一位迷人的异性交谈时我会感到紧张 | | |

测试说明：

(1) 每题均有两个测试结果："是"、"否"，答一个"是"得1分。

(2) 将各题所得的分数相加。

评析：

| 得分区间 | 测试结果评析 |
|---|---|
| 14分以上 | 语言表达能力较弱 |
| 5~14 (含) 分 | 语言表达能力较好 |
| 5分以下 | 语言表达能力非常好 |

(注：本测试结果仅供参考)

## □6-2 智力测验

这是一套由美国智商协会设计的智力测验题，由12道题组成，要求在18分钟内完成(需计时)。测验题如下：

(1) 你刚才将硬币任意抛掷十次，掉下后都是正面朝上。现在你若再抛一次，正面朝上的可能性是多少？

(2) 假定你是一个经理，来你这儿的人要么绝对说真话，要么绝对说假话。现在来了一位要求工作的人，显得很真诚。他告诉你，马上就要来你这里求职的一位女士是一位说假话的人。请判断一下他说的是真话还是假话？

(3) 五个人赛车。A不是第一名，B不是第一名也不是最后一名，C刚好次于A，D不是第二名，E比D低两个名次。请排好五个人的名次。

(4) 下面排列的数字中，括号里应是什么数？

3　7　15　(　)　63　127

(5) 40个人两小时烘20个肉饼。两个人烘十个肉饼需要几小时？

(6) S的女儿是我儿子的母亲，我是男的，那么我是S的什么人？

(7) 我的孙子都在17岁以下，都是红头发、蓝眼睛。孙女都很美丽。最大的孙子头发很长。法定的选举年龄是18岁。下面四句话中哪句能以资料得到证实？

a．最大的孙子不能参加选举

b．最大的孙女是个美丽的女孩

c．最小的孙子按法定年龄不能开车

d．最小的孙子有短的红头发

(8) 正如马铃薯与花生的共同点一样，苹果与哪样（香蕉、百合、桃子、番茄、黄瓜）有共同点？

(9) 一只蜗牛从井底向外爬。井底有20尺深。它白天爬上3尺，晚上又滑下2尺。问它爬出井底需要多少天？

(10) 六千六百零六写成6606，那么十一千加十一百加十一应该怎么写？

(11) 一位妇女购买旧鼻烟壶。她买了两个后因缺钱花又以每个600元的价格把它们卖了。其中一个卖价比原价高20%，另一个低20%，问她是赚了还是赔了？

(12) 下面第一行的三个图案如此变下去，会变成第二行图形中的哪一个？

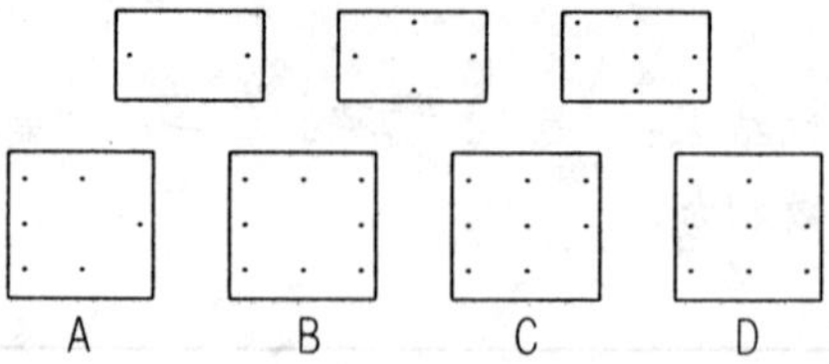

答案及评分标准：

| 题号 | 答案 | 得分 | 题号 | 答案 | 得分 | 题号 | 答案 | 得分 |
|---|---|---|---|---|---|---|---|---|
| (1) | 50% | 2 | (5) | 20小时 | 1 | (9) | 18天 | 1 |
| (2) | 假话 | 2 | (6) | 女婿 | 1 | (10) | 12111 | 1 |
| (3) | DBEAC | 2 | (7) | a | 1 | (11) | 亏了50元 | 1 |
| (4) | 31 | 1 | (8) | 桃子 | 1 | (12) | b | 1 |

说明：根据记分标准，累计回答正确题项的得分。在18分钟内答完的加1分；在15分钟内答完的加2分；不到13分钟答完的加3分。

根据部分判断智力水平的标准如下：

16～19分：极聪明，有天赋。

14～15分：智力水平较高，比大多数人聪明。

12～13分：智力水平略高于一般水平。

12分以下：智力水平平常，但不必担忧。

（注：本测试结果仅供参考）

# 第7章

# 秘书的人际关系

## 学习目标

通过本章学习，你应该达到：

[知识目标] 了解和掌握人际关系的概念、特点和类型；掌握人际关系的原则；熟悉和掌握秘书人际关系的特征；了解和掌握秘书人际吸引的概念、基本规律。

[能力目标] 掌握秘书人际关系的方法，能够妥善处理人际关系。

[素质目标] 理解人际关系在秘书工作中的重要性；掌握秘书人际关系的原则。

【引例】

**谢怡的选择**

**背景与情境：**年轻漂亮的谢怡大学毕业后应聘到一家公司上班，在总经理办公室当秘书。谢怡上班的第一天起就觉得很难受，因为她们办公室还有一位叫韩雪的秘书。韩雪比谢怡早到办公室两年，自觉资格比她老，对她不苟言笑，经常支使她做这做那，并且对她的工作还经常指手画脚，横挑鼻子竖挑眼，只让她做一些跑腿的活儿。谢怡开始很委屈、很气愤，很想质问韩雪凭什么这样对待她，想跟她大吵一架，辞职而去。但谢怡是一个天生要强的人，不服输的性格让她留了下来，把这一切当成是一个挑战。她一定要把工作做得更好，让韩雪不得不认可她。在以后的工作中，谢怡更加努力，早来晚走，各项工作做得一丝不苟、井井有条。

一天，韩雪又让谢怡去跑腿，让她把一份合同用特快专递寄走。谢怡立刻来到邮局，由于邮局人多，在排队等候的过程中，她不经意地看了一下合同的内容，忽然发现合同内容中货款总额的大小写不一致，货款总额的小写是“1 500 000.00元”，而货款总额的大写是“壹仟伍佰万圆”。谢怡怕看错了，又仔细地数了几遍，结果还是一样，谢怡心想一定是韩雪小写少打了一个“0”。谢怡心里很矛盾，把合同这么发了吧，合同内容有错误，可能会给公司造成不利影响，韩雪因此也会受到很严厉的批评；不发吧，想想韩雪那张可恶的嘴脸，现在正是报复她的好机会，真想就这么发了。思来想去好半天，最后谢怡还是决定不发了。

谢怡回到公司后，马上找到韩雪，韩雪正在总经理办公室帮总经理整理文件。谢怡把韩雪叫出来，韩雪很不耐烦地说："找我什么事啊？合同邮走了吗？"谢怡说："合同没邮走，因为我发现合同金额打印有误。"韩雪不相信地说："不可能，我不可能打错，准是你看错了。"谢怡说："我看的没错，是你打错了，不信你看。"韩雪拿过合同一看，还真是自己错了。

这件事过去没两天，谢怡接到韩雪发来的短信："这次多亏了你，真谢谢你！"谢怡接到短信后，马上回了一个短信："应该的，我们是同事，应该互相帮助。"从这以后，韩雪对谢怡的态度彻底改变了。

**问题：**

1）如果你是谢怡，你会怎样对待一直敌视你的韩雪？

2）秘书应该怎样处理与同事之间的关系？

由于职场的竞争很残酷，在一个组织中，同事之间存在着矛盾和敌视是很正常的事情。同在领导身边工作，秘书之间存在着矛盾和竞争也是在所难免的。关键是怎样处理好这些矛盾和竞争，怎样进行正当的竞争，化解一些不必要的矛盾。秘书要善于与方方面面的人打交道，要有处理人际关系的技巧。秘书还要以大局为重、以公司利益为重，以团结为重，建立良好的人际关系。

美国著名人际关系学家戴尔·卡耐基说过：一个成功的企业家只有15%是靠他的专业知识，而85%要靠他的人际关系与领导能力。在社会生活中，一个人不可能脱离他人而独立存在，总是要与他人进行交往，建立一定的人际关系。现代社会中，人际关系已经成为影响人的事业成败的关键因素。良好的人际关系，可以使人们感情融洽、彼此信任、相互关心与支持，大大地提高工作效率。秘书人员处于组织的枢纽位置，在日常工作中要与各方面打交道，了解和掌握必要的人际关系知识和技巧，对于提高秘书工作的效率是十分有益的。

## ● 7.1　秘书人际关系的一般理论

人与人之间的关系是一个复杂的社会现象，不同的学科对人际关系的理解是不同的。社会学认为，人际关系是指在社会关系总体中人们直接交往的关系；社会心理学认为，人际关系是指人们之间心理上的关系，表现为心理距离的远近；行为科学则认为，人际关系是人与人之间的行为关系，体现的是人们社会交往和联系的状况。秘书的人际关系更侧重于社会心理学的解释。

### 7.1.1　人际关系的概念

人际关系是社会心理学的一个概念，是指人们在社会实践中形成的人与人之间的相互作用和相互影响，人际关系在本质上是人与人之间直接的心理上的联系。其涵盖面包括个人在生活、生产及其他社会活动中形成的一切人与人之间的关系。人际关系具有个体性、直接性、情感性的特点。

1）个体性

人际关系与一般的社会关系不同，它在本质上表现为具体的个体间的互动过程。在人际关系中，角色退居到次要地位，而对方是不是自己所喜欢或愿意亲近的人成为主要问题。

2）直接性

人际关系是人们在面对面的交往过程中形成的，人们可切实感受到它的存在。没有直接的接触和交往不会产生人际关系，人际关系一经建立，一定会被人们直接体验到。人们在心理上的距离趋近，会感到心情舒畅；若有矛盾和冲突，则会感到孤立和抑郁。

3）情感性

人际关系的基础是人们彼此间的情感活动，情感因素是人际关系的主要成分。人际间的情感倾向有两类：一类是使彼此接近和相互吸引的情感；另一类是使人们互相排斥分离的情感。

### 7.1.2 人际关系的类型

人是社会关系的总和，人际关系是一种复杂的社会关系。其分类方法有很多，美国社会心理学家李维特根据时间的长短、权力的大小、行为规范和社会角色等标准，将人际关系分为长期人际关系与短期人际关系、依赖人际关系与独立人际关系、从属人际关系与平行人际关系三种类别。根据我国人际关系的特点，按人际关系形成的基础、状态、维系时间和性质，可以将秘书的人际关系分为以下几种：

1）血缘关系、地缘关系和业缘关系

根据人际关系形成的基础，可以将人际关系分为血缘关系、地缘关系和业缘关系。

（1）血缘关系。它是以血统或生理的联系为纽带而形成的人与人之间的关系。血缘关系是人的先天联系，是人出生后就具有的关系，在人的一生中始终占有极其重要的位置。因此，血缘关系又被称为人际第一关系。

纵观人类社会的发展，比较重要的血缘关系有种族、氏族、宗族、家族和家庭。种族是根据人体的生理特征而做的区分，是指具有相同的遗传身体特质的人种的分支。氏族是原始社会中由血缘关系联系起来的社会最基本单位。宗族是指有着共同的祖宗或同一父系，因而使用同一姓氏的人们，即同宗、同族。家族是指同一血统的几代人形成的社会群体，它包含两种血缘关系——直系和旁系。直系是指具有父母、子女关系的亲属关系，旁系是除直系以外其他亲属关系。家庭是因婚姻关系或血缘关系而形成的人们生活的共同体。

血缘关系具有四个突出的特点：第一，血缘关系是人们的先天关系，是与生俱来的关系；第二，血缘关系是出现最早、时间最长久的一种关系，在人类社会产生之初就已存在；第三，血缘关系是发生频率最高、相互作用最大的一种人际关系；第四，血缘关系是人们血肉与情感的联系，是对人的影响最深刻、最牢固的一种关系。

血缘关系虽然是人们最重要的一种人际关系，但它的亲疏远近不是一成不变的，它随着人们政治、经济等社会地位的变化及社会环境的变化而变化。现代社会，随着社会生产的发展，血缘关系的地位和作用有下降的趋势，不断让位于地缘关系和业缘关系。

（2）地缘关系。它是以人们所居住的空间地理位置关系而形成的人与人之间的关系。由于人们要在一定的地理范围内共同生活和交往，便形成了地缘关系。

比较稳定、牢固的地缘关系是在人类社会采取定居形式后才出现的。人类社会初期，人们局限于较小的地域范围，社会流动性很小，地缘关系和血缘关系相互渗透，地缘上的远近也反映了血缘上的远近。

地缘关系有些是先赋的，也有些是由于搬迁后天形成的。由于地缘的范围不同，人们的地缘关系也不同，具有层次性的特点。一般而言，地缘关系越接近，所形成的关系越密切。现代社会随着交通的发展和人们居住范围的扩大，社会流动性增强，地缘关系的地位和作用开始变弱。

（3）业缘关系。它是指人们由职业或行业的活动而形成的人与人之间的关系，是在广泛的社会分工的基础上形成的复杂人际关系。业缘关系是社会分工的产物，随着社会分工程度的提高和人际交往的逐步扩大而日益发展。

业缘关系具有三个突出特点：第一是业缘关系的获得性。业缘关系是后天获取的，是在人们的职业活动中发生和形成的直接或间接的职业关系。第二是业缘关系的阶段性和变动性。由于人们在不同时期内与从事不同职业的人发生联系，从而形成不同时期内不同的业缘关系。人们的职业活动范围越广，职业变化越多，所形成的业缘关系就越多。第三是业缘关系的合作性与竞争性。在业缘关系中，人们往往在同一行业、同一职业范围内共事，因此既存在相互合作也存在相互竞争。

业缘关系现在已成为一种重要的人际关系。良好的业缘关系不仅能使人尽快消除对人际环境、工作环境的陌生感，而且能使人工作顺心、心情愉悦和增进心理健康。

2）正式关系和非正式关系

根据人际关系存在的状态，可以将人际关系分为正式关系和非正式关系。

（1）正式关系。它是指在正式群体或组织中存在的人际关系。正式关系的正规化程度高：第一，这种关系须得到群体成员或组织的承认；第二，正式关系受到一定规范的制约，关系中所涉及各方的权利和义务都有明确的规定；第三，正式关系具有明显的等级差异，如组织的上下级关系、同事关系、秘书和领导的关系。

（2）非正式关系。它是指在非正式群体中存在的人际关系。非正式关系是自然形成的，相对正式关系而言，非正式关系的正规化程度低，关系所涉及各方以兴趣、爱好、情感等为联系纽带，没有明确的规范，交往较为密切，如朋友关系、校友关系等。

3）临时关系和持久关系

根据人际关系持续时间的久暂，可以将人际关系分为临时关系和持久关系。

（1）临时关系。它是指那些依据一定的时间、地点、条件变化而发生改变的人际关系。如顾客与营业员、乘客与售票员之间的关系，临时关系只在特定的时空存在，具有情境性，随着情境的变迁，临时关系也就消失了。

（2）持久关系。它是指那些比较稳定、不容易发生变化的人际关系。如血缘关系、地缘关系和业缘关系。持久关系不具有情境性，一般不随时间、地点、条件的变化而改变。

临时关系与持久关系的区别是：第一，交往的内容、方式、范围不同。临时关系是一种简单、肤浅的交往关系，持久关系是全面、广泛、深入的交往关系。第二，交往的对象不同。临时关系的交往对象具有随机性，可以转换和选择，持久关系的交往对象是固定的，一般不可转换，也不能随意选择。第三，交往的频率不同。临时关系的发生具有偶然性，持久关系的交往和互动则是经常性的。

当然，临时关系和持久关系的划分是相对的，在一定条件下可以互相转化。临时关系可能会发展为持久关系；持久关系也可能会出现中断的情况。

4）和谐关系和不和谐关系

根据人际关系的性质，可以将人际关系分为和谐关系和不和谐关系。

（1）和谐关系。和谐的人际关系是以彼此认知协调、情感和谐、心理相通、行为合作为特征的。

（2）不和谐关系。不和谐的人际关系是以彼此认知失调、情感对立、心理冲突、行为对抗为特征的。

和谐与不和谐的人际关系，可能是一种客观存在，也可能是由人们的认知原因造成的。和谐的人际关系能满足人们心理情感上的需要，有利于人们的身心健康；不和谐的人际关系会造成人们关系紧张、心理疲惫，还会影响工作。

**教学互动7-1**

**你的人缘好吗？**

**测验开始：**伸出你的右手，看看你的五根手指头，哪一根是你觉得最满意的呢？

A.选择食指　B.选择无名指　C.选择大拇指　D.选择中指　E.选择小指

**解释：**

选A，你对朋友相当好，甚至是两肋插刀也在所不惜。只是有时你实在太敏感，甚至有点神经兮兮，一点点的风吹草动或是朋友无形中的一句话，你都认为跟你有关，也让你相当在意。放开心胸让朋友了解你，并试着让生活多点幽默，你会拥有更多的好朋友。

选B，你很容易就跟陌生人打成一片，成为无所不谈的好朋友。只是随着双方越来越熟稔，你也会越来越失去分寸，分不清朋友之间的界线。你也许在心中把他当成好朋友，觉得有什么困难都可以直接找他；可是对方却觉得你越来越烦人，甚至认为你喜欢对他颐指气使。

选C，你的个性过于心直口快，而且过于自负、不懂得谦虚。在团体中你也经常居于主动领导的角色，久而久之，便容易让人觉得你刚愎自用，凡事都以自己为主，而别人几乎都是敢怒不敢言。改善方法其实很简单，有时多听取他人的意见，让他们感受到被尊重，相信你的人气一定会更上一层楼。

选D，其实你一直都是个很受欢迎的人。只是有时你的嘴巴太毒了，毒到让人家受不了甚至心生反感。偏偏你对于这样的状况又过于无所谓，不会主动沟通道歉，平白坐实你目中无人的罪名。其实幽默并不等于讽刺他人，虽然你的动机只是想引人注意，换个不伤人的方式相信效果会更好。

选E，你不应该是人缘不好，只是朋友太少。其实这跟你的个性有很大的关系。你交朋友的态度比较随缘也不积极，脸上又常常是一号表情，遇到问题也不喜欢解释，朋友自然多不起来。建议你专攻一项才艺，并适时地展示自己，就算不主动也能吸引很多人争着跟你做朋友。

### 7.1.3 人际关系的原则

1）平等原则

平等原则就是平等待人，在人际交往上一视同仁。平等是人与人建立感情的基础，是建立人际关系的前提。人际交往中看重的是人格平等，即尊重他人的人身权利、自尊心、感情，不涉及他人的隐私权。心理学研究表明，人都有受人尊敬的要求，每一个人都渴望成为家庭、组织、社会中的真正一员，平等地同他人进行沟通。只有在交往中以平等的姿态出现，不盛气凌人，不高人一等，给人以充分的尊敬，才能形成人与人之间的心里相容，产生愉悦、满足的心境，建立和谐的人际关系。

人际交往作为人们之间的心理沟通，是主动的、相互的、有来有往的。人都有爱和被爱的需要，都希望得到别人的平等对待，人的这种需要，就是平等的需要。在人际交往中总要有一定的付出或投入，交往的需要和这种需要的被满足程度必须是平等的。平等待人，就是不要爱富嫌贫，不能因为家庭背景、地位职权等方面的原因而对人另眼相看；平等待人，就是要学会将心比心，学会换位思考。只有平等待人，才能得到别人的平等对待，才能建立起良好的人际关系。

2）尊重原则

尊重包括两个方面：自尊和尊重他人。自尊就是在各种场合都要尊重自己，维护自己的人格尊严。尊重他人就是要尊重别人的生活习惯、兴趣爱好、人格和价值。只有尊重别人，才能得到别人的尊重。

3）互利原则

互利是指双方在满足自己需要的同时，又能满足对方的需要。建立良好的人际关系离不开互助互利。人际关系的相互依存，通过对物质、能量、精神、感情的交换和互利而使各自的需要得到满足。人际交往永远是双向选择，双向互动，你来我往才能长久。在交往的过程中，交往双方应该互相关心、互相爱护，既要考虑双方的共同利益，又要深化感情。

**同步思考7-1**

天堂和地狱都有美味佳肴，和人间不同的是用来进餐的勺子的柄很长，天堂和地狱都有同样的规定，只能用勺子进餐。地狱的人们拿着勺子怎么也吃不了饭，一个个干着急，饿得皮包骨头。而天堂的人面对面坐着，你喂我，我喂你，一个个吃得津津有味。

天堂和地狱都有澡池，而且人都很多，天堂和地狱都规定在较短的时间内必须洗完。地狱的人们争先恐后，一个个抢着洗，你碰我，我挤他，争吵、谩骂，闹得乱哄哄的，洗澡如受罪。而天堂的人排着队，你帮我，我帮他，大家洗得很开心。

**问题：**天堂和地狱之间的区别是什么？

**理解要点：**天堂和地狱之间，就在于人际关系。

4）真诚原则

真诚就是以诚待人。没有人会喜欢虚情假意，只有以诚待人，才能产生情感的共鸣，才能收获真正的友谊。真诚是打开他人心灵的钥匙，真诚的人使人产生安全感，减少自我防卫。越是好的人际关系，越需要关系双方暴露一部分自我，也就是把自己真实的想法与他人交流。虽然这样做也会冒一定的风险，但是，完全把自我包装起来的人是无法获得别人的信任，也无法建立良好的人际关系的。

5）相容原则

相容是指人际交往中的心理相容，即指人与人之间的融洽关系，与人相处时的容纳、包涵、宽容及忍让。要做到心理相容，应注意增加交往频率，寻找共同点，保持谦虚和宽容。为人处世要心胸开阔，宽以待人。要体谅他人，遇事多为他人着想，即使他人犯了错误，或冒犯了自己，也不要斤斤计较，以免因小失大，伤害相互之间的感情。在人际交往中，难免会产生一些不愉快的事情，甚至产生一些矛盾、冲突。这时候就要学会宽容别人，正所谓“忍一时风平浪静，退一步海阔天空”。不要因为一些小事而陷入人际纠纷，这样既会浪费很多时间，同时也变得自私自利，变得很渺小。在与人交往中要做到“人不犯我，我不犯人；人若犯我，礼让三分”。

6）信用原则

信用即指一个人诚实、不欺骗、遵守诺言，从而取得他人的信任。人离不开交往，交往离不开信用。“人无信则不立”，要做到说话算数，不轻许诺言。

7）理解原则

理解就是真正地了解对方的处境、心情、好恶、需要等，并能设身处地地关心对方、支持对方。理解是建立良好人际关系的必要前提。“千金易得，知己难求”，人海茫茫，知音难觅，善解人意的人，是永远受人欢迎的。

上述这些人际交往的基本原则，是处理人际关系不可分割的几个方面。运用和掌握这些原则，是处理好人际关系的基本条件。

### 7.1.4 秘书人际关系的特征

在社会生活中，每个人都归属于一定的社会群体，扮演着特定的社会角色。社会群体的性质不同，社会角色所发挥的作用也不同，决定了人际关系所呈现的特征也有所差异。秘书人员作为一定的社会群体成员，在社会组织中所形成的人际关系主要有以下几个特征：

1）业缘性特征

秘书的人际关系不是依靠血缘或地缘建立的，而是依靠业缘形成的。秘书人员在工作中要与上下左右的人打交道，在共同的或是有关联的社会活动中与各方面的人形成了一定的人际关系。可以说，秘书工作涉及面有多广，秘书人际关系的交往面就有多宽。

当然，在秘书人员依靠业缘而建立的人际关系中，其性质是有区别的。有些人际关系带有季节性、稳定性的特点，如上下级秘书部门之间的关系、秘书与领导的关系等就因为工作联系的需要而具有季节性、稳定性的特点；有些人际关系则是临时的、不确定的关系，如秘书人员与接待对象的关系就有许多是临时性的关系，甚至有许多只是一面之交。所以，依靠业缘关系而建立起来的秘书人际关系同依靠血缘关系而建立起来的人际关系有着较大的区别与差异。

2）首属性特征

人们之间由于利益关系不同，彼此需要程度不同，相互间的吸引程度也不同，因而造成人际交往的频率与人际关系的状况存在着很大的差异。一般而言，凡是交往频率高、关系密切的称为首属关系；而交往频率相对较低、关系较疏远的称为次属关系。秘书活动的内容与方式，要求秘书人员必须建立起首属的人际关系，这种关系主要是指秘书和领导之间的关系。因为秘书是领导的参谋和助手，是为领导提供服务的，没有领导也就没有秘书的存在，因此秘书与领导的关系是建立在公务活动基础之上的角色间的固定关系，秘书人员只有处理好同领导的关系，才能为发挥自己的聪明才智创造条件。

秘书和领导关系的首属性特征，决定其是一种强制性的公务关系。也就是说，秘书人员与领导在工作中所建立起来的关系，不管秘书人员的满意度如何，作为秘书都必须自觉地为实现和改善这种关系而不断调节自己的交往行为。有些情况下，当秘书与领导关系出现障碍时，秘书仍要被迫进行交往活动，这是不以个人意志为转移的。当然，在一般情况下，由于领导者的学识水平和领导能力为秘书人员所钦佩，秘书人员的精明强干为领导所赏识，双方很容易建立起和谐融洽的人际关系，这时秘书与领导的关系并不会体现出强制性的特点。但是，当双方发生交往障碍后，这种强制性就会表现出来，这时即使秘书人员的交往动机减弱，仍要按照角色的要求去开展交往活动。所以，秘书人员一定要千方百计地改善与领导的关系，并采取有效措施去淡化强制性特征的影响，真正与领导建立起融洽和谐的人际关系。

### 7.1.5　人际关系在秘书工作中的重要性

秘书能否根据工作需要正确地处理人际关系特别重要。秘书由于其工作的特殊性，人际关系显得特别复杂，承上启下、沟通左右、联系内外，秘书正处在这些关系的中枢位置。对秘书而言，人际关系越顺畅，越融洽和谐，工作就会越顺利；如果人际关系扭曲，那么工作就很难开展。

1）良好的人际关系有利于提高工作效率

秘书人员在工作中建立起良好的人际关系，不仅可以与其他人协调一致，而且还可以获得他人的支持和帮助，从而极大地减少工作中人为因素的影响，特别是当工作中出现困难时，能够借助于周围人的关心帮助而顺利地解决。同时，秘书人员与周围人保持良好的关系，还有利于形成办公室内部比较融洽的群体气氛，增进群体的团结合作，便于发挥出群体的整体效能，这些都有利于提高秘书人员的工作效率。

2）良好的人际关系有利于建立良好的人际环境

秘书是处在人-人系统为主的工作环境中的，能否处理好人际关系，对秘书人员的工作情绪、日常心境有着较大的影响。和谐、融洽、友爱、团结的人际关系，能够使人们在工作中相互尊重、相互关照、相互体贴、相互帮助，充满友情和温暖。在这种人际环境中工作，会使人们感到心情舒畅愉快，促进身心健康；反之，在相互矛盾、猜忌、摩擦、冲突的人际关系中，人们相互间会感到疏远和敌对，会感到心理不安、情绪紧张，这不仅会影响秘书工作的顺利进行，而且会直接影响秘书人员的身心健康。

**同步案例7-1**

**背景与情境：**李红是今年刚毕业的大学生，经过几轮笔试和面试，一路过关斩将，终于以第一名的成绩被一家大型合资企业录取，做了前台秘书。

年轻漂亮的李红意气风发，刚参加工作就想好好表现，以得到公司和领导的认可。到公司上班后，整天笑容满面，礼貌热情，抢着接待客人，对公司其他部门的同事也是嘘寒问暖，大家都夸她伶俐能干，可她发现前台的四个其他同事对她很冷淡。其中，赵姐的资格最老，其他三人也来公司一年多了。李红在工作中明显感到赵姐对她的敌意很深，问她什么都爱搭不理的，其他三人则唯赵姐马首是瞻，对她也冷冷淡淡。起初李红没有太在意，心想做好自己的工作就行了。但后来发现这很困难，因为前台接待的客人很多，工作头绪又多，她虽然经过专业培训，但毕竟初来乍到，还有很多业务不是很熟，对公司方方面面的情况还不是很了解，需要同事们的指点和帮助。同时，前台工作的性质也需要大家的配合和协助。

认识到这一点，李红开始反省自己，是不是自己哪些方面做得不好，使得同事们讨厌自己？她决心改变做法，让同事们喜欢自己。接下来的日子里，李红经常为同事们打水、打饭、跑腿，脏活、累活抢着干，天天赵姐长、赵姐短地叫着，虚心向赵姐她们学习。人力资源部的经理过来问她："工作怎么样？和同事们相处得怎么样？"李红当着赵姐她们的面回答说："不用担心，赵姐她们经验丰富，经常教给我很多东西，也经常帮助我把工作做好。"经理满意地走了。慢慢地，李红发现赵姐她们对待她的态度改变了，不再那么冷淡了。李红工作更加努力了，终于有一天，赵姐对她说："小红，今天跟我们一起吃饭吧。这段时间你也辛苦了，以后我们一起好好相处，把工作做好。"李红欣慰地笑了。

**问题：**李红的问题出在哪？她是如何改变这种状况的？

**分析提示：**刚参加工作的新人在摸不清公司情况的状况下就急于表现自己，不注意与同事打成一片，搞好关系，使同事们很难接受，甚至联合起来排挤她，这是李红最初遇到的问题。李红意识到问题的严重性后，经过反思，改善了与同事们的关系，慢慢得到同事们的认可和接纳，融入群体，站稳了脚跟。

## ● 7.2　秘书人际关系与人际吸引

人际吸引是人们彼此之间的喜欢，是建立良好人际关系的基础。人际吸引的程度又是人际关系的显示，不同层次的人际关系是人际吸引程度的表现。

### 7.2.1　人际吸引的概念

人际吸引是人与人之间情感上的相互亲密状态，是人际关系中的一种肯定形式。人们彼此间喜欢与否，是建立良好人际关系的重要条件。人际关系越亲密友好，心理上的距离越近，相互之间的吸引力越强；心理上的距离越远，相互之间的吸引力越弱。

按吸引的程度可分为亲和、喜欢、爱情。亲和是较低层次的人际吸引；喜欢是中等程度的人际吸引；爱情则是人际吸引的最强烈形式。

### 7.2.2　人际吸引的基本规律

秘书人员只有了解人际吸引的基本规律，提高自己在人际交往中的吸引力，才能建立起融洽、和谐的人际关系。

1）熟悉律

熟悉能增加喜欢的程度。人们在日常生活中，会把喜欢这种情感投向周围与自己有直接交往的对象。能够相互接触，彼此之间存在交往的可能性，就成了人际吸引的前提条件。社会角色关系影响人际关系，是因为它使人们不可避免地发生交往，人际关系的逐渐深入，也正是从相互接触和初步交往开始的。

2）邻近律

邻近律是指如果其他条件大体相当，人们喜欢邻近的人。人们生活空间上的距离越近，则双方越容易接近，因此彼此之间容易相互吸引，并继而建立良好的人际关系。俗话说，“近水楼台先得月，向阳花木早逢春”，就是说人们在时空上的彼此接近是形成友谊的重要因素。虽然影响人际吸引的因素很多，但其先决条件往往都是以时空上的接近为开端的。与同学、同事、同乡、近邻等由于接触机会较多，较容易产生友谊，这种现象在交往的早期尤为明显。首先，时空距离的接近使人们有着较多亲近的机会，容易彼此间相互了解、熟悉；其次，人们总是希望在自己的周围形成一个良好的人际关系环境，希望与周围的人和睦相处，这既是自我保护的需要，也是为了获取更多的酬赏机会，取得相互间的帮助，这就是所谓的“远亲不如近邻”的道理。

熟悉性和邻近性二者均与人们之间的交往频率有关，物理空间距离较近的人们，见面机会较多，容易产生吸引力，使他们的心理距离拉近。经常见面容易彼此了解，因而相互喜欢，但是交往频率与喜欢程度的关系呈倒U形曲线，即过低与过高的交往频率使彼此喜欢的程度都不高，而中等交往频率条件下，彼此喜欢程度较高。邻近也并不是人际吸引的唯一原因，在交往初期，这一规律有较大影响；随着对环境的熟悉和时间的流逝，这一影响会逐渐淡化。

3）相似律

相似会导致人际吸引，人们喜欢那些和自己相似的人。相似性包括：

（1）态度、信念、价值观、兴趣及人格特征的相似；

（2）吸引力的相似；

（3）语言、种族、国籍、出生地的相似；

（4）民族、文化、宗教、背景的相似；

（5）教育水平、年龄、职业、社会阶层、社会地位的相似；

（6）身体特征，如身高、体重及居住地的相似。

其中，态度或观点具有特殊作用。实际的相似性是重要的，但更重要的是双方感知到的相似性。

4）互补律

互补对于喜欢也是重要的，可视为相似性的特殊形式。互补有三个方面：需要的互补；社会角色的互补；人格某些特征的互补，如内向与外向。

当双方的需要、角色及人格特征呈互补关系时，所产生的吸引力是很强的。

### 7.2.3　秘书的人际吸引

在社会生活中，每个人都有自己喜欢的人，每个人也都愿意赢得他人的喜欢，这是一种普遍的社会心理现象。秘书人员要想使各项工作开展顺利，必须建立融洽协调的人际关系。要建立良好的人际关系，必须加强自己的人际吸引力。秘书人员在处理人际关系时，除了了解和运用人际吸引的基本规律来增强自己的人际吸引力外，还应该增强个人特征的魅力，以进一步形成较强的人际吸引力，使自己成为一个真正受欢迎的人。

1）外貌吸引

外貌对于人际吸引的影响是显而易见的。爱美是人的天性，古今中外，无论在哪种文化背景下，美貌都是一种财富，都令人向往。

外貌影响个体的吸引力与交往。容貌、体态、服饰、举止、风度等个人外在因素在形成人际情感中的作用往往是很大的。外貌美容易给人留下好的第一印象，人们容易以貌取人。外貌美能产生光环作用，即倾向认为外貌美的人也具有其他的优秀品质，虽然实际上未必如此。大量的社会心理学研究资料表明，外貌魅力会引发明显的“辐射效应”，人们对高魅力个体的评价与判断有明显的倾向性，使人们对其其他方面的评价更为积极。研究同时表明，尽管通常情况下美貌会产生辐射效应，但是如果个体滥用美貌，会反过来遭到更为严重的负面评价甚至惩罚。

外貌吸引是影响人际吸引的表层因素，这些因素在与陌生人交往时显得尤为重要。但是，对于熟识的人来说，外貌吸引的因素就不是十分重要了。因为熟识的人彼此较为了解，人们更为注重的是德才学识，是内在的涵养。因此，秘书人员要扩大交往范围，建立良好的人际关系，一方面要注重外在形象的塑造，注重仪表修饰；另一方面又要注意加强自己各方面的修养，使自己的内在修养与外在美有机地结合起来。

**同步案例 7-2**

**背景与情境：**林丽是某公司的前台秘书，她长得漂亮，站在前台接待客人的时候，犹如公司一道亮丽的风景线，第一次见到林秘书的人都会被她的亲切和热情所吸引。但是，令人力资源部长感到奇怪的是，年底总评时，林丽却是前台秘书中遭到投诉最多的秘书，在同事中的评价也不高。这到底是怎么回事呢？

人力资源部长经过调查，发现林丽在工作上的确存在很多问题。她在前台值班时，只给予她首先接待的客人热情周到的服务，对于同事首先接待的客人不管不问。当同事接电话忙不过来的时候，也不主动帮忙，时间长了，同事对她很有看法。另外，林丽不值班的时候，在走廊或其他地方见到客人从不打招呼，客人有事咨询她，她也拒绝回答，只是让客人到前台去找值班秘书咨询。

**问题：**林丽为什么是前台秘书中遭到投诉最多的，并且在同事中的评价也不高？

**分析提示：**外貌吸引是影响人与人之间相互交往的重要因素，但更多的是在与陌生人打交道时发挥重要作用。从长远角度看，建立良好的人际关系与人际交往，更需要诸如热情、友爱、互助等内在品质。

2）能力吸引

人们对于有能力的人的态度常常出人意料。表面上，似乎在其他条件相同的情况下，一个人的能力越高，越完善，就越受到欢迎。事实上，在一个群体中，最有能力的成员往往并非是最受喜爱的人。因为个体对他人有两种不同的需要。一方面，个体希望自己周围的人有很好的才能，有一个令人愉快的交往背景；另一方面，如果他人超凡的才能使个体可望而不可即，则个体就会产生一种压力，只能敬而远之。

显然，才能与被喜欢的程度在一定范围内成正相关，但如果超出一定范围，其才能所造成的压力就成了使个体趋向于逃避或拒绝的主要因素。任何人，无论如何都不会选择一个总是贬显自己无能和低劣的对象去喜欢的。

秘书人员无论是与周围熟悉的人交往，还是与不熟悉的人交往，都要增加能力吸引的影响因素，给人留下一个干练果断、行动机敏、办事能力强的良好印象。能力吸引所涉及的内容是非常广泛的，如写作能力、表达能力和处理人际关系能力、办事能力等都可以产生能力吸引。当然，增强能力吸引，并不是要求秘书人员要小聪明，做表面文章，而应脚踏实地地工作，以此来展示自己的能力。

3）人格吸引

人们喜欢真诚、热情、友好的人，讨厌自私、奸诈、冷酷的人。心理学研究表明，人们最喜欢的个性品质是真诚，最讨厌的个性品质是虚伪。

美国学者安德森研究了影响人际关系的人格品质（见表 7-2）。从表中可以看出，排在序列最前面、受喜爱程度最高的六个人格品质是：真诚、诚实、理解、忠诚、真实、可信，它们或多或少、直接或间接同真诚有关；排在系列最后受喜爱水平最低的几个品质如虚伪、假装、不老实等也都与真诚有关。安德森认为，真诚受人欢迎，虚伪则令人厌恶。

表 7-2　**影响人际关系的主要品质**

| 积极品质 | 中间品质 | 消极品质 |
| --- | --- | --- |
| 真诚　诚实　理解　忠诚　真实　可信　智慧　可信赖　有思想　体贴　热情　善良　友好　快乐　不自私　幽默　负责　开朗　信任 | 固执　刻板　大胆　谨慎　易激动　文静　冲动　好斗　腼腆　易动情　羞怯　天真　不明朗　好动　空想　追求物欲　反叛　孤独　依赖别人 | 古怪　不友好　敌意　饶舌　自私　粗鲁　自负　贪婪　不真诚　不善良　不可信　恶毒　虚假　令人讨厌　不老实　冷酷　邪恶　装假　虚伪 |

在人际吸引中，热情是一个相当重要的因素，这一因素往往与慷慨大方、能干、和蔼可亲、受人爱戴等联系起来。这些可爱的特征自然会产生一定的吸引力，引起别人的喜欢。因此，秘书人员要注意培养热情、乐观、豁达、友好、真诚的个人品质，以增强人际吸引的力量。

**【知识拓展 7-1】**

**妨碍人际吸引的十种人格品质**

人们喜欢热情、真诚、友好的人，讨厌自私、奸诈、冷酷的人。心理学研究表明，人们最喜欢的人格品质是真诚，最讨厌的人格品质是虚伪，妨碍人际吸引的人格品质主要有：

（1）为人虚伪。人们在同虚伪的人交往时，常常担心上当受骗，失去安全感，因此，虚伪的人很难吸引别人。

（2）自私自利。这种人只关心自己的需要，不关心他人，甚至损人利己，自然缺乏吸引力。

（3）不尊重人。这种人不考虑他人自尊的需要，常常挫伤他人自尊心，按照人际交往的相互性原则，别人自然也讨厌他。

（4）报复心强。同报复心强的人交往，人们心里会高度紧张，因为稍有不慎，就可能招致报复，人们自然会疏远这种人。

（5）猜疑心重。这种人猜疑心重，对他人时时处处保持戒心，人们很难与其坦诚交往，也很难与其拉近心理距离。

（6）忌妒心重。这种人“恨人有，盼人无”，恐怕别人比自己强，忌妒心理一旦表露出来，人们会十分反感。

（7）苛求于人。这种人为人苛刻，对他人要求高，对自己要求低，与人交往过程中吹毛求疵，使人感到不快。

（8）骄傲自满。这种人或者恃才傲物，不把他人放在眼里，或者自吹自擂，使别人很难信任，严重影响了自身的吸引力。

(9) 自卑自怜。这种人要么觉得自己一无是处，要么觉得自己怀才不遇，牢骚满腹，令人反感。

(10) 孤独固执。这种人狭隘偏激，自以为是，不主动与人沟通交流，人们很难与其接近，更谈不上和谐相处。

# ● 7.3 秘书处理人际关系的原则和方法

处理人际关系是一门艺术。秘书人员既需要掌握原则，也需要掌握方法和技巧。原则用好，方法适当，技巧灵活，就能处理好各种复杂的人际关系；否则，就可能发生人际关系困难。

## 7.3.1 秘书处理人际关系的原则

每一个人都希望同他人建立良好的人际关系，有一个美好的人际关系世界，希望在人际关系的实践中得到心理上的有益启示。现实生活中，人与人之间的关系纷繁复杂，不同的人对别人的要求、期望各不相同，交往动机也千差万别。

1）平等原则

平等待人是建立良好人际关系的前提。秘书与领导、同事之间虽然职务高低不同，但在人格上是平等的，在交往中要平等待人。只有做到了平等待人，不媚上欺下，尊重每一个同自己交往的人，才能获得别人的尊重。当然，所谓的平等是相对的，而不是绝对的。讲平等必须符合现实情况，在处理人际关系时不能超越现实去追求绝对的平等。在现实生活中，秘书人员处理人际关系的平等原则主要体现在以下几个方面：

(1) 公务活动中的人格对等，不卑不亢。秘书与领导、同事之间虽然职务上高低不同，但在人格上是完全平等的，在交往活动中要平等待人，做到不卑不亢，不媚上欺下，尊重每一个同自己交往的人。

(2) 物质交往过程中的价值对等。价值对等主要体现在处理物质关系时的等价交换原则，它包括两个方面：一是往来对等，你有礼来，我有礼往；二是价值对等，双方来往在价值上要基本相同。美国学者霍曼斯认为，人的社会交往是受经济原则支配的，是一种社会交换的过程，在这一过程中，每个人的行为都想付出最小的代价而追求最大的利益。“对同等回报的期待决定最初的奉献”，交换是人们相互交往的基础，如果在交换中价值不对等，就会使对方觉得不公平，从而影响到交往双方的关系，也违背了人的社会交往原则。

【知识拓展 7-2】

**增值交换与减值交换**

我国学者研究发现，人们的价值观倾向不同，人际交往中存在着不同的社会交换机制。对于重内在情感价值的人来说，他们在人际关系当中个人情感介入更多，因而有明显的重情谊、轻物质的成分。这类人与他人的交往倾向于增值交换过程。他们在人际关系当中感到欠别人的情分，因此在做出回报时，往往超出别人的期望。这种过程的循环往复，就导致了介入增值交换过程的双方都感到得大于失。

在人际交往中也存在着与增值交换相对应的减值交换机制的存在。对于重外在物质利益的一类人来说，其在人际关系当中纯粹的物质利益交换意识要多于个人情感的介入，因而倾向于用物质价值来衡量自己在人际关系当中的得失。这类人与他人的交往倾向于减值交换过程。他们对交换媒介价值的估计往往低于交往行为的发出者，总感到自己在交往中吃亏，他人没有做到所应该做的，这样，在对他人的交往行为做出回报时，就往往低于他人的期望。介入减值交换过程的双方最终往往都感到失大于得，同对方的交往不值得。

（3）私人交往中的情感对等。情感对等是指交往双方互相尊重，互相礼让。人是有感情的高等动物，交往的过程同时也是感情交流的过程。交流是双向的，同样受社会交换原则的支配。交往的任何一方不热情、不主动，都会影响感情的交流和正常人际关系的建立。

2）互利原则

在人际关系活动中，大多数的交往都是互利互惠的，即要维持交往活动的顺利进行，交往双方都必须在交往中获得一定的满足。互利原则主要体现在以下两个方面：

（1）物质互利。在经济交往过程中，双方都是以物质利益的共同分配为目的的，秘书人员在处理物质交往关系时，一定要考虑到交往双方的物质利益分配。人们之间的交往，特别是物质交往，都包含着对回报的期待。这种回报，有时是即时的，有时是日后的，但不可能是没有的。回报是交往中物质利益分配的一种重要形式，它能维持经济交往的公平性和长期性。在物质交往中导致交往双方关系中断和恶化的原因，往往是因为没有考虑到物质利益的共分或分配不合理。

（2）精神互利。在精神交往中，双方也都是以精神利益的共享为目的的。秘书人员在人际交往中，一是要互相尊重，互相理解，特别是要站在对方的立场上体会对方的难处。二是要为对方分忧。当交往的对方碰到困难时，要主要为对方出主意、想办法，帮助对方解决困难。当交往的对方不愉快时，要主动关心对方。三是让对方分享自己的欢乐，使交往双方都能获得心理上的愉悦和满足。

**同步思考7-2**

**问题：**何为人脉？人脉的本质是什么？

**理解要点：**人脉，即人际关系、人际网络，体现人的人缘、社会关系，可解释为“经由人际关系而形成的人际脉络”。人际关系在本质上是一种利益关系，所以人脉在本质上是个体利用价值的大小。

3）信用原则

诚实守信是人际交往的基本信条，秘书人员在人际交往过程中要做到诚实守信，言必行，行必果。

（1）诚实。以诚待人，是人际交往中相互信任的基础，也是取信于人的方法。诚实，一是要态度诚恳，不虚伪，不做作；二是要讲真话，不说假话。真话才能令人相信，取得他人的信任。

（2）守信。守信就是讲究信用。“信”是中国古代的重要道德标准，也是个人安身立命的人生信条之一。秘书人员在人际交往过程中一定要讲求信誉，言行一致。言而有信是人际交往中获得对方信任的根本保证，言而无信，不仅不能得到对方的谅解，而且往往被视为品质不好的表现，也是秘书人员处理人际关系的大忌。

4）包容原则

包容是指心胸宽广，严于律己，宽以待人。秘书人员在人际交往中必须遵循包容的原则，能够做到宽容、忍耐。宽容、忍耐，一般不表现在相同意见和赞扬方面，主要表现在对待意见和批评方面。这要求秘书人员不仅要团结和自己意见一致的人，更应容纳与自己意见不一致甚至是相反的人，而且还应能听逆耳之言，甚至是对自己的误解、曲解之言。这样，不仅能在复杂的人际交往中处理好复杂的人际关系，而且有利于自己保持清醒的头脑。

### 7.3.2 秘书处理人际关系的方法

秘书人员在处理人际关系时，要注意学会使用各种方法和技巧。审时度势，根据具体的情况选择合适的方法，同时注意因人而异，根据具体的交往对象采取不同的方法。在人际关系的建立过程中，情理并用，做到“以情感之，以理晓之”。处理人际关系的方法有很多，如感情投资法、心理吸引法、角色互换法、求同存异法等，秘书人员可以根据交往的情境，选择适当的方法。

1）感情投资法

感情投资法是指在与人交往过程中要倾注真挚的感情，以取得对方的认同和好感，建立起良好的人际关系的方法。秘书人员使用感情投资法处理人际关系，要注意以下两点：

（1）注意分清交往双方关系的基本属性及双方关系的密切程度。凡是双方交往接触非常频繁的人际关系，秘书人员要尤其重视进行感情投资，以不断深化双方感情上的联系。如秘书人员在处理与领导的关系时，除了应重视工作活动中的角色交往关系外，还应重视日常生活中的情感交流，以便和领导建立更亲密的人际关系。秘书人员在处理次属性人际关系时，因为交往活动的性质不同，进行感情投资的比重也可能发生变化。一般而言，人们在交往活动中的感情投入随人际关系的重要程度的增长而增加，随人际关系的重要程度的降低而降低。

（2）注意充分利用各种有利的时机进行感情联络。如利用交往对方的乔迁、晋升、结婚等时机表示祝贺，利用节假日进行看望问候，表示关心尊重，在对方遇到困难时及时伸出援手等，都是有效的感情投资方法。

实践表明，运用感情投资法与交往对象进行沟通交流，对于改善双方的人际关系状况，促进人际关系向深层次方向发展，是十分有效的。秘书人员在处理人际关系时，一定要学习并善于运用这种方法。

**教学互动 7-2**

**互动问题：**当同事与领导或其他人发生矛盾时，你会怎么做？

**要求：**说出这样做的理由。

2）心理吸引法

心理吸引法是通过提高自身的素质修养以提升自己的人际吸引力的方法。秘书人员处于组织的枢纽位置上，如果自身具有较高的修养水平，很容易形成人际交往活动的联络站和中心。秘书人员只有具备人际吸引力，人们才乐于接近，与之交往。否则，虽然处于交往活动的中心，也难以建立起各方面良好的人际关系。秘书人员要提升自己的人际吸引力，要注意以下两个方面的问题：

（1）不断加强品德修养。人们在交往活动中的社会认知是以社会特性的评价为主的，而品德特性又是社会特性方面的核心特征。一个人如果在品德方面有不受欢迎的特点，即使具有其他方面的优秀品质，也很难受到人们的欢迎与尊重。“德高望重”，说的就是只有品德高尚的人，才会受到人们的喜欢与尊重。

（2）多些乐观和幽默。秘书人员如果在交往活动中始终严肃认真，不能制造轻松愉快的交往环境，也很难产生心理吸引力，容易使人感到缺少幽默和机智，使交往活动变得枯燥和乏味。因此，秘书人员要学会调节交往活动的气氛，该认真的时候认真，该活泼的时候活泼，这样才能增加人际交往的吸引力，使人们愿意与之交往，并从交往活动中获得心理上的愉悦和享受。

3）角色互换法

人们在同某一特定交往对象交往时总是以特定的角色出现的，由于习惯于从自己的角度出发看待自己和他人的行为，就可能带有片面性，从而使交往活动发生矛盾和冲突。如果能够站在对方的角度和立场上看问题，就很容易理解对方的思想和行为，人际交往和人际关系中的许多矛盾就能克服。角色互换是建立良好人际关系的有效方法，秘书人员要做好角色互换，需要做到以下两点：

（1）注意换位思考。与交往对象交换位置，站在对方的立场上思考问题，这是理解他人、全面认识问题的有效方法，也是秘书人员处理人际关系的良好方法。在人际交往过程中，由于每个人的个性差异和社会角色差异，看问题难免会囿于一隅，难免会存在片面性。秘书人员在与交往对象由于角色差异或思想层次差异产生分歧时，不要急于否定对方，而应换位思考，站在对方的立场上观察事物，思考问题，寻找与对方沟通的最佳方法。这样，就比较容易理解对方，化解矛盾，友好地与人交往，改善人际关系。

（2）将心比心。在设身处地地替对方着想的同时，做到通情达理地谅解对方的行为和态度，将心比心。以要求他人对待自己的方式去对待他人，做到“己所不欲，勿施于人”，“己之所欲，施之于人”。

**同步案例7-3**

**背景与情境：** 张秘书刚到公司A部门不久，有一次他到公司B部门办事，没有很好地完成工作，非常生气。吃中午饭的时候，他在饭桌上向自己部门的同事抱怨说：“B部门也真是的，明明公司规定，部门之间应该相互配合，B部门的人嘴上说支持咱们部门工作，但却不肯借用他们的技术员来帮帮我们忙完这项工作，我非要到经理那里告他们一状。”已有七八年工作经验的同桌吃饭的秦秘书听见后，笑眯眯地说：“年轻人，不要生气。找经理可以，但我建议你向经理这么说，就说咱们的部门工作进度比较紧，想请B部门的技术人员帮忙，B部门也很愿意帮忙，但他们部门也有自己的难处，不知经理能不能想想办法。”张秘书一听，连连点头，依计而行。后来事情果然办得很成功。

**问题：** 张秘书最初的想法有什么问题？秦秘书的教导有何可取之处？

**分析提示：** 张秘书的问题就在于只考虑自己部门的难处，而没有考虑到其他部门也有自己的难处，所以没以平常心待人。如果张秘书按照自己最初的想法去告状，得到的必不是皆大欢喜的结局，不仅使工作无法展开，个人前程也会受到影响。秦秘书的教导将心比心，在考虑本部门利益的同时，也关注其他部门的利益，既有利于工作，也可避免同事关系受到伤害。

4）求同存异法

在处理人际关系时，对双方的差异应做客观分析，不应过分强求一致。应该做到“求大同，存小异”，大事讲原则，小事讲风格。人与人之间要建立良好的人际关系，只要在人生观、价值观等方面有基本相同的倾向既可，至于个性特点方面的差异、兴趣爱好的不同、生活情趣的差别，都不应成为妨碍双方建立良好人际关系的障碍。秘书人员在人际关系与人际交往中秉承求同存异的原则，要做到以下两点：

（1）正视差异的存在。在人与人之间的关系中，不管是作为性格特征还是作为思想意识，“同”是相对而言的，“异”是绝对的，没有差异也就没有丰富多彩的世界。

（2）容忍差异的存在。与人交往要坚持求同存异的处事方法，既不随意屈人，又不强加于人，求大同存小异。在方向、原则一致的前提下，允许存在差异，这样既坚持了原则，又建立了关系。

**【知识拓展7-3】**

**怎样使你受到人们的欢迎**

美国著名人际关系学家戴尔·卡耐基在《人性的弱点》一书中，提出了“怎样使你受到人们的欢迎”的六个技巧。

第一个技巧，对别人真诚地感兴趣。必须先关心别人，而不是事事以自我为中心。那种时刻牵挂自己利益的人，将很难受到人们的欢迎。

第二个技巧，给人留下美好印象的简洁方法是微笑。法国作家雨果说过：“笑是阳光，它能消除人们脸上的冬色。”当然，这种微笑是真诚的，是出自内心的，这是一种极有价值的笑。那种不真诚的笑，不仅不会给人留下好的印象，反而会使人感到讨厌。笑可以使人们赢得更多的朋友，笑也可以创造更为友好的环境。

第三个技巧，要想获得别人的好感，请记住别人的名字。因为在与那些不经常打交道的人交往时能直接叫出对方的名字，这说明对他的友好和关心。事实表明，每个人对自己的名字都很重视，甚至人们不惜代价要使自己的名字永垂不朽。如果一个人的名字留存于别人的心目中，自然会感到格外高兴。

第四个技巧，在交谈过程中尽量做一个好的听众。专心地听别人讲话无疑是一种暗示性的赞美，每个人都需要别人的赞美，特别是在别人谈话到兴头上时，做一个好的听众更容易被对方所喜欢。当一个人碰到苦恼的事情时，就更需要一个具有同情心的听众。

第五个技巧，谈论对方感兴趣的话题。谈论对方感兴趣的话题容易引起对方对你的兴趣。每个人都有自己感兴趣的事情，要想在交往中实现顺利沟通，寻找共同的话题，特别是谈论对方希望别人了解的事情，对方会非常高兴，会喜欢与你交谈，从而对你产生兴趣。

第六个技巧，要使别人喜欢你，必须以一种真诚的态度去赞美别人。每个人都希望获得别人的赞赏，无论这种赞赏是礼节性的，还是感谢性的，都会获得人们的好感。

## 本章小结

人际关系是指人们在社会实践中形成的人与人之间的相互作用和相互影响，人际关系在本质上是人与人之间的直接的心理上的联系。人际关系具有个体性、直接性、情感性的特点。

根据人际关系形成的基础，可以将人际关系分为血缘关系、地缘关系和业缘关系；根据人际关系存在的状态，可以将人际关系分为正式关系和非正式关系；根据人际关系持续时间的久暂，可以将人际关系分为临时关系和持久关系；根据人际关系的性质，可以将人际关系分为和谐关系和不和谐关系。

处理人际关系的原则有平等原则、尊重原则、互利原则、真诚原则、相容原则、信用原则和理解原则，这些原则是处理好人际关系的基本条件，也是不可分割的。

秘书人际关系具有业缘性、首属性、正式性和持久性的特征。秘书良好的人际关系有利于提高工作效率，有利于建立良好的人际环境。

人际吸引是人与人之间情感上的相互亲密的状态，是人际关系中的一种肯定形式。人际吸引的基本规律有熟悉律、邻近律、相似律和互补律。秘书的人际吸引包括外貌的吸引、能力吸引、人格吸引等。

秘书处理人际关系应遵循平等原则、互利原则、信用原则和包容原则。秘书人员处理人际关系的方法主要有感情投资法、心理吸引法、角色互换法和求同存异法。

## 主要概念和观念

**□ 主要概念**

人际关系　血缘关系　地缘关系　业缘关系　人际吸引

**□ 主要观念**

平等原则　尊重原则　互利原则　真诚原则　相容原则　信用原则　理解原则

## 知识掌握

7.1　什么是人际关系？人际关系的特点和类型有哪些？

7.2　人际关系应遵循的原则有哪些？

7.3　秘书的人际关系有什么特征？

7.4　什么是人际吸引？有哪些基本规律？

7.5　秘书的人际吸引包含哪些内容？

7.6　秘书处理人际关系的原则有哪些？秘书处理人际关系有哪些方法？

# 知识应用

## □ 案例分析

### 志明与春娇

**背景与情境**：志明与春娇都在大发房屋中介公司上班，春娇这几年的业绩表现相当令人羡慕，是公司超级业务人员；而志明才刚加入大发还不到一个月，以前也没有干过这行；两人在办公室毗邻而坐。志明刚开始了解房地产中介这行的一些销售制度等细节时，春娇十分热心地教他，在彼此聊天之际，春娇发现志明是一位电脑专家，而且随时都在用笔记本电脑；由于春娇也正打算买一台笔记本电脑，于是她向志明请教，那天傍晚志明牺牲了每周一次打网球的聚会，留在公司示范他的电脑给春娇看，并教她一些购买电脑的诀窍。

有一天，志明早早就到公司上班，一坐下来就接到一通电话，原来是春娇的一位很有潜力的大客户，有非常急的事找她，结果志明辗转了好几通电话，终于找到春娇。由于志明迅速传话的关系，春娇做成了一笔大生意。她抽空邀请志明去一家豪华餐厅吃午餐，在言谈之间，听到志明谈到新进人员的一些挫折，春娇又花了近两个小时教志明各种成功的要诀。

没隔多久，一对新婚夫妇拿着春娇的名片，来到大发公司，当时春娇正与另一位可能的买主通电话，于是她一手遮住话筒，请志明协助招呼几分钟，并替他们倒杯茶。她这个电话讲了半个钟头，志明则浪费了他宝贵的时间在听那对夫妻抱怨房子有多贵。春娇终于讲完了电话，与这对夫妻交谈后才发现，他们连买车都有问题，于是，她很有礼貌地送走了这对夫妻。然后，她转向志明，请他协助她配一把房子的钥匙，刚好志明正要出门。春娇告诉他，只要报她的名，一定有打折。当志明正准备离开时，春娇又拜托他，请他顺路将钥匙放在那幢房子大门的信箱上，而这栋房子也正是春娇最近一个新的销售项目。不料，志明发现不但锁匠根本不认识春娇，也没有打折，而且那栋房子离城里蛮远的，根本不是春娇所讲的“顺路而已”。

隔天，他请春娇帮忙替公司的广告想个绝妙的广告词，此外，他拜托她向经理提一下，是否可以将他的办公桌换一下，因为他背面的阳光实在太强了，照得背部很不舒服。此时，春娇凑巧有急事要外出，当她要离开之际，仍不忘答应及时回来帮志明的两件事。同时，她告诉志明，麻烦他为她查查电脑，把最近的一些房屋行情列出来，一方面可以供她决定一个新房屋的价格，一方面也可以让志明多熟悉一下该行业。志明花了一个多小时，才将资料找出来，他觉得这份资料相当不错，自己也留了一份。春娇回来后因为各忙各的，所以并没有提到那份资料之事，但志明一直在观察，春娇似乎并没有在为他想广告词及找经理解决他换办公桌的事情。

第二天一大早，春娇遇到志明就询问他资料之事，志明推说忘了打印，因为他实在忙不过来了，其实根本就是不想拿出来。春娇还再次拜托他，今天一定要帮她跑一下，志明不知如何回答，只是问她那两件事，春娇拿出了一张纸，想了想写下了几个字，告诉志明，这是她花了一个晚上才想出来的。另外关于办公室之事，她奉劝志明还是不要提为妙，因为经理相当重视风水，不轻易动……

**问题：**

1）分析春娇和志明二人的关系为何越来越不好？

2）如果你是志明，你将如何处理二人之间的关系？

**□ 实践训练**

列出自己在人际关系方面的优点和不足，对于不足写出改进意见。

## 心理自测

**人际关系综合诊断量表**

这是一份人际关系行为困扰的诊断量表，共28个问题，每个问题有“是”或“否”两种回答。选“是”的打“√”，选“否”的打“x”。请你根究自己的实际情况如实回答，答案没有对错之分：

| 序号 | 测试项目 | 选项 | |
|---|---|---|---|
| | | 是 | 否 |
| 1 | 关于自己的烦恼有口难言 | | |
| 2 | 和生人见面感觉不自然 | | |
| 3 | 过分地羡慕和妒忌别人 | | |
| 4 | 与异性交往太少 | | |
| 5 | 对连续不断地会谈感到困难 | | |
| 6 | 在社交场合，感到紧张 | | |
| 7 | 时常伤害别人 | | |
| 8 | 与异性来往感觉不自然 | | |
| 9 | 与一大群朋友在一起，常感到孤寂或失落 | | |
| 10 | 极易受窘 | | |
| 11 | 与别人不能和睦相处 | | |
| 12 | 不知道与异性相处如何适可而止 | | |
| 13 | 当不熟悉的人对自己倾诉他的生平遭遇以求同情时，自己常感到不自在 | | |
| 14 | 担心别人对自己有什么坏印象 | | |
| 15 | 总是尽力让别人赏识自己 | | |
| 16 | 暗自思慕异性 | | |
| 17 | 时常避免表达自己的感受 | | |
| 18 | 对自己的仪表（容貌）缺乏信心 | | |
| 19 | 讨厌某人或被某人所讨厌 | | |
| 20 | 瞧不起异性 | | |
| 21 | 不能专注地倾听 | | |
| 22 | 自己的烦恼无人可倾诉 | | |
| 23 | 受别人排斥与冷漠 | | |
| 24 | 被异性瞧不起 | | |
| 25 | 不能广泛地听取各种意见、看法 | | |
| 26 | 自己常因受伤害而暗自伤心 | | |
| 27 | 常被别人谈论、愚弄 | | |
| 28 | 与异性交往不知如何更好相处 | | |

□计分卡

| | | | | | | | | | |
|---|---|---|---|---|---|---|---|---|---|
| Ⅰ | 题目 | 1 | 5 | 9 | 13 | 17 | 21 | 25 | 小计 |
| | 分数 | | | | | | | | |
| Ⅱ | 题目 | 2 | 6 | 10 | 14 | 18 | 22 | 26 | 小计 |
| | 分数 | | | | | | | | |
| Ⅲ | 题目 | 3 | 7 | 11 | 15 | 19 | 23 | 27 | 小计 |
| | 分数 | | | | | | | | |
| Ⅳ | 题目 | 4 | 8 | 12 | 16 | 20 | 24 | 28 | 小计 |
| | 分数 | | | | | | | | |
| 评分标准 | | 打“√”计1分，打“x”的计0分。 | | | | | | 总分 | |

（注：本测试结果仅供参考）

□ 测量结果的解释与参考

1.人际关系总体状况

如果你得到的总分是0～8分，那么说明你在与朋友相处时的困扰较少。你善于交谈，性格比较开朗，主动关心别人，你对周围的朋友都比较好，愿意和他们在一起，他们也都喜欢你，你们相处得不错。而且，你能够从与朋友相处中得到乐趣。你的生活是比较充实而且丰富多彩的，你与异性朋友也相处得比较好。一句话，你不存在或较少存在交友方面的困扰，你善于与朋友相处，人缘很好，获得许多的好感与赞同。

如果你得到的总分是9～14分，那么，你与朋友相处存在一定程度的困扰。你的人缘很一般，换句话说，你和朋友的关系并不牢固，时好时坏，经常处在一种起伏波动之中。

如果你得到的总分是15～28分，那就表明你在同朋友相处时的困扰较严重，分数超过20分，则表明你的人际关系困扰程度很严重，而且在心理上出现较为明显的障碍。你可能不善于交谈，也可能是一个性格孤僻的人，不开朗，或者有明显的自高自大、讨人嫌的行为。

2.人际关系存在的困扰及可参考的纠正方法：

（1）交谈方面的困扰程度（记分卡Ⅰ的小计分数）

如果你的得分在6分以上，说明你不善于交谈，只有在极需要的情况下你才同别人交谈，你总难于表达自己的感受，无论是愉快还是烦恼；你不是个很好的倾诉者，往往无法专心听别人说话或只对单独的话题感兴趣。

如果得分在3～5分，说明你的交谈能力一般，你会诉说自己的感受，但不能讲得条理清晰；你努力使自己成为一个好的倾听者，但还是做得不够。如果你与对方不太熟悉，开始时你往往表现得拘谨与沉默，不大愿意跟对方交谈。但这种局面在你面前一般不会持续很久。经过一段时间的接触与锻炼，你可能主动与同学搭话，同时这一切来得自然而非造作，此时，表明你的交谈能力已经大为改观，在这方面的困扰也会逐渐消除。

如果你的得分在0～2分，说明你有较高的交谈能力和技巧，善于利用恰当的谈话方式来交流思想感情，因此在与别人建立友情方面，你往往比别人获得更多的成功。这些优势不仅为你的学习与生活创造了良好的心境，而且有助于你成为伙伴中的领袖人物。

（2）交际方面的困扰程度（记分卡Ⅱ的小计分数）

如果你的得分在6分以上，则表明你在社交活动与交友方面存在着较大的行为困扰。比如，在正常集体活动与社交场合，你比大多数人更为拘谨；在有陌生人或老师在的场合，你往往因为更加紧张而扰乱你的思绪；你往往过多地考虑自己的形象而使自己处于被动、越来越孤独的境地。总之，交际与交友方面的严重困扰，使你陷入“感情危机”和孤独困窘的状态。

如果你的得分在3～5分，则往往表明你在被动地寻找被人喜欢的突破口。你不喜欢独自一个人呆着，你需要与朋友在一起，但你又不太善于创造条件并积极主动地寻找知心朋友，而且，你心有余悸，生怕再主动付出后的“冷”体验。

如果得分低于3分，则表明你对人较为真诚和热情。总之，你的人际关系较和谐，在这些问题上，你不存在较明显持久的行为困扰。

（3）待人接物方面的困扰程度（记分卡Ⅲ的小计分数）

如果你的得分在6分以上，表明你缺乏待人接物的机智与技巧。在实际的人际关系中，你也许常有意无意地伤害别人，或者你过分地羡慕别人甚至在内心妒忌别人。因此，一些人可能回报你的是冷漠、排斥，甚至是愚弄。

如果你的得分在3～5分，则往往表明你是个多侧面的人，也许可以算是一个较圆滑的人。对待不同的人，你有不同的态度，而不同的人对你也有不同的评价。你讨厌某人或被某人所讨厌，但你却极喜欢另一个人或被另一个人所喜欢。你的朋友关系某方面是和谐的、良好的，某些方面却是紧张的、恶劣的。因此，你的情绪很不稳定，内心极不平衡，常常处于矛盾状态中。

如果你的得分在0～2分，表明你较尊重别人，敢于承担责任，对环境的适应性强。你常常以你的真诚、宽容、责任心强等个性获得众多的好感与赞同。

（4）跟异性朋友交往的困扰程度（记分卡Ⅳ的小计分数）

如果你的得分在5分以上，说明你在与异性交往的过程中存在较为严重的困扰。也许你过分地思慕异性或对异性持有偏见。这两种态度都有它的片面之处，也许是你不知如何把握好与异性交往的分寸而陷入困扰之中。

如果你的得分是3～4分，表明你在与异性交往时的困扰程度一般，有时可能会觉得与异性交往是一件愉快的事，有时又会认为这种交往似乎是一种负担，你不懂得如何与异性交往最适宜。

如果你的得分是0～2分，表明你懂得如何正确处理与异性之间的关系。对异性持公正的态度，能大方自然地与其交往，并且在与异性交往中，得到了许多从同性朋友那里不能得到的东西，增加了对异性的了解，也丰富了自己的个性。你可能是一个较受欢迎的人，无论是同学还是异性朋友，多数人都较喜欢和赞赏你。

# 第8章

# 秘书的人际交往

## 学习目标

通过本章学习，你应该达到：

【知识目标】了解和掌握人际交往、人际沟通的概念，了解沟通的类型和结构；熟悉和掌握秘书人际交往的种类；掌握秘书人际交往的特点。

【能力目标】熟悉和掌握秘书人际交往的艺术和技巧。

【素质目标】了解和掌握人际交往的原则。

【引例】

**聪明的张斌**

**背景与情境**：秘书张斌刚刚到单位工作就表现出色，深得领导的赞赏，许多重要的活动都让他组织，可谓对他委以重任，这就招来了一些人的嫉妒，尤其是单位里另一个秘书小李。小李比张斌早进这个单位，由于工作表现不好，没有得到领导的重用，于是小李就到处说张斌的坏话，说他骄傲、轻狂，不把别人放在眼里，甚至不把领导放在眼里。这些话传到了领导那里，领导信以为真，对张斌渐渐疏远，有点把他晾在一边的味道。

张斌真是一肚子的苦水，但是他没有立即表现出来，更没有逢人就替自己开脱。他一方面自己进行检讨，看是不是自己确有做得不好的地方，另一方面对同事采取积极接近的态度，对待那个说他坏话的小李，他也并不是冷眼相对，反而主动帮他完成任务，但是不把功劳放在自己的身上。这样单位里有关他的舆论好了起来，一些人开始替张斌在领导面前讲好话，一度说他坏话的小李也不再说了。

领导对张斌的态度有所缓和，这时张斌觉得是向领导申诉的时候了，但是具体的时机和方式呢？张斌的领导喜欢在午间休息的时候打乒乓球，张斌就陪领导打乒乓球，他一方面显示出自己打乒乓球的实力，一方面又恰到好处地让领导赢球，让领导在竞争的感觉中赢球，领导很高兴，说："小张，球技不错呀。"这时张斌说："哪里，还是局长的球技好，是不是以前学过？"领导笑着说："我可是全靠自学的，没事打着玩。"张斌就说："是吗？我看您都是专业水准了。我都拿出了自己的看家本领了。"领导说："是呀，小张，你打球还是比较厉害的。"这时张斌趁机就说："我这个人就是实在，打球的时候我就想着好好打球，所以有的人说我打球的时候不给人留情面，说我工作的时候也这样，其实和打球一样，我没有想别的，就是想把事情做好。不过，我以后一定要注意，因为不是每个人都像领导一样了解我。”领导听完张斌的一席话，笑道：“这我也听到过，当时就告诉他们，年轻人嘛，有干劲是好的，好好做工作，别管别人怎么想。我就喜欢你这样的实在劲。你不知道，局里好多人打球总是让着我，没劲，让我的球技总是得不到提高。”从那以后领导总喜欢叫上张斌打球，对张斌的印象大有改观，一年后，提拔他当了自己的助手。

**问题：**

1）小李到处说张斌的坏话，张斌为什么“反而主动帮他完成任务，但是不把功劳放在自己的身上”？

2）领导对张斌渐渐疏远，张斌为什么没有立即为自己辩解？

交际能力是人在社会活动中必须具备的。在现代社会，人际交往活动变得越来越重要。秘书人员在日常工作中，要接触到许多人，应付许多交往活动，待人接物是秘书工作的重要组成部分。因此，秘书人员要了解人际交往的特点，克服人际交往的心理障碍，掌握人际交往的原则和方法，才能处理好各个方面的关系，建立起和谐融洽的工作环境和良好的心理气氛，为顺利开展各项工作创造条件。

## ● 8.1　人际交往的一般理论

社会生活中的人际关系是一种社会关系，而这种社会关系的建立是通过人际交往实现的。人际交往既是个人生活的一种需要，也是一种群体活动。群体活动的基础就是人际交往，离开了人际交往，群体就无法联络和沟通，也不可能进行社会性的群体活动了。社会心理学认为，生活在社会群体中的个体，总会同社会广泛接触并产生人际交往。人际交往不仅是维护和发展人与人之间关系的纽带，而且是形成舆论、士气、时尚等社会心理现象的前提，同时也是个体心理正常发展的基础和条件。

### 8.1.1　人际交往的概念

人际交往是指在社会活动中人与人之间传递信息、沟通思想、交流情感等个体间相互作用和相互知觉的联系过程。

人际交往是人们共同进行社会活动的特殊形式。在社会生活中，人们为了实现某种活动目标，满足某种需要，几乎每天都在与周围的人发生直接或间接的交往联系。在交往过程中，人们不仅交流各种信息，而且也交流着各自的思想、情感、态度和观点。美国人本主义心理学家马斯洛认为，人们进行社会交往活动，是个体需要系统中一个较高层次的需要，是人的社会性的重要体现，是人类长期社会进化的必然结果。人在社会上生活，不可能离群索居，孤独处世。为了维持个体的生存，就需要通过交往活动获得生活必需品；为了取得自尊心和自信心的满足，就需要交往，从他人那里获得理解、信任和支持。

人际交往与人际关系是两个不同的概念，既有联系，又有区别。通常认为，通过人与人之间相互作用而建立起来的稳定情感状态称作人际关系。而将人与人之间的动态相互作用过程称为人际交往，人际交往主要是通过人际沟通来实现的。

**同步思考8-1**

**问题：**人际关系与人际交往的区别与联系是什么？

**理解要点：**人际关系与人际交往都体现着人与人之间的联系，人际关系更注重人与人之间静态联系，而人际交往更多指向人与人之间的互动，是从动态角度来考察的。

### 8.1.2 人际沟通

1）沟通的概念

沟通是人与人之间进行信息传递和交流的过程，包括人际沟通和大众沟通。

人际沟通是人与人之间的信息交流以及情感、需要、态度等心理因素的传递与交流，是一种面对面的直接沟通形式。大众沟通，亦称传媒沟通，是一种通过媒体（影视、报刊、网络等）中介的沟通过程。

沟通是人与人之间发生相互联系的最主要的形式，心理学研究表明，人在清醒时大约有70%的时间，都是用在这样或那样的沟通过程中的。与他人交流、读书、看报、听广播、看电视，都是在进行沟通。沟通是人们的社会心理性需要，同时人际沟通也为人们提供了大量有社会意义的信息。

2）沟通的构成

沟通过程由七个要素构成，其中包括信息源、信息、通道、信息接受者、反馈、障碍和背景等因素（见图8-1）。

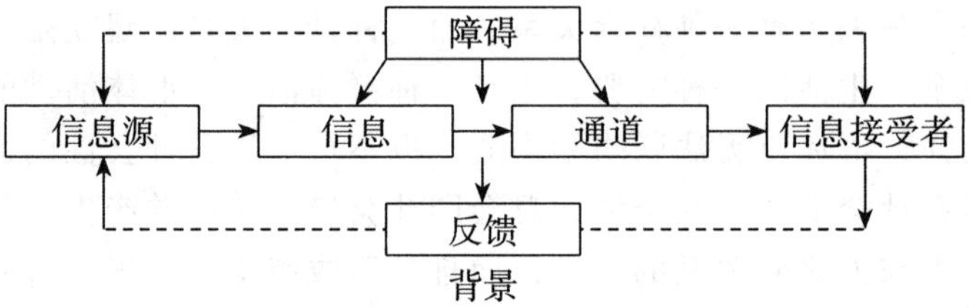


**图8-1 沟通的要素**

（1）信息源。在人际沟通中，信息源是具有信息并试图沟通的个体。它始发沟通过程，确定沟通对象，选择沟通目的。沟通的目的可能是为了提供信息，也可能是为了影响他人，使他人改变态度，或是为了与他人建立联系或为了娱乐。在沟通前一般还需要一个准备阶段，整理思绪使自我心理感受清晰与明确。然后，这些信息还必须转化为信息接受者可以接受的形式，如文字、语言或表情。

（2）信息。它是沟通者传达给他人的观念和情感。但个体的感受必须转化为各种不同的可以为他人觉察的信号。在各种符号系统中，最重要的是词语。词语可以是声音信号，也可是形象符号（文字）；面对面沟通除了词语本身的信息外，还有沟通者的心理状态的信息，使沟通双方产生情绪的互相感染。

（3）通道。它是沟通的信息载体。个体的感官均可接受信息，其中视听信息占的比例较大，人际沟通是以视听沟通为主的沟通。

（4）信息接受者。他是沟通的另一方。个体在接受带有信息的各种音形符号后，根据自己的已有经验把它“转译”为沟通者试图发送的信息或态度、情感。

（5）反馈。它使沟通成为一个双向的相互过程。在沟通中，双方都不断把信息回送给对方。这种信息回返过程叫反馈。反馈可告知发送者，接受者接受和理解信息的状态。

（6）障碍。人际沟通常常发生障碍，如信息源的信息不充分或不明确，编码不正确，信息没有正确转化为沟通信号，误用载体及沟通方式，接受者的误解以及信息自然的增强与衰减等。此外，沟通双方的主观因素也可能造成障碍，如果彼此缺乏共同经验，也难以沟通。

（7）背景。背景是沟通发生时的情境。它可能影响沟通的每一因素以及整个沟通过程。不仅许多意义是背景提供的，而且词语意义也会随着背景不同而改变。

3）沟通的类型

沟通的类型十分复杂，几乎每一种类型的沟通都与日常工作和生活有密切联系。

（1）语词沟通和非语词沟通。语词沟通是指以语词符号实现的沟通。语词沟通是沟通可能性最大的一种沟通，它使个体的沟通过程可以超越时空的限制。人不仅可以通过文字记载来研究古人的思想，也可以将当代人的成就传递给后代。借助于传播媒介，个体的思想可以为很多人共享。所有这些，没有语词是无法实现的。在人类的一切经验中，共性最大的就是语词。因此，语词沟通是最准确、最有效的沟通方式，也是运用最为广泛的沟通。

非语词沟通是借助于非语词符号，如姿势、动作、表情、接触及非语词的声音和空间距离等实现的沟通。非语词沟通有两种方式：一种是通过动态无声性的目光、表情动作、手势语言和身体运动及通过静态无声性的身体姿势、空间距离和衣着打扮实现的沟通，也称为身体语言沟通；二是通过非语词的声音，如语调、音高、频率和停顿来实现的沟通。

（2）有意沟通与无意沟通。在大多数情况下，沟通都有一定的目的性，这种有一定目的的沟通就是有意沟通。但有时个体在事实上与别人进行着信息交流，而个体并没有意识到，这种情况下的沟通就是无意沟通。

无意沟通在不经意间发生，但对个体和他人都会产生影响。如走在熙熙攘攘的人流中，个体很少与他人发生碰撞，是因为在走路过程中，双方彼此都随时调整自己的位置，同样与他人保持着信息的交流，这也是无意沟通的典型形式。

（3）自我沟通与人际沟通。沟通不仅可以在个体与他人之间发生，也可以在个体自身内部发生。

在个体自身内部发生的沟通过程就是自我沟通，也称个体内沟通。自我沟通是一切沟通的基础。个体在与他人沟通前，就已经历了复杂的自我沟通过程。如遣词造句、自我形象设计与表现等。自我沟通过程是其他沟通形式的沟通成功的基础。

人际沟通特指两个个体之间的信息交流过程。这是一种与日常生活关系最为密切的沟通。个体与他人关系的建立和继续，都必须通过这种沟通来实现。

（4）正式沟通与非正式沟通。正式沟通是指在正式社交情境中发生的沟通。在正式沟通中，如参加会议、发表讲话等，个体对于语词性的、非语词性的信息都会高度注意，用词会更准确，并注意语法的规范化。对于衣着、姿势和目光接触等非语词性信息也十分注意。个体希望通过这些表现来为自己造成一个好的形象，以便给他人留下一个良好的印象。因此在正式沟通中也可能存在“面具效应”，个体试图掩盖自己的不足，行为举止会变得符合社会期望。

非正式沟通是指在非正式社会情境中发生的信息交流。在非正式沟通中，如朋友闲谈等，个体表现会更为放松，行为举止会更接近本来面目。沟通者对于语词和非语词信息的使用都比正式沟通随便。

在自己家里或朋友家里，与在领导家里做客会有明显的不同，因为不仅背景的心理紧张程度不同，整个沟通过程也具有不同的性质，这就是正式沟通与非正式沟通的区别。

4）身体语言沟通

身体语言是指非语词性的身体信号，包括目光与面部表情、身体运动与接触、身体姿势与外表、身体之间的空间距离等。通过身体语言实现的沟通，称为身体语言沟通。

（1）目光与表情。在日常生活中，人们的很多信息与情感的交流，都是通过目光接触来实现的。“眼睛是心灵的窗户”，心理学研究表明，眼睛是透露人的内心世界的最有效途径，人的一切情绪、态度和情感的变化，都可以从眼睛里显示出来。人可以对自己的语言进行控制，可以为了某种特定情境的需求而口是心非，但人们对目光却很难随意控制。人际沟通中如果缺乏目光接触的支持，沟通就会成为一个困难、令人不快的过程。在沟通过程中如果不注视对方或目光游离，以及无法让对方看见自己的眼睛，不仅是一种失礼行为，也很难保证沟通的顺利进行。

面部表情是另一个可以实现精细信息沟通的身体语言，表情可以有效地表现肯定与否定、接纳与拒绝、积极与消极、强烈与轻微等各种难度的情感。人们可以通过表情显示自己的各种情感，用表情来表达对他人的兴趣，同样可以通过他人表情来判断他人的心理与行为，判断沟通是否为他人所接受，决定沟通的持续与否。

（2）身体运动与接触。身体运动（动作）是最容易被觉察到的身体语言，身体运动更容易引起人们的注意，聋哑人能够通过手语（手部动作与面部表情，其中最主要的是手部动作）实现与他人的沟通。在日常生活中，人们用一些约定俗成的身体语言进行沟通，并增强沟通效果。如摆手表示拒绝或否定，拍脑袋表示自责等。

身体接触被认为是人际交往最有力的方式。日常生活中，身体接触是表达某些强烈情感的最为有效的方式，人在触摸或身体接触时对情感融洽的体会最为深刻。人与人之间相互理解、深厚的友谊、隔阂的消融，通常都需要身体接触，才能得到充分的表达。同时，心理学研究表明，人有被触摸的需要，不仅对舒适的触摸感到愉快，而且会对触摸对象产生情感依恋。

**【知识拓展8-1】**

**人际距离**

人际距离是个体与他人沟通和交往时双方的空间距离。

由于人们的关系不同，人际距离因而不同，从而能够透露出另类沟通信息。美国学者霍尔根据对美国白人中产阶级的研究提出4种人际距离。

1. 公众距离（12～25英尺）：在正式场合，演讲或其他公共事物中的人际距离，此时沟通往往是单向的。

2. 社交距离（4～12英尺）：是彼此认识的人们的交往距离，许多商业交往多发生在这个距离上。

3. 个人距离（1.5～4英尺）：是朋友之间交往的距离。此时，人们说话温柔，接受大量体语信息。

4．亲密距离（0～18英寸）：这是亲人、夫妻之间的距离。在此距离上双方均可感到对方的气味、呼吸、体温等私密性感觉刺激。

影响人际距离的因素有文化、民族、社会地位、性别等。

（3）姿势与装饰。姿势是另一种容易被觉察的沟通途径，在日常生活中，人们经常使用姿势来进行沟通。如秘书人员与领导谈话，腰板挺直，站（坐）姿规范，而一些新秘书则更可能是“正襟危坐”，表示对领导的尊重。姿势沟通有着广泛的适用范围，一些姿势是世界性通用的沟通语言。

装饰所起的沟通作用是自然发生的，任何装饰都会透露出有关个人的信息。起到主要沟通作用的装饰有服装、化妆等。服装不仅反映着一个人的性别、年龄、职业、地位，也反映着一个人的社会角色、性格和情绪倾向。一个人的化妆风格直接反映着一个人期望向他人表露自己哪些方面的信息，反映着一个人的审美情趣和性格特点。秘书人员得体的服装和化妆不仅体现个人的修养、口味，也有助于沟通的顺利进行。

**同步思考8-2**

**问题：**女秘书是否需要时尚，把自己打扮得漂漂亮亮？

**理解要点：**爱美之心，人皆有之。女秘书把自己打扮得漂漂亮亮既是人之常情，同时，亮丽的外表也是社交语言，展现组织形象。著名时尚品牌创始人香奈尔曾说，一味地标榜内在而忽视外在，也是一种肤浅。女人应该看起来是优雅的，闻起来是香的，摸起来是滑的。至于是否时尚，则可依据个人品味，过犹不及。

### 8.1.3　人际交往的原则

人际关系错综复杂，在人们的交往过程中，不同的人对他人的要求、期待不同，每个人的交往动机存在着很大的差别。心理学家从最一般的方面总结出了帮助人们赢得别人，避免人际交往不良的心理学原则。这些原则可以帮助人们成功地建立并维持自己期望的人际交往，同样有益于秘书人员与他人保持良好的人际交往。

1）相互性原则

人际交往的基础是彼此间的相互重视与支持。任何人都不会无缘无故地接纳他人。喜欢是有前提的，相互性就是前提，人们喜欢那些也喜欢自己的人。人际交往中的接近与疏远、喜欢与不喜欢是相互的。

在日常生活中，人们有一种倾向，希望别人能够承认自己的价值，支持自己、接纳自己、喜欢自己。由于这种寻求自我价值被确认和情绪安全感的倾向，人们在社会交往中往往更注意自己的表现，注意吸引别人的注意，处处期待别人首先接纳自己、喜欢自己，这种以自我为中心而不是以他人为中心的倾向，恰恰是人们在人际交往过程中常常遇到困难的最根本原因之一。任何人都不会无缘无故地接纳他人、喜欢他人。一个人对另一个人的喜欢是有前提的，相互就是前提。彼此之间相互欣赏、相互喜欢，承认对方的价值，支持对方。在一般情况下，愿意接纳我们的人，我们也倾向于接纳他们，愿意同他们交往并建立和维持关系。喜欢我们的人，我们才去喜欢他们；愿意接近我们的人，我们才去接纳他们。而对于疏远我们、厌恶我们的人，我们的反应也是相应的，对他们也会疏远和厌恶。

在人际交往的建立与维持过程中，必须首先遵守相互性原则。对于发生交往的人，应首先接纳、肯定、支持和喜欢，保持在人际关系中的主动地位。否则，在人际交往中将会困难重重，甚至被他人拒绝。

**同步思考8-3**

在一辆公共汽车上，一位售票员请别人给抱小孩的乘客让座有一个非常成功的绝招。她先将抱小孩的乘客引到一位坐着的年轻人面前，引导小孩说“谢谢阿姨”或“谢谢叔叔”，然后紧接着对年轻人说：“请您给这位抱小孩的乘客让个座，谢谢。”这位售票员用这种方法屡试不爽。而有的售票员看到抱小孩的乘客上车后也会大声喊“哪位给抱小孩的乘客让个座！”，但结果往往并不理想。

**问题：**为什么两种请求方式会出现大相径庭的结果呢？

**理解要点：**从美国心理学家费斯廷格的认知失调理论中可以找到解释。其原因就在于任何人都有保护自己心理平衡的稳定倾向，都要求自身同他人的关系保持某种适当性、合理性，并根据这种适当性、合理性使自己的行为与他人的关系得到解释。当他人对我们做出一个友好的行动，对我们表示接纳和支持，我们也会感到“应该”对他人报以友好的回应，这种“应该”的意识会使我们产生一种心理压力，迫使我们对他人也表示相应的接纳行为。否则，我们会认为自己的行为是不适当的、不合理的，就会妨碍自己以某种观念为基础的心理不平衡。

2）交换性原则

交换性原则也称功利性原则。人际交往是一个社会交换过程，交换的原则是：人们期待人际关系对自己是有价值的，即在交往过程中的得大于失，至少等于失。人际交往是双方根据自己的价值观进行交换和行为选择的结果。

人际交往的本质是社会交换。人是理性动物，要求自己的一切行为都有符合心理逻辑的充足理由。每个人都有一定的价值观，以及由这些价值观派生出的得失观念，因此人际交往的交换性原则适合于每一个人。一个人要想为他人所接纳，与他人建立和维持良好的人际关系，就必须了解他人在人际交往中的价值倾向，并在交往中始终保持他人的得大于或等于失，从而使他人感到同个体的交往是值得的。只有这样，同他人的关系才能够建立、维持和发展。同时，还必须注意对人际交往的保护。无论怎样的亲密关系，都不能一味地只利用而不“投资”；否则，原来值得的、亲密的关系也会转化为不值得的、疏远的关系，使自己面临人际关系的困难。

需要指出的是，在同他人进行交往时要注意关系的保护，强调使他人在交往过程中得大于失或至少等于失，并不意味着自己一定要吃亏，多投资少收益。心理学家所做的大量研究证明，人们在人际交往中会自然地选择给双方都带来最大满足的行为。因此，人们实际上可与更多的人保持真正平等、合理的交往或关系。

**【知识拓展8-2】**

**社会交换理论与人际交往**

美国社会学家霍曼斯的社会交换理论为人际交往的社会交换本质提供了解释。霍曼斯发现，只有当一种关系对个体来说是值得的，人们的交往行为才会出现，人际关系才得以建立和维持。人们的一切交往行为及一切人际关系的建立与维持，都是个体根据一定的价值观进行选择的结果。对于那些个体认为是值得的、有价值的人际关系，就倾向于建立和保持；对个体来说是不值得的人际交往，或失大于得的人际交往，个体倾向于逃避、疏远和终止。

3）自我价值保护原则

自我价值是人们对自身价值的意识与评价，自我价值保护是一种自我支持倾向的心理活动，其目的是防止自我价值受到否定和贬低。由于自我价值是通过他人评价而确立的，个体对他人评价极其敏感。对肯定自我价值的他人，个体对其认同和接纳，并投之以肯定与支持；而对否定自我价值的他人则予以疏离，并且激活个体的自我价值保护动机。

大量的社会心理学研究证明，任何人，其心理活动的各个方面，从知觉信息的选择到内部的信息加工，从对行为的解释到人际交往，都具有明显的自我价值保护倾向。

4）人际吸引水平的增减原则

在人际交往中，人们对他人的喜欢不仅取决于他人对自己喜欢的量，而且还取决于他人喜欢的水平的变化与性质，我们最喜欢的是对自己喜欢水平不断提高的人，而最讨厌的是对自己喜欢水平不断降低的人。这种尊重的得失现象称为人际吸引的增减原则或得失原则。

【知识拓展8-3】

**什么样的人我们最喜欢？**

美国社会心理学家阿伦森和林德曾经做过一个实验，揭示了人际吸引的增减原则。

实验中素不相识的被试者在一起参加一系列合作活动，并对对方进行评价，被评价方能听到合作伙伴对自己的评价。阿伦森等设计了四种评价实验情境：

1.肯定：被试者始终得到好的评价；

2.否定：被试者始终得到否定的评价；

3.提高：前几次的评价是否定的，逐渐趋于肯定，并最终提高到第一种评价的水平；

4.降低：前几次的评价是肯定的，逐渐趋于否定，并最终提高到第二种评价的水平。

结果显示见表8-1，人们对于原来否定自己而最终变得肯定的交往对象喜欢程度最高，明显高于一直肯定自己的交往对象；而对于曾经肯定最终否定自己的交往对象，喜欢程度最低，并远远低于一直否定自己的交往对象。从这个实验中，我们可以更清楚地了解“反目成仇”的意义了。

表8-1 显示结果

| 条　　件 | 喜欢水平 |
|---|---|
| 肯定→肯定 | +6.42 |
| 否定→否定 | +2.52 |
| 否定→肯定 | +7.62 |
| 肯定→否定 | +0.87 |

# ● 8.2 秘书的人际交往

秘书活动主要是一种交往活动，交往活动在秘书工作中发挥着重要的作用。因此，秘书人员必须对与其自身职业特点相关的人际交往活动有一个明确的了解。

## 8.2.1 秘书人际交往的种类

秘书人际交往的领域比较广泛，可以分成很多种类，每一种类都有其独特的功能和意义。根据秘书工作实践，参照一般社会心理学的分类标准，秘书的人际交往可以分为以下几种：

1）公务交往和私人交往

从交往的角色性质划分，秘书人员的交往可以分为公务交往和私人交往两类。秘书是一个多角色的集合体，并不始终扮演一个角色，因此，在秘书的交往活动中，有些属于秘书的角色交往，有些则属于非角色交往，这也是划分秘书人员交往性质的标准。

（1）公务交往。它也称角色交往，是指交往双方都以角色身份出现的工作联系活动。在这种交往活动中，组织纪律、权力地位和角色分工体现得十分明确，常常是公事公办，一般较少带有感情色彩，如秘书人员参加各种会议活动和接待来访等。

（2）私人交往。它也称非角色交往，是一种非正式的交往。交往双方不受组织纪律的约束，带有明显的感情色彩。在这种交往活动中，情感交流占有很大的比例。这种交往与公务交往有着密切的关系。

一般情况下，凡是公务交往中接触比较频繁的人其私人交往也较多，公务交往少的则私人交往也较少，当然也会有例外情况。私人交往多数是在公务交往活动中形成和发展起来的，是在公务交往活动中双方默契配合的一种反映。和谐融洽的私人交往对于促进公务交往的顺利进行、提高公务交往活动的效率有较大影响。

2）与领导的交往和与群众的交往

从交往的对象划分，秘书的人际交往可分为与领导的交往和与群众的交往。

（1）秘书与领导的交往。它是一种角色规定，作为领导的参谋和助手，其基本职责就是为领导服务，因此，这种交往活动对秘书人员有重要意义。秘书与领导的交往是秘书交往活动中的最重要部分，它对于秘书人员的其他交往活动有着直接的影响。事实上，秘书的其他许多交往活动正是在与领导交往的基础上进行的。因此，处理好与领导的交往关系是秘书人员的一个重大课题。

（2）秘书与群众的交往。它是秘书交往活动的非常广泛的领域，无论是调查研究、接待来访、协调关系，还是召集会议、组织活动、布置任务，都必须广泛地与群众接触交往。需要注意的是，秘书人员作为领导与群众之间沟通联系的纽带，在交往活动中要摆正自己的位置，不能眼睛向上，只顾与领导搞好关系，而忽视了与群众的接触和交往。秘书人员与一般群众在交往过程中要平等相待，不能居高临下，更不能借领导的权势目中无人，这对于秘书的形象有损无益。

总之，对于秘书而言，处理好人际交往是一门艺术，处理好与领导和群众的交往更是一门艺术。

3）上行交往、平行交往和下行交往

从交往的方向划分，秘书人员的交往可分为上行交往、平行交往和下行交往。

所谓上行交往，是指秘书人员与本组织、本部门领导及上级有关部门人员的交往活动；所谓平行交往，是指秘书人员之间的交往及与各同级部门人员的交往；所谓下行交往，是指秘书人员与一般群众及下级部门人员的交往。

秘书人员这三种不同的交往方向，反映了秘书交往的广阔性，它们不仅代表着不同的交往对象，而且也表现出不同的交往内容，因此其交往方式也带有不同的特点。在这三种交往中，秘书人员的角色、地位有着明显的变化，上行交往是秘书与领导或领导部门打交道，下行交往是秘书以领导或领导部门代言人的面目出现的。秘书人员应该注意这种角色、地位的变化对交往的影响，恰当地处理好同各方面的关系，以保证各种信息的正常传递，真正发挥上情下达、下情上达的转换作用。

4）口头交往和书面交往

从交往的方式划分，秘书人员的交往可分为口头交往和书面交往。

（1）口头交往是人们使用最多的一种方式。这种交往比较灵活、迅速，有亲切感，交往中可以根据具体情境随机应变。口头交往也有局限性，由于情境因素的影响，它对交往活动中信息的发出者要求较高。信息发出者必须做到表达流畅、清晰、准确，才能使接收者及时接受和理解交往的内容。秘书人员的口头交往是非常普遍的现象，如向领导汇报、接待来访、协调关系等。

（2）书面交往主要是利用书写文字、符号来进行的，如各种文件、简报、书信等都属于书面交往。书面交往由于有机会修正内容和便于保留，因而交往不易失误，准确性和持久性也较高。同时由于阅读接受信息的速度远比听讲快，因而沟通效率也较高。但由于书面交往缺乏背景信息的支持，沟通效果比口头交往差。

秘书人员要想获得比较满意的交往效果，最好将口头交往与书面交往两种方式结合起来。

**教学互动 8-1**

**互动问题：**领导要你传达一个非常重要的通知，你会怎么做？

**要求：**说出自己的做法并说明理由。

### 8.2.2　秘书人际交往的特点

秘书人员人际交往的领域是广阔的，内容是丰富的，但囿于其角色的限制，秘书人员的人际交往活动具有两个鲜明的特点。

1）公务性

秘书的人际交往大多是出自职业需要、工作需要进行的，具有明显的公务性特点。受组织委派所进行的交往活动自不必说，即使参加私人交往，也往往具有一种职业的敏感，或是在交往活动中自觉不自觉地进行着人际沟通。

2）事务性

处理事务是秘书工作的重要内容之一，也是秘书发挥参谋助手作用的方式之一。秘书工作涉及众多事务，秘书的人际交往也多在事务活动中进行。在这个意义上说，事务性也是秘书交往的重要特征之一。如迎来送往，既是秘书部门的重要事务之一，同时也是组织、秘书人员的交往活动内容，处理好了迎来送往的事务，同时也就是成功的交往。

### 8.2.3 秘书人际交往的意义

秘书工作基本上就是一个与人打交道的工作，因此，秘书人员人际交往活动开展的如何，对秘书工作具有十分重要的意义。

1）正确处理好人际交往有利于秘书人员提高工作效率

秘书人员在日常交往活动中，应该注意同周围的人保持良好的人际交往，这样不仅可以使秘书与其他人协调一致，而且可以得到其他人的帮助和支持。特别是当工作中出现困难时，能够借助周围的人的关心和帮助而得到解决，这对于秘书人员提高工作效率有很大作用。同时，秘书与周围人的良好交往，有利于形成融洽的团体气氛，增进群体间的团结与合作，便于发挥团体的整体功能，这对于提高整个组织的工作效率将起着更大的作用。

**同步案例 8-1**

**背景与情境：**一天快下班的时候，老板向秘书冯洁要公司今年上半年的几个财务数据。冯洁给财务部打了八个电话也没有结果。"你们怎么老是那么忙?"冯洁在电话里对财务部的人急起来了，像是要吵架的样子。

听着冯洁跟财务部的人打电话，同事们都替她难过，但这一切又怪得了谁呢？上周四，财务部的出纳小田出差，人力资源部部长突然要份工资表，会计文大姐没用过小田的电脑，不会打印工资表，便请协助老板处理财务工作的秘书冯洁帮忙，可冯洁老是敷衍文大姐，一会儿说自己没空，一会儿说自己忙。文大姐打了三次电话，冯洁也没过去，最后只好找其他同事帮忙。

**问题：**冯洁为什么打了八个电话也没要到财务数据?

**分析提示：**由于秘书的特殊地位，经常有人找你帮忙，同事间互相帮助是人之常情。如果一味敷衍同事，得到的必然是相同的敷衍，最后倒霉的是自己。俗话说，"送人玫瑰，手有余香"，与人方便，自己方便。

2）广泛的人际交往可以充分发挥秘书人员的咨询参谋作用

广泛的人际交往可以帮助秘书人员不断扩大视野，便于收集各方面的信息情报，发挥秘书人员的咨询参谋作用。人际交往活动就是一种信息转换和传递活动，一个人的交往活动情况反映了一个人信息量的多少。人际交往的范围越广、接触的人越多，了解的情况和获得的信息就越多；人际交往的频率越高，信息传递就越快，对信息的利用也就越及时。秘书人员处于信息交流的枢纽位置，有着十分便利的交往条件，能够获得大量的信息材料，这对于秘书人员全面了解情况、不断扩大自己的视野有很大的帮助。

3）良好的人际交往有利于增进秘书人员的身心健康

交往活动作为人的一种社会性需要，是一个人获得理解、信任和友谊的重要手段，是思想交流与感情分享的工具，是满足个体需求、维持心理平衡的重要因素。更为重要的是，人际交往可以提供社会性信息，这种信息对于人类来说比物理性刺激更为重要。在智慧活动和智力发展方面，人际交往是必要的前提。缺乏人际沟通，人类的智慧发展会明显延后。

个体只有在交往中才能确立自己在社会上的地位，才能摆脱孤独无助的悲观情绪，从而形成积极向上的健康心理。同时，通过人际交往的促进作用，个体可以不断获得发展和提高，为适应复杂的社会生活奠定基础。因此，良好的人际交往对于促进秘书人员的身心健康有着重要的意义。

此外，人际交往还是秘书人员树立自我形象的重要途径，人们只有在人际交往中才能对秘书人员形成正确的评价和认识，所以秘书人员要不断提高自己的社交水平。

## ● 8.3　秘书人际交往的艺术与技巧

人际交往既是一门科学，也是一门艺术。秘书在人际交往中，既要注意交往的科学性，又要注意交往的艺术性，将科学性与艺术性有机地结合，融会贯通，就能提高交往效果，改善人际关系。

### 8.3.1　秘书人际交往的艺术

秘书的人际交往工具是多种多样的，但使用最频繁、作用最突出的交往工具无疑是评议。因此，人际交往在很大程度上可以归结为语言交往，人际交往的艺术归根到底是一种使用语言的艺术。

1）人际称呼的艺术

人际称呼反映了人与人之间关系与情感的亲密程度，人际称呼的选择与运用是交往的一个重要方面，它对于交往过程和效果都会产生影响。恰当、得体的人际称呼，能够营造出一种良好的氛围，给人以情感上的满足并提高交往效果。人际称呼的艺术主要表现为：

（1）区分场合。人际称呼是有场合性的，在不同场合，要根据交往对象的身份、职业、年龄等特点，给予恰当的称呼。比如在谈判、会议等场合，一般应以职务、职称相称，这样有助于体现工作的严肃性和领导、专家的权威性；而在非公务场合，则可使用一些亲切随和的称呼。

（2）体现关系。在人际称呼中，要注意体现出称呼者与被称呼者双方的关系。对彼此熟悉、关系亲密的同事、朋友，称呼要亲切；对没有什么交往、不太熟悉的人，称呼要庄重，避免唐突。在人际称呼中，要表现出亲疏关系，体现出友谊与情感。

2）人际谈话的艺术

在人际交往中，谈话也是一门艺术。谈话措辞要准确恰当，语言要富于情感和善意，表达要清晰流畅，才能获得良好的交往效果。谈话艺术具体体现在以下几个方面：

（1）注意礼节礼貌。人际交往中，礼节礼貌是一个不可忽视的问题。在与交往对象的谈话中，礼节礼貌是不可忽略的。开始交谈时，应表示问候，为正式谈话增添友好气氛，强化交往的心理效应；谈话过程中，态度要诚恳，认真倾听谈话内容；谈话结束时，要表达良好的祝愿，有始有终，提高交往质量。

（2）表达准确，通俗易懂。在人际交往中，表达的概念要清楚，用词要准确，让人一听就懂。人际交往中的谈话是口头表达，其语言就应当具有口头语言的通俗性，避免造成理解困难或产生歧义。

（3）注意运用辅助语言系统。辅助语言系统对人际交往中的语言表达起着强化性的辅助作用，秘书在人际交往中，应当注意使用辅助语言系统，增强语言表现力。说话时音调高低变化有致，速度快慢适中，适当地运用手势、身姿、表情，强化语言的表达力量，完美地表达自己的思想情感。但运用辅助语言系统时也要注意其度和量，要恰到好处。

### 8.3.2 秘书人际交往的技巧

1）秘书人际交往的一般技巧

（1）审时度势。在人际交往过程中，要认真观察了解、正确估量交往对象的心境、交往场合的情境并选择最合适的方法与时机，从而获得最佳交往效果。如秘书人员在与领导的交往中，如果希望领导给自己解决某种困难或问题，一定要选择领导高兴、心情舒畅的时候和气氛融洽的环境。如果领导不高兴，情绪不佳，气氛不融洽，则很难达到目的。

（2）因人而异。人是一个复杂的综合体，从社会地位看，有高下之分；从知识修养看，有高下之别；从个性特征看，更是千差万别。秘书人员在人际交往中，要根据交往对象的不同，采取不同的交往方式。

（3）情理并用。秘书人员在人际交往中，对交往对象应情理并用，“动之以情，晓之以理”。动之以情，有感情地交流和沟通，人与人之间容易建立起友谊，交往就容易顺利地展开；晓之以理，通过道理上的说服就容易达成共识。在中国的社会环境中，情理并用原则显得更加重要。因为中国社会传统上有着很强的重情性，如果人际交往缺少了情感的交流和感情投资，许多人际关系就难以处理好。

**同步案例 8-2**

**背景与情境：**刘强在市政府秘书科工作已经三年了，他工作很努力，能力也不错，按理说应该得到提拔和奖励了，但却一直没有。问题在于，他的努力一直没有得到主任的认可。主任是个很严肃的人，刘强心理上有些怕他，又很少和他打交道，甚至路上看到了也会远远地避开。而主任似乎对他格外挑剔，经常对他的工作吹毛求疵，甚至有时是主任自己的错误也要怪罪到刘强身上，刘强很是不满。另外，刘强做出的很多努力，主任都不知道。而对于主任来说，刘强也是个不太令他满意的下属，虽然他来三年了，主任却对他没什么了解。看到刘强故意回避自己，主任觉得很不解也很不舒服，甚至萌生了把他调走的想法。

主任这次出差，带着几个随行人员，刘强也在其中。在火车上，刘强的铺位刚好在主任的旁边，两个人寒暄几句后便陷入了沉默。刘强感到，这种大眼瞪小眼的气氛简直让人窒息，一定得说点什么才能打破僵局，尤其是要调整和主任之间的关系。可他从来不和主任打交道，实在不知从何谈起。突然，刘强瞥见主任脚上穿着一双锃亮的皮鞋，非常显眼，于是就说：“主任，您这双鞋子很有品味，在哪里买的？”原本只是没话找话，但是，主任一听，顿时眼睛放光。“这双鞋啊，是我在香港买的，世界名牌。”主任的话匣子一打开，便滔滔不绝地讲述自己在服装搭配上的心得，还善意地指出刘强平时在着装方面的不足，两人言谈甚欢。以此为基础，主任又谈到了刘强疏远自己，刘强也委屈地说，自己其实非常敬佩主任，只是感觉主任太严厉而不敢接近，今天才发现自己是误会了。下车的时候，主任意味深长地说：“刘强啊，看来以前对你了解是太少了，今后你好好干！”

**问题：**刘强是如何改变主任对他的不良印象的？

**分析提示：**人与人之间的误解，常常是因为沟通不良或者根本没有沟通。找到双方共同感兴趣的话题，找准切入点，审时度势，因人而异，建立良好的沟通，是人际交往的一般技巧。

2）秘书人际交往的依从技巧

依从是人与人之间发生相互影响的基本方式之一。依从是指人在受到他人请求后而采取使他人请求得到满足的行为。在日常工作、生活中，人与人之间发生相互影响的方式，更多的是请求-依从模式，而不是命令-服从模式，当然二者兼有的情况也大量存在。

依从和服从具有本质的区别，服从具有某种强制性质，命令者与服从者存在着规定性的社会角色关系，如领导与秘书关系，服从的理由是外在的。依从的理由是内在的，请求者与依从者之间，并没有规定性的角色关系的束缚。面对请求者的请求，依从者必须有一定的认同，才会顺应其要求去行为。

（1）“登门槛”效应与技术。“登门槛”效应是指在提出一个较大的要求之前，先提出一个较小的要求，从而使别人对较大要求接受可能性增大的现象。“登门槛”效应源于推销术，意指推销员只要脚能够踏进客户家的大门，就有极大的可能让人家买他的商品，成功实现推销的目的。后来，心理学家对此进行了专门的研究，证明了“登门槛效应”的存在。

**【知识拓展 8-4】**

美国心理学家弗里德曼和弗雷泽曾经做过一个实验，他们让两位大学生访问郊区的一些家庭主妇。其中一位首先请求家庭主妇将一个关于安全驾驶的小标签贴在窗户上，并在一个关于美化加州或安全驾驶的请愿书上签名，这是一个小的、无害的要求。

两周后，另一位大学生再次访问这一地区的家庭主妇，要求她们在今后的两周时间里在院内竖立一个呼吁安全驾驶的大招牌。该招牌很不美观，这是一个大要求。结果答应了第一项请求的人中有55％的人接受这项要求，而那些第一次没被访问的家庭主妇中只有17％的人接受了该要求。

研究者认为，人们拒绝难以做到的或违反意愿的请求是很自然的；但是他一旦对于某种小请求找不到拒绝的理由，就会增加同意这种要求的倾向；而当他加入了这项活动的一小部分以后，便会产生自己是关心社会福利者的知觉、自我概念或态度。这时如果他拒绝后来的更大要求，就会出现认知上的不协调，于是恢复协调的内部压力就会指使他继续干下去或做出更多的帮助，并使态度改变成为持久的。

不言而喻，前一组的家庭主妇同意率之所以超过半数，是因为在这之前对她们提出了一个较小的要求；而后一组的家庭主妇同意率之所以不足20%，是因为在这之前对她们没有提出一个较小的要求。换句话说，前一组的家庭主妇的同意率之所以高于后一组的家庭主妇，是因为人们的潜意识里总是希望自己给人留下首尾一致的印象。

鉴于“登门槛效应”的普遍存在，心理学家将先提出较小要求，然后再提出目标指向较大要求，诱发人们依从的方法称为“登门槛技术”。心理学家认为，在一般情况下，人们都不愿接受较高较难的要求，因为它费时费力又难以成功，相反，人们却乐于接受较小的、较易完成的要求，在实现了较小的要求后，人们才慢慢地接受较大的要求，这就是“登门槛效应”对人的影响。

（2）低球技术。其具体做法是，先提出一个小的要求，待别人接受后马上提出一个更大的要求。"登门槛技术"和"低球技术"很类似，同为二步式渐进策略。它们的区别就在于前者的两个要求之间是有一定的时间间隔的，而且两个要求之间没有直接的联系。

心理学家分析了"登门槛技术"和"低球技术"的作用原理，在于人们接受了一个要求之后，增强了在这个特定要求上的投入，增强了责任意识，增加了人们对问题的接受性。并且请求者与被请求者参与了直接的人际交往，在这里，人际关系和人际交往的原则也起到了一定的作用。由于人们需要在同自己交往对象面前维持一个一致的社会形象，因而一旦接受了一个请求，拒绝另一个要求的难度明显增加，从而使人接受更大要求的可能性增加。根据自我价值保护原则，除非拒绝别人的要求比在他人面前维持一致形象的价值更大，人们总倾向于接受别人更大或更多的要求。

（3）"留面子效应"与技术。"留面子效应"是指人们在拒绝了一个较大的要求后，对较小的要求接受性增加的现象。相应的，为了使人更好地接受一个较小的要求，先提出一个较大的要求，遭到拒绝后再提出这个较小的要求，从而提高人接受较小要求的可能性，就称为"留面子效应"。

**教学互动8-2**

**互动问题：**同事向你提出了一个违反组织原则的要求，你是否会使用"肯定不行"这样的语句断然否决？

**要求：**说出自己的选择并说明理由。

"留面子效应"的产生，主要是因为人们在拒绝别人大要求的时候，感到自己没有能够帮助别人，辜负了别人对自己的良好期望，会感到一点内疚。这时，为了在别人心中保持"乐于助人"的良好形象，也达到自己的心理平衡，人们往往更愿意为别人提供帮助。

心理学家认为，由于人际相互作用，当人们拒绝了别人的一个要求之后，会愿意作出一点让步，给别人一个面子，使别人获得满足。人际交往是人的自我价值意识最重要的来源，给他人造成不愉快，也是个人不愉快的主要原因之一。因此，在人际交往中，人都会自然倾向于选择给交往双方都带来最大满足的行为。

当然，"留面子现象"是否会发生作用，关键在于别人是否有义务对你提供帮助，如果既无责任，又无义务，双方素昧平生，却想让别人答应一些有损对方利益的事情，这时候"先大后小"也是没有用的。"留面子效应"是一把双刃剑，善加利用可以使沟通、交流事半功倍，但"己所不欲，勿施于人"，不要为了一己之私，轻易利用他人的心理。

## 本章小结

人际交往是指在社会活动中人与人之间传递信息、沟通思想、交流情感等个体间相互作用和相互知觉的联系过程。人际交往是人们共同进行社会活动的特殊形式，人际交往主要是通过人际沟通来实现的。

沟通是人与人之间进行信息传递和交流的过程，包括人际沟通和大众沟通。人际沟通是人与个人之间的信息交流以及情感、需要、态度等心理因素的传递与交流，是一种面对面的直接沟通形式；大众沟通，亦称传媒沟通，是一种通过媒体（影视、报刊、网络等）

中介的沟通。沟通是人与人之间发生相互联系的最主要的形式。

人际交往的原则有相互性原则、交换性原则、自我价值保护原则和人际吸引水平的增减原则。秘书人际交往的领域比较广泛，可以分成很多种类，秘书人际交往的种类主要有公务交往和私人交往、与领导的交往和与群众的交往、上行交往、平行交往和下行交往、口头交往和书面交往。秘书人员交往的领域广阔，内容丰富，但囿于其角色的限制，秘书人员的交往活动具有公务性和事务性的鲜明特征。

秘书人员正确处理好人际交往有利于秘书人员提高工作效率，广泛的人际交往可以充分发挥秘书人员的咨询参谋作用，同时良好的人际交往有利于增进秘书人员的身心健康。

人际交往，既是一门科学，也是一门艺术。秘书在人际交往中，既要注意交往的科学性，又要注意交往的艺术性，将科学性与艺术性有机地结合。秘书人际交往的艺术主要有人际称呼的艺术、人际谈话的艺术。秘书人际交往既有一般技巧，又可根据心理学的理论，采用"登门槛"技术、低球技术、"留面子"技术等。

## 主要概念和观念

□ **主要概念**

人际交往　人际沟通　大众沟通　依从

□ **主要观念**

相互性原则　交换性原则　自我价值保护原则　人际吸引水平的增减原则

## 知识掌握

8.1　人际交往、人际沟通的概念是什么？

8.2　沟通的类型和结构有哪些？

8.3　人际交往的一般原则是什么？

8.4　秘书人际交往的种类有哪些？

8.5　秘书人际交往的特点有哪些？

8.6　秘书人际交往的艺术和技巧有哪些？

## 知识应用

□ **案例分析**

**爱占便宜的同事**

**背景与情境：**王宏大学毕业后在一家小公司做秘书，来办公室没多久，她就发现自己放在办公室的咖啡、水性笔等物品经常无缘无故失踪。本来她是一个比较粗心的人，也不太计较这些小事，但次数越来越多，她开始疑惑起来。还有几次，办公室的徐伟说自己没带零钱，向她借过几次钱，虽然不多，但是一直没还。

她注意观察了一段时间，发现办公室其他人把自己的东西都保管的很严密，热心肠的王杰还偷偷对她说："看好你的东西，办公室有爱占小便宜的人。"并且有意无意地用眼睛扫了徐伟一下。

从此以后，王宏虽然更加注意了对自己物品的保管，但还是有一些自己意料不到的情况。不久，她发现男友从国外给自己带回来的手机链不见了，便借故到徐伟的办公桌上玩，发现了自己的手机链，“哎呀，我的记性真差，把手机链落你这儿了。找了好几天，谢天谢地，总算找到了。”装作突然发现的惊喜，王宏笑着说，“徐哥，谢谢你替我保管。”拿起手机链，王宏回到了自己座位上。之后，她还在自己的抽屉里留下了一张纸条：如果本人不在，请勿随意翻动我的物品，谢谢合作！

后来，办公室里丢东西的现象越来越少了，大家都说王宏的做法还是很有效果的。

**问题：**

1）王宏发现了自己丢失的手机链后，为什么要那么说、那么做？

2）王宏的做法给你什么启示？

**□ 实践训练**

**你的人际交往的弱点在哪里？**

每个人的性格爱好都是不尽相同的，这就决定了每个人的处事方式中总有别人不习惯或者是无法忍受的一面，而个人又是很难对自己的这一面有所察觉的，下面让这个测试题来帮你分析吧。

你在学校度过的时间里，特别是那段心理上极度叛逆的时期，你觉得老师身上最不能让你忍受的是什么？

A．情绪不稳定，容易“歇斯底里”，对学生实行精神压迫

B．专制，不听取学生的意见

C．不公平，偏袒所谓的好学生

D．对学生使用暴力

你的选择其实就是人际交往过程中自我缺陷的自然暴露，结果分析：

选择A：你一有什么不如意的事就会“歇斯底里”，不是四处大声叫嚷，就是突然大声哭泣……你这种自我表现的方式有点太过幼稚，而且很容易引起别人的情绪疲劳。为了使人际关系更加融洽，你必须对周围的人多一份爱心，同时要注意克制自己的情绪。

选择B：你具有站在队列前沿将周围人猛推向前的统帅能力，在集体中往往起着决定性的作用。但是你需要有多吸取一些周围人意见的谦虚态度，否则，最终有可能谁也不会再顺从你。你的缺点就是很少听取他人的意见和建议。

选择C：你可能有一些心理恐慌症的表现。你的交际范围容易往纵向深入，但很难横向扩展，你往往把自己讨厌的人彻底排除在外，似乎只愿意与某一些特定的人建立更好的关系，所以你属于不善扩大交际圈的一类人。你甚至会要求与你关系亲近的友人“不要与不喜欢的人交往”。你应该要懂得博爱的内涵。

选择D：你这样的处世方式是很危险的。你的缺点是动辄变得粗暴无礼。你的问题不仅表现在行为上，而且语言暴力也很激烈。假如是因为对方态度恶劣导致你正当防御还情有可原，而你却往往是稍不如意就出手或出口伤人。你一定要注意控制自己的情绪，否则你会很容易和不了解你的人发生激烈的矛盾。

通过这个测试，你对自己的人际交往的弱点就会有一个清楚的了解，就可以改变自己

的处世方式，以便建立好自己的人脉。

## 心理自测

人际交往能力测试

| 序号 | 测试项目 | 选项 | |
|---|---|---|---|
| | | 是 | 否 |
| 1 | 你常常主动向陌生人做自我介绍吗 | | |
| 2 | 你喜欢结交各行业的朋友吗 | | |
| 3 | 你喜欢参加社会活动吗 | | |
| 4 | 你喜欢发现他人的兴趣吗 | | |
| 5 | 你与有地方口音的人交流有没有困难 | | |
| 6 | 你喜欢做大型公共活动的主持吗 | | |
| 7 | 你愿意做会议主持人吗 | | |
| 8 | 你在回答有关自己的背景与兴趣的问题时感到为难吗 | | |
| 9 | 你喜欢在正式场合穿礼服吗 | | |
| 10 | 你喜欢在宴会上致祝酒词吗 | | |
| 11 | 你喜欢与不相识的人聊天吗 | | |
| 12 | 你喜欢成为公司联谊会上的核心人物吗 | | |
| 13 | 你在公司组织的活动中愿意扮演逗人笑的丑角吗 | | |
| 14 | 你喜欢在孩子们的联谊会上扮演圣诞老人吗 | | |
| 15 | 你曾为自己的演讲水平不佳而苦恼吗 | | |
| 16 | 你与语言不通的人在一起时感到乏味吗 | | |
| 17 | 你与人谈话时喜欢掌握话题的主动权吗 | | |
| 18 | 你喜欢倡议共同举杯吗 | | |
| 19 | 你希望他们对你毕恭毕敬吗 | | |
| 20 | 你在宴席上是否借机开怀畅饮 | | |
| 21 | 你是否因饮酒过度而失态 | | |
| 22 | 你与地位低于自己的人谈话时是否轻松自然 | | |

测试说明：

(1) 本测试22题中5、8、13、15、16、19、20、21题选择“否”得1分，其他

测试题选择“是”得1分。

（2）将各题所得的分数相加。

评析：

| 得分区间 | 测试结果评析 |
| --- | --- |
| 0～4分 | 你是一位孤独的人，不喜欢任何形式的社会活动。你难免被他人视为古怪之人 |
| 5～10分 | 也许是由于羞怯或少言寡语的性格，你没有表现出足够的自信。当你应该以轻松热情的面貌出现时，你却常常显得过于局促不安 |
| 11～16分 | 你在大多数社交活动中表现出色，只是有时尚缺乏自信，今后要特别注意主动结交朋友 |
| 17～22分 | 你在各种各样的社会场合都表现得大方得体，从不拒绝广交朋友的机会。你待人真诚友善，不狂妄虚伪，是社交活动中备受欢迎的人物，也是公共事业的好使者 |

（注：本测试结果仅供参考）

# 第9章

# 秘书与领导的关系及交往

## 学习目标

通过本章学习，你应该达到：

【职业知识】了解和掌握秘书与领导关系的历史嬗变，秘书与领导关系的实质，领导对秘书心理影响的主要方式；熟悉和掌握秘书与领导交往活动的相互影响。

【职业能力】熟悉和掌握秘书处理与领导关系的方法。

【职业素质】熟悉和掌握秘书处理与领导关系的技巧。

【引例】

**史上最牛女秘书**

**背景与情境**：2006年4月7日晚，EMC大中华区总裁陆纯初回办公室取东西，到门口发现自己没带钥匙，而私人秘书瑞贝卡已下班。陆纯初几次联系未果后大发雷霆，于次日凌晨1时13分通过内部电子邮件系统发给瑞贝卡一封措辞严厉的英文“谴责信”，要求她以后“无论是午餐时段还是晚上下班后，跟你服务的每一名经理都确认无事后才能离开办公室”。与此同时，陆纯初还将信件抄送给公司几位高管。

面对大中华区总裁的责备，一个小秘书应该怎样应对？一位资深人士认为，应该同样用英文写封回信，解释原委并接受总裁的要求，语气注意要温婉有礼。另外，再给顶头上司和人力资源部高管去信，坦承自己的错误并表示道歉。

但瑞贝卡却一鸣惊人，赢得“史上最牛女秘书”之称。两天后，她回了封咄咄逼人的中文邮件，辩称自己并无过错，回绝了总裁的要求，并请总裁说话注意语气。这封信从内容到措辞，也都是相当不客气。更让观者惊叹的是，瑞贝卡回信的对象不止总裁一个，而是“EMC（北京）、EMC（成都）、EMC（广州）、EMC（上海）”等。这样一来，EMC中国公司的所有人都收到了该邮件。

不久，这封“女秘书PK老板”的火爆邮件被转发至全国数千外企，在网上引起一阵热议。邮件被转发出EMC后不久，陆纯初就更换了秘书，瑞贝卡也离开了公司。

**洋老板谴责信**

瑞贝卡，这个礼拜二我刚告诉你，想东西、做事情不要想当然，今天晚上你就把我锁在门外，我要的东西都还在办公室里。问题就在于你以为我随身带了钥匙。从现在起，无论是午餐时段还是晚上下班后，你要跟你服务的每一名经理都确认无事后才能离开办公室，明白了吗？

（注：原文为英文）

**女秘书反击信**

SoonChoo，首先，我做这件事是完全正确的，我锁门是从安全角度考虑的，北京这里不是没有丢过东西，如果一旦丢了东西，我无法承担这个责任。

其次，你有钥匙，你自己忘了带，还要说别人不对。造成这件事的主要原因都是你自己，不要把自己的错误转移到别人的身上。

第三，你无权干涉和控制我的私人时间，我一天就8小时工作时间，请你记住中午和晚上下班的时间都是我的私人时间。

第四，从到EMC的第一天到现在为止，我工作尽职尽责，也加过很多次的班，我也没有任何怨言，但是如果你们要求我加班是为了工作以外的事情，我无法做到。

第五，虽然咱们是上下级的关系，也请你注重一下你说话的语气，这是做人最基本的礼貌。

第六，我要在这强调一下，我并没有猜想或者假定什么，因为我没有这个时间也没有这个必要。

**问题：**

1）判断瑞贝卡和陆纯初在这一事件中的是非曲直，并说明你的理由。

2）如果你是瑞贝卡，在这一事件中，你会怎么做？

这个曾经轰动一时的真实事件最后以瑞贝卡和陆纯初双双离职而收场，瑞贝卡辞职，陆纯初被调离。而社会舆论对双方的支持和否定基本持平，对当事双方来说则是双输。

秘书与领导的关系及交往是秘书人员所有人际关系与人际交往中最为复杂、最为微妙的。秘书与领导之间不仅存在着领导与被领导、服务与被服务的工作关系，同时也交织着人与人之间在思想、认识、情感等方面的交往关系。

秘书与领导的关系是秘书工作的核心问题。作为秘书如何处理好与领导的关系，是秘书工作者面临的首要问题。为领导服务是秘书的重要职责，秘书在履行职责时，首先要从心理上对领导有所尊重。在尊重领导的前提下，不应该唯命是从，而是要做领导的帮手，防止领导发生一些错误。在与领导相处时，一定要以工作为重，从工作出发，尽量维护领导的威信。

## 9.1 秘书与领导关系的实质

秘书与领导的基本关系，从职权的角度上说，是领导与被领导、为主与从属、主导与辅助、决策与参谋的关系。简言之，就是秘书要为领导服务。从概念上看，所谓领导，通常有两方面的含义：第一，领导是一个过程，是人们在某种权力的基础上通过决策和指导，使人们的意志和行动向着一个目标前进。第二，领导即领导者，是指担任一定管理职务的人员，他们通常是经过一定的法定程序，其中包括民主选举、组织任命、考核、聘任等方式产生的。领导者一旦产生后，便取得了领导资格。秘书是指专门从事办公室程序性工作，协助领导处理日常事务，并为领导决策及实施服务的人员。他们是领导贴身的助手。秘书与领导的关系，最根本的是直接为领导工作服务。秘书处于承上启下的地位，是领导机关上情下达、下情上报的枢纽。秘书与领导是辅助与被辅助的工作关系，这是一条基本的规律，古今中外，概莫能外。

### 9.1.1　秘书与领导关系的历史嬗变

秘书与领导的关系，在不同的历史时期具有不同的性质。人类社会经历了原始社会、奴隶社会、封建社会、资本主义社会和社会主义社会。原始社会是无阶级社会。在原始社会，部落首领是管理人员。虽然也出现了萌芽状态的秘书，秘书与首领之间的关系是平等的关系，具有无阶级社会的特点。在奴隶社会，开始出现秘书类人员（如“贞人”），他们与领导（奴隶主）的关系，是奴隶与奴隶主的关系。在封建社会，其基本矛盾是地主阶级与农民阶级的矛盾。他们之间的关系是压迫与被压迫的关系。在秘书与领导的关系中反映出来的是封建的主子与奴才的关系。

进入资本主义社会后，资本主义社会的基本矛盾是资产阶级与无产阶级的矛盾，资产阶级是压迫者，无产阶级是被压迫者。秘书与领导的关系是资本主义的雇佣关系。马克思、恩格斯指出：“资产阶级抹去了一切向来令人敬畏的职业的灵光。它把医生、律师、教士、诗人和学者都变成了出钱招雇的雇佣劳动者。”作为秘书，也是如此，他是领导雇用的劳动者，为其领导服务。无论是资产阶级的政权机构，还是资本家，其目的都是维护资本主义制度。因此，资本主义时代的秘书与领导关系，也渗透着资本主义的时代特征。

### 9.1.2　秘书与领导关系的实质

秘书与领导的关系，从不同的角度看，得出的结论不尽相同，说明秘书与领导的关系不是一种平面关系，而是一种立体的多层次关系。正是这种多层次性，才使得秘书在处理这种关系时不能采用简单教条的方式，而应该灵活地去处理。理解秘书与领导关系的实质，对于秘书人员正确处理与领导的关系是十分重要的。只有真正理解了这种关系的实质，才能恰如其分地去处理和进一步改善这种关系。秘书与领导的关系都是建立在共同的事业和目标基础之上的，它既有角色规定的一面，又有在交往中不断发展的一面。从角色规定的关系角度来看，秘书与领导的关系实质上体现在以下几个层面：

1）组织上的上下级关系

秘书与领导的上下级关系是一种组织上的关系，这种关系决定着秘书人员必须接受领导者的领导，必须充分尊重组织赋予领导者的权力。“下级必须服从上级”是最基本的组织原则，是所有组织顺利运行的保障，无论是过去、现在，还是将来，这种对不同角色职责划分的上下级关系都是不可动摇的。作为秘书人员，要恰当地行使自己的工作权力，不能越俎代庖、超越自己的权限以至代替领导。

2）地位上的从属关系

秘书角色是与领导角色相对应的，从社会地位上讲，秘书是从属于领导或领导部门的。秘书本身不是作为一个独立的阶层出现的，离开了领导工作，秘书也就失去了存在的依据。当然，秘书与领导地位上的从属关系只是相对于工作特点而言的，这种从属关系和主仆关系的性质完全不同。秘书不仅受领导的影响和制约，领导也受秘书的影响和制约，而且秘书的利益也并不是完全由领导决定的。秘书与领导在地位上的从属性只是工作性质的一种标志，它并不代表秘书与领导关系的全面。所以，作为秘书来说，首先应该尊重这种关系，自觉地站在自己就有的角色位置上，同时又不完全被这种关系所束缚，否则，唯唯诺诺，低三下四，不仅难以发挥自己的秘书才能，也不利于秘书工作的顺利进行。

3）工作上的服务关系

秘书是领导的参谋和助手，最重要的是做好服务工作，为领导解除后顾之忧。为领导服务是秘书的工作职责，它主要体现在帮助领导处理一些日常的事务性工作方面，如办文、办会、办事。在服务工作中，秘书的服务范围一般是有限定性的，并不是包罗一切，主要是角色职责内的服务。从根本上讲，秘书和领导是有共同目的的，只是在为实现这种目的的活动中分担不同的任务，工作上的服务关系必须与共同的目标相一致，否则就歪曲了这种关系。

4）人格上的平等关系

秘书与领导同样作为社会成员，在法律面前是平等的，在人格上也是平等的，没有贵贱之分，秘书人员与领导一样拥有自己的独立人格和自尊。秘书与领导之间应该相互尊重，不应该只强调秘书对领导的尊重，而忽视了领导对秘书的尊重。现代秘书与领导的关系只是工作上的依附关系而非人身依附关系，秘书与领导在本质上都是普通的社会公民，在法律和人格上享有同等的权利和尊严。

在秘书与领导的上述关系中，最能体现秘书与领导关系本质的是秘书与领导的工作关系，即服务与被服务关系，这是规范秘书行为的出发点，也是秘书工作的出发点。

**【知识拓展9-1】**

**聪明能干的下属更应与领导处好关系**

聪明的秘书应该采取更有效的方法协调和领导的关系。因为我们的目的毕竟是为了把工作做好，而不是仅仅去当一个悲剧英雄。尤其应该引起秘书人员注意的一点是，千万不能恃才傲物，在历史和现实中，这类教训已经够多、够深刻了。

首先，在内心确立与领导人格平等的意识。有许多下属觉得领导“架子”大，不好接触，以至于不愿意主动接触。不可否认，有少数领导喜欢摆架子，但大多数的情况是，领导的“架子”只是下属心中的一种感觉，对领导的架子与脾气过分地敏感，根源在于你心中的自卑感。领导也是人，只要你抱着和领导平等的心态，你和领导相处也就会更容易一些。

其次，不要把敢于和领导“顶牛”当美德。这是许多品性正直的秘书常犯的错误。的确领导也分三六九等，有些领导确实业务水平较差，有些领导道德水平较低，这令每一个有才华的正直下属都感到气愤。但我们仍然缺乏足够的理由去意气用事，与领导当面顶撞往往不能得到我们预想的好结果。

最后，接近领导并不等于阿谀奉承。我们经常听见一些秘书人员抱怨领导不重视自己，没有看到自己工作的成绩。请记住，领导跟我们一样，只有一双眼睛。领导如果没有看到你的努力，你就应该想一想，你是否已经给了领导足够的机会发现你的成绩呢？如果没有，那么创造条件给领导这个机会。接近领导并不等于阿谀奉承，跟领导距离过远是不可能搞好工作的。

### 9.1.3 领导影响力是秘书与领导关系的基础

秘书与领导的关系是建立在领导影响力基础上的。领导与秘书的上下级关系、从属关系和服务关系等是以领导影响力为前提的，领导者能否有效地影响或改变秘书的心理与行为，取决于领导是否具有超过一般人的影响力。影响力是一个人在与他人交往过程中，影响和改变他人心理与行为的能力。领导的影响力包括权力性影响力和非权力性影响力。

1）领导的权力性影响力

领导的权力性影响力也称强制性影响力，是由组织赋予领导者个人的职务、地位和权力等构成的，对秘书的影响带有强制性、不可抗拒性。在它的影响下，秘书的心理与行为主要表现为被动和服从。权力性影响力的基础有以下三种：

（1）奖励权。领导拥有能满足秘书人员需要的物质或非物质手段，只要服从领导意愿，就能够得到奖励。秘书人员为了获得奖励而接受领导的影响。

（2）惩罚权。领导同样拥有能使秘书人员感到不愉快甚至痛苦的手段，秘书人员为了逃避惩罚而被迫接受领导的要求，服从影响。

（3）法定权。组织赋予领导一定的权力，这种权力与领导所处的职位相关，带有法定的性质。法定权的主要内容由奖励和惩罚构成，它之所以会造就领导的影响力与社会态度和社会规范有关。

2）领导的非权力性影响力

领导的非权力性影响力也称自然影响力，它产生于领导的自身因素，是由领导自身因素造就的影响力。非权力性影响力与权力性影响力不同，领导的非权力性影响力对秘书心理与行为所产生的影响是建立在信服的基础上的，它使秘书感到的并不是一种压力，而是通过潜移默化、自然的过程使秘书人员在行为上表现出自动、自愿。非权力性影响力的基础有以下两种：

（1）领导的品质。在秘书与领导的人际交往过程中，如果领导表现出一种或多种符合社会道德规范的良好品质时，领导就获得了非权力性影响力。人们对品质良好的人不但愿意接近，而且会感到敬佩。敬佩是一种心甘情愿接受对方影响的心理因素。

（2）领导的专长。它就是领导具有相当的知识、技能与才干，在与人交往过程中，专长被他人所了解和接受，从而获得信任。领导的专长容易赢得秘书人员的尊敬和服从，具有自然性影响力。

3）领导影响力的构成要素

（1）领导权力性影响力的构成要素。其主要包括传统因素、职位因素和资历因素。

第一，传统因素。几千年的社会生活，人们对领导形成了这样一种观念，认为领导不同于普通人，他们或者有权，或者有才干，或者兼而有之，总之他们有过人之处，要比普通人强一些。基于这种观念，形成了某种表现形式的社会规范，产生了对领导的服从感，这种由传统观念所产生的影响力普遍存在于每个领导的言行中，可以说是传统附加给领导的力量。

第二，职位因素。职位是领导在组织中的职务与地位。居于领导职位的人组织授予其一定的权力，使领导具有强制下级的力量。凭借权力，领导可以左右下级的言行、得失，甚至是前途和命运，使下级产生敬畏感。组织中，领导的职务越高，权力越大，权力性影响力也越大。

第三，资历因素。资历是领导的资格与经历，是造就领导权力影响力的又一个因素。资历是历史性的东西，反映一个人过去的情况。虽与现实有联系，但毕竟不是现实，然而人们对资历较深的领导，还是心存敬重的。并且由于资历与过去的职务有关，存在于领导现实行为之前，所以它产生的影响力属于权力性影响力的范围。

总之，由传统因素、职务因素、资历因素造成的领导的权力性影响力，都不是由领导自身造就的，而是外界赠予的，这类影响力能使秘书人员产生服从感、敬畏感、敬重感，其核心是权力。

（2）领导非权力性影响力的构成要素。其主要包括品格因素、才能因素、知识因素、情感因素。

第一，品格因素。品格是一个人本质的表现，领导的品格主要包括道德、品行、人格、作风等。领导优秀的品格能使人产生敬爱感，诱使别人模仿，反映在领导的一切言行之中，并给领导带来巨大的影响力。优秀的品格不仅是能否担任领导职务的素质要求，也是领导影响力的重要组成部分。

第二，才能因素。领导的才干和能力是其非权力性影响力的重要因素，才能不仅反映领导能否胜任自己的工作，而且更重要的是反映在工作结果是否成功上，领导卓越的才能可以使秘书人员产生敬佩感。“一将无能，累死千军”，如果领导缺乏才干，对秘书人员的影响力将大打折扣。

第三，知识因素。“知识就是力量”，知识是一个人宝贵的财富，它本身就是一种力量。一个人的知识和才能是密切联系在一起的，领导知识水平的高低，主要表现在对自身和客观现实的认识程度。知识丰富的领导，容易取得秘书人员的信任，并由此产生信任感，提升对秘书人员的影响。

第四，情感因素。领导与秘书人员相处，就会产生一种感情关系，或者亲密，或者疏远，或者喜欢，或者厌恶。人与人之间建立了良好的感情关系，便能产生亲切感。领导与秘书关系融洽，其影响力就高；领导与秘书关系紧张，就会造成双方的心理距离，其影响力就低。

由品格因素、才能因素、知识因素和情感因素形成的领导的非权力性影响力，是由领导自身的素质和现实行为造就的，它与权力无关。这种影响力对秘书人员产生的心理影响是自然的，比权力性影响力更有力量。

领导影响力的构成因素，如图9-1所示。

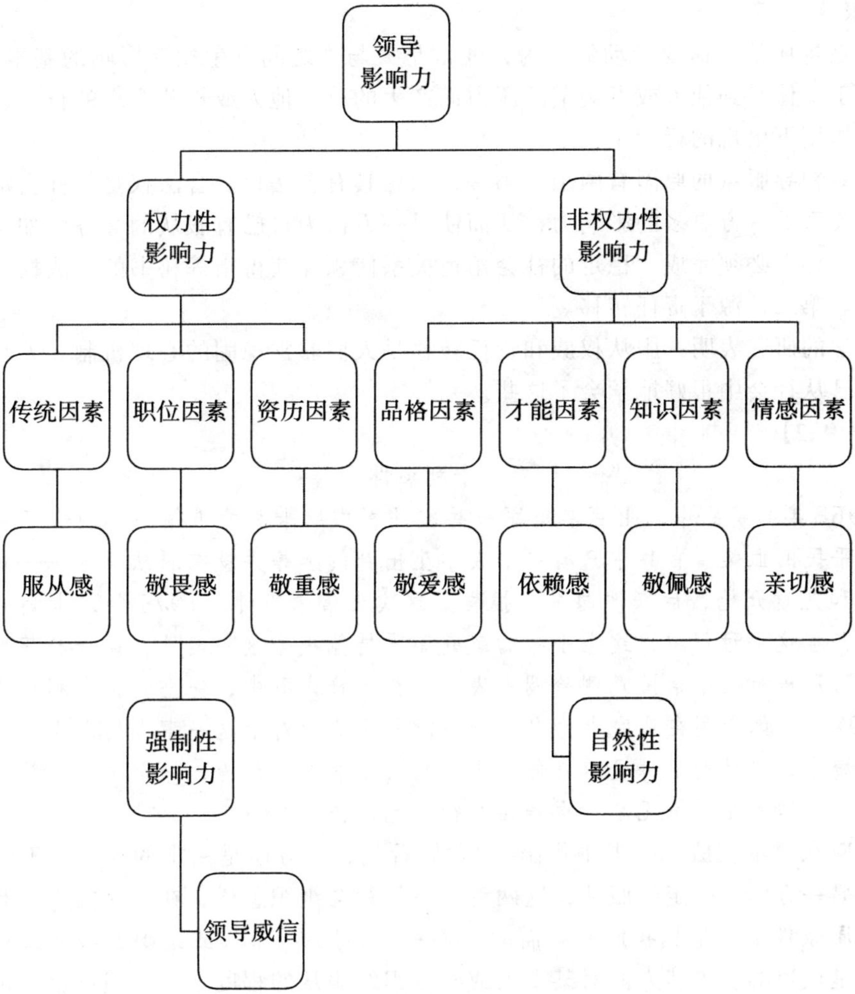


**图 9-1　领导影响力的构成因素**

## ● 9.2　秘书与领导交往活动的相互影响

秘书在与领导的交往活动中，要保证交往的顺利进行，保持与领导的一致性，必须接受领导的影响，以便自觉地使自己按照领导的要求去行动。在人们的交往活动中，彼此产生的影响主要是为了改变他人的态度，使之产生符合各自愿望的行为表现。这种影响是双向的相互作用式的影响，即交往双方各自向对方发出信息，去影响对方。但是，在这种双向的交往影响中，其作用并不是对等的，它具有不平衡性。秘书在与领导的交往活动中，对领导虽具有一定影响，但这种影响不具有决定性，只是一种起参考作用的辅助信息；领导对秘书的影响却有决定性作用，它不仅制约着秘书的交往方式和内容，而且对秘书的心理也具有较大影响。

### 9.2.1　领导对秘书心理影响的主要方式

在秘书与领导的交往过程中，领导对秘书的心理影响有决定性的作用，主要体现在以下两个方面，即服从和暗示。服从是直接的，暗示是间接的。

1）服从

服从是按照他人命令行动的行为，通常是人与人之间发生相互影响的基本方式之一。服从是由于个体受到他人或者规范的压力而产生的符合他人或规范要求的行为，是一种在外界压力作用下出现的行为。

秘书对领导服从的原因有两个。第一，领导具有合法权。合法权是指社会赋予了卷入社会角色关系的一方更多的影响力，从而使另一方认为自己有服从的义务。如领导交给秘书的任务，秘书必须完成。稳定的社会角色关系使领导获得指挥秘书的合法权，秘书有服从的义务。第二，源于责任转移。

心理学的研究表明，服从权威和责任转移是人们非常稳固的心理机制。人在社会化的过程中，已从社会中很好地学会了这些。

【知识拓展9-2】

**卡利事件**

在1968年的越战中，上百名美军士兵在陆军中尉卡利的带领下，制造了一起屠杀数百名无辜平民的血案。官兵中只有一个大学生出身的上等兵没有服从命令——对无辜的老人、妇女和儿童开枪，后来他向军方报告了这次大屠杀事件。1971年，卡利中尉因此受审。然而，在这一过程中，这个士兵的家庭不支持他报告这一案件，在卡利获刑后，盖洛普民意测验所进行的电话民意测验调查表明，在抽样人群中，完全支持卡利行为的民众比例高达79%。正如卡利在法庭上为自己辩护时所说的，对于这一事件的发生，他仅仅是在执行上级命令，自己对事件没有责任。大多数公众显然也认为，一个军官服从上级命令不应受到惩罚，即使是屠杀无辜，也是在履行自己的合法权力。

恩格斯在《论权威》一书中指出，“我们看到，一方面是一定的权威，不管它是怎样造成的，另一方面是一定的服从，这两者，不管社会组织怎样，在产品的生产和流通赖以进行的特质条件下，都是我们所必需的”。一个人对另一个人或组织的服从，有时是自愿的，有时是被迫的。虽然人们对某个人或某个组织服从的程度不同，但谁也不可能摆脱这种约束。服从是一种普遍存在的社会心理现象。在秘书与领导的关系中，强调秘书对领导的服从，是工作性质的要求。但是，作为一种社会影响方式，领导者想要秘书人员自觉服从于自己的领导，必须不断提高自己的威信，不断加强自己的修养。如果仅仅依靠权势的威慑或是处罚措施使秘书服从于自己，往往难以达到预期的效果。在这种被迫的服从中，人们往往压抑着自己的不满和怨恨，这对于达到行为上的协调一致不仅起不到积极作用，反而是有害的。当然，利用这种方式也会产生权宜之效，但它毕竟不是人们的愿望所在。作为秘书人员，要培养自觉的服从意识，自觉地服从领导，这是应该的，也是必要的。但是，从另一方面来说，领导者对秘书人员的影响方式对于秘书能否形成自觉的服从意识又有着重要作用，必须给予足够的重视。

当然，秘书对领导的服从不是盲目的，应该在独立思考的基础上进行，盲目地追随领导而不讲原则的做法是应该摈弃的。

**教学互动9-1**

一次，你的领导在一个公开场合说了一句有悖常识的话——“鸡蛋是在树上长的”。

当然，他不是直接对你说的。

**互动问题：**听到这句后，你会怎么办？

**要求：**每名学生谈谈自己的做法，并说明理由。

2）暗示

暗示是在非对抗的条件下，通过语言、表情及体语以及符号对他人的心理与行为产生影响，使之接受暗示者的意见和观点或者按所暗示的方式去活动。暗示往往采用较含蓄、较间接的形式进行。暗示有三个方面，即暗示者、暗示信息和被暗示者。

暗示是人们在交往活动中的一种比较含蓄的相互影响方式。在这种活动中，人们接受通过语言、行动、表情或某种符号传达出来的信息，使自己自觉地遵循这些信息的要求去支配自己的思想和行为。暗示没有直接压力的成分，与明确的指示所不同的是，人们既可以接受暗示，也可以不接受暗示，暗示只涉及交往活动中一些简单的思想和行为。对于那些复杂的、深刻的思想和行为，仅靠暗示是不可能的，必须利用其他有效的影响方式。

（1）暗示的分类。按信息来源分，暗示可分为他人暗示和自我暗示。他人暗示的信息源来自于他人，自我暗示的信息源来自于本人。按暗示的目的分，可分为有意暗示和无意暗示。有意暗示指有明确目的的暗示，无意暗示则是无明确目的的暗示。按暗示双方的接触关系分，可分为直接暗示和间接暗示。直接暗示的暗示者直接对被暗示者施加影响，间接暗示的暗示者对被暗示者间接施加影响。按暗示效果分，可分为暗示及反暗示。前者达到了暗示者的预期效果；反暗示则达到了反效果，暗示信息发出后，引起被暗示者相反的反应。

（2）影响暗示效果的主要因素。影响暗示效果的因素很多，但概括起来主要有暗示者与被暗示者双方的特点、暗示情境等几个方面。

第一，暗示者的特点。暗示者对暗示效果起重要作用。暗示者的社会地位、权力、威望及人格魅力对暗示效果有明显影响。

第二，被暗示者的特点。被暗示者的特点对暗示效果的影响也较大。如果被暗示者独立性差、缺乏自信心、知识水平低，则暗示效果明显；被暗示者的年龄、性别与暗示效果直接相关，被暗示者年龄越小，越容易接受暗示；通常情况下，女性比男性更容易受暗示。

第三，暗示所处的情境。情境是影响暗示效果的客观因素。个体在处于困难情境又明显缺乏社会支持的情况下容易接受暗示。

在秘书与领导的交往活动中，秘书想要和领导密切配合，必须善于接受领导的暗示，按照领导的意图和愿望去行动。当然，在接受暗示的过程中，秘书应该能够区分出哪些暗示是有意识的，哪些是无意识的。一般情况下，有意识的暗示反映了领导习惯化的愿望和要求。由于这种愿望和要求并不一定十分强烈，作为秘书只有细心观察才能感受得到。有时作为暗示发出者的领导自身也可能没有意识到，但是如果秘书能及时地理解并捕捉到，则证明秘书已经真正掌握了领导的个性及工作方式，将会更加默契地配合领导工作，和领导产生情感、思想、行为上的共鸣。

积极接受领导的暗示，表明了秘书有着自觉服务的强烈意识；善于捕捉暗示，反映了秘书的敏捷和灵活。因此，秘书在与领导的交往活动中，应该细心观察，随时了解、掌握各种信息。秘书接受暗示不是也不应该是缺少主见的表现，也不应该是一种无意识接受影响的倾向，而应该成为一种自觉的意识。只有这样才能既领会领导意图，又不盲目追随。

**同步案例 9-1**

**背景与情境：**秘书刘梅和男友在菲菲酒吧中一个比较隐蔽的地方对饮，看见公司总经理和一个年轻漂亮的女人来到酒吧，并且在他们斜对面一个不被人注意的位置坐下。由于工作多年，刘梅知道那个女人既不是总经理的妻子，更不是总经理的女儿。但是，看见两人卿卿我我的样子，关系肯定非同一般。难道小道消息说的总经理外面有“家”是真的？正想着，她看到总经理的目光瞟了过来，刘梅赶紧低下头，迅速地让男友结账，然后起身离开。

第二天，总经理和她聊天的时候，有意无意之间问她空闲时间经常去哪儿玩，刘梅赶紧回答说不怎么出去玩。“去过菲菲酒吧吗？”总经理又问。“没去过。我不会喝酒，所以也不怎么去那些地方。”刘梅立刻回答说。“那就好。”总经理放心地笑了，对刘梅投来赞许的目光。

**问题：**刘梅为什么要说谎？

**分析提示：**领导有意无意的试探与暗示，意图很明显：领导的私生活显然不想被秘书知道。刘梅也乐得按领导的意图回答，既可让领导放心，也减少许多不必要的麻烦。当然，秘书人员对工作上的事情还是要保持清醒，工作之外的事情则难得糊涂。

### 9.2.2 秘书与领导交往活动的相互影响

虽然领导对秘书的心理影响起着决定性作用，但在秘书与领导的人际交往过程中，在某种程度上这种心理影响也是相互的，即领导对秘书施加一定的心理影响，秘书在某种程度上也能影响领导的心理和行为。这些影响主要包括感染、认同和内化。

1）感染

感染是人际交往中相互影响的一种主要方式，它主要是通过人的语言、表情、动作及其他方式引起他人相同的情绪和行为。感染是人们交往活动中无意识传播的，是一种不由自主的屈从。感染主要是通过人们的情绪起作用。在许多场合，情绪比理智更有力量，情绪体验更生动、更深刻。在秘书与领导的交往活动中，感染这种影响是相互的，即在特定的场合，领导的言谈举止以及由此表现出来的情绪能够使秘书受到感染。同样，秘书的情绪在某种场合也会感染领导。

领导要想对秘书人员产生积极的影响，自身必须具备优良的品质，并且能够充分利用这些品质去创造出具有情绪影响的特定气氛。在这种情况下，秘书就会积极地投身于领导所创造出来的特定活动气氛中，表现出与领导相一致的行为。这也是领导提高士气、鼓舞斗志的一种行之有效的方法。同样，秘书朝气蓬勃、充满活力的饱满情绪及勤勤恳恳、任劳任怨、不为名利的工作态度都会对领导者产生感染作用，不仅能够转变领导对秘书不恰当的看法，而且能够对秘书的一些不足之处给予谅解。

2）认同

认同是建立在人际吸引基础上的人际间的影响方式。当影响者的愿望、要求或行为同时也符合被影响者的愿望、要求或行为时，被影响者便会采取与影响者相同或相似的行为。秘书对领导的认同，来自于领导对秘书的吸引力。当领导表现出许多为秘书所欣赏或喜欢的优秀品质时，秘书会采用同领导一样的态度和行为。在这种情况下，不仅领导的意见、要求容易被秘书接受，秘书的一些要求和建议也较容易被领导所重视和采纳。因此，秘书与领导能够保持一致的行为，彼此能够和谐地相处。当然，如果一个领导对秘书缺乏这种吸引力，可能就会出现相反的现象。秘书人员应该善于发现领导的优秀品质，产生心理上的认同，而不是只盯住领导的不足和缺点。只有这样，才能很好地与领导相处。

3）内化

内化是建立在信任基础上的一种影响方式，是被影响者对影响者的一种自觉的追随。在此种情况下，影响者的品质、特点及工作方式都会成为被影响者的追求目标甚至理想。内化依赖的不是外在物质因素，而主要是人的一种信念。在秘书与领导的交往活动中，如果领导的影响力达到使秘书内化的水平，即领导的生活准则和信念完全纳入秘书的自我行为准则体系中去，使之成为自己的一部分，则秘书就会产生持久而强大的角色推动力。秘书不仅会自觉服从服务于领导，而且还会自觉追随领导。

当然，在现实生活中，要达到这样高的水平是不容易的。一方面，由于领导者本身并不完美，可能会存在这样或那样的问题，难以使秘书达到崇拜的地步；另一方面，由于秘书人员本身的个性、特点、信念、追求及生活经历等的不同，对于各种影响的反应是不同的。一般说来，当一个人的生活经历少、独立性差时，容易受他人影响；当一个人见多识广、有自己的主见时，则不容易受他人的影响。不仅如此，人们对影响方式的理解、感受也是有差别的。

**同步思考 9-1**

**问题：** 如果领导对你发脾气，你会怎么办？

**理解要点：** 如果不能妥善处理领导发脾气的问题，要么会使领导小看你，要么会激发双方的矛盾。正确的处理方法是：只要领导不是故意侮辱人格或有意找茬儿，秘书人员应以忍让为上。

## ● 9.3　秘书与领导交往的方法与技巧

秘书人员在与领导交往的过程中，要掌握一定的方法和技巧，妥善地处理好与领导的关系。秘书人员要尊重领导，服从领导，正确领会、贯彻、执行领导意图，并且要不断提高办事能力，提高自身素养，做好领导的参谋和助手。

### 9.3.1　秘书处理与领导关系的方法

秘书要处理好与领导的关系，关键在于做好本职工作，摆正位置，自觉提供服务。在处理与领导关系的过程中，要注意以下几点：

1）尊重领导，服从领导

秘书是领导的参谋与助手，是为领导服务的。秘书要处理好与领导的关系，必须首先增强角色意识，树立服务观念。秘书人员要尊重领导、服从领导。领导是一个组织的决策者、指挥者，对组织负有重大的责任。一般情况下，领导者多是由一些德才兼备、经验丰富的人来担任的，具有较高的威信，秘书人员尊重领导要做到以下几点：

（1）维护领导威信。秘书人员在任何情况下都不能破坏领导威信，不能散布有损领导威信的言论。即使领导工作出现偏差和失误，也不能随便发表议论，而应当通过正当的方式和正当的途径向领导和有关方面反映自己的意见，以求得到合理妥善的解决。

（2）尊重领导的意见和决策。领导的意见和决策是经过全盘考虑和深思熟虑的，一般情况下，这些决策和意见是正确的，秘书人员应坚决按照这些正确的意见和决策去做。特别是这些意见和决策不被人们所理解或有人反对时，秘书人员要挺身而出，站在领导一边，给予积极支持。这样不仅坚持了真理，主持了正义，而且会获得领导充分的信任，进一步密切相互之间的关系。

（3）尊重领导的职权。秘书人员是服务人员，不是决策者，因此必须按职责规定办事，不能越职代权，借领导的名义发号施令。秘书必须明确自己为领导服务的界限，克服自己的意见未被采纳就感到委屈失望的心理。在自理一些重要的事情时，应该及时向有关领导汇报请示，不能自作主张。

（4）体谅领导的困难。领导不是全能的，在工作中会遇到各种各样的困难，如工作中、生活中和学习中的困难。秘书人员要积极帮助领导克服这些困难，主动为领导分忧，多出主意，多提供服务，尽可能解除领导的后顾之忧，真正做到与领导同甘苦、共患难，这样才有可能与领导密切关系，建立起深厚的感情。如果秘书在领导遇到困难时袖手旁观，就会伤害相互的感情，恶化相互的关系，这是秘书人员必须特别注意的。

**同步案例 9-2**

**背景与情境：**赵华是一家信贷公司的秘书，工作扎实，尽心尽力，在公司有较好的声誉。一天，她刚走进公司大门，便被老板叫进了办公室。

“你这个秘书是怎么当的，我是不是告诉过你，所有的合同都要由我亲自过目？可你看看这个合同，到底是怎么回事？”老板冲着她披头盖脸就是一顿斥责：“公司现在蒙受了损失，你有不可推卸的责任。你当月的奖金全部扣除。”

赵华不明白发生了什么事，拿起合同一看，心里觉得一阵委屈，即使有事也怪不上自己。她早就觉得这份合同存在问题，曾经提醒过老板要注意一下，当时因为老板忙，就放在一边了，结果被骗子坑了。

赵华思来想去也想不通，她想找老板理论，讨个说法，转念一想：算了，“人在屋檐下，怎能不低头？”如果为了这件事破坏了自己在公司和老板心目中的形象，实在有些不划算。忍了，权且当一次替罪羊吧。自从这件事之后，赵华并没有把自己的情绪带到工作中去，依然兢兢业业，任劳任怨，见了老板还是彬彬有礼，好像什么事也没有发生。

后来，司法机关介入这起经济案件，那些骗子因为另一起相同案件被警方逮捕，而负责这项业务的公司职员小张，因为收取骗子的好处费，涉嫌受贿，被依法逮捕。小张还交代了自己趁老板不在，偷梁换柱，使这项合同躲过了老板的审查。至此，真相大白。

不久，公司内部调整，老板不仅在公司大会上向赵华表示了歉意，到年底时，还给赵华发了一个大大的红包。

**问题：**赵华为什么没有和老板据理力争以证清白？

**分析提示：**尊重领导、服从领导是秘书与领导相处的首要原则，老板也是人，也有办错事的时候。要想成为让领导认可和喜欢的秘书，就要学会受委屈，学会把自己的委屈和痛苦隐藏起来，不但要能接受领导的指派，还要能承受被误解、被错怪、被无端训斥的痛苦。不能顶撞、不能争辩，更不能对着干。毕竟领导都很注重自己的面子和尊严，就算事后知道自己错了，也不一定会道歉，一切委屈得自己承受，但以后领导发现真相也会补偿你的。

2）正确领会、贯彻、执行领导意图

秘书工作的核心是围绕领导意图进行工作，正确领会、贯彻、执行领导意图，是秘书处理好同领导关系的一个基本出发点。领导意图是领导者、领导班子或领导机关在指导所在组织实现目标过程中所提出的意见和企图的实质，是领导提出的工作意见和总体所表达的核心出发点，是领导工作思想的具体体现。领导意图的形成过程就是领导决策的过程。领导意图往往都是通过命令、指示、决定、通知等正式文件或部署安排、签发意见、口拟要求等非正式文件的形式进行传达和贯彻的。秘书人员要想正确领会、贯彻、执行领导意图，要做到以下几点。

（1）认真对待领导意图。首先，秘书人员在领导意图形成过程中要做好大量的服务性辅助工作，如收集提供各种信息情况，及时反映工作中出现的各种问题，拟订一些活动的不同选择方案，针对某些问题经常提出自己合理化建议等，以便为领导决策提供参考依据。在这方面，秘书工作有较大的活动空间，秘书人员应充分调动自己的才干学识，发挥参谋助手作用，履行自己的职能。其次，秘书人员必须正确理解、领会领导意图，只有对领导意图的形成背景、目的、作用有正确的认识和理解，才能把握领导意图的真正实质，从而做到正确地传达、贯彻执行领导意图。最后，秘书人员应做好领导意图贯彻执行中的信息反馈工作，及时了解领导意图执行中的情况，并将发现的问题和现象及时反映给领导，使领导能根据具体情况及时做出新的调整和安排。

（2）及时准确贯彻传达领导意图。秘书人员在贯彻传达领导意图的过程中要注意以下几个方面的问题：第一，不能耽误传达时间。有些工作有着很强的时效性，不按领导要求或规定时间去传达落实，就有可能造成工作的被动，甚至出现不可挽回的损失。第二，不能截留领导意图。不能因为自己对领导某些决定有不同看法而有意扣压领导的指示决定，这是与秘书的基本职业道德相违背的。第三，不能随意解释或歪曲领导意图，使领导的指示决定在传达贯彻中变形、走样，这会给组织工作带来危害。第四，在领导意图传达贯彻中遇到抵触等困难时，秘书人员既要坚持原则，又要灵活机动地多做工作，使执行者自觉接受。

总之，秘书人员在工作过程中既要体现出在协助领导形成领导意图过程中的主动性，又要体现出在领导意图形成之后的服从性，还要体现出在执行领导意图过程中的创造性，从而使领导意图经过秘书人员的努力能够得到及时准确的传达、贯彻和执行。

**同步案例9-3**

**背景与情境：**“糟了！糟了！”于总放下电话就叫了起来：“那家便宜东西，根本不合规格，还是原来林老板的好。”他狠狠地捶了一下桌子，“可是我怎么那么糊涂，让你发邮件把他臭骂一顿，还骂他是骗子，这下麻烦了。”

"是啊!"秘书张小姐转身站起来,"我那时候不是说吗?要您先冷静、冷静,再写信,您不听啊!"

"都怪我在气头上,想这小子过去一定骗了我,要不然别人怎么那么便宜。"于总来回踱着步子,指了指电话,"把电话告诉我,我亲自打过去道歉!"

小张一笑,走到于总桌前:"不用了,告诉您,那个邮件我根本就没发。"

"没发?"

"对!"小张笑吟吟地说。

"嗯。"于总坐下来,如释重负。停了半晌,又突然抬头,"可是当时我不是叫你立刻发过去吗?"

"是啊!但我猜您会后悔,所以就没发。"张小姐转过身,歪着头笑笑。

"你真压下没发?"

"对!您没想到吧?"

"我是没想到。"于总低下头去,翻记事本,"可是,我叫你发,你怎么能压?那么最近发给南美的那几份邮件,你也压下了?"

"我没压。"张小姐脸更亮丽了,"我知道什么该发,什么不该发……"

"你做主,还是我做主?"没想到于总霍地站了起来,沉脸问道。

张小姐呆住了,眼眶一下湿了,两行泪水滚落,哭着说:"我,我做错了吗?"

"你做错了!"于总斩钉截铁地说。

秘书小张因此事被记过处分。

**问题:**小张为于总压下一封不该发出的邮件,于总为什么说张小姐做错了,并给予处分?

**分析提示:**作为秘书,必须正确领会、贯彻、执行领导意图,不能截留领导意图。如果一个秘书,可以自作主张地把领导交给的邮件扣压,难怪领导会有"你做主还是我做主"的疑问,如果有过这样的"暗箱操作",以后领导交代的事,怎能放心?

3)增强办事能力,提高自身素养

办事能力是秘书的职业才干,是做好秘书工作的基本功。如果一个秘书不具备一定的职业才干,就不能胜任秘书工作职务,就不可能很好地完成领导交办的事项。因此,秘书人员提高办事能力,增强职业才干,是做好秘书工作的基础,也是处理好与领导关系的基本立足点。秘书人员在增强办事能力的同时,还要提高自身素养,以下几点是必须做到的,这也是秘书职业道德的基本要求:

(1)诚实而不弄虚作假。秘书工作的可贵之处,就在于献身精神、埋头苦干精神,做好秘书,最根本的一条就是踏踏实实、尽心尽责地工作。如果秘书人员弄虚作假,冒充领导名义,就无法和领导搞好关系,甚至会走上犯罪道路。

(2)当好参谋而不自以为是。在工作过程中,秘书给领导提供信息,提出建议,拟订方案,都是参谋作用的具体体现。但是,领导在决策过程中是否采纳秘书意见是领导的事,秘书人员要明白自己只有建议权,而无权要求领导必须采纳。即使有时认为自己的建议是正确合理的,领导的决策是不正确的,也必须遵守组织原则,按领导意图办事。

(3)公正而不搬弄是非。秘书人员直接向领导汇报工作,或领导要求秘书人员谈个人看法时,要做到公正、客观。特别是涉及人事问题时,绝不可借工作之便中伤他人,要做到不徇私情。

（4）主动而不越位脱轨。秘书工作以领导工作为轴心，要紧紧围绕这一轴心，进行上下、左右、前后同步运行的辅助性工作。辅助性决定了秘书工作的被动性，如何变被动为主动，取决于秘书的工作艺术，有四个方面：一是争取同领导一样了解和掌握全局性工作；二是争取和领导一样了解和掌握一个时期的中心工作，能够分清工作的轻重缓急，主动排除干扰中心工作的事项；三是研究领导工作的思路，分析领导工作的意图，加以理解、完善和落实；四是积累和储存相关工作资料，该记住的要记牢，该保存的要保存。有了这四个方面的基础，秘书在工作过程中能有与领导一致的认识，才有共同情感和语言。

（5）服从而不盲从。秘书工作是上情下达、下情上报的枢纽，有调度、协调、综合加工的作用。秘书人员处在这样一个重要位置，就得服从领导，与领导同心同德。但是，服从领导并不等于盲从和不加分析的附和。

**同步案例9-4**

**背景与情境：**“小文，这几天在会上你听了那么多人的意见，你认为小李和小伍，派谁去美国合适些?”

小文几乎吓了一跳。总经理问这么大的问题，不是开玩笑吧？

“总经理，你问我这么大的问题，会把我吓出病来的。”小文用开玩笑的口吻说。小文真希望总经理是在和自己开玩笑，离这类敏感话题的距离远一些。

“旁观者清嘛!”看来这次总经理是认真的。

客观地说，派小李和小伍谁去都合适，因为凭他俩的办事能力、经验和外语水平，当一个分公司的经理是没问题的。不过经总经理这么一问，小文想起上星期出纳小田在吃饭时对小文说起的一件事。小田说有一天小李报了一个三千多元的餐费单，上面写着是请广告公司的人吃饭，但看单据上面的日期和饭店名称，小田敢肯定小李也请了广告公司经理的家人，因为那天晚上小田正好也在那家餐厅吃饭，而且看见了他们一家人。

这件事该不该告诉总经理呢？当然，如果小文不说，她没有任何责任，也没得罪谁，要是小李知道了还会领她一份情，将来有什么求小李帮忙，他肯定会帮自己的；相反，如果说了，就有可能得罪小李，甚至有可能在公司里落一个“好管闲事”的名声。这样，不仅是小李，还有其他部门的一些人，不仅不会在工作上给小文协助，甚至会给她设置一些障碍，故意与她为难。

但是，现在小文必须把知道的情况告诉总经理。“总经理，说老实话，我认为他们俩谁去都合适，因为他们俩的能力是大家公认的。不过，我想起一件事来，觉得在这个时候有必要向您汇报。”小文把小田告诉她的事说给了总经理听。总经理听完小文汇报后，脸上没有任何反应。小文看他杯子里没水了，马上给他斟满。

“小文，你注意没有，今天讨论派谁去美国的问题时，我一直没有发言。”总经理喝了一口水说，“就我个人而言，我是主张派小伍去的，小李的问题我已经知道了。”

**问题：**小文把听到的关于小李的事告诉总经理是否妥当？

**分析提示：**在一般情况下，秘书不应该卷入公司的是非漩涡，但是当领导需要了解真实情况时，秘书人员应当在客观公正的前提下，毫无保留地向领导汇报自己了解的信息，尤其是关系到公司未来重大决策的时候，因为组织的利益永远高于个人利益。

### 9.3.2 秘书处理与领导关系的技巧

1）秘书要具有与领导沟通的良好意识

沟通与交流是秘书人员密切与领导关系的重要途径，秘书与领导的特定角色关系要求秘书人员在与领导沟通时要做到以下几个方面。

（1）适时。沟通时机的选择对沟通效果有直接重要的影响。当领导情绪烦闷、焦躁时，秘书即使动机再好、理由再充足，也往往难以使领导认真倾听。从心理学角度来看，人在情绪焦躁时，非理智情绪往往较强大，理智分析和自控能力会有所减弱。秘书如果此时与领导沟通，不仅不会起到应有的作用，反会使效果适得其反。此外，秘书人员注意不要在领导下班、进餐、开会、看文件和听别人汇报等情况下进行思想沟通，因为此时领导往往不能集中注意力，影响沟通质量。如果有了较好的交谈时机，秘书人员也要掌握好交谈的时间限度，话题紧凑，不要滔滔不绝、口若悬河，使领导听得生厌。

（2）适地。沟通空间的选择同样会关系到沟通的效果。适当的交谈场合需要根据交谈的内容而定。比较正式、严肃地交换意见，可以选在办公室进行，使双方以角色身份进行交流。但是，秘书人员应多利用非角色身份在非正式场合与领导进行交流，这样更有利于缩短彼此的心理距离，使沟通气氛比较轻松，减轻彼此的心理负担，这种情况下的沟通效果也较好。需要指出的是，秘书向领导进言应避免在公开场合或有陌生人在场的情况下进行，这样会使领导显得尴尬窘迫，甚至会使领导为维护自己的面子而固执己见，难以达到预期的沟通效果。

（3）适人。秘书在与领导沟通时，要根据不同领导的情况采取不同的方式方法。如对文化修养高、胸怀宽广、包容性强的领导，在选择沟通时机、场合方面有较大的自由度；对气量小、易暴易怒的领导，则要采取较为谨慎的沟通方法。

（4）适言。一个人做出的某种决定，既是学识才智的体现，也包含了尊严和自信，特别是领导的决定。因为角色规定的权威性使领导的尊严显得更为突出，放弃某种决定，更改某些观点，往往意味着领导学识和尊严的降低。因此，秘书人员在处理与领导关系时，应特别注意维护领导的尊严和自尊。在一般情况下汇报工作、请求问题可不必咬文嚼字，但向领导进言时，应特别注意进言时场合、地点、时机的选择。秘书人员在进言时要做到态度诚恳、表情自然、口气婉转、语调平和，切忌理直气壮、态度傲慢，因为一旦领导感到自尊受到伤害，就很难心平气和地听取意见。

**同步思考 9-2**

作为秘书，小代的专业技术是非常出色的。但在一年之内，他频繁地调换工作，每次均无大起色。他认为领导和他“犯相”！因为他提出的想法和建议，总是被领导“枪毙”或“冷藏”。究其原因，小代在开会的时候，总是在大庭广众、众目睽睽之下，提出一些与领导完全相左的建议，即使是小代的同事，恐怕心理上也难以接受。

**问题：**小代为什么觉得自己和领导“犯相”，问题出在哪？

**理解要点：**作为秘书，可以有自己的见解和观点，但首先应学会必要的服从。在保持对领导服从的前提下，适当、适时、适地、适言地展示个人灵感和创造力，即使不被领导采纳，也要让领导了解你的诚心和勇气，而不是和领导唱“对台戏”。

2）秘书要具有自觉与领导联络个人感情的积极意愿

人与人之间的相似性吸引是建立和发展良好人际关系的前提和基础，秘书与领导的关系不仅是一种角色关系，在这种角色关系中还包含着个人之间的关系。个人关系有明显的感情色彩，秘书与领导之间的个人感情本身就是秘书与领导关系的一个组成部分，是对角色关系的润滑和调节。秘书人员与领导发展个人之间的情感应是以工作为出发点的，应是一种健康的关系，而不应含有私心杂念。秘书人员与领导建立情感联系，要做到以下几点：

（1）秘书人员要在思想上、认识上、价值观念上和领导保持一致。这要求秘书人员不断提高自己的思想水平，使之保持与领导的思想一致，同时还要学习领导的思维方式，做到认识上的一致。

（2）秘书人员培养和发展自己多方面的兴趣和爱好，与领导找到一致性或相似性。通过共同的兴趣和爱好与领导产生共鸣，在与领导相处中淡化相互间的角色关系，缩小交往的心理距离，增加双方相互交往的愿望。而且通过这种方式，能收到潜移默化的特殊效果，使秘书人员与领导的关系自然、融洽、协调。

3）秘书给领导提建议的艺术

从原则上讲，领导与秘书的关系是上下级之间、主辅之间的关系，根据这一原则，一方面，在工作责任制上，秘书要对领导负责；另一方面，从整个组织的角度上看，秘书与领导要共同对本组织、本部门负责。当秘书的意见与领导的意见不一致时，要坚持实事求是的原则，给领导提出善意的意见和建议。

（1）尽可能在私下进行建议。给领导提建议，要注意场合。秘书人员当然希望自己的建议获得领导的采纳，不希望招致领导的漠视甚至是不满，出于对领导的关怀和对工作的负责，应该尽可能在私下同领导交换意见。因为其他人不在场，不会让领导难堪。即使需要有他人在场同时提建议，也要选择在场人少比较好。

（2）语气要婉转。一般而言，领导的指示、意图大多是正确的，但由于受到社会历史因素的影响和认识条件的限制，领导有时也会做出一些不够正确、不够全面，欠妥甚至是错误的指示或决定。秘书身处特殊的岗位，在平时与领导接触较多的情况下，如果发现领导的决策、意图有不当之处，秘书人员有责任、有义务指出领导的失误和不当之处。需要强调的是，在这一过程中，要用温和的语气、适度的措辞表达，讲究语言的艺术。

**教学互动9-2**

**互动问题：**如果你与领导意见不一致，你会怎么办？

**要求：**每名学生谈谈自己的做法，并说明理由。

## 本章小结

秘书与领导的关系是秘书工作的核心问题。秘书与领导之间不仅存在着领导与被领导，服务与被服务的工作关系，同时也交织着人与人之间在思想、认识、情感等方面的交往关系。秘书与领导的基本关系，在本质上是组织上的上下级关系，地位上的从属关系，工作上的服务关系和人格上的平等关系。

秘书与领导的关系，是建立在领导影响力基础上的。领导的影响力包括权力性影响力和非权力性影响力。权力性影响力也称强制性影响力，是由组织赋予领导者个人的职务、地位和权力等构成的，对秘书的影响带有强制性、不可抗拒性；非权力性影响力也称自然影响力，产生于领导的自身因素，是由领导自身因素造就的影响力。

领导权力性影响力的构成要素包括传统因素、职位因素和资历因素；领导非权力性影响力的构成要素包括品格因素、才能因素、知识因素和情感因素。领导的权力性影响力和非权力性影响力对秘书心理与行为的影响是不同的。

领导对秘书心理影响的主要方式有服从、暗示。虽然领导对秘书的心理影响起着决定性作用，但在秘书与领导的人际交往过程中，在某种程度上这种心理影响也是相互的，秘书在某种程度上也能影响领导的心理和行为。这些影响主要包括感染、认同和内化。

秘书在处理与领导关系时，要摆正位置，尊重领导，服从领导；正确领会、贯彻、执行领导意图；提高自身素养，增强办事能力。秘书处理与领导关系的技巧主要包括具有与领导沟通的良好意识，要具有自觉与领导联络个人感情的积极意愿等。

## 主要概念和观念

□ **主要概念**

影响力　权力性影响力　非权力性影响力　服从　暗示　感染　认同　内化

□ **主要观念**

领导权力性影响力的构成要素　领导对秘书心理影响的主要方式　秘书对领导心理与行为的影响

## 知识掌握

9.1　秘书与领导关系的实质是什么？

9.2　领导对秘书心理影响的主要方式有哪些？

9.3　秘书与领导交往活动的相互影响有哪些？

9.4　秘书处理与领导关系的方法有哪些？

9.5　秘书处理与领导关系的技巧有哪些？

# 知识应用

## □ 案例分析

### 保密

**背景与情境：** 丁平是皓月科技发展集团总裁办的秘书，这天下午她给总裁送份刚收到的传真，正准备离开时，总裁让她坐下来聊一会儿。聊着聊着，总裁突然说："小丁，近来集团内部似乎有人在议论吴总生活作风上的事，你主要负责吴总工作，知不知道这方面的情况？"

听总裁这么一说，丁平知道总裁是有所指的。上个星期五下午，集团负责市场的吴总匆匆忙忙地把丁平叫到自己的办公室，拿出一个精致的礼盒和一张写有地址的纸条对丁平说，由于广州那边的市场出了情况，他现在得马上去机场飞广州，所以委托丁平帮他给朋友送个礼物。第二天下午，根据吴总的纸条，丁平找到了礼物的主人——一个看上去不到30岁的漂亮女人！她接过礼物时高兴的几乎跳了起来："啊！吴哥连我的生日都记得，真是太好了，谢谢吴哥！" 丁平当时就觉得这事有些怪怪的，所以她估计总裁问的就是这事。但小丁觉得这是吴总个人隐私，因此便轻描淡写地说："没听说啊，没什么事啊！"

"真的没什么事？"总裁反问了一句。

"真的！"丁平坚定地回答。于是总裁有些失望地说没什么事了，让丁平回去了。

没过几天，人力资源部的人通知丁平从下个星期起到销售部上班，当普通业务员。当时丁平感到五雷轰顶，她问为什么，对方悄悄地告诉她：原来总裁打算让丁平给自己当秘书，但丁平在有意设计的忠诚度测试中没有合格，所以让她转岗。这时丁平才后悔自己没有说出真相，轻易地断送了自己的职业生命，于是提出了辞职。

**问题：**

1）丁平做错了什么？

2）你从这个案例中获得了什么启示？

## □ 实践训练

某公司老板是一个专横跋扈、刚愎自用、忌贤妒能的人，他的手下有三名员工分别是甲、乙、丙，他们对其老板都深感厌恶。于是，甲采取与老板大吵一通，辞职不干了；乙则从此忍气吞声，与老板相安无事；丙则反过来阿谀奉承于老板，并以此获得晋级的机会。

如果你是这个公司的员工，你会怎么做？说出你的理由。

# 心理测试

### 领导风格测试

**说明：** 了解你的上司的领导风格，对秘书工作的开展会有所裨益。因此，仔细阅读每一道题，并根据你（或你的上司）在下述行为上的实际状况，在每一道题的右边的5个数字中划出你所选的一个。（1：从不　2：很少　3：有时　4：经常　5：总是）

| 序号 | 测试项目 | 选项 1 | 2 | 3 | 4 | 5 |
|---|---|---|---|---|---|---|
| 1 | 告诉成员们应该做什么 | | | | | |
| 2 | 对成员友好 | | | | | |
| 3 | 为成员设立行为标准 | | | | | |
| 4 | 帮助成员在群体中感到自在 | | | | | |
| 5 | 对如何解决问题提出建议 | | | | | |
| 6 | 善意对待别人提出的建议 | | | | | |
| 7 | 把他（她）的观点向别人表明清楚 | | | | | |
| 8 | 公平待人 | | | | | |
| 9 | 为群体制订行动计划 | | | | | |
| 10 | 对群体成员以可预测的习惯方式表现 | | | | | |
| 11 | 为每个群体成员制定角色规则 | | | | | |
| 12 | 积极与群体成员交流 | | | | | |
| 13 | 明确他（她）在群体中的角色 | | | | | |
| 14 | 对别人的福利表示关心 | | | | | |
| 15 | 为完成工作而制订计划 | | | | | |
| 16 | 作决定时有灵活性 | | | | | |
| 17 | 对整个群体的行为设立标准 | | | | | |
| 18 | 向群体成员表露想法与感觉 | | | | | |
| 19 | 鼓励群体成员工作的高质量 | | | | | |
| 20 | 帮助群体成员友好相处 | | | | | |

评分规则：设计这份问卷是用来衡量两种主要的领导行为：任务导向与关系导向。按下面的方法计分：将奇数题的得分相加，这是任务导向的分数；将偶数题的得分相加，这是关系导向的分数。

评分解释：

| | | | |
|---|---|---|---|
| 45～50分 | 很高 | 30～34分 | 相对低 |
| 40～44分 | 高 | 25～29分 | 低 |
| 35～39分 | 相对高 | 20～24分 | 很低 |

测试结果：任务导向□　　　　关系导向□

（注：本测试结果仅供参考）

# 第10章

# 秘书的公关心理与行为

## 学习目标

通过本章学习，你应该达到：

【职业知识】了解和掌握公关和公关心理的概念，秘书公关的特点、秘书公关的心理特征；熟悉和掌握秘书工作与公关的关系。

【职业能力】熟悉和掌握秘书的公关工作内容。

【职业素质】树立秘书良好的公关意识。

【引例】

### 不速之客

**背景与情境**：一天，总经理办公室突然来了一个不速之客。

"我找总经理！虽然我们是工人，但也是人，怎么动不动就让我们加班，连个慰问也没有！年终奖金也没几文。老板有钱，我有人格！"愤怒之余他扔出一句话，"我是老孙，我和总经理是约好的。"

总经理秘书小田马上起身接待。"是的，是的。总经理在等您，不过不凑巧，有位同事临时有急件送进去，麻烦您稍等一下。"秘书客气地把老孙带到会客室，请老孙坐下，又满脸堆笑地问道："您是喝咖啡还是喝茶？"

"我什么也不喝。"老孙一边小心地坐进大沙发，一边气呼呼地说。

"总经理特别交待，如果您喝茶，一定要泡上好的龙井。"

"那就茶吧！"

不一会儿，小田端进连着托盘的盖碗茶，还加上一小碟点心，并笑眯眯地说："您慢用，总经理马上就来。"

"我是老孙，"老孙接过茶，抬头盯着秘书小田，"您没弄错吧！我是工友老孙。"

"当然没弄错，您是公司元老，总经理的老同事，总经理经常说你们最辛苦了，一般同仁加班到九点，你们得忙到十点，他心里实在过意不去。"

正说着，总经理大跨步地走出来，热情地握住老孙的手说："听说您有急事？"

"啊…啊…啊，其实也没什么，几位工友叫我来看看您……"老孙回答说。

不知为什么，老孙憋了一肚子不吐不快的怨气，一下子全不见了。临走，还不断地对总经理说："您辛苦，您辛苦，打扰了！"

**问题：**

1）秘书小田的哪些行为可圈可点？

2）秘书的公关协调活动的重要意义是什么？

秘书处在组织的枢纽地位，是内外连接的通道和窗口，秘书又常以组织身份接待公众，处理事务，甚至代表领导出席会议、回答问题，是公众与领导之间的中介。如果秘书有了公共关系理念，就可以自觉主动地做好工作。在这个案例中，总经理还没有出现，秘书已经把问题化解了一大半。碰上正激动的老孙，与其一见面就不高兴，何不请他先坐下，让他先冷静一下？他有怨言，觉得不被尊重，何不为他奉上茶点，待为上宾，使他受宠若惊？人都要面子，先把他人的面子做足了，再狠的人，也会为别人留面子。秘书的公关协调活动，平息了一场即将爆发的冲突。

## ● 10.1　秘书的公关心理

### 10.1.1　公关的概念和特点

1）公关的概念

公关是公共关系的简称。公共关系是指组织为改善与社会公众的关系，促进公众对组织的认识、理解及支持，树立良好组织形象的一系列活动。它本意是社会组织、集体或个人必须与其周围的各种内部、外部公众建立良好的关系。它是一种状态，任何一个组织或个人都处于某种公共关系状态之中；它又是一种活动，当一个组织或个人有意识地、自觉地采取措施去改善和维持自己的公共关系状态时，就是在从事公共关系活动。作为公共关系主体长期发展战略组合的一部分，公共关系的含义是指这种管理职能：评估社会公众的态度，确认与公众利益相符合的个人或组织的政策与程序，拟订并执行各种行动方案，提高主体的知名度和美誉度，改善形象，争取相关公众的理解与接受。

2）公关的特点

公共关系是社会关系的一种表现形态，科学形态的公共关系与其他任何关系都不同，有其独特的性质和特点。

(1) 公关的情感性。公共关系是一种创造美好形象的艺术，强调的是成功的人和环境、和谐的人事氛围、最佳的社会舆论，以赢得社会各界的了解、信任、好感与合作。我国古人办事讲究“天时、地利、人和”，把“人和”作为事业成功的重要条件。公共关系就是要追求“人和”的境界，为组织的生存、发展或个人的活动创造最佳的软环境。

(2) 公关的双向性。公共关系是以真实为基础的双向沟通，而不是单向的公众传达或对公众舆论进行调查、监控，它是主体与公众之间的双向信息系统。组织一方面要吸取舆论民意以调整决策，改善自身；另一方面又要对外传播，使公众认识和了解自己，达成有效的双向意见沟通。

(3) 公关的广泛性。公共关系的广泛性包含两层意思：一层意思是公共关系存在于主体的任何行为和过程中，即公共关系无处不在、无时不在、贯穿于主体的整个生存和发展过程中。另一层意思指的是其公众的广泛性。因为公共关系的对象可以是任何个人、群体和组织，既可以是已经与主体发生关系的任何公众，也可以是将要或有可能发生关系的任何暂时无关的人们。

（4）公关的长期性。公共关系的实践告诉我们，不能把公共关系人员当作“救火队”，而应把他们当作“常备军”。公共关系的管理职能应该是经常性与计划性的，这就是说公共关系不是水龙头，想开就开，想关就关，它是一种长期性的工作。

**同步思考 10-1**

日本东京一家贸易公司有一位秘书小姐专门负责为客商购买车票。客商中有一位德国一家大公司的商务经理经常请她购买来往于东京、大阪之间的火车票。不久，这位经理发现：每次去大阪时，座位总在右窗口，返回东京时又坐在左窗口边。经理问秘书小姐其中有什么缘故，秘书小姐笑着回答道：‘您去大阪时，富士山在你右边；返回东京时，山又到了您的左边。我想，外国人都喜欢日本富士山的壮丽景色，所以我替您买了不同位置的车票。’就是这桩不起眼的细心事，使这位德国经理大为感动。他想在这样微不足道的小事上，这家公司的职员都能想得这么周到，那么跟他们做生意还有什么不放心的呢！于是，他决定把同这家日本公司的贸易额由400万欧元提高到1 200万欧元。

**问题：**秘书小姐的细心为何为公司带来大笔生意？

**理解要点：**秘书公关存在于秘书人员的一切行为中，即秘书公关无处不在，无时不在，秘书的一言一行都将会对组织产生影响。

3）公共关系与人际关系的联系与区别

公共关系与人际关系是两个既有联系又有区别的概念。公共关系指组织与公众之间的传播与沟通。人际关系指个人在社会实践中形成的各种社会关系。

（1）公共关系与人际关系的联系。从工作内容上看，公众关系中包含了许多人际关系；从工作方法看，公关工作需要运用人际沟通的手段，要求公关人员具备较好的人际关系能力。良好的人际关系有助于建立良好的公共关系。

（2）公共关系与人际关系的区别。公共关系的行为主体是组织，人际关系的行为主体是个人；公共关系的对象是公众，人际关系的对象是私人关系；公共关系是组织的管理职能，人际关系是个人的交际技巧；公共关系强调运用大众传播，人际关系局限于人际传播。

### 10.1.2 秘书公关心理的概念及特征

1）公关心理的概念

公关心理是指与公关活动和公关行为相关的心理现象。公关心理与普通心理有着相似之处，二者都是人脑的机能，都是人的过去与现在全部发展的结果，但公关心理与普通心理也有一定的区别，主要表现在活动范围的大小。公关心理比普通心理活动的范围小，普通心理存在于一切活动之中，公关心理仅存在于公关活动中，并被赋予某些专门性特点。

2）秘书公关心理的特征

（1）情感性。公关活动具有浓厚的情感色彩。在心理上，对公关主体而言，是一种情感的投入；对公关客体而言，是一种情感的影响，情感活动自始至终贯穿于公关活动之中。公关活动是以情感人、以心换心的过程，是以情感投入为主，以说服教育为辅的双向沟通。在公关过程中，要始终铭记“以情感人”并“寓情于理”的核心特征。

（2）意识性。和其他有意识的心理活动一样，公关心理具有明显的意识性。公关活动就是在明确意识的支配下，寻求沟通、理解和支持的过程，对这个过程的主动把握，正是公关心理意识性的体现。

（3）功利性。公关心理具有明显的功利性特征。作为公关主体而言，追求自身的利益、树立自身形象是公关活动的根本目的。公关主体在主观愿望上都是从自身的利益出发的，都是为了自身的目的和要求去进行公关活动的。不过，公关心理的功利性并不是狭隘的自私自利，而是在追求自己利益的同时既利己又利人。

（4）广泛性。“女为悦已者容”，人类的公关心理具有普遍性和广泛性。小到自身形象的整饰，如服装、化妆和言谈举止的在意，大到组织形象的树立和维护，这些都是在公关心理的支配下进行的。

### 10.1.3 秘书工作与公关的关系

1）职能的相似性

秘书工作和公关工作的职能是相似的。秘书工作具有收集信息、传播沟通、协调关系、辅助决策的职能，公关工作也具有沟通信息、协调关系、辅助决策的职能。许多秘书人员同时又是组织的公关人员，但秘书工作和公关工作所涉及的对象略有差别。秘书工作的对象更侧重于组织内部，公关工作的对象更侧重于组织外部。如同是协调工作，组织内部部门与部门之间的协调，多由秘书部门和秘书人员负责；组织与外部公众的协调，则多由公关部门和公关人员负责。

2）性质的接近性

秘书工作和公关工作的性质是接近的。从部门来说，秘书部门和公关部门都不是决策机构，而是辅助管理的机构和服务机构；从工作性质来说，秘书工作和公关工作都是辅助性和服务性的，都是辅助领导决策与管理，为领导和组织服务的。秘书人员和公关人员都可以参与组织活动中的决策工作和管理工作，但也都只能起到辅助作用和参谋作用。决策权和管理职责最终是由领导履行的。

3）方法的共同性

秘书工作和公关工作在方法上有许多共同之处。公关策划的三种主要方法，即集中公众和专家智慧的集思广益法，强调新意并具有创造性的创造思维法，强调把握时间抓住机遇的时机选择法，也都与秘书工作方法具有共同点，也都是秘书工作中常用的工作方法。秘书人员在为领导提供决策方案时，特别是涉及一些专业问题时，一方面要广泛听取群众意见，另一方面也要向专家请教，集思广益，使决策方案更全面、更科学。秘书人员的工作虽然具有被动性的一面，但同时也具有主动性的一面，秘书人员出色工作往往来自其主动性一面，即来自其超前意识和创造性的思维方法。秘书人员的工作也很强调运用时机选择法，准确地把握时机、抓住机遇，及时而准确地为领导的科学决策提供合理、可行的方案。

4）作用的一致性

秘书人员和公关人员在以下几个方面的作用是一致的。

（1）耳目作用。秘书人员和公关人员，都是领导的耳目，发挥着领导耳目的作用。在一般情况下，领导比秘书人员和公关人员的政策水平、决策水平高，思维能力强，管理能力强。但是人的精力是有限的，领导也不例外，精力同样有限。这就决定了领导只能集中精力做大事，而调查研究、信息收集等工作更多地是交给秘书人员和公关人员去做。在这方面，秘书人员和公关人员应该自觉地当好领导的耳目，为领导的决策和管理及时地获取信息、迅速地处理信息，准确地提供信息。

（2）参谋作用。秘书工作和公关工作都对领导工作发挥着参谋作用，秘书人员和公关人员都是辅助领导决策和管理、为领导活动服务的参谋人员。秘书人员和公关人员的参谋作用主要表现在以下几个方面：一是帮助领导确定决策目标；二是为领导提供决策信息；三是帮助领导制订方案；四是协助领导评议方案并选择方案。可以说，在领导的整个决策过程中，秘书人员都具有参谋作用。

（3）办事作用。秘书人员和公关人员都要协助领导处理日常事务，使领导集中精力抓大事。一个组织中的事务性工作，基本上都是由秘书人员和公关人员来承担的。当然，这并非降低秘书人员和公关人员的作用，也不是说秘书人员和公关人员只能从事事务性工作。处理事务仅是秘书人员和公关人员的职能之一。

（4）窗口作用。秘书人员和公关人员所从事的一切活动、斟酌上都与公务有关，他们是作为组织代表的身份参与各种活动的，是组织与各方面联络、接洽的窗口。与秘书人员和公关人员打交道的人，也是把他们作为组织形象来看待的。所以，秘书人员和公关人员的工作态度、工作质量都是组织和领导水平的反映，对树立组织形象的影响重大。

**同步思考 10-2**

李红在宏远公司担任多年总经理秘书，她办事细心周到，把公司上上下下打理的很有条理，在工作和生活上给了总经理很多帮助，总经理很依赖她。

这天，总经理又给李红出了一个难题。总经理明天要到南非去出差，洽谈一笔钻石业务。因为太忙，今天才想起通知李红要出差，他很抱歉地对李红说："对不起，是我疏忽了。我知道现在机票很难订到，但是明天我一定得出发，否则，这笔业务可能就泡汤了。"李红说："总经理别急，我会想办法的。"李红回到办公室马上给机场售票处的许飞打电话，让她帮忙订一张明天飞往南非的机票。许飞是李红多年来为公司的员工和上司出差预订机票而建立的人脉，长期以来一直保持着良好的关系。因此，即使是在票源紧张的情况下，一般也能拿到票。果然，当天下午四点钟李红就顺利地拿到了机票，是第二天上午十点的航班。

离下午下班的时间很近了，李红知道总经理很忙，又没有成家，没人替他打点行装，就主动帮他收拾出差带的东西，把文件、护照、机票等都放进行李箱，还提醒总经理如果他还需要什么东西，现在就放进箱子里。还叮嘱他今晚早点睡，明天十点的航班，一定要在八点前出发。第二天早上 7：30，李红打电话给总经理，询问他准备好了没有，不要忘带东西，又提醒他南非的季节跟本地相反，那边是冬季。

**问题：**李红为什么在票源如此紧张的情况下顺利拿到机票，让总经理得以正常出行？

**理解要点：**公关工作是秘书工作的一个组成部分，尤其是秘书人员与外界交往时既是工作，也是公关，利用好工作的机会，建立起广泛的人脉，有利于其他工作的开展。

### 10.1.4 秘书的公关意识

公关意识是在公关知识的基础上经过公关实践积累之后，对公关活动经验的高度概括和升华，是一种自觉的观念。理论来源于实践，又对实践有指导作用。秘书人员要学习公关理论知识，树立公关意识，形成自觉的公关观念，在工作过程中才能自然而非刻意、持续而非间断地关注公关协调状态，运用相关手段实现既定目标。一般而言，秘书人员要具备以下公关意识：

1）良好的公关形象意识

组织形象在公关活动中占有核心地位，公共关系主体的一切活动都是为了塑造良好的组织形象。现代社会，良好的组织形象是组织生存和发展的重要保证，是宝贵的无形资产，对提高组织的知名度、信誉度、美誉度，对增强组织内部凝聚力、公众的吸引力，将社会效益转化为经济效益有着极为重要的作用。所以，社会组织的一切公关活动基本上都是以树立、完善、维护其社会形象为宗旨的。秘书活动虽然是为领导服务的，但为领导服务的同时也是为组织服务，为领导服务的目的是为了树立、维护、完善组织的社会形象。秘书人员的外表、语言、行为都在一定程度上对组织形象产生影响。因此，秘书一定要具有公关形象意识，把自己的言行和组织的形象联系在一起，为塑造组织形象服务。

【知识拓展10-1】

**女秘书着装禁忌**

香奈尔曾说：“当你穿得邋邋遢遢时，人们注意的是你的服装；当你穿的无懈可击时，人们注意的是你。”可见服饰对一个人的重要性。穿衣最忌讳走入误区，女秘书要注意以下着装误区：

（1）过分时髦。现代女性热爱流行的时装是很正常的，即使一个女人不刻意去追求流行，流行也会左右她。有些女秘书几近盲目追求时髦，反而会给人压力感和厌恶感。一个成功的职业女性对于流行的选择必须具有判断力，同时要切记，在办公室主要表现的是工作能力而非赶时髦能力。

（2）过分暴露。夏天的时候，很多女秘书不注意自己的身份，穿起颇为性感的服装。这样，你的才能和睿智可能被埋没，甚至还会被看成是轻浮。因此，再热的天气也要注意自己仪表的整洁、大方。

（3）过分正式。这个现象也常见，主要原因可以说是没有适合的服装。

（4）过分潇洒。最典型的例子就是一件随随便便的T恤或罩衫，配上一条泛白的“破”牛仔裤，丝毫不顾及办公室工作的严肃性，这样的穿着可以说是非常不合适的。

（5）过分可爱。许多可爱俏丽款式的“卖萌”型服装，也不适合工作中穿着，这样会给人幼稚、不稳重的感觉。

2）团结发展意识

公关活动的宗旨之一就是内求团结、外求发展，团结稳定是组织存在和发展的前提和基础。秘书人员在公关活动中应该具有团结发展意识。特别是在对内关系方面，不仅要团结和自己一起共事的人和与自己工作相关的人，而且要团结与自己意见不一致甚至是反对自己的人，让他们与自己一道，推动组织工作的前进和发展。

3）利益分享意识

任何公关活动都有一定的利己性，公关主体首先考虑的是自己的利益。但是，任何成功的公关活动，却又不只是自利的，而是利己与利人兼顾的。所以，在公关活动中，公众利益也是公关主体所考虑的重要问题，如果忽视公众利益而片面追求自利，甚至损害公众利益而追求自利，是违背职业道德的。秘书人员无论是在组织内部的交往活动，还是与组织外部的公众交往，都应树立利益分享意识，将利己与利人有机地结合起来，在利己中兼顾利人，在利人中实现利己。

4）强烈竞争意识

公关活动，一方面要求与人为善，团结发展，但另一方面又是一种强烈的竞争。公关活动本身就是竞争的产物，同时也是为了竞争。社会组织所进行的各种公关活动，其根本目的就是为了组织在竞争中求得生存和发展，而公共关系中的“内求团结，外求发展”，在具体实施过程中也往往是在组织内部求“和”，在组织外部求“争”。“竞争是公关的动力，公关是竞争的法宝”，是对公关与竞争关系最好的概括。作为秘书人员，时时刻刻都应该具有强烈的竞争意识，不管秘书人员做什么工作，都应该想到是在与他人进行竞争，都是在竞争中为组织发展做贡献。没有竞争意识的秘书人员不是一个合格的秘书人员。

### 10.1.5　良好的秘书公关心理素质的塑造

1）良好的气质

一般认为，在气质类型上，多血质的人更适合从事公关协调工作。多血质的人活泼、大方、机智、聪明、善于交际、兴趣广泛的气质特征，能够使自己具有较强的凝聚力，使领导的决策和措施得到顺利地贯彻和落实，并能较好地掌握公众意见、态度和期望，使信息及时反馈。这些都是公关工作的优越气质条件。当然，虽然气质具有稳定性，但其他气质类型的秘书人员只要努力学习和勇于实践，认真克服气质的缺点，也是能够做好秘书公关工作的。

2）健康的人格

人格作为表现人的态度和行为方面的稳定的心理特征，与气质有密切关系，秘书人员从事公关活动应具备的人格品质主要包括以下几个方面。

（1）开朗、宽容和有耐心。公关活动要与各个方面、各种类型的人员打交道，性格孤僻、抑郁寡欢的人是不能胜任的；秘书人员具有宽容的性格，宽宏大量，善解人意，处处为他人着想，易形成良好的交往气氛；秘书人员在公关活动中要有耐心，耐心地听取各方面的意见，耐心地做说服解释工作，这样使对方既感受到了尊重，又能愉快地接受秘书人员的想法和传播的信息。

（2）勇敢顽强。顽强的性格是秘书人员公关活动取得成功的重要保障，在公关过程中，无论遇到什么困难，都不能半途而废，应该顽强地应付和支撑各种困难局面，要有同舟共济、锲而不舍的毅力，否则将一事无成。

（3）富有幽默感。幽默是秘书人员在公关活动中必须具备的优良品质，作为秘书人员，掌握幽默的艺术和技巧，对于做好公关工作具有重要意义。幽默是增加个人魅力的“润滑剂”；在紧张的气氛中可以成为“减压阀”；在欢乐的场合中可以成为“催化剂”。同时，幽默也是秘书人员解脱困境、摆脱尴尬局面的有力武器。善于幽默，更能体现秘书人员知识、经验、语言、口才和智慧的综合魅力。

3）高尚的品德

秘书人员所从事的公关活动是一种创造性活动，需要说服乃至征服公众。秘书人员可以运用晕轮效应，增加对公众的影响力。晕轮效应来自秘书人员公道正派的品质与道德，具体应该包括以下几个方面的内容：

（1）实事求是。能妙笔生花，妙言善辩，但绝不能无中生有；收集信息、传播信息，绝不欺世盗名、自欺欺人。

（2）公正无私。公正，即对公众一视同仁，平等相待，不厚此薄彼；无私，则不谋求组织之外的个人利益，更不能牺牲组织、公众利益来满足个人私利。

（3）乐于助人。在与公众交往过程中，善解人意，扶危济困，热情待人，富有同情心，为他人着想，关心他人。

（4）光明磊落。要襟怀坦荡、公平竞争，不贬低他人，抬高自己。

**同步案例 10-1**

**背景与情境：**中健公司为了实现产业升级，正在收购一家上市的生物制药公司的股份。为了避免两家公司的股票在股票市场上的大幅波动，两家公司签订了严格的保密协议，规定这件事双方只能让少数人知道。

这天，负责与对方秘密谈判的公司副总从对方的所在地给总裁秘书于雪来电话，说谈判已经完成，让于雪赶紧用快件寄三张作为公司法人代表的总经理照片过去，以办理有关手续。这天总经理正好在市政府开会，于雪一时找不到总经理的照片。就在于雪不知怎么办好时，她看到挂在自己胸前的胸卡，想起半年前公司为了实施CI战略，公司公关部统一为公司每个员工拍照制作胸卡，便估计公关部留有总经理照片。于雪给公关部打电话，对方接电话的正是于雪中学的同学小诺。小诺是公关部的办事员，公司所有人的照片都是她拍的。她说她们那有总经理的照片，并答应马上给送过来。当于雪刚刚松口气，公关部的雷经理来电话，问于雪要照片做什么用。面对这种情况，于雪有以下几种选择：

a. 这是总经理要的，我不知道！

b. 我可以告诉你，但你不能对别人说。

c. 拿到报纸上去发表（因为总经理前几天刚接受一家财经报纸的采访）。

d. 对不起，我暂时不能说。

e. 你问那么多干什么？

**问题：**对于以上几种选择，你认为哪种选择比较合适，请说明理由，并对其他几种选择进行评析。

**分析提示：**选项a，c有悖诚实；选项b违反保密原则；选项e态度不友好；选项d应答得体，身为职场中人，话已至此，对方应该能够理解。

## ● 10.2 秘书的公关行为

### 10.2.1 公关行为与管理行为

1）公关行为是一种管理行为

公关工作是管理工作的一部分，公关行为实际上是一种管理行为，是管理的艺术。在组织内部，公关行为的主要作用是沟通思想、联络感情、增强团结；在组织外部，公关行为的主要作用是获取信息、对外宣传、树立形象。公关是一种特殊的管理活动，美国公关专家哈罗认为："公共关系是一种独特的管理活动。它帮助一个组织建立并维持与其公众之间的沟通、理解、认可和合作；它参与各种问题和纠纷的处理；它帮助管理部门了解民意并做出反应；它确认和加强为公众利益服务的管理责任；它作为社会趋势的监视者，帮助管理部门与社会变动保持一致。它以有效的传播技术、沟通技术和调查研究技术作为其基本工具。"

2）公关行为的协调作用

公关行为是组织协调工作中使用的一种工具，是行之有效的协调方法，公关行为同时也是一种协调行为。特别是在组织外部，当一个组织与另一个组织，一个组织与外部其他公众发生矛盾时，往往都是用公共关系手段加以协调的。有时，公共关系被定义为是一个组织与其社会公众之间的协调关系。

**【知识拓展10-2】**

**办公室日常礼仪**

（1）不要将工作和个人生活混在一起。如果必须在工作中处理个人问题，要留到午饭时，而不要在工作时安排朋友到办公室中拜访。

（2）不要滥用自己有权利使用的东西。如传真机、有公司标识的信纸和其他办公用品，这些仅限于办公时用。

（3）不要把各种情绪带到办公室，尤其是情绪不好时。要学会控制不与人发生冲突，每个人都会有情绪不好的时候，但办公室里绝对不允许带个人情绪。

（4）不要在办公室里大哭、大叫或做其他感情冲动的事。如果实在忍不住悲伤，离开办公室，关上门或到休息室里去，等情绪好了再说。

（5）不要不打招呼就突然闯到别人的办公室，先打电话或提前约一下。

（6）要注意日常禁忌。并不是所有的话题在任何时间、任何地点都适合拿来公开讨论。要塑造成功的职场人生，就必须懂得掌握说话的分寸。

（7）不要零食不离口。女孩子大都爱吃零食，且以互换零食以示友好，但是切忌在上班时间吃零食。

（8）不要偷听别人谈话。同事私下谈话，切忌停下手中的工作，伸长耳朵去听；在别人打电话时，不要眼睛紧盯打电话的人，耳朵灵的像兔子，这会使你的形象大打折扣。此时在条件允许的情况下最好回避。

### 10.2.2　秘书与公关信息

秘书部门的重要作用之一就是信息作用。作为秘书人员，主动收集信息、加工信息，向领导提供信息，是其本职工作之一。当秘书人员以公关角色出现时，收集信息应成为秘书的自觉行动。秘书人员在公关活动中收集的信息称之为公关信息。

1）公关信息的种类

公关信息是与组织相关的各种信息，凡是直接或间接地影响组织生存和发展的信息都是公关信息。一般来说，公关信息可以分为以下三种类型。

（1）组织环境信息。它是关于组织生存和发展的外部环境信息，主要包括以下几方面内容：

第一，政治环境信息。任何组织，都会受到国际国内政治环境的影响。在国际上，战争的爆发、国际组织的建立、世界格局的变化等，都对组织的生存和发展产生一定的影响，这些信息都是组织应该收集和掌握的。在国内，新政策的出台、新法规的颁布、每一次新决议、政局的新变化等，都会对组织的生存发展产生直接影响，这些信息都是组织必须收集和掌握的。秘书人员应该主动关心国际国内大事，及时收集有关信息并向组织和领导反映。

第二，经济环境信息。现代社会，不仅经济组织关心经济问题，社会组织也关心经济问题。认真了解国际和国内经济环境信息，是公关人员和秘书人员的重要任务之一。事实上，现代社会的公关活动主要集中于经济领域，经济情报的收集是现代情报工作的重要方面。

第三，文化环境信息。现代社会，经济文化化，文化经济化，文化信息对经济发挥着重要的影响。人们的文化传统、生活习惯和风俗民情等文化环境信息，是组织所必须掌握的信息。秘书人员在收集信息时，必须重视对文化环境信息的收集和了解。

第四，自然环境信息。组织的发展，特别是经济组织的发展，往往受到自然环境的影响。自然环境和地理条件方面的信息，是经济组织决策的重要依据之一。

第五，竞争环境信息。它是指竞争对手各方面的情况，只有了解和掌握竞争环境信息，组织才能知己知彼，掌握主动权，立于不败之地。

（2）组织内外公众信息。它包括组织内部公众和组织活动相关的外部公关的数量变化、构成特点，要求愿望以及对组织具有较大影响力的舆论等方面的情况。了解和掌握组织内外公众的状况和愿望，是秘书人员的基本工作任务之一。

（3）组织状况信息。它包括组织的历史发展、现实状况、领导素质等，这也是秘书人员所必须了解和掌握的。无论何种组织，要立于不败之地，就必须做到“知己知彼”。了解组织环境信息是“知彼”，了解组织状况是“知己”。只知彼不知己或只知己不知彼，从掌握信息的角度来说都是不全面的，对组织的生存和发展也是有害的。

3）收集信息的原则

秘书人员的公关信息收集，一般要遵从以下原则。

（1）有用性原则，即收集的信息是有价值的，是有利于组织的生存和发展的。没有价值的信息不是严格意义上的信息，收集的信息要从组织的需要出发。信息的收集是为了组织决策和管理的需要，因此收集有用信息是秘书人员收集信息的一条基本原则。

（2）新颖性原则。新颖性是信息的基本特征，也是组织最需要的。新颖的信息能为组织的决策和管理提供最新的依据。收集内容新颖的信息是秘书人员公关信息收集的又一条重要原则。

（3）真实性原则。就消息的内容而言，有真实与不真实、可靠与不可靠之分。秘书人员在公关活动中收集信息一定要坚持真实性原则，要收集真实、可靠的信息提供给领导和组织。虚假不可靠的信息有时会给组织决策带来很大的误导，甚至会使决策失误，危害组织的生存和发展。

总之，秘书人员在公关活动中要主动收集信息，为领导的正确决策和有效管理提供全面、准确、有效的信息。

### 10.2.3 秘书的公关调查

调查研究是秘书部门和秘书人员的主要工作之一。主动地调查了解各种情况，听取各方面意见，为领导决策提供方案，是秘书人员应尽的职责。秘书人员在从事公关活动时，应主动进行公关调研。

1）公关调查的目的

公关调查是公关工作的基础，公关计划能否实施、公关活动效果是否满意，与公关调查有着直接的联系。公关调查与秘书的一般调查研究不同，它主要针对组织形象展开。其主要目的是分析组织面临的问题，找出期望形象与实际形象之间的差距，为改善和重塑组织形象提供科学的依据。

2）公关调查的内容

一般说来，秘书人员的公关调查主要包括以下几方面内容。

（1）任务调查。就是完成领导布置的调查任务。这是一种有针对性的调查工作，其特点是任务具体，对象明确，时间性强。在多数情况下，秘书人员处于被动地位，调查工作是在领导指挥或监控下进行的。

（2）形象调查。它是公关调查的主要内容。形象调查可以分为两个方面：一是本体形象调查，即对组织形象中的人——组织成员形象，组织中的物——组织产品形象，组织中的财－组织实力形象等方面情况的调查；二是观念形象调查，即公众对组织形象认识和评价意见的调查。在一般情况下，本体形象良好，观念形象才完美。组织形象尽管是公众观念中的形象，但这种观念形象不是自发形成的，它是以本体形象为基础的。形象调查要清醒地认识到主客体的统一性，才能比较准确地把握组织形象。

（3）舆论调查。组织形象与公众舆论有着密切的联系，组织“要在社会上树立良好组织形象，必须注意到舆论的褒贬作用，防止良好的愿望产生受舆论指责的结果”。对公众舆论的调查，是公关调查不可或缺的内容。及时了解和掌握公众舆论，是树立组织良好形象的重要途径之一。

（4）期望调查。它也包括两个方面：一是内部期望调查，即组织成员希望组织成为什么样的调查；二是外部期望调查，即外部公众希望组织成为什么样的调查。公众的期望，对组织形象的塑造有很大的影响，如果组织形象超过公众期望值，公众对组织形象的评价就好。因此，秘书人员的公关调查也不可忽视公众期望方面的内容，了解和掌握公众对组织的期望，有利于组织形象的改善。

3）公关调查的原则

公关调查是获取公关信息的重要手段，公关调查的原则是公关信息质量的保证。公关调查要遵循以下三个方面的原则。

（1）真实性原则。它是实事求是思想方法在公关调查中的运用，信息内容有真实与不真实、可靠与不可靠之分。秘书人员在公关活动中收集信息一定要坚持真实性原则，要收集真实可靠的信息提供给组织、领导。虚假和不可靠的信息有时会对组织决策造成很大的误导，致使决策失误，危害组织的生存和发展。

（2）及时性原则。及时性是信息的基本特征，也是组织最需要的。及时性信息能给组织的决策和管理提供最新的依据，收集内容及时的信息是公关信息收集的重要原则。

（3）针对性原则。针对性是指收集的信息是有用的，有利于组织的生存和发展。信息要有用，没有针对性的信息不是严格意义上的信息。收集信息要从组织需要出发，信息的收集是为了满足组织和管理者决策的需要，因此，收集具有针对性的有用信息也是秘书人员收集信息的基本原则。

4）公关调查的步骤

公关调查的内容是丰富的，形式是多样的，但无论调查什么内容，采取何种形式，其基本步骤都是相同的，都要经历从准备到实施再到处理的过程。

（1）准备阶段。这是公关调查的启动阶段，也是公关调查的设计阶段。在这一阶段中，首先要明确调查的目的、对象和任务，接着是制定调查方案，最后是组织调查人员。准备阶段的工作是很重要的，准备得是否充分，直接关系到调查质量的高低和调查任务的完成。因此，准备阶段的要求很高。调查准备工作应做到目的明确，任务具体，方案可行，人员得力；否则就会影响调查工作的顺利进行。

（2）实施阶段。这是公关调查方案和计划的具体落实阶段，这一阶段的主要任务是收集有关信息资料。公关调查的资料可以分为第一手资料和第二手资料。第一手资料是指公关人员通过实地调查所获得的资料，所以又叫原始资料；第二手资料是指转录、引用他人收集和记录的资料，所以又叫现成资料。两种资料相比，收集第二手资料比较方便、轻松，收集第一手资料比较费时费力。但第一手资料最为宝贵，是公关调查的主要成果。在公关调查的实施阶段，尽管两种资料都需要，但应以第一手资料为主，对第二手资料要做好核实工作。

（3）处理阶段。这是公关调查的完成阶段，其主要任务是对公关调查中所获得的原始资料进行分类、归纳、整理，并通过全面、深入的分析，得出正确的结论，最后写出符合实际的调查报告，送给相关职能部门，为领导塑造和改善组织形象提供科学的根据。

### 10.2.4 秘书的公关策划

组织的公关活动需要秘书人员进行公关策划，秘书人员应根据组织和领导的要求，按照公关策划的原则，认真分析各方面的情况，策划出活动的最佳方案供领导定夺。

1）公关策划的意义

公关策划是公关人员根据塑造组织形象的需要和条件，设计出最佳方案的过程。公关策划是公关工作的关键性一步，是公共关系成功的保证。策划成功，就为公关工作提供了良好的基础；策划不成功，公关动作也难以取得良好的效果。

2）公关策划的原则

公关策划是一门艺术，是一种自由自觉的创造活动。它在思维上要求具有创造性、新颖性。但是，这种创造活动同其他创造活动一样，都不是随心所欲的，必须遵循一定的基本原则。

（1）兼顾性原则。公共关系通常具有一定的自利性，但它不是一种单向自利，而是一种利己利人相统一的自利。公关策划也应体现这种性质，要坚持组织利益与公众利益、主体利益与客体利益兼顾的原则。公关活动在本质上是一种协调组织利益与公众利益并最大限度地实现这种利益的管理艺术。在进行公关策划时，必须体现出公众的利益，任何有损公众利益的公关策划都是不成功的，它在短期内可能损人利己，但从长期效应看它必将损人害己。

（2）协调性原则。它是指形象的协调性，即组织的总体形象与特殊形象的协调。总体形象是组织在公众中的共有形象，特殊形象是组织在重点的特殊公众中的形象。任何一个组织都需要有一个良好的总体形象，同时也需要在重点公众中树立特殊形象。公关策划必须使这两种形象达到协调，在满足一般公众要求的同时满足特殊公众的要求，忽视任何一方都会使组织利益和组织形象受损。

(3) 统一性原则。它在组织策划中体现为知名度与美誉度的一致。知名度是公众对组织的知晓程度，美誉度是公众对组织的普遍赞许程度。对组织形象来说，二者缺一不可。知名度是美誉度的基础，美誉度是知名度的升华。在一般情况下，二者是统一的，有知名度就有美誉度，有美誉度就有知名度。美誉度使知名度产生正面效果，知名度使美誉度显示社会价值。公关策划必须使二者统一起来，才能塑造出良好的组织形象。

(4) 创造性原则。公关策划是以创造性为主要特征的，公关策划必须坚持创造性原则。有创造性才有新意，才能对公众富于吸引力。公关策划的新，一是要有新信息，因为信息是策划的基本前提；二是要有新内容，内容是公关策划的主体成分；三是要有新形式，形式是公关策划的呈现形态。

3) 公关策划的方法

公关策划的原则是公关策划的指导思想，公关策划要形成具体方案，还必须有具体的操作方法，即公关策划方法。公关策划方法是公关策划的手段，常见的公关策划方法有以下几种：

(1) 集思广益法。它是指集中众人的智慧，是公关策划的重要方法之一。公关策划既要有个人的勤奋思考，更要有集体的智慧。集思广益在公关策划中主要体现在两个方面：一是集众人之智慧，在公关策划时广泛征求公众意见，征询公众建议；二是集专家之智慧，在公关策划时征求专家意见。这样，将专家意见与公众意见结合起来，既有重点性又有广泛性，既有专业性又有大众性，可使公关策划方案具有专业性和群众性。

(2) 创造性思维法。公关活动是一种创造性活动，自然离不开创造性思维方法。纵向思维、横向思维和逆向思维都具有创造性思维的特性，公关策划中新颖别致的方案来自策划人奇思妙想。

(3) 时机选择法。在谋略方面，公关策划与军事行动有相似点，都要善于选准时机，抓住战机。时机策划法要求在公关策划过程中要注意两个方面的时机：一是固定时机，即选择固定的时间开展活动；二是偶然时机，即选择偶然发生的事件开展公关活动。选择时机没有固定的模式，重要的是看公关活动与某种时机有无内在的联系。

4) 公关策划的步骤

公关策划是可以分为不同阶段，每个阶段又相互联系的过程，其基本步骤包括以下几个方面：

(1) 发现缘由。开展任何一次活动都是有一定缘由的，发现缘由是寻找开展公关活动的理由。要策划一次公关活动，必须有一定的缘由：或是组织形象受到某种损害，或是组织生存遇到某种危机，或是要树立组织的新形象。发现缘由，就是为公关策划找到现实的依据。

(2) 确立目标。公关策划的目标是公关活动所追求的结果或所要实现的目的，确立目标是公关策划的重要步骤之一。公关目标不仅是公关计划的依据，也是公关工作的指南，并且对组织成员的行为具有导向作用。确立目标是公关策划的核心，目标一错，整体公关活动便会走向歧途。

（3）制订计划。计划是实现目标的具体措施和有力保障，制订计划包括：目标分解，即将总体目标分解为单项目标；公众选择，即公关活动主要面向何种公众，其规模大小、成分的构成都有明确要求；模式选择，即在多种活动模式中选择本次公关活动的最有效活动模式；媒介运用，针对公关活动的特点，选择最佳媒介；经费预算，要花多少钱，办多少事，同时要保证开支并留有余地，以应付突发事件。

（4）分析评估。公关方案策划出来后，要召开有关会议对方案的可行性进行分析评估，肯定其优点，找出其不足，对方案进行完善和优化。分析评估中的最重要环节是要把握目标与方案是否一致，是否可行，是否高效。

（5）组织实施。策划方案经过分析评估、优化完善后，应形成书面报告报送组织领导，让其定夺，一经领导审定通过，就可立即组织实施。

### 10.2.5 秘书的危机公关

任何组织都有可能突然发生危机，陷入了一种很被动的局面，领导在这个时候也必然非常焦虑，情况往往还十分复杂。在这种情况下，秘书该如何参谋辅助，如何帮助组织和领导渡过难关，是对秘书才智的全面检验。如果辅助得当，秘书的作用会得到特别的显现，因此秘书人员应当懂得如何处理危机公关。

1）危机公关的概念

危机公关又称危机管理，一般是指由于组织的管理不善或者是外界特殊事件的影响，而给组织声誉、组织形象带来危机，组织针对危机所采取的一系列自救行动，包括消除影响、恢复形象等，危机公关属于危机管理系统的危机处理部分。

现代组织是一个与外界环境有密切关系的开放系统，处于动态环境之中的组织，出现危机是不可避免的。可以说，任何组织都蕴藏着爆发危机的可能性。危机的突发性、灾难性使危机公关成为现代公共关系的一种重要行为。危机公共关系处理虽然不是包治百病的灵丹妙药，但是一旦危机发生，危机处理的首选办法便是危机公关。

好的危机公关，可以使组织在危机事件面前也能够与公众保持良好的关系，从而维持该组织的正常运转，维护其公众形象，将危机的负面影响降到最低。全球化背景下，新的形势对秘书工作提出了新的要求，秘书人员如果不顺应形势拓宽自己的知识结构，提高自己的工作能力，将会被日新月异、飞速发展的时代淘汰。

2）秘书的危机公关意识

组织危机重在防范，超前的、无形的、全面的危机意识才是组织防范危机最坚固的防线。危机公关的目的在于使组织预防、化解危机，甚至转危为安。秘书所做的一切努力毫无疑问都是围绕这一中心进行的，因此秘书要树立积极的危机公关意识。

（1）全局意识。秘书在确立实施工作目标的过程中，要做好调配工作和信息反馈工作，取得正反两面的第一手资料，协助领导发现潜在的危机，并有效防范和控制危机，使组织科学地设置并修正目标，从而取得更好的发展。

（2）责任意识。秘书必须具备对本职工作的强烈的责任意识。只有具备责任意识，秘书才能将组织和公众的利益放在首位，对组织产生归属感，从而有效地发挥危机公关职能，控制甚至预防危机，解决组织存在的或潜在的问题。

（3）服务公众意识。公众的利益是至关重要的，可以说这是组织工作的着眼点。秘书在进行危机公关的过程中，应本着诚信的态度，理智地对事实做出分析、判断，将真相公布给公众以争取主动，求得公众的谅解和信任。

3）秘书危机公关实务

危机事件的发生，即使是一次不大的纠纷，也会损害组织形象，秘书人员负有维护组织形象的职责，也具备维护组织形象的能力和条件。危机事件发生时，秘书部门应立即开始运作，迅速向有关领导报告，及时将领导的意图传达给有关部门或负责人，并且做到以下几点：

（1）协助领导传播真实的信息。现实生活中，任何一类危机事件都会引起群众和新闻媒体的关注，很多媒体会抢先报道。舆论既可以赢得人民群众的同情和帮助，也可以激起他们的愤怒。一般情况下，虚假的信息往往比真实的信息传播得更快，引起的轰动效应更大。舆论爆炸往往是因为封锁消息或传播虚假消息造成的，而封锁消息或传播虚假消息这种行为的产生，多是因为害怕承担责任、受到处罚等而使损失加重。秘书人员要提醒领导看到舆论积极的一面，协助领导把损失的真实情况和相关数据毫不隐瞒地提供给有关方面，引导舆论朝着有利于组织发展的方向变化。

（2）加强对信息的监控。信息监控是真实传播的必要条件，是为了防止一些虚假消息的传播和蔓延。例如，对受灾程度、伤亡人数、损失价值、责任原因等有关信息，要经过核实后才能传播。在不了解情况或数据不准的时候，不要作推测性的结论。此外，还要把握透露信息的时机，需要指出的是，对危机信息监控的目的是准确地发布信息，以反驳道听途说的虚假信息和有可能产生的敌视报道，而不意味着隐瞒真相、拖延时间、逃避责任。因为隐瞒真相只能促使人们去猜测，以讹传讹；拖延时间、逃避责任则无助于危机的处理，况且责任也是无法逃避的。

（3）协助领导及时表明态度，争取公众的合作。争取公众的合作、支持是处理危机事件、控制事态的关键。对一些重大的危机，单靠组织自身的力量是难以应付和处理的。只有取得社会各界多方面的支持和帮助，才能渡过难关。依靠真实的传播可以使公众了解危机的性质和组织受损的情况，赢得公众的同情。除此以外还要及时表明态度，赢得公众的信任，争取社会各界在精神、资金和人力等方面的支持。

（4）对公众负责，协助领导勇于承担责任。危机事件发生以后，公众关注的焦点通常集中在危机发生的原因、损失大小、谁来负责、如何善后等问题上。责任问题是非常敏感的，承担责任有时就意味着接受处罚、赔偿损失，因而一些组织在回答这一问题时往往闪烁其词，答非所问。这种做法不利于争取公众的合作与支持，有时还可能激化矛盾，激起公愤。秘书人员要协助领导勇于面对现实，正视问题，对危机造成的后果不避重就轻，对应承担的责任不推卸搪塞。不管原因是否已经明确，首先要诚恳地表明组织作为事故承受者，给相关公众造成了损失或带来了不利的影响，向公众致以歉意。这样才是对群众利益负责的态度，有利于稳定公众的情绪，尽快地进行重塑组织形象的工作。如果一味地强调原因尚不清楚或者等待原因调查以后再谈责任问题，就有可能失去把坏事变成好事的良机。

（5）协助组织争取最大的支持，赢得事态转机。争取最大的支持，是处理危机事件、重塑组织形象的关键。对内部员工而言，不管他们是危机事件的目击者，还是从新闻报道中获得的信息，秘书人员首先要协助组织设法尽快告诉他们事情的真相以及组织明确的态度和所要采取的措施，使员工保持镇静，增强克服困难的自信心。其次要协助组织引导员工真实传播信息，通过自身的人际传播功能，争取社会各界人士的同情和支持，不散布未经证实的、对组织重塑形象不利的信息。对于外部而言，主要包括上级主管部门的关心和救助资金的拨付、新闻媒体的合作、公安部门乃至保险部门等的协助。对上级主管部门，要协助组织派人或组织负责人亲自通报受灾程度、损失状况和采取的方案、措施等，征求并尊重他们的意见。对公安部门、保险公司等，要根据危机的性质，或提供当事人、目击者的名单以尽快查明事故原因，或请求提供人力物力、维持秩序、控制事态、稳定情绪。

**同步案例 10-2**

**背景与情境：**沈丹在一家开发生产医疗麻醉设备的高科技公司担任总经理秘书，公司正准备明年在香港上市。星期一早晨一上班，沈丹就收到一份传真。传真是青海一家医院发来的，说是公司生产的麻醉机出现质量问题，造成严重的医疗事故，病人家属情绪很大，不仅提出巨额赔偿要求，而且还准备向新闻界投诉，因此院方要求公司尽快派人过去处理。面对这种情况，沈丹应该如何处理？现在沈丹有这么几种选择：

a. 马上与医院联系，了解事故发生的具体原因；

b. 马上与正在香港出差的老总通电话，向他汇报情况，并听取他的指示；

c. 因为情况紧急，马上以老总的名义给对方院长发传真，并请院长代表公司向病人家属表示慰问；

d. 与公司内有关部门联系，商量这次事件有可能对本公司的影响而采取相应的对策；

e. 向有关技术人员咨询，这类医疗事件到底是设备质量问题还是医务人员操作失误。

**问题：**对于沈丹以上几种选择，你认为哪种选择不合适，请说明理由。

**分析提示：**了解事件发生的原因，及时向领导汇报，听取指示，咨询相关技术人员，厘清事故原因及与公司内有关部门联系，商量对策均是危机公关的正确应对措施。即使面对突发事件，秘书人员也应服从领导，不能擅作主张。所以选项 c 不合适。

## 本章小结

公关是公共关系的简称。公共关系是指组织为改善与社会公众的关系，促进公众对组织的认识、理解及支持，树立良好组织形象的一系列活动。

秘书公关具有情感性、双向性、广泛性和长期性的特点。秘书工作和公关工作的职能是相似的，主要体现在职能的相似性、性质的接近性、方法的共同性、作用的一致性上。

公关意识是在公关知识的基础上经过公关实践积累之后，对公关活动经验的高度概括和升华，是一种自觉的观念。秘书人员应该具有良好的公关形象意识、团结发展意识、利益分享意识和强烈竞争意识。秘书人员要通过培养良好的气质、健康的人格、高尚的品德，塑造公关心理素质。

秘书的公关行为主要有公关信息收集整理、公关调查、公关策划和危机公关。

## 主要概念和观念

### □ 主要概念

公共关系　公关心理　危机公关

□ **主要观念**

公关形象意识　团结发展意识　利益分享意识　强烈竞争意识

# 知识掌握

10.1　公关和公关心理的概念是什么？

10.2　秘书公关的特点有哪些？

10.3　秘书公关有哪些心理特征？

10.4　秘书工作与公关工作有什么关系？

10.5　秘书应具备哪些良好的公关意识？

10.6　危机公关的概念是什么？秘书应具备哪些危机公关意识？

# 知识应用

□ **案例分析**

**刘秘书的苦恼与快乐**

**背景与情境：**刘静是某商贸公司新来的秘书，名牌大学毕业，并且因为文采飞扬在学校的时候就得过多次大奖。来到公司之后，她凭借自己的实力不仅圆满地完成了领导交办的秘书工作，而且还因为积极参与各项工作、组织各种活动而登过报纸、上过电视。但是，让她非常苦恼的是，他的主管领导——办公室李主任，不仅不表扬她，还处处冷落她，甚至有时候还故意刁难她。刘静百思不得其解，非常苦恼。

后来，一位公关专家给她以指点，告诉她领导之所以不高兴，是因为她每次工作总结的时候从来没有提及领导的支持与关怀。刘静对此疑惑不解："每次我完成的工作，包括组织的活动，领导从来没有参加，我为什么要提他啊？"但是，她还是按照专家的指点做了，以后活动总结的时候，都要提到领导的帮助与支持。一个月过去了，她在李主任的脸上看到了笑容。刘静再接再厉，不仅在总结的时候提及领导帮助，而且在处理一些重要的事情时也是虚心求教，真的是受益匪浅。一年之后，当办公室主任升迁的时候，他特意和总经理提及了刘静的能力，刘静成为公司最年轻的办公室主任。现在的刘静已经从一年前的苦恼中走出，拥有了快乐的心情。

**问题：**

1）请分析刘静成功的原因及对你的启示。

2）成为一名好秘书，除了要有扎实的基本功外，还需要具有什么能力？

# 心理自测

**公关能力测试**

良好的公关能力是现代社会生活中人的重要素质之一。下面设计了各种环境中的对话，每种回答都标有不同的分值，做完后将总分值与结果对照，可以预知你的公关能力。

1. 在公共汽车站牌前，因人多而没有挤上去，你的朋友说："等一会儿再上吧！"你回答：

A．老是这样会一直乘不上车的

B．是的，再等等下一班车吧

C．高峰期总是这样，真讨厌

2．在公共汽车上，由于人多互相拥挤，有人对你说：“不要挤！”你回答：

A．人多，没办法！请你向前靠些吧

B．对不起

C．真是的，我也不想挤

3．与恋人约会时，恋人因来晚了而对你说：“哟，我来迟了。”你作何回答？

A．真不礼貌！稀里糊涂的

B．不必介意！不必介意

C．你是我喜爱的人嘛

4．在家中，妈妈说：“你为什么混得这样差，是怎么回事？”你回答：

A．妈妈的孩子呗，没办法

B．对不起！我已做了努力

C．下次会让你高兴的

5．在学校，当你和同学们一起议论另一个同学时，其中一位同学说：“他又碰钉子了。”你接着说：

A．那家伙差劲！真差劲

B．撒谎！是真的吗

C．真可怜

6．在饭店酒桌上，顾客：“这杯子没有洗净，下面还有手印呢！”如果你是服务员，你会回答：

A．洗净了，用不着担心

B．真抱歉

C．对不起！我来换一个

7．在宾馆里，顾客说：“瞧！你把我的新衣服洒上了水，怎么办！”你作为服务员会回答：

A．谁叫你走路不长眼睛。讨厌

B．对不起，请用毛巾擦一下吧

C．真糟糕！怎么办好呢

计分标准：

以上选择选A得1分，选B得2分，选C得3分，将得分相加。

参考评价：

| 得分区间 | 测试结果评析 |
| --- | --- |
| 0～3分 | 公关能力很不理想。在公共场合，常常带有强烈的攻击性，碰到不顺心的事就立即发怒。极少具有公关的意识，不适合有关的群体性工作 |
| 4～12分 | 具有很强的公关意识和公关能力，具有社交能力和协调性。遇事能够仔细考虑他人情绪和周围环境。即使讨厌的事情，如有必要，也能够控制住自己的感情去适应环境。具有承担责任的勇气，需要防止的是：过于冷静，以致淡漠处世，丧失个性，失去自我发展的机会 |
| 13～21分 | 对自己的好恶不太外露，但在行动上给人以唯我独尊的印象，不太考虑别人的情绪，不善于理解别人的行动。因此，你要注意把自己放在大环境中去生活，并且适应环境 |

（注：本测试结果仅供参考）

# 第11章 秘书的工作激励与自我管理

## 学习目标

通过本章学习，你应该达到：

【职业知识】了解和掌握需要、动机、激励和自我管理的概念；秘书需要的特殊性；秘书动机的特点、作用；秘书的社会性动机；内容型激励理论、过程型激励理论和行为改造型激励理论。

【职业能力】熟悉和掌握秘书工作激励的原则和方式，秘书人员自我管理的内容。

【职业素质】熟悉和掌握秘书职业生涯发展的特点、秘书职业生涯规划的基本要求。

【引例】

**张秘书的努力**

**背景与情境**：一次，领导安排张秘书写一篇稿子，张秘书立即行动起来，广泛查阅资料。下班时，领导对张秘书说："下班休息吧，明天再干！"

张秘书心里明白，自己表现的机会来了，便回答领导说："这篇文章需要很多数字材料，我今晚没事，正好统计整理一下明天用。"

结果第二天，张秘书就把初稿交给了领导。领导满意地说："完成得很及时。"

张秘书便说："加了个班，总算很快拿出来了。"

领导点头："不错，放你两天假，好好休息两天吧。"

张秘书也是实在有能力，仅用了两天就完成了任务。但他更有表现自己的技巧，这就是一种让领导感受到的技巧。即使小张自己不说，领导也会明白，效率高，肯定是加班加点工作牺牲了休息时间。

**问题：**

1）张秘书为什么要这么做？

2）你如何评价张秘书的做法？

勤奋的人到哪都会受到欢迎，如果一个人勤奋的话，会在第一时间赢得他人的好感，起码被认为是发自内心热爱自己目前的工作，会得到领导和同事的欣赏与认可。人生中，即使是最平常的事物，只要能倾注心血、汗水和热诚，就会变得神圣而高尚。秘书人员学会自我激励和自我管理，给领导一个令其吃惊的高效率，并且很巧妙地让领导感受到你在背后付出的努力与艰辛，必将会获得事业上的成功。遗憾的是在现实生活中，很多人对工作总是抱着机械式的心态，缺乏热情和朝气，因而也可能随波逐流地度过一生。

通过外在的激励和内在的自我管理，调动秘书人员的积极性，提高秘书工作效率，是秘书心理学的一个重要内容。心理学的研究表明，需要和动机是引起人们行为的内在动因。要调动人的积极性，必须了解人的需要和动机。秘书人员的工作积极性，也是与其自身的需要密切联系的，并受其动机支配。提高秘书的工作效率，一方面要提高秘书人员自身的素质，另一方面要根据秘书人员需要的特点，激发秘书人员的工作动机，采取相应的激励方式。了解和掌握激励理论，不仅有利于领导和秘书管理人员运用科学的方法去激励秘书人员，提高工作效率，也有利于秘书人员加强自我激励，最大限度地发挥自己的潜能，实现人生价值。

## ● 11.1　秘书的需要

秘书是社会一员，与所有现实生活中的人一样，有着多种多样的需要。既有物质需要，也有精神需要；既有自然性需要，也有社会性需要。

### 11.1.1　需要的概念

需要是有机体内部的一种不平衡状态，它表现为有机体对内部环境或外部生活条件的一种稳定的需求，并成为有机体活动的源泉。

需要反映的是人对客观事物的一种依赖关系。人的生存与发展，应具备一定的条件，对这些客观条件的要求反映在人的主观意识中，就形成了人的需要。人作为动物，为了维持生命，延续种系，就有获得食物、求得安全和繁殖后代的客观要求，这种客观要求反映在头脑中，为人所感受，就形成了求食、防御和性的需要，求食、防御和性的需要是人和其他动物所共同具有的，又可称为生物性需要。但人和其他动物是有所区别的，人是社会成员，过着与其他动物所不同的社会群体生活。在社会群体中生活，人们要分工合作，相互交流，要掌握技能，积累知识、经验，并不断改进技术，过着和谐而有秩序的生活，消灭落后和不合理的社会现象。这些客观要求一旦为人们所接受和接纳，就会使人在实现这种要求的生活中逐渐形成劳动、工作、沟通、交往、学习、创造、求知、求美的需要，这些需要是人所特有的社会性需要。

### 11.1.2　需要的种类

人的需要多种多样，千差万别。根据不同的标准，可将需要划分成很多种类。

1）自然性需要和社会性需要

这是根据需要的起源所做的划分。

（1）自然性需要。它也称本能，是由有机体内部某些生理的不平衡状态所引起，对有机体维持生命、延续后代有重要意义的需要，如饮食需要、睡眠需要和性的需要等。这些自然需要的主要作用，在于维持个体生理状态的平衡。如果个体的生理状态出现不平衡，自然需要就会产生，促使个体做出满足需要的行为，使个体的生理状态趋于平衡。自然需要如果不能得到充分满足，会对个体的心理造成较大影响。如果个体的自然需要长期得不到满足，就有可能导致个体死亡或不能延续后代。自然性需要是人和动物共同具有的，但人的自然性需要与动物的本能行为有本质的差别，人类的自然性需要无论在产生还是满足上都会受到社会文化因素的制约。

（2）社会性需要。它是指人们对劳动、娱乐、交往等的需要，反映了人们的社会性需求。它是人类所特有的需要，对维系人类社会生活、推动社会进步有重要意义。人的社会性需要，都是在一定的社会历史条件下、在一定的生活环境中形成的。不同的人其社会性需要是有差别的，人类最主要的社会性需要有权力的需要、交往的需要、尊重的需要和成就的需要等。社会性需要的主要作用在于满足人们心理、精神上的平衡，如果人的社会性需要不能得到满足，虽然不会危及到人的生命，但会产生心理上的不平衡和精神上的不愉快。

2）物质需要和精神需要

这是根据需要指向（满足）的对象所做的划分。

（1）物质需要。它指向社会的物质产品，并以占有这些产品而获得满足，如对食品的需要、对工作和生活条件的需要。物质需要是维持和发展人的生命的物质基础。

（2）精神需要。它指向各种社会精神产品的需要，如对文艺作品的需要、欣赏美的需要。人在社会发展过程中，有独有的精神需要，并且不同人的精神需要是有水平差异的。

根据需要被满足的迫切程度，还可将需要分为优势需要与一般需要。在个体同时存在的多种需要中，总有一种或几种需要处于优先满足的地位，称为优势需要；而其他需要处于从属地位，则称为一般需要。

需要的划分是相对的，而不是绝对的。不同的需要类型不是截然分开，而是互相联系、互相交叉的。有些需要既是物质需要，又含有精神需要的成分；精神需要的满足又是以物质需要的满足为前提的，特质需要获得满足的同时，精神需要也在一定程度获得了满足。

### 11.1.3 需要的特点

1）需要的对象性和指向性

人的任何需要都是指向一定对象的。如渴了就有解渴的需要，满足的对象是水；饿了就有进食的需要，满足的对象是食物等。这些对象既可以是物质性的东西，也可以是精神性的内容。需要的对象性决定人的行为具有方向性。

2）需要的满足性和永不满足性

需要与满足两者之间具有不可分割性，即需要一经产生就必须得到满足。任何需要，不管其程度强弱，也不管其满足的可能性有多大，都有一个不可遏止的、要求满足的态势或趋势。需要的永不满足性指的是一种需要得到满足了，就会有一种新的需要产生。需要的满足性和永不满足性成为人的行为的原动力。

**同步思考 11-1**

从前，有一对老夫妻以酿酒为生，日子过得十分艰苦。一日天降大雪，这对老夫妻打水时在自家井边发现一个冻僵的乞丐，遂将其救活。乞丐实为一神仙所化，感动于夫妻二人的辛劳与善良，遂点化井水为酒。夫妻二人大喜，从此不用辛苦酿酒，日子愈见富裕。

一年后，神仙复至，问夫妻二人日子过得如何，夫妻二人对目前的生活甚感满意。妻子又言："唯一美中不足的是以前酿酒时，还有酒糟能够喂几头猪，现在不用酿酒，也没有喂猪的酒糟了。"神仙听罢，沉吟良久，在墙上题诗一首"天高不算高，人心第一高。水能当酒卖，还嫌猪没糟"。从此以后，井水又恢复了原状，夫妻二人仍以酿酒为生。

**问题：**老夫妇为什么对"水能当酒卖"的日子仍然觉得美中不足？

**理解要点：**人的需要具有永不满足性。一般情况下，部分物质需要能暂时得到完全满足，而人的精神需要较难完全满足。

3）需要的共同性和差异性

人类一些最基本的生理需要、精神需要和社会交往需要是其生存和发展所不可或缺的，这是共同性需要。但由于每个人的生理状态和外部生活环境的不同，人们的需要也有明显的不同，这就是需要的差异性。同时，同一个人在人生的不同阶段需要也是不同的。人类需要的差异性，导致需要满足的多样性和复杂性。

4）需要的社会历史制约性

个人总是生活在一定的社会历史条件下，这样，人的需要一方面带有他所生活的那个时代的印迹，与一定的社会政治、经济、文化和生产发展水平相适应；另一方面，需要的满足又受到他所生活的时代的客观条件的限制，尤其是生产力发展水平的限制。人类的需要随着社会的发展变化而变化。

### 11.1.4　秘书需要的特殊性

作为社会成员，秘书人员离不开物质文化生活，具有多方面的需要。但作为一种社会角色，秘书人员的需要又有其特殊性。

1）潜隐性

秘书工作的本质是辅助性，秘书的成就往往只有通过领导的作用才能间接地体现出来。因此，秘书人员的需要也往往具有潜隐性特征，要借助领导才能体现出来和得到满足。需要的潜隐性在秘书身上具有典型的体现。如文字秘书为领导写好各种报告或讲话稿后，这只是一种潜在意义上的成功。在显层次上，既可能成功，也可能失败。如果领导水平不高，读音不准，断字不当，在显层次上就失败了；如果领导水平高，读起来自然流畅，充满激情，博得阵阵掌声，这篇报告在显层次上才获得了成功。可见，秘书的需要具有很强的潜隐性特征。

2）精神性

秘书所从事的工作，主要是智力性的脑力劳动。秘书的需要也往往偏重于精神方面，主要体现为对事业的追求和荣誉的需要。如秘书人员辅助领导决策时，努力搞好调查研究，积极为领导献计献策，希望领导的决策科学，这对秘书来说，显然是对事业的追求。秘书为领导写材料，往往一坐就是几个小时，一熬就是一夜或几夜，所得到的可能只是领导口头上的表扬，秘书人员为此所得到的也仅仅是一种精神享受——对荣誉需要的满足。

## ● 11.2 秘书的动机

### 11.2.1 动机的概念

动机是激发个体朝着一定目标活动，并维持这种活动的一种内在的心理过程或内部驱动力。动机不能直接观察，但可根据人的外部行为表现加以推断。

动机是在需要的基础上产生的。当人意识到自己的需要时，他就会去寻找满足需要的对象，这时活动的动机便产生了。

### 11.2.2 动机的种类

1）生理性动机和社会性动机

和需要一样，动机也可分为生理性动机和社会性动机。

生理性动机也称为驱力，与生理性需要相联系，以人的生理性需要为基础，主要包括进食动机、饮水动机、睡眠动机和性动机等。生理性动机推动人们去行动，从而满足某种生理性需要。当生理性需要得到满足时，与其相对应的生理性动机便趋于下降。由于受到社会生活的影响和限制，人的行为必然打上社会生活的烙印，所以纯粹的生理性动机是很少的。

社会性动机有时简称为动机，与人的社会性需要相联系，以人的社会文化需要为基础。社会性动机是社会影响转化为个体行为的心理驱力。人有权力的需要、社会交往的需要、成就的需要和认识的需要，因而产生了相应的权力动机、交往动机、成就动机和认知动机。这些动机推动人们与其他人交往，希望获得社会和他人的赞许等。

2）内部动机和外部动机

内部动机是由个体的内在需要所产生的行为动机，是一种完全自愿的动机。内部动机是由于个体对事物或活动本身感兴趣，并能从中得到满足而产生的，具有自觉性和持久性，对推动个体行为具有较大作用。内部动机是重要的激励因素，个体的成就感、荣誉感、自尊感等都属于由内部动机引起的激励因素。

内部动机的构成因素比较复杂，根据其对个体驱力的大小和持续的时间，可以将内部动机分为不同层次：第一层次由个体的思想、信念和人生观构成，是内部动机中最主要、最根本的驱力系统；第二层次由荣誉、责任和义务等构成；第三层次由兴趣、爱好和求知欲等构成。探讨内部动机是揭示人自主行为的关键，对了解人的内部心理特征和有效激励有重要价值。

外部动机是由外部因素刺激而引起的行为动机，如权力、领导、组织和奖惩等外部刺激因素。外部动机由外部条件诱发，多数情况下个体是不情愿的，甚至是被迫的，只是为了适应外部环境而产生的。这种动机往往持续的时间不长，当外部刺激发生改变后，外部动机也会发生相应的变化。但外部动机对人的行为同样具有重要意义，在特定的情境下是推动个体行为的重要因素，是促使人完成某些社会活动所不可或缺的。

外部动机和内部动机是密切联系的，有时二者可以相互转化。外部动机如果长期存在，有可能转化为人的内部动机；内部动机如果长期得不到强化，有可能成为外部动机。在激励过程中，既要重视和引发人的内部动机，又不能忽视外部动机的作用。只有当这两种动机都产生行为驱力时，才有可能成为人的强烈而持久的行为驱力，从而顺利实现行为目标。

3）优势动机和一般动机

由于动机是在需要的基础上产生的，而人的需要又是十分复杂的，一个人可能同时存在多种需要，可能就有多种动机同时存在，它们对人的行为的影响是有差异的。

优势动机又称主导动机，指的是在由各种动机所引起的个体活动中对个体行为起主导和支配作用的动机。它是同时存在的动机中最强烈的，对个体的行为有决定性影响，个体行为主要由优势动机来调节。但是，对个体而言，优势动机并不是固定不变的，它随着个体需要的变化而变化。

一般动机是对个体行为不起决定作用的动机，与个体同时存在的其他需要相联系。有些一般动机也可能指向个体的行为目标，并且往往能强化优势动机，对顺利实现行为目标、满足主体需要有促进作用。优势动机和一般动机的冲突也是人的主要心理冲突。

### 11.2.3　秘书动机的特点

影响一个人动机产生的因素是多样的，但一个人的工作性质与社会地位对其动机的产生无疑具有强大的作用。从事不同性质的工作、具有不同地位的人，其动机具有很大的差异性。与其他社会角色相比，秘书人员的动机主要有两个特点：

1）社会性

秘书职业是社会发展的产物，秘书人员是社会化要求较高的人，其动机的社会性较强。秘书人员动机的产生，有内在和外在两方面的因素。从内在需要来看，秘书人员虽有多种需要，但希望获得社会的赞许，得到社会的尊重，这种需要是居于主导地位的，这种带有较强社会性质的需要是激起秘书人员动机的重要因素。从外部条件来看，秘书人员的动机又受到组织需要的刺激，秘书人员作为组织的重要成员，其地位和作用是不可低估的。但同时他的作用又是与组织密切相关的，他的动机和行为明显地受到组织需要的影响和刺激。

2）务实性

秘书人员所从事的工作具有很强的事务性和服务性，是实实在在的，任务具体、目标明确。所以秘书人员的动机是务实性的，缺少理想和浪漫色彩。当然，这并不是说秘书人员缺乏理想，应该说，秘书人员作为精神性的生产者，自我实现的愿望很强，也具有较高的理想和追求，但这种追求始终是和现实紧密联系在一起的，是建立在实际工作基础之上的。

### 11.2.4　秘书动机的作用

秘书人员动机的作用，主要有三个方面：

1）始动作用

所谓始动作用，是指秘书人员的动机对其行为具有最初始、最直接的发动作用。人的行为总是由一定动机引起的，动机对行为起着发动作用，任何人离开了动机的驱使，都不会有行为表现。可以说，秘书人员的一切行为，都是由特定动机发动起来的。

2）维持作用

所谓维持作用，是指秘书人员的动机一旦引起行为或活动，不仅能使其行为或活动内容稳固完整，而且还能维持其持久而顽强地进行。如一个秘书人员有成为精通秘书业务的行家的动机，头脑中就会形成这一意向，促使他克服困难，扫除障碍，长期坚持不懈地学习秘书业务知识，钻研秘书工作。

3）强化作用

所谓强化作用，是指秘书人员在行为过程中，动机的反复提醒可能使其行为得到强化，并顺利进行且获得良好成绩，达到预期目的。

### 11.2.5 秘书人员的社会性动机

人的动机多种多样。动机与行为、目的之间的关系很复杂，影响一个人动机产生的因素也是多样的。但在多数情境下，动机与目的具有一致性。动机与目的的一致，是为了保证活动达到目标。动机一旦引起行为或活动，就能够调动秘书人员朝着目标奋斗的积极性，直到目标实现。秘书人员的社会性动机主要包括以下几个方面：

1）工作动机

工作动机是秘书人员从事秘书工作的基本动力，也是秘书人员工作积极性的重要影响因素。研究秘书人员的工作动机，对秘书的工作激励有重要意义。

对从事秘书工作的人来说，以就业为目的，谋求生活来源是其最主要的工作动机。

职业兴趣是秘书人员工作动机的另一个重要影响因素。

2）交往动机

交往动机是在社会交往需要的基础上发展起来的重要的社会性动机，指个体愿意与他人接近、合作、互惠，并发展友谊的动机。交往动机表现为每个人都愿意归属于某个团体，喜欢与人来往，希望得到别人的关心、友谊、支持与合作。秘书人员的交往动机表现为在工作过程中希望与领导、同事建立起良好的人际关系，寻求领导与同事的支持。

3）社会赞许动机

社会赞许动机是指人们的许多行为都是为了获得他人的赞许，即取悦于人。如果人们的行为能够获得别人的好评和赞许，就会有满足感。社会赞许动机对秘书人员非常重要，会产生积极的约束作用，对自己的行为有所选择和约束。

4）成就动机

成就动机是指人们希望从事对自身有重要意义、有一定困难、具有挑战性的工作，在工作中能取得优异的成果或成绩，并能超越他人。成就动机水平的高低与抱负水平相关。抱负水平是人们从事某种实际工作前，对自己可能达到的成就目标的主观估计。

成就动机对秘书人员有重要意义。“不愿意当将军的士兵不是好士兵”，能否成为一个优秀的秘书人员，其成就动机水平高低是一个重要的衡量标准。秘书人员应有较高的抱负水平，努力做好各项本职工作。

5）权力动机

权力动机是指人们具有某种支配和影响他人及周围环境的内在驱力。在权力动机的支配下，人们表现出积极主动的参与精神，并有成为某一群体领导者的愿望。权力动机又可分为个人化的权力动机和社会化的权力动机。个人化的权力动机寻求权力的目的是满足个人的私欲或利益；社会化的权力动机寻求权力的目的是为了他人，希望对社会做出贡献。秘书人员在工作过程中不想久居人下，有权力的需要，有追求权力的动机，但应该追求社会化的权力动机。

教学互动11-1

**要求**：观察图11-1，你认为图中的人物在做什么？编一个故事。

**权力动机小测验**

图11-1

**说明**：在讲述的故事中，故事里的人物越接近于向下面的士兵训话，表明其权力动机越强烈。

（注：本测试结果仅供参考）

# 11.3　秘书的工作激励

## 11.3.1　激励的概念和过程

1）激励的概念

激励就是激发鼓励的意思，是利用某种外部诱因调动人的积极性和创造性，使人有一股内在的动力，朝所期望的目标前进的心理过程。

当外部的适宜刺激转化为内部的心理动力时，人的动机系统就会被激发起来，处在一种激活状态，从而对人的行为产生强大的推动力。激励的本质就是激发、诱导人的某种动机。

2）激励的过程

从心理和行为过程来看，激励主要是由一定的刺激激发人的动机，使人有一股内在的动力，是一种向期望的目标前进的心理和行为过程。未满足的需要是激励过程的起点，由此而引起个体内心的愿望，产生目标导向与目标行动，如果达到了目标，需要得到了满足，激励过程也就宣告结束。然后新的需要产生，又引起新行为和新的激励过程（如图11-2所示）。

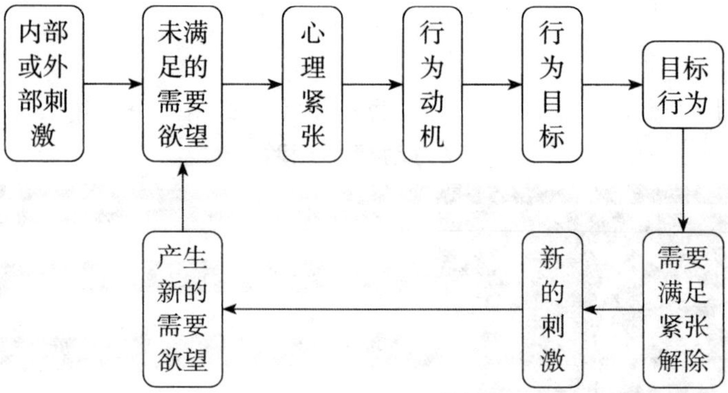


图11-2 激励的一般过程

### 11.3.2 激励的方式和手段

1）激励的方式

激励的方式多种多样，主要根据人的需要和动机水平而定。既可以是有形的物质方式——物质激励，也可以是无形的精神方式——精神激励；既可以是正面的积极方式——正面激励，也可以是反面的消极方式——反面激励；既可以是激发个人力量的内在方式——内在激励，也可以是施加环境影响的外在方式——外在激励。

物质激励是指以物质利益为诱因，通过满足个体物质需要来调动人的积极性。物质激励主要包括工资、奖金、各种形式的津贴及实物奖励等。由于物质需要属于较低层次的需要，当物质需要得到满足后，物质激励的效果就会下降。精神激励是指以精神利益为诱因，通过满足个体精神需要来调动人的积极性。精神激励主要包括表扬、表彰、授予荣誉称号等，主要用于满足人的被尊重、成就、自我实现等高级水平的需要，是一种主导的、持久的激励方式，对人的整个行为具有教育性、调节性和增力性的作用。

正激励是根据人的需要，从正面进行适当的引导或刺激，使人产生极大的积极性，为实现目标而积极自觉地努力工作，如表彰、奖励和肯定等；负激励就是对其行为的否定，目的在于制止其行为的继续。这两者同等重要。正激励和负激励作为两种相辅相成的激励类型，是从不同的侧面对人的行为起强化作用。正激励是主动性的激励；负激励是被动性的激励，它是通过对人的错误动机和行为进行压抑和制止，促使其幡然悔悟，改弦更张。正激励与负激励都是必要而有效的，因为这两种方式的激励效果不仅会直接作用于个人，而且会间接地影响周围的个体与群体。

内在激励是指来自个体内部的力量激发自己采取行动，发挥积极性，做好工作，如来自个体的兴趣、爱好、成就感、责任感等；外在激励是指来自环境的力量，促使个体发挥积极性，做好工作，如来自外部的奖励、惩罚等。内在激励和外在激励是相辅相成、互相协调的。一般情况下，内在激励持续时间较长，外在激励持续时间相对较短。

2）激励的手段

激励的手段是为实现激励的目的而采取的具体方法。其多种多样，但最常用的主要是奖励和惩罚。奖励和惩罚在心理学和行为学上统称为强化刺激，为人的复杂的、连锁的行为活动提供反馈信息，起到激励行为的作用。

奖励是满足个体所期待的需要，在个体做出符合组织目标的行为后，给予其所希望得到的东西。人既有物质需要，也有精神需要，奖励也可分为物质奖励和精神奖励两种，物质奖励是多种多样的，如加薪、奖金和各种福利待遇等；精神奖励如表扬、表彰等。当然有些奖励既包括物质奖励也包括精神奖励，如晋升等。

惩罚是对个体所期待的东西的剥夺或施加个体所不期待的影响，是个体行为不符合组织目标后所采取的手段。惩罚也可分为特质惩罚和精神惩罚，如降薪、扣工资和罚款等属于物质方面的惩罚；训斥、通报批评等则属于精神惩罚；而降职、解职等既包括了物质惩罚，又包括了精神惩罚。

在激励过程中，管理学家和心理学家更多地强调奖励手段的使用，建议尽量避免使用惩罚手段。但是奖励并非对所有人都有效，在很多情况下，人们的良好行为是建立在避罚基础上的。当然，惩罚作为一种激励手段，如果过多地使用，容易引起普遍的不满情绪，甚至可能带来更大的负面影响。须知奖励不是万能的，惩罚也不是万能的。在管理和激励实践中，必须将二者有效地结合起来，才能达到最好的激励效果。

**同步思考 11-2**

甲乙两个公司为了尽量避免员工迟到早退，分别出台了不同措施：甲公司规定如果员工本月内没有一天迟到早退，月底奖励 200 元；乙公司规定如果员工迟到早退一次，则扣罚 100 元。

**问题：** 甲乙两个公司出台的措施哪个效果可能更好？

**理解要点：** 大多数人认为甲公司的效果可能更好，而事实上乙公司的效果会更好。因为在得失问题上，人的内心更关注的是所失而非所得，因此，在激励手段上的选择上，惩罚的效果在一定程度上比激励更有效，但并非最佳。

### 11.3.3　内容型激励理论

内容型激励理论又称需要型激励理论。内容型激励着重激励动机的因素，这些因素都与人的需要有关。该理论从人的需要出发，试图研究、解释是什么因素引起、维持并且指引某种行为去实现目标这类问题。内容型激励理论基本都认为人的行为动机都是由需要引起的，了解人的需要尤其是优势需要是激励的出发点。需要是激励的基础，内容型激励理论所研究的是激励的基础理论，重点研究激励的原因与起作用的激励因素的具体内容。

内容型激励理论主要有需要层次理论、双因素理论、ERG 理论、成就理论等。

1）需要层次理论

需要层次理论由美国心理学家马斯洛于 1968 年提出。马斯洛认为，人的需要主要有以下五个等级构成：

（1）生理需要：人对食物、水、空气、性的需要等，它们在人的所有需要中最重要，也是最有力量的。

（2）安全需要：表现为人们要求稳定、安全、受到保护、有秩序、能免除恐惧和焦虑等。

（3）归属和爱的需要：一个人要求与他人建立感情的联系或关系。

（4）尊重的需要：包括自尊和他尊。自尊需要的满足会使人相信自己的力量和价值，使他（她）在生活中变得更有能力、更富创造性。

（5）自我实现需要：人们追求实现自己能力或潜能，并使之完善化。自我实现的需要是人类最高层次的需要，每个人达到自我实现的途径和方式是各不相同的。

马斯洛认为，无论从进化的角度，还是从个体发展的角度，都是层次越高的需要出现得越晚。层次越低的需要力量越强，它们能否得到满足直接关系到个体的生存，因此又叫缺失的需要。只有当低层次的需要得到满足或部分得到满足后，较高层次的需要才能出现。高层次需要满足有益于健康、长寿和精力旺盛，所以这些需要又叫生长需要。已经满足的需要不再是人行为的动力，只有尚未满足的需要才是当前推动人行为的动力。当所有较低层次的需要都得到持续不断的满足时，人才受到自我实现需要的支配。但由于客观世界的不完美，真正达到自我实现境界、成为自我实现的人还是少数。

马斯洛的需要层次理论，在一定程度上反映了人类行为和心理活动的共同规律，揭示了人类基本需要的层次等级结构和从低级到高级的发展过程，这是需要层次理论成功的一面；需要层次理论离开了社会条件，离开了人的历史发展和人的社会实践来考察人的需要及其结构，其理论基础是存在主义和人本主义，这是其局限的一面。

2）双因素理论

美国行为学家赫兹伯格在匹兹堡地区对11个企业的203名工程师、会计师调查访问后，于1959年提出了双因素理论，又称激励-保健因素理论。赫兹伯格认为，人有两种不同的需要，或者对激励而言，存在着两种不同的因素，它们是独立的，且能以不同的方式影响人们的行为。这两种因素一类叫保健因素，一类叫激励因素。

（1）保健因素，是造成人们不满的因素，通常和工作环境或条件有关。这些因素包括：①组织的政策和管理方式；②监督；③与领导的关系；④工作条件；⑤报酬；⑥与同事的关系；⑦个人生活；⑧与下属的关系；⑨地位；⑩安全保障。这类因素得到满足，能防止人的不满情绪的产生，但不能提高人的工作积极性。由于这类因素具有预防性质，所以称之为“保健因素”。

（2）激励因素，是使人们感到满意的因素，是和工作内容紧密联系在一起的。这些因素包括：①工作成就；②工作成绩得到认可和赞赏；③工作自身的挑战性；④工作职务的责任感；⑤个人价值的实现；⑥个人成长。这类因素的改善或者得到满足，往往能给人以很大程度的激励，产生工作的满意感，有利于充分持久地调动人的积极性。即使不具备这些因素和条件，也不会引起太大的不满意，所以称之为“激励因素”。

以上两种因素都会影响人的行为动机，但其作用和效果不一样。保健因素不满足，会使人们产生不满，满足也只能消除不满，不能调动员工的积极性。所以这类因素对提高人们的士气没有积极的作用。而激励因素的改善对于人们的行为动机有着积极的作用，它是人的真正的行为动机之源。

赫兹伯格还认为，传统的“满意-不满意”观点是错误的。他认为“满意”的对立面是“没有满意”，“不满意”的对立面是“没有不满意”（如图11-3所示）。要调动人的积极性，不仅要注重物质利益和工作条件等外部因素，更要注重工作安排、量才录用、各得其所，注意对人进行精神鼓励，给予表扬和认可，注意给人以成长、发展、晋升的机会。用这些内在因素来调动人的积极性，才能起更大的激励作用和维持更长的时间。

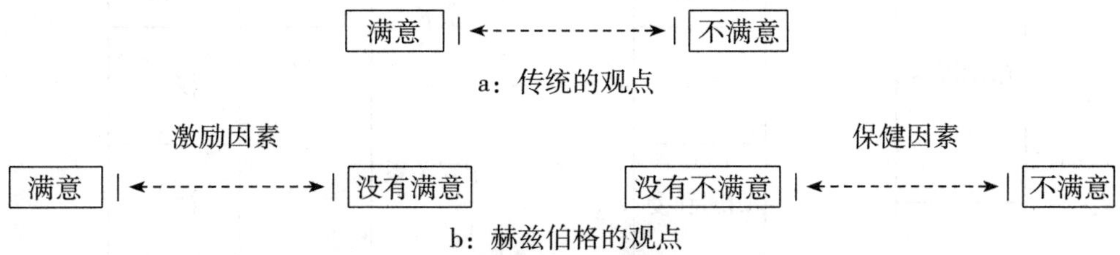


**图 11-3　传统观点与赫兹伯格观点的比较**

赫兹伯格的双因素理论把满足需要的对象分为激励因素和保健因素。其关于提供保健因素，防止不满情绪削弱积极性，提供激励因素，增强满意度调动积极性的思想，在激励实践中有实际意义。同时，该理论也存在着明显不足：访谈对象不具有代表性，缺乏普遍意义，数据的收集及准确性值得怀疑，同时没有考虑人们的个体差异。

3）ERG 理论

美国耶鲁大学教授奥尔德弗于 20 世纪 70 年代提出了“生存（Existence）、关系（Relatedness）、成长（Growth）”的需要理论，又称 ERG 理论。在马斯洛需要层次理论的基础上，他认为人的需要可以归为三类，即生存需要、关系需要、成长需要。

（1）生存需要。它指的是人全部的生理需要和物质需要，包括衣、食、住、睡眠及报酬、工作环境和条件等。

（2）关系需要。它指与人交往与维持人与人之间和谐关系的需要。

（3）成长需要。它指人们要求在事业、前途方面得到发展的内在愿望。

虽然 ERG 理论是在需要层次理论的基础上提出的，但除了需要类型的差别外，在具体观点上，二者之间也存在着差异。①马斯洛认为人的需要是生来就有的，奥尔德弗则认为有些是后天学习的；②马斯洛认为人的需要严格按照由低级到高级逐级出现，奥尔德弗认为并非如此，有时可以越级；③马斯洛认为人的需要只能由低级到高级发展，奥尔德弗认为还存在着遇到挫折后可能会下降的情况。

4）成就理论

20 世纪 50 年代，美国哈佛大学的心理学家麦克利兰利用心理投射的方法对人的成就动机进行了大量的研究，认为人的最主要的需要就是成就需要，其次是权力需要、归属和社交的需要。

（1）权力需要。它指希望控制和影响他人的需要。

（2）社交需要。它指与他人建立一种和谐亲密关系的需要。

（3）成就需要。它指对自我价值的实现和成功有强烈欲望的需要。

麦克利兰认为，一个领导者要善于培养具有高成就感的人才，这种人才对事业、对国家都有利。

需要层次理论、双因素理论、ERG 理论和成就需要理论，虽然在内容和观点方面有所区别，但它们的研究都是以怎样满足需要为基础展开的，存在着一定的联系（如图 11-4 所示）。

**图 11-4　内容型激励理论之间的联系与区别**

### 11.3.4　过程型激励理论

过程型激励着重研究从动机产生到具体行为的心理过程，即激励过程的理论。过程型激励理论基本上都是采用动态的、系统的分析方法来研究激励问题。过程型激励理论试图弄清人们对付出劳动、功效要求和奖酬价值的认识，以达到激励的目的。它主要包括期望理论、公平理论、归因理论和目标设置理论。

1）期望理论

期望理论由心理学家弗鲁姆于1964年在《工作与激励》一书中提出来。弗鲁姆认为，每个人都有需要，需要引起行为达到一定目标；有需要就有动力，当目标没有实现的时候，这种需要只是一种期望，而期望本身就是一种潜在的力量，能够激励人们的积极性。因此，人们被激发出来的力量与他所追求的目标和达到这个目标的可能性是有关系的。

期望理论可用下列公式表示：

需　要—目　标

↓

激发力量 = 目标价值（目标效价）×期望概率（期望值）

用符号表示为：

M=f（V×E）

其中：

（1）目标价值（目标效价）：是指某项工作或一个目标对于满足个体需要的价值。或者说，一个目标在激发对象心目中的位置。同一目标，由于人的需要和特征不同，目标在他们心中的效价也不同。目标价值存在着正值、零值、负值之分，有大小、高低的不同。

（2）期望概率（期望值）：是指根据个体的经验判断一定的行为能够导致某种结果和满足需要的可能性（成功概率）。期望值在0～1之间。

期望值和现实之间有三种情况：①现实大大超过期望值，结果喜出望外；②现实与期望值差不多，预料之中；③期望值大大超过现实，结果垂头丧气。因此，在激励过程中，应尽量避免第三种情况。

2）公平理论

公平理论由美国心理学家亚当斯于1965年提出，侧重于研究工资报酬分配的合理性、公平性对人们工作积极性的影响。

亚当斯认为，人们的工作积极性，不仅受其所得绝对报酬的影响，而且受其所得相对报酬的影响，即一个人不仅关心自己收入的绝对值（自己的实际收入），也关心自己收入的相对值（自己收入与他人收入的比较）。每个人会不自觉地把自己付出的劳动所得的报酬与他人付出的劳动所得的报酬相比较，也会把自己现在付出的劳动所得的报酬与自己过去的劳动所得的报酬进行个人历史的比较。

如果人们发现自己的收支比例与他人的收支比例相等，或现在的收支比例与过去的收支比例相等，便认为是应该的、正常的，因而心里舒畅，努力工作。如果发现自己的收支比例与他人不相等，或现在的收支比例与过去的收支比例不相等，就会产生不公平感，就会有满腔怒气，从而影响工作效率。

公平理论强调公平对激励效果及人们行为的重大影响，提出的基本观点是客观存在的。但公平本身是一个相当复杂的问题，不能一概而论。公平既与人们的主观判断有关，也与工作绩效的评定标准有关，所以很难得出一个公认的“公平”标准。

除此之外，过程型激励理论还有目标设置理论。目标设置理论最早由美国马里兰大学教授爱德温·洛克于1968年提出，也是比较重要的激励理论。该理论认为合适目标的设置是最直接、最有效的激励方法和技术，该理论也为目标管理提供了心理学的理论支持。

**同步思考 11-3**

**问题：** 秘书人员如何看待自己在工作中所遭受的不公平待遇？

**理解要点：** 公平是相对的，不公平是绝对的，大千世界也因不公平而存在。公平与否既有客观性，也与人的主观判断有关。公平与否在比较中产生，要选择正确的比较对象，选择正确的参照系；如果无法改变，只有坦然接受或另谋高就。

### 11.3.5　行为改造型激励理论

行为改造型激励理论着重研究人的内隐心理活动与外显的行为表现之间的关系，认为人的行为是心理的外部表现，一切有意识的行为的产生和发展，都离不开心理活动的支配。而人的心理的积极能动作用的发挥，必须通过人的行为才能实现。因此，在激励过程中，应把人的内隐心理活动与外显的行为表现有机结合起来。巩固和发展人的积极行为，改造和转变人的消极行为，变消极行为为积极行为，这是行为改造型激励理论的核心所在。

1）强化理论

行为改造型激励理论中最有影响的是强化理论。强化理论认为，人的行为是对外部环境做出的反应，只要改变外部环境刺激就可以达到改造人的行为的目的。强化理论由美国心理学家和行为学家斯金纳于1953年提出。

斯金纳认为，在不同情境下，人们前一次行为的结果会影响后一次行为的选择。人们会重复那些给自己带来有利结果的行为，对于不能带来利益，甚至是带来危害结果的行为，则会消退和终止。强化就是通过环境的改变来增强、消退和终止某种行为的过程。强化有四种类型：

（1）正强化。它是指提供有利结果，鼓励个体重复某种行为。

（2）负强化。它是指预先告知某种不良行为可能导致某种不良结果，使人按照所要求的方式行事以避免不愉快的事情发生。

（3）惩罚。它是指当个体出现不利行为时，采取强制性、威胁性的不良结果来阻止一定行为的出现。

（4）自然消退。它是指对已发生的行为不予理睬，不提供任何形式的强化，使该行为逐渐消失。

强化的方式可以分为连续强化和间歇强化。连续强化是对个体的每一次行为都给予强化；间歇强化是个体行为多次出现后再给予强化。间歇强化根据强化的时间间隔和强化比率又可分为固定间隔强化、可变间隔强化、固定比率强化和可变比率强化。

斯金纳的强化理论所揭示的强化规律，对人类行为的控制和激励有着重要的参考价值。但强化理论只重视描述行为，不注重解释行为；只注重外部反应和外部行为的结果，缺乏对心理内部机制的探讨，忽视了情感、态度、期望等心理过程对人们行为的影响。

2）归因理论

激励的归因理论源于美国心理学家海德和凯利等人的理论。归因就是归结行为的原因，指人们根据有关信息、线索对他人和自己行为的原因进行推测与判断的过程。归因理论认为，人的内在思想认识指导和推动人的行为，通过改变人的思想认识，就可以达到激励人的目的。归因理论同时指出，由于人们在归因上的社会视角不同，因而对行为原因的解释也会有明显的不同。人们在归因过程中，对有自我卷入的事情的解释带有明显的自我价值保护倾向，将归因向有利于自我价值确立的方向倾斜。归因理论强调在激励过程中引导人们形成正确的归因。

### 11.3.6 秘书激励的原则

需要是引起人的行为动机并促成行为的基础，因此，任何激励的原则都是以满足人们的需要为前提的。在满足人们需要的过程中，要遵循物质激励与精神激励相结合、内部激励和外部激励相结合、正激励和负激励结合的原则。

物质需要和精神需要是人生存不可或缺的两个方面。物质需要是人的第一需要，是维持生命的基本条件，离开了物质需要，人就无法生存，所以物质激励是最基本的激励方式。除了物质需要之外，人还有比物质需要更高层次的精神需要，一旦物质需要获得满足，精神需要往往成为人的优势需要，所以精神激励也是最有效的激励方式。精神激励对人的行为的巨大影响是不言而喻的，但人们仅仅获得精神上的满足还是不够的，还必须有一定的特质基础。秘书人员作为自然人，必须获得物质上的满足才能维持生存，才能维持自身的发展；秘书人员作为社会人，又有得到他人尊重、承认、理解的精神需要。

从目前来看，人们对物质的兴趣还是相当大的，物质需要的满足还是大多数人追求的目标之一，秘书人员也不例外。因此，对秘书人员的激励，一方面要坚持物质激励的合理运用，另一方面也不能忽视精神激励的作用，必须将两者结合起来，充分调动秘书人员的积极性。缺少或忽视其中的任何一个方面，都会影响激励效果。如果没有物质激励的支持和充实，精神激励的作用就会大大削弱，甚至落空；如果没有精神激励的主导和调节，物质激励的作用也会降低。只有将物质激励和精神激励结合起来，才能产生真正持久的激励作用。

**教学互动 11-2**

**互动问题：** 金钱是不是万能的？

**要求：** 将学生分成正反两方，组织一场辩论会，通过辩论使学生了解物质激励和精神激励的关系。

### 11.3.7　秘书工作激励的方式

秘书人员的需要具有较大的差异，因此，工作激励方式也不同。对不同人员应采取不同的激励方式，才能取得较好的激励效果。常见的秘书工作激励方式有：

1）目标激励

目标是活动的未来状态，是激发人的动机、满足人的成就需要的诱因。每个人都希望自己的活动能够取得一定的成就，因此，为秘书工作设置合理的目标，可以调动秘书人员工作的积极性。所谓目标合理，主要指目标具有一定的价值，应该是值得追求的，这种目标的价值越大越能吸引人。同时，目标的设置还应具有挑战性，不是唾手可得的，要经过一定的努力才能实现，这样可以强化目标的激励作用。另外，目标不能太高，应该具有可能性和可信性，让人有一种现实感，这样才会吸引人去奋斗。如果目标太高，就会使人丧失信心，起不到激励作用。秘书工作目标的设置必须紧密结合秘书的工作特点与秘书的职责权限，应该是秘书人员能力范围内的，同时在秘书人员追求目标的过程中不至于过分紧张，在有紧迫感的同时伴有身心愉悦的情绪体验，这样才能激发出秘书人员的工作热情与干劲。

2）参与激励

秘书人员涉及面广，了解情况较多，对全局工作容易形成清晰的认识，因此，秘书人员的建议一般比较切合实际，往往具有重要的参考价值。作为领导，不能满足于让秘书做一些收发、抄写等事务性工作，应该重视发挥秘书人员的参谋作用，善于接纳秘书人员正确合理的建议，即使有时秘书人员提出的建议并不十分合理，也不要打击其积极性，而应该给予鼓励。这样，秘书人员才能获得一种被信任感，才能产生较高的工作热情，不断增强自己的参与意识，为领导决策做好各方面的服务。

3）奖励激励

奖励作为对人的行为的一种积极肯定，对强化人的行为、激励人的上进精神具有良好作用。对秘书人员采用奖励激励方式，可以使其切实感受到自己工作的价值，感受到秘书工作的重要意义。因此，领导部门要在对秘书人员严格考察的基础上，对其进行合理的物质奖励与精神奖励。

4）关怀激励

秘书人员要从事大量烦琐的日常事务，常常加班加点，但又不容易看到明显的成绩。作为领导，不仅要在工作中关心爱护秘书，还要注意关心秘书的生活问题。领导要经常了解秘书的情况，及时帮助秘书解决一些生活问题，一方面可以促进秘书和领导关系的发展，同时还可以激发秘书为领导服务的工作热情。

5）支持激励

秘书需要获得领导及周围同事的支持，才能放开手脚大胆工作。领导应授予秘书人员一定的权力，使秘书人员有独立解决问题的机会；同时，应积极创造条件，使秘书的开拓精神、进取精神和独创精神得到发挥，给秘书人员充分施展才华的机会。这样秘书才能更加有效地协助领导开展工作，成为领导的得力助手，从而把自身所蕴藏的巨大热情和积极性都发挥出来。

关于激励的方式还有很多，总体而言，要针对人们需要的特点不同而采用不同的激励方法。同时要注意，激励的目的要明确，激励数量要合理，激励措施要及时，才能真正达到调动秘书人员积极性的目的。

**同步案例 11-1**

**背景与情境：**一条猎狗将兔子赶出了窝，一直追赶它，追了很久仍没有抓到。猎人看到此种情景，讥笑猎狗说："你们两个之间小的反而跑得更快。"猎狗回答说："你不知道我们两个跑的目的是完全不同的！我仅仅为了一顿饭而跑，而它却为了性命而跑呀。"

猎人想，猎狗说的对，我要想得到更多的猎物，就得想个好办法。于是，猎人又买来几条猎狗，凡是能够在打猎中抓到兔子的，就可以得到几根骨头。抓不到兔子的就没有饭吃。这一招果然奏效，猎狗们纷纷努力去追兔子，因为谁也不愿意看见其他猎狗吃骨头，自己没有吃的。过了一段时间，问题又出现了，大兔子非常难抓，而小兔子好抓，抓到了大兔子得到的奖赏和抓到小兔子得到的奖赏差不多，猎狗中善于观察的发现了这个窍门，专门去抓小兔子。慢慢的，大家都发现了这个窍门。猎人对猎狗们说：最近你们抓的兔子越来越小了，为什么？猎狗说：反正得到的骨头差不多，为什么要去抓大的呢？

猎人经过思考后，决定不将分得骨头的数量与是否抓到兔子挂钩。而采用每过一段时间，就统计一次猎狗抓到兔子的总重量。按照重量来评价猎狗，决定一段时间内的待遇。于是猎狗们抓到兔子的数量和重量都增加了，猎人很开心。但是，过了一段时间，猎人发现猎狗们抓兔子的数量又下降了。而且越有经验的猎狗，抓的兔子的数量下降得越厉害。于是猎人又去问猎狗。猎狗说："我们把最好的时间都奉献给了您，主人，但是我们随着时间的推移会老，当我们抓不到兔子的时候，你还会给我们骨头吃吗？

猎人决定论功行赏，分析与汇总了所有猎狗抓到的兔子的数量与重量，规定如果抓到的兔子超过了一定的数量后，即使抓不到兔子，每顿饭也可以得到一定数量的骨头。猎狗们都很高兴，大家都努力达到猎人规定的数量。但是有一只聪明的猎狗对其他猎狗说："我们这么努力，只是得到了几根骨头，而我们抓的猎物却远远超过了这几根骨头，我们为什么不能给自己抓兔子呢？"于是有些猎狗离开了猎人，自己抓兔子去了。

**问题：**为什么有些猎狗离开了猎人，自己抓兔子去了？

**分析提示：**猎人没有建立有效的激励制度，并且物质激励在一定程度上的作用有限，当物质激励的作用不明显后，应该采取精神激励或内在激励方式。

# ● 11.4　秘书的自我管理

## 11.4.1　自我管理的概念及原则

1）自我管理的概念

所谓自我管理，是指个人按照自身的特点，设计成才的目标，严格付诸实施，检验行动状况，控制日常行为，实现预期结果的活动过程。

自我管理是个人自我设定目标、履行、反馈目标并完成目标的过程。一个人每天的生活其实可以理解为是一个不断提出目标、不断追求目标的过程。这个目标可大可小，但是，可以想象，一个人只有经常不断实现自己的目标，才会是一个幸福、快乐和有较高生活质量的人。因此，自我管理能力对每个人来讲，都是一种十分重要的能力，它不仅仅和应对压力相关，还和提高自己的工作业绩密切相关。人的自我管理能力是由人具有的自觉能动性决定的。每个正常的人都有意识，会思维，能认识自己和其他事物，能够有计划地学习、工作和生活，能适应社会发展的需要发展自己。

自我管理也是个人对自己的思想、言论和行动的控制与调节。其特点是自己自觉地管理自己，而不是依靠他人。

2）自我管理的原则

（1）目标原则。有目标的人和没有目标的人认识是不一样的。在精神面貌、拼搏精神、承受能力、个人心态、人际关系、生活态度上均有明显的差别。

每个人都曾有一个愿望或梦想，也会有工作上的目标，但经过深思熟虑制定自己生涯规划的人并不多。生涯规划的实现，需要强有力的自我管理能力。

（2）效率原则。浪费时间就等于浪费生命，这道理谁都懂。但是，很多人每天至少有三分之一的时间做着无效工作，在慢慢地浪费自己的时间和生命。所以，要分析、记录自己的时间，并本着提高效率的原则，合理安排自己的时间，在实践中尽可能地按计划贯彻执行。

（3）成果原则。自我管理也要坚持成果优先的原则。做任何工作，都要先考虑这项工作会产生什么样的效果，对目标的实现有什么样的效用。这是安排自我管理工作的一个重要原则。

（4）优势原则。充分利用自己的长处、优势积极开展工作，从而达到事半功倍的效果，是自我管理的一个非常重要的原则。

（5）要事原则。工作分轻重缓急，重要的事情要先做，要把重要的工作放在首先要完成的位置上。在自我管理中，重要的工作就是与实现生涯规划密切相关的工作，要优先安排，下大力气努力做好。

（6）决策原则。一是决策要果断，优柔寡断是自我管理的大忌。想好了就要迅速定下来。二是贯彻要坚决。不管遇到多大阻力，都要坚定不移地贯彻到底。三是落实要迅速。定下来就要迅速执行，抓住时机，努力工作。

（7）检验原则。实践是检验真理的标准，自我管理的目标正确与否，需要实践来检验。要坚持“以人为镜”，及时收集、征求同事们的意见和建议，检查自我管理的实际效果。

(8) 反思原则。自我管理也要定期进行反思，检查自己的目标执行情况，分析自我管理中存在的问题，制订调整和修正方案。从落实的实际出发，保证自我管理健康地向前发展。

【知识拓展11-1】

秘书自我管理的方法

(1) 必要的物质准备。如果光盘和文件摆放得井井有条，你就可以在几分钟内迅速查找到所需信息，以避免找不到所需物品而放慢甚至中断工作。

(2) 最好把便条固定地放在某个地方，或把它们收集在标有日期的日记簿里，以便能迅速地找到。

(3) 必须熟知可能遇到的所有组织程序。如果确有合理的程序，就要找到它。如果没有，那么就该制定一个了。

(4) 预先做好一天的计划。了解每项工作可能会发生的问题，并能采取预防措施，防微杜渐。只要可能，或许今天就能完成明天必须完成的任务。

(5) 把握时间灵活度，快速判断什么时候需要寻求更多的帮助。这样会使你按时赶到工作地点，实施工作计划，合理调整工作任务。

(6) 与同事建立良好的关系，当你需要帮助时，他们愿意为你提供帮助。而且，对上级主管和客户来说，你完成任务的情况必须一向很好，这样，当你迫不得已说“不”的时候，他们也能给予充分的理解。

(7) 喜欢并善于解决问题。当事情出了问题时，不会恐慌得坐立不安，也没有被最坏的情形吓倒。需要考虑的是，为什么会出现这些问题，现在要做什么，以及今后怎样才能避免这个问题。良好的准备对保持冷静极有帮助。

(8) 健康的身体。足够的睡眠和合理而健康的日常饮食，是保持良好身体状况的必要条件。

### 11.4.2 秘书自我管理的内容

由于秘书处于一个关键而又敏感的位置，所以，秘书在工作中必须随时约束自己的行为，自觉地进行自我管理。

1) 学习管理

随着社会的发展，领导面临的各种压力越来越大，所以，领导对自己的助手——秘书的要求自然也就越来越高。为此，秘书必须提高自我学习能力，在工作中学习，在实践中总结，注意随时给自己充电。

秘书一般都工作繁忙，用来学习的时间有限，秘书不能只凭兴趣读书，读书应该有一定的目的性。特别是在工作一段时间之后，知道自己哪些方面知识欠缺，自己在哪些方面应该“充电”。如果有针对性地读书，学习的效果往往事半功倍。

2) 时间管理

秘书工作不仅烦琐，而且工作的内容变化快，经常要同时做几项工作，且每一项具体工作都有时间上的要求，必须在规定的时间内按质按量地完成工作，领导不会允许秘书工作总是拖拖拉拉。因此，秘书对自己的每一项工作都要清楚它需要花多少时间才能完成。为了保证工作的顺利和效率，在工作开始之前，就要确定好工作的步骤和程序，做好工作计划。

3）健康管理

领导对秘书的要求首先是头脑敏捷，秘书工作可以说既是脑力工作也是体力工作，因此，身心健康是从事秘书工作的先决条件。作为秘书，不仅要保持身体健康，而且还要保持心理健康。只有保持身心健康，才能够在工作中保持相当的耐力和爆发力，出色地完成自己的工作，这是作为秘书最基本的条件。如果秘书人员今天头痛上医院，明天发烧在家休息，那么不仅不能完成自己的本职工作，还会影响领导和整个部门的工作。因此，秘书从平时起就要注意运动，每天保持充足的睡眠，按时定量用餐等，过有规律的生活。

对于年轻的秘书来说，由于收入有限，应该根据自己的实际情况来选择锻炼的方式。比如，打羽毛球或篮球，这类运动不仅实惠，而且容易出汗，锻炼效果很好。如果工作繁忙，抽不出专门的时间进行锻炼，那就要见缝插针，比如在上下班的路上，少坐一两站公共汽车，用走路代替锻炼；为了增加运动量，尽量走得快些；平时一般不乘电梯和扶梯。

4）感情管理

秘书的感情管理就是不感情用事。秘书在日常工作中要与各种各样的人打交道，不能因为对方是自己的朋友或熟人，就改变自己的接待方式或者公司的原则；对于与自己关系不好或跟自己闹过矛盾的人，就利用自己手中的“权力”故意刁难。

感情管理的另一方面是控制办公室恋情的发生。同一公司的员工之间不允许谈恋爱，这是现代职场的一条潜规则。的确，喜欢一个人或讨厌一个人，都是与工作无关的个人隐私，但是办公室恋情发生在工作场合，它不可能对秘书的工作没有一点影响。感情往往在无意之中产生，如你讨厌某个人，你就有可能利用自己的职务之便，在有意或无意之中刁难他；对自己喜欢的人，则完全相反。而且，恋爱不成反成仇是难免的，一旦发生那种情况，工作更受影响。

5）金钱管理

在工作中无论是对外打交道，还是对内管理，作为秘书，都要有成本意识。一些秘书往往要负责公司办公用品的采购、招待客人，为了提高资金使用效率，就要在自己的日常开销中保持一种节俭的习惯。尤其需要注意的是，由于秘书人员与领导接触较多，掌握的信息较多，再加上经常代理领导行使职权，与一般员工相比，在各方面的机会都较多。机会越多意味着诱惑越多，也就意味着职业发展道路上的陷阱越多，在金钱问题上，更要做到廉洁奉公、公私分明。

金钱管理的另一方面就是要有个人的“理财计划”，开始积累个人的“财产”。学会理财，也并不是处处节省，而是花同样的钱做更多的事。实现人生梦想的最重要也是最基本的工具就是金钱，没有金钱做基础，人生的任何理想都是空想。世道艰难，竞争激烈，说不定哪天你所在的公司因经营不善而倒闭，所以，秘书必须对自己的收入进行管理，以便工作无后顾之忧。

**同步案例11-2**

**背景与情境：**邓二江是英国某贸易公司首席代表的助理，他聪明能干，英语也好，深得首席代表的信任。由于该公司规模不大，首席代表还要负责东南亚地区的业务，经常到东南亚各地出差，所以在北京的时间并不多，而且也不是很固定。因此，他常把北京的一些日常管理事务交给邓二江处理。

有了首席代表的授权，许多事情邓二江可以自己做主。由于首席代表的信任，再加上“天高皇帝远”，邓二江慢慢将办事处当成自己的独立王国。那些平常对自己不太买账的员工找他报销费用时，他总要刁难人家；而一笔笔的加班费不需要任何凭据就可以往自己的卡里打。首席代表不仅没有觉得邓二江是在占公司的便宜，反而以为他真在加班加点地工作，更加信任他了。

久而久之，邓二江更加有恃无恐，只要首席代表一走，办事处的一切就是他说了算。因此，当首席代表出差后，他就常常去公司旁边的健身中心健身、打网球。一次，首席代表出差提前回来，见不到邓二江，就问其他人，自然有人告诉他在什么地方能找到邓二江。等待邓二江的结果不仅是炒鱿鱼，而且还有累计二十几万元的“加班费”，甚至让他吃官司。

**问题：**深得领导信任的邓二江为什么会有如此下场？

**分析提示：**无论何时何地，秘书人员都要加强自我管理，廉洁奉公、公私分明。不能因自己身份特殊，恃宠放纵，更不能假公济私、以权谋私。

### 11.4.3 秘书的职业生涯规划与发展

职业生涯规划是一个人筹划其人生工作的过程，或者说是个人设计自己的职业生涯，策划如何度过自己职业工作生命周期的过程。职业生涯规划是个人的主动行为或活动，是个人职业生涯的设计与策划。秘书人员通过职业规划，可评价自己的能力和兴趣，考虑可供选择的职业机会，确立职业目标，整合可利用资源，最大限度地发挥自己的能力，筹划实际的发展活动，促进个人职业生涯的成功发展。

1）秘书职业生涯发展的趋势

现代秘书处在一个崭新的信息时代，领导活动的日趋复杂化与科学化，领导者水平的不断提高，秘书职能的不断强化和扩大，客观上都要求秘书的素质有一个新突破，要求秘书人员从事务型向智能型转化。

（1）秘书任职资格化。1997年8月20日，原中华人民共和国劳动部颁发了《秘书职业技能标准（试行）》和《国家职业教育技能鉴定规范（秘书）》等文件。1998年6月，劳动部又向全国发布了《秘书职业资格鉴定试点工作方案》，该方案制订的目的是提高我国秘书职业人员的业务素质，做好秘书的培训工作，逐步推行职业资格证书制度。这标志着我国朝着建立秘书职业资格证书制度迈出了坚实的一步；同时，这也是与国际秘书人员资格鉴定接轨的开始。1998年9月，在全国10个省、市、自治区，按统一标准、统一教材、统一命题、统一考务管理和统一证书管理的质量控制原则，举行了首次秘书资格统一鉴定工作，这标志着我国秘书资格审核制度规范化的正式开始。

（2）综合性与专业化相统一。秘书部门不是领导机关的专项业务部门，因此，秘书工作所涉及的范围和内容十分广泛，包括起草综合性的文件，提供综合性的信息，进行综合性的调研，处理综合性的事务，综合各部门的情况，办理不属于业务部门职责范围内的事务。这种工作特点决定了秘书工作高度的综合性，要求秘书人员必须具有全局观念，立足领导工作全局，站在领导者的角度观察、分析和处理问题，提出参谋建议，以适应领导者驾驭全局的需要。

现代管理的科学化，对秘书工作的专业化要求越来越高。这种专业化，主要针对秘书业务的特殊要求。秘书工作作为一种特殊的社会职业，不是什么人都可以从事的。秘书工作要求秘书人员必须具有较高的政策水平、文字水平和理论水平，有较强的参谋能力、调研能力、信息处理能力和办文办事能力，熟悉文书、档案、保密、信访、会务、通信、礼仪等方面的知识，等等。

2）秘书职业生涯发展的类型

秘书人员要定位自己的职业生涯发展方向，就要了解秘书行业的分类，知道自己更适合向哪个方向发展。

（1）根据发展方向划分。根据职位变化可将秘书发展方向分为三类，即上移、平移和移出。所谓上移，是指从低级职位向高级职位发展。秘书职业上移包括两个方面：一是在秘书之内，根据惯例，一般从层次上将秘书划分为初级秘书、中级秘书和高级秘书。作为初涉秘书职业的初级秘书向高层次发展是一种自觉的职业发展追求，其结果是职业内的上移。二是在秘书之外，作为秘书，尤其是高级领导者的秘书，如果得到领导的赏识，很容易得到晋升为高一层管理者的机会。所谓平移，是指职位在组织内的横向变动，即跨部门平移。所谓移出，就是从组织中移出或者调离。移出的原因有主观的也有客观的，客观方面，如原组织妨碍个人发展，或者因为与领导难以相处，薪酬待遇不够理想等，这种情况下秘书人员应选择积极主动地迅速退出，寻找职业发展的新开端。主观方面，一些秘书人员由于积累了一定的知识、经验，想改行甚至开始自己创业，也会选择移出。

（2）根据素质能力划分。根据秘书人员的素质能力和可替代性，可将秘书分为五大类。一是参谋型秘书。这类秘书主意多、思维活跃，富有一定的创新能力，大多是高级秘书，一般不可替代。二是事务型秘书。这类秘书通常能说会道，人际关系较好，业务素质不一定很强，但善于处理各种事务，认识形形色色的人物，也是不可替代型的。三是秀才型秘书。这类秘书文笔较好，能写出很好的公文，是可替代型的。四是公关型秘书。这类秘书大多处理外联事务，具有较强的策划理念和公关意识，人际交往能力较强，也是可替代型的。五是操作型秘书。这类秘书侧重于办公室业务的基本操作，也属于可替代型秘书的范畴。

（3）根据内部职业转型的角度划分。由于秘书接触的工作种类繁多，在与各个部门打交道的同时，对组织的架构和业务比较了解，因此，秘书人员工作转型的选择面还是很宽广的，主要选择面有行政主管、经理助理、人力资源经理、财务管理人员、部门经理和市场部主管等。秘书的内部职业转型主要有以下几种类型：一是行政类，可以直接过渡到行政主管、办公室主任、综合管理部主任等职位；二是助理类，可以进一步发展为总经理秘书、总经理助理；三是人事类，可以发展为人力资源主管；四是公关类，从接待、协调工作过渡到公关经理、客户经理；五是业务类，可以发展为商务主管等。

3）秘书职业生涯发展的特点

秘书职业生涯与其他职业生涯相比，具有以下特点：

（1）职业生涯时间的早期性。除非特殊机构，一般的秘书工作比较适合年轻人做。一般单位在招聘秘书时，都有明确的年龄限制，如果职业生涯早期不是做秘书工作的，中年以后就不再适合做秘书工作了。

（2）职业生涯发展的持续性。在这方面，秘书职业相对于其他职业而言存在着天然的优势和劣势。由于秘书职位的数量大、任职资格条件不高，秘书职业的选择和介入相对容易。对大多数级别比较低的秘书职位而言，工作经历所带来的知识、经验、技能的积累显得比较贫乏，这就给其职业生涯发展的持续性和提升性带来了很大的限制和障碍。

（3）工作成绩的内隐性。秘书日常的工作事务主要是接电话、处理文件、整理存档、安排领导日程、安排约会、接待领导客人，等等。秘书工作的辅助性和服务性，决定了秘书工作成绩在组织内部难以外显，即很难产生轰轰烈烈的工作成绩。

（4）自我提高的机遇性。秘书工作涉及面广，时效性强，许多看似打杂实则要求很高的工作虽然给秘书造成很大压力，但是这种压力又给他们提供了快速成长的环境和条件，使其能够发挥创造性，有利于秘书的自我提高，为今后的横向或纵向发展积累经验。另外，秘书位居领导身边，双方因为工作关系很容易建立起良好的感情联系，如果工作出色也特别容易得到领导的器重和欣赏。

4）秘书职业生涯发展规划的基本要求

（1）树立职业生涯发展的正确态度。信心、自主、创造是职业生涯发展的基本要素，也是推进职业生涯发展应持的基本态度。信心是职业生涯获得较好发展的心理保证，秘书的信心来自于对个人价值的正确判断与评估、自我能力的发展、工作经验的积累和个人坚韧不拔的毅力。个人事业的成长源于个人，而非环境，秘书人员要清醒地意识到，组织无法开发每个人的全部潜能，长期的事业发展能力，需要由个人主动去学习、去获取。秘书要成就事业，还必须有创造意识、迎新意识、超前意识，做出一般人意想不到的决策和行为。

（2）确定个人职业生涯目标。秘书人员在设计职业生涯目标时，需要就当时当事的情境，按照自己的理想确定职业生涯要追求的总目标及子目标，并一步一步坚持走下去，最终实现自己的职业目标。

长期的职业生涯的实现有一个过程，需要将宏观的、长远的目标，逐步分解为微观的、近期的目标。在实现微观的、近期的目标基础上，逐步接近宏观的、长远的目标。一般而言，可将职业目标分解为长期目标（5～10年）、中期目标（3～5年）、短期目标（1～3年）。在具体实施过程中，先从短期目标开始，逐步实施，以期实现最终目标。

在制定职业生涯目标规划时，还要考虑达到目标的途径，达到目标所需要的能力、训练及教育，达到目标的阻力等因素，这样才能够使目标具有可行性、适时性和持续性。

（3）创造条件，促进职业生涯发展。秘书人员制定了各级职业生涯目标之后，需要采取适当的策略，来达到职业生涯目标。无论哪种类型的职业发展都是有条件的，为了实现上移，秘书在工作中也一样需要创造条件。首先要树立良好的形象，充满信心，以敬业负责、勤劳肯干为成功铺路；按照高一级职位能力需要塑造自己；积极帮助领导解决问题，争取友谊和信任。其次要积极做好职位变动的准备。作为秘书，尤其是高级管理者的秘书，是有机会得到晋升的，关键是要做好准备，尽量使领导了解自己的能力、行为和个性，使他们认为你能胜任高一级的管理工作；同时，还要注意培养接替自己工作的人选，以使工作变动成为可能。

**【知识拓展11-2】**

我国台湾学者金树人于1988年提出了个人在组织内职业生涯发展的四个阶段理论（见表11-1）。将个人在组织内的生涯发展，分为起、承、转、合四个阶段，并提出了每个阶段的独特要求和发展任务，对人们规划生涯发展具有参考价值。

表11-1　**职业生涯规划的四个阶段理论**

| 阶　段 | 特　征 | 发展任务 |
|---|---|---|
| 起<br>（入行阶段） | 初生牛犊，尝试错误<br>（1）第一个正式有报酬而且全职时间的工作<br>（2）须与其他同事合作参与大型计划，是个小角色<br>（3）工作不尽然与能力相符，须调整心态 | （1）完成一个初步的职业选择，把它当做生涯起跑的基准，并筹划下一个目标的训练或进修<br>（2）圆一个看得见的梦——在职业或组织的环境中，去展现自己的才华、价值和野心，让少壮的理想在工作中得以实现<br>（3）接受第一个工作所带来的现实考验<br>（4）洗尽学生时代的稚嫩，准备接受组织文化的洗礼 |
| 承<br>（表现阶段） | 驾轻就熟，崭露头角<br>（1）工作得以开展，能力得以发挥，渐渐可以独立运作，主管较能放手交付的任务<br>（2）在注意工作业绩、展现专业才能时，也逐渐注意提高声望 | （1）接受并熟悉组织的特殊文化，融于其中，进退自如<br>（2）处理并克服抗拒改变的心态<br>（3）学习如何恰如其分地在职位上充分发挥潜能<br>（4）周旋于主管与同事之间，游刃于工资报酬之外，追求卓越，力争上游<br>（5）认同于组织，认同于事业；在组织中寻得定位之处，安身立命 |
| 转<br>（中年生涯阶段） | 独挡一面，责任重大<br>（1）由执行层次提升至管理或策划层次<br>（2）工作能结合组织目标和个人专业理念 | （1）发展生涯之锚<br>（2）专才取向或通才取向<br>（3）解决中年危机的困境<br>（4）克服高原期的停滞<br>（5）面临退休的心理准备 |
| 合<br>（交棒阶段） | 几朝元老，提携后进<br>对组织的大政方针或未来方向，有决定性的建议权和影响力 | （1）做一个称职的顾问<br>（2）在工作、家庭与自我发展之间寻求一个适当的平衡点<br>（3）为退休做心理准备<br>（4）发掘自己进步的新兴趣与资源<br>（5）学习接受新角色<br>（6）放手，退休 |

金树人认为，个体职业生涯规划的四个阶段，其参考价值在于：第一，各阶段生涯规划均有其独特的要求和必须完成的任务；第二，强调各个阶段间的关联性，前一阶段为后一阶段的准备或先决条件，后一阶段则有检讨、回顾前一阶段的任务；第三，生涯发展并非直线进行，虽然大部分的研究都按年龄顺序排列，但事实上各阶段之间仍有许多循环、转折之处，也有统整的作用。

## 本章小结

调动秘书人员的工作积极性，提高秘书工作的效率，是秘书心理学的一个重要内容。需要和动机是引起人们行为的内在动因。要调动人的积极性，必须了解人的需要和动机。秘书人员的工作积极性，也是与其自身的需要密切联系的，并受其动机支配。

需要是有机体内部的一种不平衡状态，它表现为有机体对内部环境或外部生活条件的一种稳定的需求，并成为有机体活动的源泉。需要反映的是人对客观事物的一种依赖关系，是人活动积极性的源泉。根据需要的起源，可以将需要分为自然性需要和社会性需要；根据需要满足的对象，可以将需要分为特质需要和精神需要；根据需要满足的迫切程度，可以将需要分为优势需要和一般需要。需要具有对象性和指向性、满足性和永不满足性、共同性和差异性及社会历史制约性等特点。

动机是激发个体朝着一定目标活动，并维持这种活动的一种内在的心理过程或内部驱动力。动机是在需要的基础上产生的，动机的种类与需要的种类相对应，也可分为生理性动机和社会性动机。动机具有激活功能、指向功能、维持功能和行为调整功能。秘书的社会性动机主要有工作动机、交往动机、社会赞许动机、成就动机和权力动机。秘书的社会性动机为秘书的社会行为提供了驱动力。

激励是利用某种外部诱因调动人的积极性和创造性，使人有一股内在的动力，朝所期望的目标前进的心理过程。激励的手段主要有奖励和惩罚。

秘书的工作激励要遵循物质激励与精神激励相结合、内部激励和外部激励相结合、正激励和负激励相结合的原则。秘书工作激励的方式主要有目标激励、参与激励、奖励激励、关怀激励和支持激励。

自我管理是个人按照自身的特点，设计成才的目标，严格付诸实施，检验行动状况，控制日常行为，实现预期结果的活动过程。自我管理的原则主要有目标原则、效率原则、成果原则、优势原则、要事原则、决策原则、检验原则和反思原则。秘书的自我管理包括学习管理、时间管理、健康管理、感情管理和金钱管理。

## 主要概念和观念

□ **主要概念**

需要　动机　激励　自我管理　职业生涯规划

□ **主要观念**

需要层次理论　双因素理论　ERG理论　成就理论　期望理论　公平理论　强化理论　归因理论

## 知识掌握

11.1　需要、动机、激励的概念是什么？

11.2　秘书需要的特殊性有哪些？

11.3　秘书动机有什么特点、作用？

11.4　秘书的社会性动机有哪些？

11.5　内容型激励理论、过程型激励理论和行为改造型激励理论包括哪些方面的内容？

11.6　秘书工作激励的方式和原则有哪些？

11.7　自我管理的概念是什么？秘书人员自我管理的内容有哪些？

11.8　秘书职业生涯发展的特点是什么？秘书职业生涯规划有哪些基本要求？

# 知识应用

## □ 案例分析

### 无所事事的小梁

**背景与情境：**梁霞是天力慧聪科技发展有限公司的总经理秘书，她虽然名牌大学毕业，可工作三年多了，在业务上仍然没有什么长进，一天到晚没有多少事做。很多朋友羡慕她工作轻松，但她却因为找不到机会、看不到希望而心有不甘。

一天上午，老总在开会，她又没有什么事做，只好像往常一样在网上浏览新闻和八卦消息，以消磨时间。十一点多，老总开会回来，对小梁说自己下星期一去海南出差，让她把海南两个客户的合同找出来。

“您坐飞机去吗？”小梁问。

“是的，准备坐星期一下午三点多的航班。”老总说。

“那我帮您订票吧！”小梁主动地说。

“不用了，我这里有订票处的电话，回头你帮我下楼去取一下就行了。”老总说。

于是，小梁只好怏怏地回到自己办公室找出那两份合同。老总在家她都感到无所事事，老总出差后她会更无聊。想到这里，小梁暗叹一口气，把两份合同交给老总后，她继续上网打发时间。

**问题：**

1）小梁为什么会无所事事？

2）小梁觉得没有机会感到前途无望的根本原因是什么？这个案例对你有什么启示？

## □ 实践训练

### 自我管理训练

自我管理的基本方法就是要把操作性条件反射的原理与自己的实际情况结合起来，有六件事要做：

1. 选择“目标行为”——要确定你希望改变的行为。

2. 记录初始值——记录下你达到目标需要花的时间，或者记录下你每天做出的合意反应及不合意反应的数量。

3. 建立目标——所要建立的目标就是目标行为的增加或减少，你需要记住行为塑造的原则，不可操之过急，要为每一天、每一周都建立现实并合理的进步目标。

4. 选择强化物——如果你完成了每天的目标，就要按照计划给自己奖励。

5. 为进步做量化记录——要精确记录每天花在“目标行为”上的时间，以及自己做出的“目标行为”的数量。

6. 不成功无奖励——一定要诚实待己，如你达到了每天的目标，就要给自己奖励；如果没有达到目标，则没有奖励，要根据每周计划完成情况决定发不发奖。

当你对自己的行为管理能力了解更多之后，即可调整你的计划。如果你在自我管理中获得成功，你进行自我管理的做法就会得到强化。

## 心理自测

### 时间管理能力测试

时间就是生命，有效地利用工作时间能够事半功倍，为公司创造最大的效益。下面将测试你的时间管理能力，请选择适合自己的答案。

| 序号 | 测试项目 | 选项 | |
|---|---|---|---|
| | | 是 | 否 |
| 1 | 你认为当天的工作是否必须完成 | | |
| 2 | 你会制订年度计划并具体安排每天的工作吗 | | |
| 3 | 你的文件是按照重要性分类管理吗 | | |
| 4 | 你会把同样、同类、同时使用的东西放在一起吗 | | |
| 5 | 你的办公室是否很整洁干净 | | |
| 6 | 你会尽量减少开会次数吗 | | |
| 7 | 如果工作时间很紧，你会经常看表并作出下一步的安排吗 | | |
| 8 | 工作之际你是否会稍作休息、劳逸结合呢 | | |
| 9 | 工作很忙时，你是否会有紧迫感 | | |
| 10 | 你曾向别人请教如何利用时间吗 | | |
| 11 | 你对每天的工作是否能分清轻重缓急 | | |
| 12 | 你是否相信“只要善于利用时间，你每天就可以多出一点时间” | | |
| 13 | 你会为不熟悉的工作预先制订计划吗 | | |
| 14 | 你清楚自己工作效率最高与最低的时间分布吗 | | |
| 15 | 你对突然插进来的事情能接受吗 | | |
| 16 | 来访者不愿意透露来意，你会在工作室会见吗 | | |
| 17 | 你在工作时，有电话找你，你会出于礼貌地听对方长篇大论吗 | | |
| 18 | 你会花很多时间对自己的工作成果反复检查以确保万无一失吗 | | |
| 19 | 为了取得高工作效率，你经常超负荷工作吗 | | |
| 20 | 你宁可自己动手也不会把工作委派给他人吗 | | |

测试说明：

(1) 1~14题选择“是”得1分，选择“否”不得分；15~20题选择“否”得1分，选择“是”不得分。

(2) 将各题所得的分数相加。

评析：

| 得分区间 | 测试结果评析 |
|---|---|
| 10分以下 | 你的时间管理能力很差，你的计划从来不能实现，没有时间观念，总是找各种理由拖延，懒惰是其中的主要原因。如果不改变这种状况，那么成为企业优秀管理人才的机会将与你无缘 |
| 11～16分 | 你对时间的管理能力一般，你总是想放松自己，有时又能够很好地管理自己 |
| 17～20分 | 你的时间管理能力很强，你很有毅力，能够坚持不懈地把工作做好，是个难得的好员工 |

（注：本测试结果仅供参考）

# 第12章

# 秘书的心理卫生与健康

## 学习目标

通过本章学习，你应该达到：

【职业知识】了解和掌握心理卫生和心理健康的概念，影响心理卫生与心理健康的因素；熟悉和掌握研究秘书心理卫生的意义。

【职业能力】熟悉和掌握秘书人员的心理冲突、心理挫折、心理压力的含义及应对。

【职业素质】熟悉和掌握秘书心理健康的标准；增进秘书心理健康的原则；秘书人员实现心理健康的途径；秘书人员不良心理的克服与消除。

【引例】

**失误又失眠的小唐**

**背景与情境：**小唐是中天开发公司的总经理秘书，最近一段时期，由于公司效益不好，经常传出裁员的消息，所以，小唐总觉得有人在盯着自己的位子，老总会随时炒自己的鱿鱼。因此，她总想把工作做得更好些，让老总更加满意些。可是，她越是想把工作做好，工作就越容易出现纰漏。上周二，她替老总给用户发邮件，把对方的“163.net”发成了“163.com”。因为没收到邮件，对方打电话来找老总，老总让她重发一遍，可她又出错了，而且是同样的错误，于是老总把她狠狠地训了一顿。

由于工作中总犯这种低级错误，她每天下班回家后都要进行反省，自己哪件事没做好，哪件事应该做得更好，大脑神经一兴奋，她就整夜整夜地失眠。晚上失眠，白天精神自然就不能集中，工作更容易出现失误。因此，现在一听到老总叫自己，她就非常紧张，甚至感到恐惧。每天进办公室后，她就感觉像进了高压锅似的。昨天，她鼓起勇气向老总提出了换工作的要求，她说只要不当秘书，做什么工作都可以。老总理解她的心情，说她是压力太大。但老总没有同意她换工作，而是让她休息十天，放松心情。

**问题：**

1）秘书小唐为什么工作中总会出现失误？

2）作为秘书该如何应对工作压力？

现代社会，快速的生活节奏和激烈的竞争关系，给人们的生理、心理带来了很大负担，引发了许多心理疾病。秘书人员由于工作岗位的特殊性，不仅人际关系较为复杂、工作中的紧张应急情况较多，而且工作中的矛盾和困难、挫折也较多。如果秘书人员没有较强的心理承受能力，就很难应付工作中出现的各种情况，会产生心理上的不适应。因此，研究秘书的心理卫生与健康问题，提高秘书人员的心理健康水平，对每个秘书人员都具有十分重要的意义。

## ● 12.1　秘书的心理卫生

### 12.1.1　心理卫生的概念

心理卫生的本意是维护和促进心理健康，它有广义和狭义两种解释。广义的心理卫生指的是预防和治疗各种心理障碍、心理疾病；狭义的心理卫生指的是维护和增进心理健康，培养健全人格，提高人对社会适应和改造的能力。

### 12.1.2　影响心理卫生与心理健康的因素

人的心理卫生与心理健康是一个十分复杂的动态过程，影响心理健康，导致心理疾病的因素也是十分复杂和多样的。但总体来说，主要有三个方面的因素影响人的心理卫生与心理健康，即生物遗传因素、心理因素和社会因素。

1）生物遗传因素

（1）遗传因素的影响。人的心理活动是在后天的社会环境影响下形成和发展起来的，是不可能通过遗传获得的，但一个人的体形、脑神经活动的特点、气质、能力、性格中的某些成分等明显受遗传因素的影响。在某些精神疾病的发病中，遗传因素起着不容忽视的作用。如精神分裂症、躁狂抑郁症、人格障碍的某些类型等，都与遗传因素有关。

（2）病菌、病毒感染造成的影响。病菌、病毒感染均可导致大脑功能性病变，从而引起人体出现种种品质性心理障碍或精神失常。

（3）化学物品导致的依赖和中毒。由于某些体外毒性化学物质侵入体内，影响到中枢神经系统，导致意识和精神障碍。

（4）严重的躯体疾病或生理机能障碍的影响。人体机能的亢进或缺失，均可导致心理异常。

2）心理因素

（1）心理冲突。它是指相反的或相互排斥的冲动、欲望或趋向同时出现时产生的一种矛盾心理状态。它是造成挫折和心理应激的一个重要原因。心理卫生学研究表明，未解决的心理冲突是造成人类许多心理疾病的一个重要原因。心理冲突所造成的心理压力，往往会增加个体适应环境的困难。在这种困境下，如果一个人长期压抑自己的情绪，或者经常处于焦虑、困惑、矛盾的境地，就会导致神经系统活动功能的紊乱，诱发各种身心疾病。

（2）心理应激。一个人长期处于心理应激状态下，必然会导致心理紊乱。心理紊乱的体现是神经紧张、压抑、心理矛盾、冲突和创伤。心理应激通常是一种影响个体身和心两方面的情绪状态，它的绝大部分情绪表现是负性情绪，如愤怒、紧张、警觉、惊慌、焦虑、恐惧、悲伤、失望等。这种情绪在短期内是有机体的一种适应性反应，如果长期被这种情绪困扰，就会严重影响人的心理健康。

（3）特殊人格。每个人都有自己独特的人格特征，它是影响心理健康的一个不可忽视的因素。临床心理学的研究资料表明，有些身心疾病具有特殊的人格特征，称为“特殊病前人格”，即某些心理疾病在发病前所具有的人格特征。一个人的病前人格与心理疾病的发生有一定的关系，即某一人格特征容易引发某一类型的心理疾病（见表12-1）。

表12-1 特殊病前人格的表现及易罹患的心理疾病

| 特殊病前人格类型 | 行为表现 | 易罹患的心理疾病 |
|---|---|---|
| 分裂人格 | 孤独、胆怯、害羞、乖僻、过敏、多疑、淡漠、冷酷、萎靡不振、迂腐笨拙、沉默寡言 | 精神分裂症 |
| 躁郁人格 | 活泼、兴致高、爱交际、能言善辩、热心、急躁或安静、含蓄、自卑、逆来顺受、灰心丧气、缺乏勇气 | 情感性精神疾病 |
| 偏执人格 | 主观武断、固执己见、易抱成见、嫉妒心强、怀疑心重、委屈抱怨、争强好斗、情绪易怒、难以接受别人的意见和批评 | 偏执性精神疾病 |
| 癔病人格 | 以自我为中心、情绪波动大、受暗示性程度高、爱表现、矫揉造作、希望得到同情、待人热情、富于同情心 | 癔病 |
| 强迫人格 | 谨小慎微、敏感多疑、拘谨呆板、墨守成规、优柔寡断、心胸狭窄、求全求美、焦虑不安、顾虑重重、自我克制、苛求自己、责任心重、喜抽象思维 | 强迫症 |

**【知识拓展12-1】**

### 个性与生理疾病的关系

临床心理学的研究资料表明，不同性格类型的人，其罹患的生理疾病往往与其性格类型有关（见表12-2）。

表12-2 个性与生理疾病的关系

| 疾病类型 | 个性心理特征 |
|---|---|
| 高血压 | 经常压抑愤怒的情绪，易激怒，有好高骛远的抱负 |
| 心脏病 | 急躁、忙碌或好静，善于适应环境，情绪沉着 |
| 结肠炎 | 抑郁、强迫性性格、顺从、心胸狭窄 |
| 溃疡病 | 情感容易压抑、有依赖性和挫折感，或表现为雄心或动力 |
| 哮喘病 | 过分依赖、幼稚。常希望得到他人帮助，情感表现模棱两可 |
| 偏头痛 | 固执、好斗、嫉妒倾向，谨小慎微 |
| 荨麻疹 | 渴望同情，有自卑自负倾向 |
| 癌　症 | 习惯自我克制、内向、情绪压抑、多思善愁 |

3）社会因素

（1）文化的影响。民族文化、社会风俗、宗教信仰、生活习惯等文化因素都与心理疾病的发生有密切关系。不同文化环境背景下所产生的心理疾病的病种、症状、内容和频率大相径庭。

（2）环境干扰。它包括自然环境和社会环境的影响，如噪音干扰、居住拥挤、环境脏乱、人际关系紧张、社会急剧变迁等，都会增加人的心理的应激，使人们长期处于紧张、烦闷、兴奋、焦虑、抑郁和不安等心理状态下。长此以往，人就容易出现心理问题。

（3）生活事件。它是指人们在日常生活中遇到的各种各样的社会生活变动，如结婚、患病、亲人亡故等。生活事件的增多，可使人产生心理应激，增加个体适应环境的压力。如果在一段时间内发生太多的生活事件，它们对个体抵抗力的影响就会累加，个体身心状况就很容易受到影响。

### 12.1.3　研究秘书心理卫生的意义

“秘书在工作上是忙人，生活上是穷人，身体上是病人”。这种说法虽然带有片面性，但从中可以得到这样的启示：秘书人员由于工作的繁忙劳累，容易因疲劳过度而出现各种疾病。而且，秘书人员由于角色地位的从属性、辅助性，把握不好会致病；秘书工作多数与人打交道，人际关系处理不当会因压力大致病；收入水平、经济状况不够理想会致病；工作压力大，竞争加剧不能适应会致病；社会地位尚需提高，认识不正确会致病——这些都是心理问题和心理疾病的诱发因素。

研究秘书人员的心理卫生，就是要培养秘书人员健康的情感、坚强的意志、健全的人格，提高秘书人员战胜困难、挫折的信心，增强适应性。这不仅对秘书人员正确地处理复杂的人际关系，而且对秘书人员提高工作效率、保证身心健康，都是极为重要的。秘书人员只有心理健康，才能形成积极的人生态度，把自己的聪明才智奉献给社会。

## 12.2　秘书的心理健康

### 12.2.1　心理健康的概念

现代医学心理学研究认为，人的健康应当包括生理健康和心理健康两个方面，二者同等重要。生理健康是指身体各部分发育正常，功能健全，没有疾病，体质较好，对疾病有高度的抵抗能力。关于心理健康尚无一致的定义。

1946年，第三届国际心理卫生大会曾将心理健康定义为“在身体、智能以及情感上，在与他人的心理健康不相矛盾的范围内，将个人心境发展成最佳的状态”。该定义过分强调了人的内心体验，该次大会确认的心理健康的标志是：①身体、智力、情绪十分协调；②适应环境，人际关系中彼此谦让；③有幸福感；④在职业活动中能充分发挥自己的能力，过着有效率的生活。

参照此次大会确认的心理健康的标志，可以将心理健康定义为：是指人的心理，即知、情、意活动的内在关系协调，心理的内容与客观世界保持统一，并据此能促进人体内、外环境的平衡和促使个体与社会环境相适应的状态，由此不断发展健全人格，提高生活质量，保持旺盛的精力和愉快的情绪。

### 12.2.2　秘书心理健康的标准

1）心理健康的标准

判断一个人的心理是否健康的标准较难掌握，心理学家对这个问题尚没有严格统一的意见。一般认为，要根据心理测验、临床和日常观察以及个人主观体验的报告等几方面的材料，才能做出比较真实可靠的判断。

【知识拓展12-2】

### 心理健康的体验标准、操作标准和发展标准

判断心理健康与否的体验标准、操作标准和发展标准，由我国心理学家许又新于1988年提出。这三条标准的具体内容是：

体验标准：以个人的主观体验和内心世界为准，主要包括良好的心情和恰当的自我评价。

操作标准：指通过观察、实验和测验等方法考察心理活动的过程和效应，核心是效率。其主要包括个人心理活动的效率和个人社会活动的效能，如工作及学习效率高、人际关系和谐等。

发展标准：指心理状况有向较高水平发展的可能性，并且有使这种可能性变成现实性的切实可行的行动措施。

体验标准、操作标准着重于横向考察一个人的精神现状，发展标准着重对人的心理状况进行时间纵向（过去、现在和未来）考察和分析。衡量心理健康时，要把这三种标准联系起来综合考察。

马斯洛和米特尔曼于1951年提出了心理健康的十条标准：

（1）有充分的自我安全感；

（2）能充分了解自己，并能恰当地估价自己的能力；

（3）生活理想切合实际；

（4）不脱离周围的现实环境；

（5）善于从经验中学习；

（6）能保持人格的完整与和谐；

（7）保持良好的人际关系；

（8）能适度地宣泄和控制自己的情绪；

（9）在符合团体要求的前提下，能有限度地发挥自己的个性；

（10）在不违背社会规范的前提下，能适度地满足个人基本需求。

上述标准为衡量人们的心理健康状况提供了一些有价值的线索，得到了较为广泛的认可，但由于社会文化条件不同，心理健康的标准也有其相对性。

2）秘书心理健康的标准

秘书人员心理健康的标志目前尚无定论，根据心理健康的一般标准，对秘书的心理健康提出一般要求：

（1）心理活动的周期节律性。人的心理活动在形式上和效率上都有内在的节律性，可用心理活动效率指标探查这种客观规律的变化。如果一个人心理活动的固有节律经常处在紊乱状态，表明其心理健康水平下降。

（2）情绪协调，心境良好。心理健康者经常保持愉快、开朗、自信、满足的心情，善于从生活中寻求乐趣，对生活充满希望。更重要的是情绪稳定性好，具有调节和控制自己的情绪以保持与周围环境动态平衡的能力。

（3）具备一定的意志品质。意志是人类能动性的集中体现，是人的重要的精神支柱。健康的意志品质具有如下特点：目的明确合理，自觉性高；善于分析情况，做事果断；意志坚定，有毅力，心理承受能力强；自制力好，既有实现目标的坚定性，又有能克服干扰

实现目标的愿望、动机、情绪和行为，不放纵任性。

(4) 人际关系和谐。人的心理健康状况主要是在与他人交往的过程中表现出来，和谐的人际关系既是心理健康不可或缺的条件，也是获得心理健康的重要途径。其表现是：乐于与人交往；在交往中保持人格的独立和完整；能客观地评价别人；友好相处，乐于助人；交往中积极态度多于消极态度。

(5) 能动地适应环境。不能有效地处理与周围现实环境的关系，是导致心理障碍及心理疾病的重要原因。对现实环境的能动适应和改造，是积极的处世态度。心理健康的秘书与社会广泛接触，对社会现状有清晰正确的认识，心理与行为能适应社会文化的变迁，达到自我实现与社会奉献的协调统一。

(6) 保持人格完整。人格是个人比较稳定的心理特征的总和，心理健康的最终目的是使人保持人格的完整性，培养健全人格。

(7) 心理行为表现与年龄相符。与人生各阶段生理发展相对应的是心理行为表现，从而形成不同年龄阶段的独特心理行为模式。心理健康者应具备与同年龄多数人相符合的心理与行为特征。

(8) 心理康复能力强。心理康复能力是指从创伤刺激中恢复到往常水平的能力。人的一生中，谁也不可避免地遭受精神创伤，出现情绪波动甚至行为的暂时改变。但由于人的认知能力和知识经验的不同，从一次打击中恢复过来所需要的时间也会有所不同，恢复程度也有所差别。心理康复能力强的人恢复得较快，且不留严重的痕迹。

**同步案例 12-1**

**背景与情境：**我老婆说，已有种种迹象表明，我患了“秘书综合症”，而且病情正在日益加重。以下就是她所观察分析出的症状。

我十分关心国家大事，每天早上都要把党报从中央到地方的全部看上一遍，每天晚上19：00还要雷打不动地打开电视看新闻联播。平时与邻居、同事闲聊，不管说的是什么话题，总要与大好形势、光明前景、APEC之类结合起来，并能从现象到本质地分析个“一二三四五，首先其次再次总之”来，结果现在再也没人敢和我聊天了。

我变得非常有礼貌，无论在何时何地，总是面带微笑，以至于到了晚上脸颊酸痛，要用手揉搓半天。坐车时，总是抢先一步替别人拉开车门，并用手背护在车门框上。家里的电话铃响了，我等铃声响过两次后，拿起话筒，用标准的普通话说“您好”，然后不假思索地报上单位的名称。

我现在过于细心，以致有点固执、啰嗦甚至吹毛求疵。不论在何时何地，我总要随身带着钢笔、笔记本和电话号码簿，口袋里再揣上手机，以至于再好的西装穿在我身上也没型没款。读书或看报时，我总是不自觉地寻找错字或病句，并用标准的校对符号改正。别人知道我的电话号码了，我坚持还要再重复一遍。上星期天我老爸说想修卫生间，结果我用了四天时间到市场上搞调查研究，又用了两天时间写了份可行性报告。不料，还没等我把报告交到老爸手上召开家庭会议讨论，老爸竟然已经把卫生间改造好了！

总之，我是越来越不可理喻。上次我应老婆多次要求，给她写了一份情书，里面到处是统计数字和形势一片大好的描写，而结尾署名却是我们领导的名字！天啊，我真是习惯做无名英雄了！跟老婆上街时，尽管她伸出手来想挽着我的胳膊，我依然谦恭地走在她右侧偏后约一步的位置，并主动给她拿着手袋。我常常打听到哪位同行高升了，然后分析他是不是有什么后台和背景。我经常练字，练得最多的是“同意”和自己的名字。

以上几条，是我老婆帮我总结出来的。她一边说，我一边埋头在笔记本上速记。等她说完了，我抬起头来诚恳地说：“您说的太正确了，真是高屋建瓴，条理清晰，分析透彻。对我今后工作、学习很有指导意义，请问领导，您还有什么要指示的？”言毕，我们惊慌相对，半晌无语。

**问题：**“我”的行为是否正常？“我”为什么会得上“秘书综合症”？

**分析提示：**由于现代社会生活节奏加快，很多人面临着工作压力和生活压力，秘书人员由于职业的特殊性，比其他职业从业者可能承受更多的工作压力，心理处于一种亚健康状态，从而导致行为出现异常。

### 12.2.3 增进秘书心理健康的原则

秘书人员维护和增进心理健康，需要遵循以下原则：

1）身心统一的原则

由于生理健康和心理健康密切相关，健康的心理寓于健康的身体，因此，秘书人员要积极参加体育锻炼，通过体育锻炼、卫生保健和保持良好的生活方式，增强体质和生理功能，促进心理健康。

2）与环境协调的原则

心理健康的过程实质上就是人与自然环境和社会环境取得动态平衡的过程，特别是人际关系之间的协调。由于秘书工作的特殊性，存在着打破这种平衡的条件和境遇，所以，学会应对和协调人际关系，对心理健康有重要意义。秘书人员对环境的适应、协调，不仅仅是简单的顺应，更主要的是积极意义上的能动的改造，使之更有利于心理健康。

3）个体和群体相结合的原则

生活于群体之中的人无时无处不受群体的影响。因此，秘书人员心理健康的维护也依赖于周围领导、同事的心理健康水平。这就需要营造良好的群体心理卫生氛围，促进秘书人员个体心理健康水平的提高。

**【知识拓展12-3】**

**群体心理健康的标准**

（1）如果一个群体中心理异常者的比例高于该群体所属的更大的群体的心理异常者的平均比例，则意味着该群体成员整体心理健康水平低；

（2）如果一个群体中危险人群的比例高于其所属的更大群体危险人群的比例，则表明该群体的整体心理健康水平低；

（3）通过对比该群体的社会活动效率、人群满意度、群体凝聚力、区域安全稳定度、躯体疾病发病率等与其他群体的差异情况，来判断群体的心理健康水平。

### 12.2.4 秘书人员实现心理健康的途径

由于影响心理卫生与健康的因素主要包括生物遗传因素、社会因素和个体心理因素，因而，秘书人员要实现和保持心理健康，也必须从这几个方面着手，努力做到：

1）树立正确的人生观与价值观

人生观是人们对人生目的、意义的根本看法和态度。一个人的人生观是否积极，不仅影响人们的心理健康，也影响人们的社会适应行为。不同的人生观使人具有不同的生活态度和行为方式，这些态度和生活方式决定了人们不同的心理内容和处世结果。积极乐观的人生观有助于使人变得更为精神舒畅，心身健康，事业成功。消极悲观的人生观则令人精神颓废，前途渺茫，一事无成。

价值观是人们对事物价值及是非的重要性评价，对人们的心理健康影响也很大。秘书人员的价值观容易被周围环境因素所左右，在不正确价值观的支配下，可能不能正确地面对客观生活，眼高手低，顾影自怜。一旦遇到挫折，便自暴自弃，牢骚满腹，这些都有害于心理健康。

秘书人员树立正确、积极、乐观的人生观、价值观，主要通过以下途径：

（1）正确认识秘书工作，在工作实践中正确确立和评价自我在社会生活中的客观位置，形成合理的心理支点。

（2）正确认识和尊重领导和同事在工作中的存在和价值，在充分发挥自己个性和能力的同时，学会与领导、同事融洽相处，培养协作精神，建立起良好的人际关系。

（3）树立正确的人生哲学，对苦乐、得失、祸福、善恶有正确的看法，学会客观、正确地面对工作或人际交往过程中的“吃亏”，学会无私奉献。

2）培养积极的自我意识

自我意识是一个人对自己的能力素质、思想认识、情感行为、个性特点及人我关系等各方面的认识、感受、评价和调控。秘书人员只有对自己有了充分的了解与认识，才能给自己找到准确的定位，才能客观地认识自己的角色，才能正常地与他人交往，才能为自己营造一个良好的人际关系氛围，从而使自己心情愉悦、乐观开朗，保持良好的心理健康状态。

秘书人员培养积极的自我意识，主要通过以下途径：

（1）树立正确的自我观念，建立积极的自我形象。秘书人员只有树立正确的自我观念，才能主动地进行自我教育，正确地发展自己。秘书人员如果自我评价不正确，就可能妄自菲薄、自惭形秽，或者自恃清高、自以为是，这些错误的自我意识都无益于心理健康。

（2）确立自我效能信念。自我效能信念是指有关对自己能力判断和评价的信念，在调控人的行为方面具有重要意义。秘书人员只有确立较强的自我效能信念，才能有勇气克服不健康的心理行为，这是提高心理健康素质的前提。

（3）按照社会要求发展自己。秘书人员在自我意识的发展中，不仅要正确地认识自己，接受自己，而且还要发展自己，设计自己的职业规划，为自己描绘一个理想的自我，并努力追求它。

3）有效地管理控制自己的情绪

情绪是多因素的组合，所有的心理问题最终都通过不良情绪体现出来。情绪是一种心理表现，伴随情绪活动有一系列的表情动作和生理变化，如紧张、烦躁、忧郁等。情感反常、喜怒无常，都会影响神经系统的正常活动，从而引起神经系统功能失调和新陈代谢障碍而发生疾病。秘书人员只有学会有效地控制自己的情绪、管理自己的情绪、优化自己的情绪，营造良好的情绪氛围，培养良好的情商，才能成为心理健康的人。

秘书人员优化自我情绪，培养良好情商的途径主要有：

（1）正确认识与妥善管理自己的情绪。人对自己要有自我意识，特别要认识自己的精神状态，及时了解自己的情绪处于什么状态，是由什么原因造成的，从而产生自省，进而调节自己的情绪和行为，使自己在大多数时间里保持良性的情绪状态。在正确认识自己情绪的前提下，学会管理情绪的技巧，比如如何自我安慰，如何摆脱焦虑，如何克制愤怒等，同时还要学会自我激励，为自己加油，奖励自己。

（2）培养情绪的观察与交流能力。觉察自己的情绪，了解自己情绪产生的原因。当自己处于负面情绪时，与理解自己的人交流，是负面情绪得以缓解的有效手段。通过交流，还能够获得更多的情感支持和理解，获得认识和解决问题的新思路。觉察他人的情绪，了解他人情绪产生的原因，了解他人的真正需要，富有同情心，才能在自己需要帮助的时候，获得他人的帮助与支持。

【知识拓展12-4】

**情商**

20世纪90年代初期，美国耶鲁大学的心理学家彼得·萨洛韦和纽罕布什大学的约翰·迈耶提出了情绪智能、情绪商数概念。在他们看来，一个人在社会上要获得成功，起主要作用的不是智力因素，而是他们所说的“情绪智能”，前者占20％，后者占80％，他们还列举不少事例来证明这个观点。1995年，美国哈佛大学心理学教授丹尼尔·戈尔曼提出了“情商”的概念，认为“情商”是个体的重要生存能力，是一种发掘情感潜能、运用情感能力影响生活各个层面和人生未来的关键的品质因素。戈尔曼认为，在人成功的要素中，智力因素是重要的，但更为重要的是情感因素。在美国流行一句话：“智商（IQ）决定录用，情商（EQ）决定提升。”事实上，IQ和EQ都很重要。

美国心理学家高曼综合心理学的研究成果认为，情商与智商不同，它不是天生的，而是由下列五种可以学习的能力组成的：

（1）了解自己的情绪。能立刻察觉自己的情绪，了解产生情绪的原因。

（2）控制自己的情绪。能够安抚自己，摆脱强烈的焦虑、忧郁以及控制刺激情绪的根源。

（3）激励自己。能够整顿情绪，让自己朝着一定的目标努力，增强注意力与创造力。

（4）了解别人的情绪，理解别人的感觉。察觉别人的真正需要，具有同情心。

（5）维系融洽的人际关系。能够理解并适应别人的情绪。

心理学家认为，这些情绪特征是生活的动力，可以让智商发挥更大的效应。情商还是影响个人健康、情感、人际关系的重要因素。情商为人们开辟了一条事业成功的新途径，它能使人们摆脱过去只讲智商所造成的无可奈何的宿命论态度。

4）营建良好的人际关系

秘书人员与领导和同事建立良好的人际关系，对其心理健康有重要意义。人在群体中生活，良好的人际关系可以使人感受到充分的社会安全感、信任感和激励感，增强工作的信心和力量，最大限度地减少心理应激和心理危机感。

秘书人员建立良好的人际关系的途径主要有：

（1）主动与他人交往。对一个社会需求发展正常的人来说，都希望有一个丰富的人际关系世界，并在这个世界中帮助和被帮助、理解和被理解、同情和被同情、爱和被爱，共享欢乐，分担痛苦。但遗憾的是，许多人尽管建立良好人际关系的欲望十分强烈，但在社交上采取消极被动的退缩方式，总是期待别人首先来接纳自己，这是在人际关系方面存在误解、缺乏自信造成的。秘书人员要想建立良好的人际关系，必须首先走出第一步，主动与他人交往。

(2) 用共情建立起情感联系的纽带。人与人之间情感上的联系是人际关系的本质。情感联系越密切，人与人之间的心理距离就越小，人际关系也就越亲密。沟通是人们内心世界的情感纽带，是建立人际关系的基础。这里所谓的共情，指的是交往双方内心情感的共通与统一。秘书人员如果不能很好地理解别人，体验他人内心的真实感受，就无法使自己的交往行为具有合理性、对应性，更谈不上与别人发展亲密的人际关系。

(3) 在物质和精神上帮助他人。学会帮助他人，对于建立良好的人际关系是十分重要的。帮助他人并不只是简单在物质方面的支持，人与人之间的相互帮助首先是情感性的，然后才是物质性的。这里所说的"帮助"是广义的，既包括情感上的支持、痛苦的分担、观点的赞同，也包括困难解决上的协助和物质方面的支持。

(4) 不做无谓的竞争。社会转型时期，人们的竞争意识增强，竞争对人们的影响越来越大。然而，激烈的竞争给人们带来强大的心理压力。由于每个人的精力有限，能力又各有不同，因此在竞争时应该有所侧重和选择，不要处处、事事与人竞争。有所选择是指要注意发挥个人拥有的优势方面，有所侧重是指在竞争中应把主要精力放在对自己有意义的方面，这样才能扬长避短，取得成功，避免失败带来的挫折感，维护身心健康。

(5) 对他人不要期望过高。期望越高，失望越大。在人际交往中，如果对他人期望过高，而结果又未如所愿，难免会怨天尤人，备感失望，不仅使自己的心理平衡受到干扰，对自己的身心造成不良影响，还会因抱怨引起他人的愤怒、伤心和反感，进而影响人际关系。秘书人员在工作和生活中，要立足自身，主要依靠自身的力量把事情办好，不要对他人寄予过高的期望，以避免失望感的产生。

5) 学习心理卫生知识

心理卫生与心理健康已越来越受到人们的重视，有关心理卫生与心理健康的宣传也越来越普及，这些都为人们维护自身的身心健康创造了条件。秘书人员应该学习和了解有关心理卫生的基本知识，对于如何正确地对待工作压力、如何对待生活中的挫折、如何克服不良心理现象、如何保持良好的心理状态等问题，都应该有所了解和掌握，这样才能学会在生活和工作中自我调节，保持心理健康。另外，秘书人员一旦出现较为严重的心理问题，应该像对待生理疾病那样重视它，及时找出缓解的办法。如果自身难以解决和克服，就应到有关心理咨询服务机构进行心理咨询和治疗，避免其向更严重的方向进一步发展。

**同步案例12-2**

**背景与情境：**中国对外经济贸易合作部原副部长龙永图是我国加入世界贸易组织的第四任首席谈判代表，被称为中国加入世界贸易组织的功臣和见证人。在谈判紧张时刻，龙永图选择秘书的故事值得回味。他选秘书的标准，竟然不是大家公认的勤勉、谨慎、体贴，而是经骂。在一次接受记者采访时，龙永图谈到："我曾经有位秘书，当我选他当秘书的时候，全场哗然。在我们眼中，秘书都是勤勤恳恳的，少言，做事很谨慎，对领导体贴入微。但是我的秘书，处事和别人不一样。他是一个大大咧咧的人，他从来不会照顾人，我每次和他出国出差，都是我到他的房间里说，请你起来，到点了。”

“但是为什么会选他当秘书呢？我是在谈判最困难的时候选他当秘书的，当时我由于谈判的压力，脾气非常暴躁，有时候和外国人拍桌子，回来以后一句话不说。由于脾气不好，所以我每次回到房间后，没有一个人到我房间来，因为他们怕被我骂。只有后来这位当了我秘书的人，每次不敲门就大大咧咧地走进来，而且坐到我的房间就翘起腿，告诉我今天他听到什么了，哪个人说你那句话讲得不一定对；而且他从来不叫我龙部长，都是‘老龙’或者‘永图’。他有时候出一些馊主意，被我骂得灰头鼠脸，但是他并不生气，无论怎么骂，他五分钟以后又回来了：哎呀，永图你刚才那个说法不太对。我就觉得这个人很少见。他是一个学者型的人，对很多事情不敏感，人家对他的批评，他也不敏感。比如说，我最喜欢自然风景，他给我开车时，每次走到风景最好的地方，我在车外看风景，他坐在车里抽烟，对外面的自然风光没有感觉。但是，对中国加入世贸的问题，他简直像着迷一样，所以我们其他谈判班子都说，他是一个‘传教士’，见到人就说加入世贸组织的事情。他有一种执着的精神。所以在当时那种特定的情况下，在我脾气那么暴躁的情况下，而且又很难听到不同声音的情况下，那位老兄对我很重要。所以在当时那种特定的情况之下，我是要找一个经骂的秘书。”

“后来他成博士了。他的承受力很强，他能够伴随我度过一段最困难的时期，不会因为我骂他，他就有别的想法。后来我们谈判成功以后，我很快把他送走了，我觉得已经不需要他了，他的长处已经不在这儿了，他每天把我的文件搞得乱七八糟，我找什么文件都找不到，还有时候向我要文件。后来中美谈判成功之后，我的脾气也好多了，他的任务也完成了。”

**问题：**龙永图为什么要选一个经骂的秘书？

**分析提示：**挨骂不是秘书的天职，经骂也不是好秘书的标准，但领导在工作中难免会出现恶劣。情绪，秘书可能是很好的发泄对象。一个合格的秘书必须有良好的心理承受能力，维护和增进心理健康。

## ● 12.3 秘书的心理保健

### 12.3.1 秘书人员的心理冲突

心理冲突是指个体在意志行动中，具有两个或两个以上的需要或目标，而这些需要和目标又不能同时实现，使个体处于一种矛盾心理的状态。矛盾心理则反映出个体那种好坏喜恶都有的复杂情绪体验。心理冲突是内心的一种矛盾状态。心理冲突是引起焦虑和心理压力的重要原因。在很多时候，心理冲突和心理挫折是分不开的，心理挫折会造成心理冲突。心理冲突又不同于心理挫折，因为有时心理冲突会直接引起内心的焦虑，而没有挫折体验，即不会产生心理挫折。心理冲突是秘书人员经常遇到的心理问题。

1）心理冲突的类型

（1）双趋冲突。两个目标都是自己想实现的，但一个目标的实现会使另一个目标无法实现，就会产生双趋冲突。

（2）双避冲突。所面临的两种选择都是自己不喜欢的，却必须选择其一，这就会产生双避冲突。

（3）趋避冲突。它指对一目标既趋向又拒绝的两种不同的心态。

现实生活中，人们的内心冲突都不是这样简单的，往往都是由多重“趋”和“避”构成的。因此，人们在遇到两难的选择时，就会产生强烈的心理压力。心理冲突还常常体现在独立与依赖、亲密与隐私、合作与竞争、表现个性与遵守规范等现实矛盾情境中。这些矛盾冲突如果解决不好，都必然会给秘书人员带来心理压力。

2）秘书人员心理冲突的解决

过去的社会环境由于坚持传统，因循守旧，为此秘书人员面临的选择有限，可能发生的冲突会少些。但即使如此，心理冲突也是一直存在的。至于现代社会，由于正处于急剧变化的时代，自相矛盾的价值体系和多元的生活方式并存，秘书人员面临众多选择已经无从抉择了，于是更说不上采取什么策略来有效地解决这些问题。

大体上秘书人员要做出明智的决策，必须具备四个条件：第一，明确地知道自己需要什么，换句话说，要理解自己真正的感受是什么；第二，要明确自己的价值系统是什么；第三，必须愿意面对冲突且有所放弃，当然，一个人缺少安全感和幸福感的人是很难取舍的；第四，必须有能力对决策负责任。秘书人员解决工作和生活上的心理冲突，最重要的就是要有所坚持，也要学会放弃。

### 12.3.2 秘书人员的心理挫折

挫折是指人在向目标进发的过程中遇到障碍致使目标不能实现时的心理状态。人在遭受挫折后所产生的消极情绪体验叫挫折感，也称心理挫折。心理挫折是欲求不遂的结果，是导致心理压力、引起负面情绪体验的重要原因之一。

1）心理挫折的反应

人在遭遇挫折后所引起的心理和行为反应是多种多样的，从效果上看，可分为积极的反应和消极的反应两大类。

（1）积极的反应。它包括变通、替代、坚毅和升华行为等。变通是在达不到目标时延长实现目标的期限或重新调整目标；替代是人们在所确定的目标受挫后无法实现，选择其他目标取代原有目标的表现；坚毅是人们在受挫后坚持原定目标，继续努力，最终实现目标；升华是人们将那些无法获得满足的冲动转化到社会许可的活动中去，从而获得一种变相的象征性满足。

（2）消极的反应。它包括合理化、逃避、表同、退缩、冷漠、退化、压抑、固执和攻击行为等。合理化是人们在遭受挫折时，找出各种理由给自己解释，借以原谅自己，求得心理安宁的防卫方式。逃避是人们受挫后，不敢面对挫折情境而逃避到安全的地方的一种表现形式，可分为逃避现实和逃向幻想两种。表同是人们受挫后在心理或行为上消极被动模仿他人，以冲淡自己未能达到他人那样成就所产生的挫折感，这实际上是心理异常的一种表现。退缩是人们受挫后表现出的知难而退。冷漠是人们在受挫后无力或自认无能为力时，压制自己的愤怒情绪，表现为无动于衷，冷漠是一种消极的情绪，是影响心理健康的重要因素；退化是人们受挫后表现出的成熟倒退现象，退行到受挫前的状态，表现出与年龄不相称的幼稚行为及放弃已经习得的技巧，而恢复到以比较幼稚的方式去应对；压抑是人们在受挫后，用意志力量压抑悲愤、焦虑的反应，力图表现正常状态，但实质上被压抑的悲愤、焦虑情绪并没有消失，压抑对人的身心健康有很大的危害性。固执是人们在遭受挫折后，采取保守主义的立场，以刻板的方式盲目重复某种行为或坚持某种立场，固执是一种呆板的对抗，是在受到挫折后不满而又无所适从的情绪下产生的。攻击是一种失去理智、带有破坏性的行为，它可以分为直接攻击和转向攻击两种。直接攻击是受挫者直接对挫折源（人或物）的攻击，当个体受挫时，以愤怒的动作、激烈的言辞，指向挫折源，从而发泄因受挫而产生的不愉快情绪；转向攻击是受挫者由于主客观原因的限制，在不能对挫折源进行直接攻击时，转而攻击与造成挫折无关的人或事物。直接攻击和间接攻击都不能产生积极的社会效果，因此个体受挫后，应尽量避免这种行为。

2）产生心理挫折的影响因素

人们产生的任何心理挫折，都与其当时所处的情境有关。构成挫折情境的因素是多种多样的，分析起来主要有两大类。

（1）外在客观因素。构成心理挫折的外在客观因素主要来自自然和社会两方面。

自然因素是指由于自然的或物理环境的限制，个体的动机不能获得满足。自然因素是由自然发展规律和时空的限制而形成的心理挫折，对人类来说还不是主要的。由于社会因素制约形成的心理挫折，才是具有重大影响的。

社会因素是指人在社会生活中所受到的人为因素的限制，其中包括一切政治、经济、民族习惯、宗教信仰、社会风尚、道德法律、文化教育的种种约束等。如学非所用，在工作岗位上不能充分发挥作用等。由社会因素造成的挫折，不但对个人的心理造成影响和伤害，而且挫折后对人们行为所发生的影响，也远比自然因素所产生的心理挫折要大。造成秘书人员产生心理挫折的社会因素主要包括以下几个方面：

第一，秘书工作的性质。秘书人员作为领导的参谋和助手，从事的是服务性工作，不仅要完成一些日常的工作事务，而且还要经常加班加点，待遇往往又是较低的。因此，从事秘书工作不仅需要一定的能力，而且要有任劳任怨、自觉献身的精神。有些人从事这项工作可能并非是出于自愿，在这种情况下，由于对工作缺乏正确的认识，或感到学非所用，或觉得难以适应，都会造成心理上的负担，从而产生挫折感。

第二，复杂的人际关系。秘书的人际关系，特别是秘书与领导的关系对其心理挫折的影响最大。秘书人员工作才能的发挥、经济待遇的提高往往直接受领导的制约。因此，当秘书人员感到与领导相处融洽时，就会心情舒畅；当与领导出现矛盾时，就会产生严重的挫折感。秘书人员与周围其他人的关系状况对心理挫折也有一定的影响，这种影响取决于他们之间相互制约的程度。

第三，传统观念和社会舆论。从目前社会对秘书的评价来看，秘书的形象还没有全面树立起来，人们对秘书还存有偏见，社会舆论中很少能听到对秘书人员的客观公正评价，这些因素也会对秘书的心理挫折产生重要影响。

（2）内在主观因素。构成心理挫折的内在主观因素包括个人生理、心理、个性、经验、思想、抱负水准等方面。一类由于个人容貌、身材、体质、能力、知识的不足，自己所要追求的目标不能达到而产生的心理挫折；由个人动机的冲突而引起的挫折。一个人心理挫折的产生，不仅与外在客观因素有关，更重要的是内在主观因素在起作用。秘书人员心理挫折的产生主要与下列主观因素有关。

第一，对目标的理解能力。每个人在目标选择过程中往往都带有理想主义，如果自认为目标具有重大意义且切实可行，会抱有很高的期望，但一旦目标受阻，与现实发生冲突不能实现时，便容易产生挫折感。因此，一个人对目标的理解能力直接影响其挫折的感受程度。当秘书人员的目标理解水平高，实现可能性大时，挫折感便小；而当目标理解水平低，实现可能性小时，挫折感便大。

第二，对挫折的容忍能力。挫折容忍力实质上是一个人意志品质的体现。一个人的意志力越强，对挫折的容忍能力越强。在同样情况下，人的挫折感取决于他的意志品质。个体的挫折容忍力对心理健康有重要影响，如果挫折容忍力水平较低，在轻微的打击面前便不能自制，就会悲观失望，这也是意志力薄弱的表现。

第三，对情绪的控制能力。在挫折面前，能否控制自己的情绪也体现了一个人的挫折承受水平。人的情绪既受自发因素的影响，同时又是可以调节和控制的。一个人的情绪控制能力，反映了一个人的理智程度。一个具有健全理智的人，不仅可以勇于面对挫折，而且还能够始终保持乐观向上的积极心态。

3）秘书心理挫折的预防与转化

秘书人员在工作和生活中总会遇到这样或那样的困难和挫折，这既是对秘书人员的一种考验，又是对秘书人员的一种激励。秘书人员在遇到挫折时，不应该消极悲观，而应该正确对待它。

（1）心理挫折的预防。首先，秘书人员要明确自己的职责与行为规范。职责与行为规范是制约个体行为的重要因素，也是个体行为的依据，只有当职责和规范明确后，个体才能更加合理地去支配自己的行为，尽量避免与外界的各种矛盾和冲突，减少工作中的失误，从而避免心理挫折的产生。其次，要建立良好的人际关系。在现实生活中，人们在工作中的矛盾往往是因为人际关系的矛盾产生的。因此，增强人们相互间的合作协调关系，增强相互理解和信任，消除相互间的敌视心理，对于克服心理挫折具有十分重要的意义。最后，从自身做起，提高自己对目标的理解力及各种适应能力，使自己选择真正切实可行的目标，并正确估计目标行动中可能遇到的困难，做好充分的思想准备，即使困难出现时也能泰然处之，不至于过分焦虑和失望。

（2）心理挫折的转化。尽管人们想方设法去避免挫折，也不可能完全制止心理挫折。心理挫折是一种普遍的心理现象，秘书人员应该尽量摆脱它消极的一面，利用其积极的一面，促进挫折的转化。首先，提高对受挫动机的认识，进行重新评价和选择，制定出更为现实可行的目标和行动计划，消除原有的挫折感。其次，改变受挫环境，如人际关系紧张、学有所用等情况。应当适当地改变工作环境，解脱原来的困境。最后，提高自己的心理承受能力，进行积极的自我防卫，自我防卫可以暂时使人摆脱心理挫折。

**教学互动12-1**

**测测你的抗挫折能力**

1．在过去的一年中，你自认为遭受挫折的次数：

a．0～2次　　b．3～4次　　c．5次以上

2．你每次遇到挫折：

a．大部分都能自己解决　　b．有一部分能解决　　c．大部分解决不了

3．你对自己才华和能力的自信程度为：

a．十分自信　　b．比较自信　　c．不太自信

4. 你对问题经常采用的方法是：

a. 知难而进　　b. 找人帮助　　c. 放弃目标

5. 有非常令人担心的事时，你：

a. 无法工作　　b. 工作照样不误　　c. 介于a、b之间

6. 碰到讨厌的对手时，你：

a. 无法应付　　b. 应付自如　　c. 介于a、b之间

7. 面临失败时，你：

a. 破罐破摔　　b. 使失败转化为成功　　c. 介于a、b之间

8. 工作进展不快时，你：

a. 焦躁万分　　b. 冷静地想办法　　c. 介于a、b之间

9. 碰到难题时，你：

a. 失去自信　　b. 为解决问题而动脑筋　　c. 介于a、b之间

10. 工作中感到疲劳时：

a. 总是想着疲劳，脑子不好使了

b. 休息一段时间，就忘了疲劳

c. 介于a、b之间

11. 工作条件恶劣时，你：

a. 无法工作　　b. 能克服困难干好工作　　c. 介于a、b之间

12. 产生自卑感时，你：

a. 不想再干工作　　b. 立即振奋精神去干工作　　c. 介于a、b之间

13. 上级给了你很难完成的任务时，你会：

a. 顶回去了事　　b. 千方百计干好　　c. 介于a、b之间

14. 困难落到自己头上时，你：

a. 厌恶之极　　b. 认为是个锻炼　　c. 介于a、b之间

计分标准：

第1~4题，选择a、b、c分别得2、1、0分；

第5~14题，选择a、b、c分别得0、2、1分。

参考评价：

| 得分区间 | 测试结果评析 |
|---|---|
| 19分以上 | 说明你的抗挫折能力很强 |
| 9~18分 | 说明你虽有一定的抗挫折能力，但对某些挫折的抵抗力薄弱 |
| 8分以下 | 说明你的抗挫折能力很弱 |

（注：本测试结果仅供参考）

### 12.3.3 秘书人员的心理压力

心理压力通常是指由于各种原因引起的身体上的不适和精神上的紧张、焦虑、苦闷、烦躁等不良反应。适度的心理压力能使人挑战自我，挖掘潜力，富有效率，激发创造性；而不良的心理压力，不管其来源是什么，后果都是严重的。过度的心理压力会引起焦虑、

沮丧、发怒等后果，造成各种生理方面的疾病，如心血管疾病、头痛，长期严重的心理压力还有可能造成工作失误和工作事故。

1）心理压力的成因

心理压力的产生原因是复杂的，不同的人的心理压力是不同的，产生的原因也各不相同。但总体而言，可以将引起压力的原因归为四类：生活事件、挫折、心理冲突和不合理的认识。

（1）生活事件。心理压力是人类生活中一种必然的存在，各种各样的生活事件都能引起不同程度的心理压力。此外，家庭、工作与环境状况之间的关系、所从事工作的性质等，也是能造成心理压力的情境。

（2）挫折。当遇到失败时，内心会产生挫折感。外在的受挫经历和内心的挫折体验，是导致心理压力的另一个非常重要的原因。

（3）心理冲突。它是引起心理压力的重要原因。

（4）不合理的认识。错误的认识和偏颇的看法会对人们造成心理压力。如秘书人员认为在工作中的各个方面都应该表现得十全十美，给自己定下这样的工作标准，无疑会增加心理压力。因为每件事都要求十全十美是不可能的，即使一件事做到十全十美都是相当困难的，更何况每一件事，没有任何人可以样样精通，也没有任何事可以做到十全十美。

**【知识拓展 12-5】**

**带来心理压力的九种生活事件**

心理学家格拉斯通提出了会给人们带来明显心理压力的九种类型的生活事件：

（1）就任新职、就读新的学校、搬迁新居等；

（2）恋爱或失恋、结婚或离婚等；

（3）生病或身体不适等；

（4）怀孕生子，初为人父人母；

（5）更换工作或失业；

（6）进入青春期；

（7）进入更年期；

（8）亲友死亡；

（9）步入老年。

2）秘书人员心理压力的应对

（1）消除心理压力产生的根源。压力源可能存在于自身，也可能存在于周围环境中。但是，人际关系是造成压力的最主要根源。秘书人员如果意识到与同事的冲突和工作中的难题是心理压力的来源，不妨努力与大家搞好关系，精诚合作。这是消除压力最根本、最彻底的方法。

（2）重新评价事件。如果做错了事，要想到谁都有可能犯错误；如果事与愿违，就应重新进行自我评价，才能不钻牛角尖。正确地评估和认识事件，跳开困扰自己的圈子，置身事外是另一种彻底消除压力的方法。

（3）寻求社会支持。面对困难时，如果感到孤立无援，应该积极主动寻求朋友和亲人的安慰与支持。

（4）合理安排时间。一些心理压力常常是因为时间不够造成的，秘书人员不妨放下手头的事情，学会舍得和放弃，合理安排一下工作计划和时间。

（5）更换与改变环境。适当地改变环境可以减轻心理压力，这并非是消极的回避，换了环境常常会让人产生新的思路和认识，不再囿限于目前的心理困扰之中。

（6）体育锻炼。定期进行体育锻炼，增强体质，良好的身体素质是战胜心理压力的基础。

缓解长期的心理压力需要长期的过程，不能急于求成；而对于突发的压力，为了不影响工作，则可以采用回避和发泄的方法。

【知识拓展12-6】

**宣泄心理压力的方法**

宣泄心理压力的方法简称为发泄法，发泄法最常用的有"身体运动发泄法"和"哭诉发泄法"。"身体运动发泄法"是通过体育运动或体力劳动的手段，使不良情绪得到发泄，散步、爬山、跑步或体力劳动（如劈柴、用力挖地）等；"哭诉发泄法"是用"大哭"或"哭诉"来发泄，通过在亲人或好友面前哭泣，或哭诉自己心中的怨屈，并得到劝解、安慰和疏导。同时，大哭或哭诉需要消耗体能，并能把许多有害的化学物质排出体外，从而达到调整情绪的目的。当然，找一个无人的地方大声喊叫也是一个既经济又实用的发泄方法。

发泄时要注意遵循安全、有利、适度的原则。要做到既不妨碍自己和他人安全，又对调节情绪有利，并尽可能采取比较文明而温和的发泄方式，切不可以乱摔东西、迁怒于人甚至斗殴等不良行为来发泄心中的不满或怨恨；也不能采用不分场合、不计后果，一有怒气就大动"肝火"，甚至冲动蛮干的做法。因为这样既于事无补，还可能激化矛盾，导致更为剧烈的情绪反应和更大的心理压力。

### 12.3.4 秘书人员不良心理的克服与消除

秘书人员在工作和人际交往过程中，由于自身的原因或者因为对领导、同事和他人认知的偏差，可能会出现一些不良心理，如害羞心理、自卑心理、嫉妒心理、多疑心理、孤僻心理等。这些不良心理一方面影响自己的心理健康，同时也会给工作和人际交往带来不利影响。某些不良心理在一定时间可能在大多数人身上存在，也不一定会引发严重的后果。但如果不注意平时的心理调适，不注意克服与消除这些不良心理，久而久之，可能会引发严重的心理问题，从而导致心理危机，甚至引发心理疾病。而有些不良心理，如多疑心理、嫉妒心理和孤僻心理可能是人格障碍的表现，这里只作一般心理问题（不良心理）的探讨，不涉及心理咨询与治疗的范畴。

1）害羞心理

害羞是指一个人过多地要求自己的言行，以至无法正常地表达自己的思想和情感，阻碍了正常的交往。害羞心理既有先天的原因，如气质属于内向型的黏液质、抑郁质，以及有生理缺陷等，也有后天的原因，如教育的不当或自信心的缺乏。另外，挫折经历也是害羞的成因之一。

秘书人员的害羞心理不仅阻碍和他人的正常交往，也会导致沮丧、焦虑、孤独等不良的情绪反应，导致性格上的冷漠和软弱，同时也会影响秘书工作的开展。

秘书人员克服害羞心理，主要的方法有：

（1）坚定信心。坚信自己有能力，通过持之以恒的努力能够克服害羞心理。树立自信心，不要只看到自己的短处，要看到自己的力量，发现自己的闪光点。

（2）学会交往。在与他人的交往中，学会别人是如何交往的，特别要注意观察两类人：一是观察交往的成功者，他们为什么会成为交往的中心，为什么能将各种复杂的交往方法运用得得心应手；二是观察从害羞中走出来的那些人，并向他们取经。

（3）增强体质。通过户外锻炼，有效地增强神经系统的功能，使过度的神经反应可以缓和，以便消除害羞心理。

2）自卑心理

自卑是个人由于某些生理或心理缺陷及其他原因而产生的轻视自己、自惭形秽、自觉低人一等的情绪体验。在交往活动中表现为缺乏自信，想象失败的体验多。自卑是影响广泛而严重的心理障碍，它直接妨碍了一个人走向群体，与他人交往。秘书人员如果有自卑心理，不仅会影响其与他人交往，抑制自信心和荣誉感的发展，还会影响到工作。

秘书人员克服自卑心理，主要的方法有：

（1）要善于发现自己的优点。自卑者要学会肯定自己的成绩，发现自己的优点，并让其发扬光大。一个人只有客观地评价自己和他人，与他人进行正确的社会比较，才有助于肯定自己，克服自卑感。

（2）相信自己，树立自信心。凡事都应有必胜的信心，对自己的充分自信是消除自卑的最好方法，因为自信会使你获得更多的成功。但在自信心的基础上，要有符合自己实际情况的“抱负水平”。过低不利于激发斗志，过高易遭受失败。

（3）增加交往，改变性格。要积极主动与他人交往，增加成功交往的体验。在交往过程中，还要注意自我性格的改变，实现由羞涩内向到开朗外向的转变。

（4）正确对待失败。每个人由于知识、经验的局限，遭遇一时的挫折乃至失败是非常正常的现象。在人的一生中，一帆风顺是不可能的，对此，既要认真总结经验教训，以利“再战”，又要持平常之心，不被失败所击倒。

（5）扬长避短。每个人都各有自己的优点和弱势，要全面正确地评价自己，既不对自己的长处沾沾自喜，也不要盯住自己的短处而顾影自怜。要善于发现和挖掘自己的优势，以弥补自己的不足。

3）嫉妒心理

嫉妒心理是个体在与他人比较的过程中，发现自己在才能、名誉、地位或境遇等方面不如他人而产生的一种由羞愧、愤怒、怨恨等组成的复杂情绪。嫉妒心理是一种完全自然产生的情感，具有普遍性。在社会现实生活中，人们一旦看到别人比自己境遇好，就“别有一番滋味在心头”，这就是嫉妒心理的情绪体验。嫉妒心理分为潜意识嫉妒心理和显意识嫉妒心理。潜意识嫉妒心理深藏在人的潜意识中，很难为人有意识地感觉到，对人的心理激活作用很弱，一般不会产生严重后果；显意识嫉妒心理由潜意识进入显意识，标志是此时的嫉妒心理具有明显指向性和发泄性变化，表现为对被嫉妒者进行挑剔，散布对其不利的言论，甚至对被嫉妒者进行人身攻击或诬陷、诽谤。嫉妒心理也是一种憎恨心理，具有明显的对抗性。嫉妒不仅妨碍他人的生活，嫉妒者往往也自食其果，给自己带来极大的心理痛苦，并由此可能引发更大的消极性。

秘书人员克服嫉妒心理，主要的方法有：

（1）纠正认知偏差。嫉妒者在他人成功时，总觉得他人的成功是对自己的威胁，是对自己利益的侵占，而看不到他人的成功是其努力的结果。嫉妒者不应把别人的大屏幕等同于自己的失败，而应善于比较，总结经验，学习别人的长处，克服自己的短处，而不是以己之短比人之长。

（2）进行积极的注意转移。在嫉妒心理出现之前，进行注意转移，不要只看到他人的成功，还要看到自己的优点，使失衡的心态获得一种新的平衡。同时，把主要的时间和精力放到参加积极有益的活动上，努力学习，提高自我，充实自己的生活。

（3）学会升华。在他人取得成功时，把不服气的心理引向积极的方面，化嫉妒为上进，赶上甚至超过对方。

（4）采取适当的心理防卫。在嫉妒心理产生之前，用文饰的方法，采取适当的心理防卫，缓解由失败带来的内心不安，从而稳定自己的情绪，避免冲动，维持心理平衡。文饰确实可以平衡一个人的心态，但不能过分使用，如果过分使用，就会妨碍进取心。

**教学互动12-2**

**你是一个嫉妒心很强的人吗？**

面对一张白纸，请拿起笔画一幅画，按照下列要求来悄悄测试一下自己嫉妒心理的程度吧……

1.首先选择一下图画纸的背景：

a.视野开阔的原野　　b.繁华拥挤的都市

c.神秘莫测的森林　　d.驰名中外的景区

2.画上一幢你自己想象的、被称作“家”的房子，你可以选择：

a.宽敞气派的俄式别墅　　b.实用现代的欧式公寓

c.简洁干净的日式住宅　　d.古雅浪漫的中国庭院

3.接下来在房子周围准备画的公共设施是：

a.街心花园　　b.超级市场

c.中小学校　　d.高级商场

4.你希望画中有几个人？

a.1个（自己）　　b.2个

c.没有　　d.很多（2个以上）

5.应该有一辆交通工具供你出行，你希望画上的车子是：

a.黑色奔驰　　b.金色林肯

c.红色法拉利　　d.银色劳斯莱斯

6.花儿是画面必不可少的装饰，你喜欢：

a.灿烂的樱花　　b.高贵的郁金香

c.雅致的桃花　　d.多情的玫瑰

7.有一条路是通往外面世界的必经之路，你会将它画在哪里？

a.不管通向哪里，反正在自己车轮之下

b.这条路连接着“家”和公共设施

c.这条路在画中人的脚下

d．被花儿和树木掩映

8．你可以在画上留下签名，你会选择：

a．画的左上角　　b．画的右上角

c．画的左下角　　d．画的右下角

计分标准：

| 题　号 | a | b | c | d |
|---|---|---|---|---|
| 第1、5题 | 0 | 1 | 2 | 3 |
| 第2、7题 | 3 | 0 | 1 | 2 |
| 第3、6题 | 1 | 2 | 0 | 3 |
| 第4、8题 | 3 | 1 | 2 | 0 |

参考评价：

| 得分区间 | 测试结果评析 |
|---|---|
| 0～3分 | 你较少有嫉妒心 |
| 4～15分 | 你有较为普遍而正常的嫉妒情绪 |
| 16～22分 | 你的嫉妒心理需要适当调节 |
| 22～24分 | 你的嫉妒心强烈 |

（注：本测试结果仅供参考）

4）多疑心理

多疑心理是指在无中生有的基础上对他人产生的这样或那样的怀疑、不信任，把本来不存在的东西想象得和真实存在一样，并且误解越来越深，如怀疑别人说自己坏话等。秘书人员多疑心理的产生主要源于思考问题时的心理偏差，也可能由于缺乏自信，还有可能是由于挫折引发的心理防卫。

秘书人员克服多疑心理，主要的方法有：

（1）克制冲动情绪的产生。当发现自己开始怀疑别人时，应立即寻找产生怀疑的原因，在形成恶性思维前，引入正反两方面的信息，不要轻易提出为自己服务的单方面证据。在出现怀疑迹象时，一定要控制住自己的“胡思乱想”，克制冲动情绪的产生，提醒自己不要想得太多，不要把别人看得更坏。如果毫无证据表明自己的怀疑是正确的，就应该立即停止怀疑。

（2）正确地认知他人。学会在交往过程中认真观察他人，了解他人，把握他人人格特征、处世方法等，真正了解别人后，就没有理由去怀疑别人了。因此，事先多了解、掌握他人信息，对于克服自己的多疑心理是很重要的。

（3）培养自信。应当看到自己的长处，相信自己的魅力，相信自己有能力处理好人际关系。这样，当秘书人员充满信心地进行工作和生活时，就不用担心自己的行为，也不会怀疑别人是否挑剔和否定自己了。

5）孤僻心理

孤僻就是不随和、不合群，是一种很严重的心理障碍。孤僻者往往缺乏对自己客观正确的认识，或自恃清高、自命不凡，或自卑怯懦、妄自菲薄。秘书人员如果缺乏自我解剖的精神，不能正视自己的缺点，孤僻心理很难消除。

秘书人员克服孤僻心理，主要的方法有：

（1）正确客观地认识自己。性格孤僻的人往往自恃自己有一技之长，自命不凡，以“优”者自居。由于认知的偏差，在交往中往往会不尊重他人，使他人离己而去。秘书人员正确地认识自己的优点、缺点，是克服孤僻心理的前提和起点。

（2）优化性格。孤僻者的性格一般都较内向、固执，喜欢独处，认定目标后很难改正。因此，秘书人员要摆脱孤僻心理，就要努力优化自己的性格，宽容和善待他人。如多参加一些有益的社会交往活动，在活动中培养自己开朗的性格，变得随和、合群。

（3）综合治疗。有些严重的孤僻心理带有病理性质，要积极地寻找病因，做认真的心理分析，并运用恰当的心理疗法，给予必要的治疗。

## 本章小结

心理卫生的本意是维护和促进心理健康，它有广义和狭义两种解释。广义的心理卫生指的是预防和治疗各种心理障碍、心理疾病；狭义的心理卫生指的是维护和增进心理健康，培养健全人格，提高人对社会适应和改造的能力。

心理卫生与心理健康是一个十分复杂的动态过程，影响心理健康、导致心理疾病的因素也是十分复杂和多样的。总体来说，主要有三方面因素影响人的心理卫生与心理健康，即生物遗传因素、心理因素和社会因素。生物遗传因素包括遗传因素的影响，病菌、病毒感染造成的影响，化学物品导致的依赖和中毒以及严重的躯体疾病或生理机能障碍的影响；心理因素包括心理冲突、心理应激和特殊人格；社会因素包括文化的影响、环境干扰和生活事件。

心理健康是指人的心理，即知、情、意活动的内在关系协调，心理的内容与客观世界保持统一，并据此能促进人体内、外环境的平衡和促使个体与社会环境相适应的状态，由此不断发展健全人格，提高生活质量，保持旺盛的精力和愉快的情绪。

由于社会文化条件不同，心理健康的标准也有差异，马斯洛和米特尔曼提出的心理健康的十标准理论得到了较为广泛的认同。秘书人员心理健康的标准主要包括心理活动的周期节律性，情绪协调、心境良好，具备一定的意志品质，人际关系和谐，能动地适应环境，保持人格完整，心理行为表现与年龄相符，心理康复能力强。

秘书人员维护和增进心理健康，需要遵循一定的原则。这些原则包括身心统一的原则，与环境协调的原则，个体和群体相结合的原则。秘书人员实现心理健康的途径主要有树立正确的人生观与价值观，培养积极的自我意识，有效地管理和控制自己的情绪，营建良好的人际关系，塑造完美统一的人格和学习心理卫生知识。

秘书人员常见的心理问题有心理冲突、心理挫折和心理压力。秘书人员的不良心理主要有害羞心理、自卑心理、嫉妒心理、多疑心理和孤僻心理等，通过积极的自我心理保健，能有效地预防和克服这些不良心理和心理问题。

## 主要概念和观念

□ **主要概念**

心理卫生　心理健康　心理冲突　心理挫折　心理压力

□ **主要观念**

心理健康的标准　身心统一原则　与环境相协调原则　个体和群体相结合原则

## 知识掌握

12.1　心理卫生和心理健康的概念是什么?

12.2　影响心理卫生与心理健康的因素有哪些?

12.3　研究秘书心理卫生有什么意义?

12.4　秘书心理健康的标准有哪些?

12.5　增进秘书心理健康的原则有哪些?

12.6　秘书人员实现心理健康有哪些途径?

12.7　心理冲突、心理挫折、心理压力是什么?秘书人员应如何应对?

12.8　秘书人员的不良心理有哪些?应如何克服与消除?

## 知识应用

□ **案例分析**

**李丽的烦恼**

**背景与情境:** 李丽今年27岁，来自农村，大学毕业后，在一家外企工作。最近，她觉得自己的上司和同事都不喜欢她。李丽平时话不多，总有受到冷落的感觉，如果很自然地形成团队的话，可以两三个人一组，她就是落单的那个。

李丽有时听到同事说她一句什么，就会有想法，一天都特别不安。让她印象最深的一次是她刚到公司，同事们去唱歌，她唱得不好，当同事们纵情高歌的时候，她倍感孤单。

李丽的性格有一点内向，但不是特别内向的那种，她很想融入到团队中，但总觉得自己的方式不对。刚到公司时，像和人打招呼参加公司的相关活动等事情，她还是挺有主动性的，但总感觉和大家融合不到一起，现在连这些都懒得做了，于是和同事的关系就渐渐疏远了。

**问题:**

1）李丽的问题出在哪?

2）她应该如何融入到团队中?

□ **实践训练**

**人的心理健康状态**

从静态的角度看，心理健康是一种状态；从发展角度看，心理健康则是围绕着健康常模，在一定范围内，不断上下波动的过程，所以，心理健康是一个动态的平衡。从心理健康状态到心理疾病状态一般可分为四个等级：健康状态、不良状态、心理障碍、心理疾病。

1. 健康状态。心理健康状态与不健康状态的区分标准一直是心理学界讨论的话题，我国心理学工作者提出了一种简捷的评价方法，即从本人评价、他人评价和社会功能三个方面进行分析。它的特点是：

(1) 本人不觉痛苦，即在一个时间段（如一周、一月、一季或一年）快乐的感觉大于痛苦的感觉。

(2) 他人不感觉异常，即心理活动与周围环境相协调，没有出现与周围环境格格不入的情况。

(3) 社会功能良好，即能胜任家庭和社会角色，能在一般社会环境下充分发挥自身能力，利用现有条件实现自我价值。

2. 不良状态。它又称第三状态，是介于健康状态与疾病状态之间的状态，是正常人群中常见的一种亚健康状态，由个人心理因素（如过于好胜、孤僻、敏感等）、生活事件（如工作压力大、晋升失败、被上司批评、婚恋挫折等）、身体不良状况（长时间加班劳累、身体疾病等）因素引起。它的特点是：

(1) 时间短暂。此状态持续时间较短，一般在一周以内能得到缓解。

(2) 损害轻微。此状态对社会功能影响比较小，处于此状态的人一般都能完成日常工作、学习和生活，只是感觉到的愉快感小于痛苦感，“很累”、“没劲”、“不高兴”、“应付”是常说的词汇。

(3) 能自己调整。此状态者大部分通过自我调整，如休息、聊天、运动、旅游、娱乐等放松方式使自己的心理状态得到改善。小部分人若长时间得不到缓解可能形成一种相对固定的状态。这一小部分人应该去寻求心理医生的帮助，以尽快得到调整。

3. 心理障碍。它是指因为个人及外界环境造成心理状态某一方面（或几方面）发展的超前、停滞、延迟、退缩或偏离。它的特点是：

(1) 不协调性。其心理活动的外在表现与生理年龄不相称或反应方式与常人不同，对外界刺激的反应方式异常（偏离）等。

(2) 针对性。处于此类状态的人往往对障碍对象（如敏感的事、物及环境）有强烈的心理反应（包括思维方式及动作行为等），而对非障碍对象表现正常。

(3) 损害较大。此状态对社会功能影响较大，可能使当事人不能按正常人的标准完成其某项（或几项）社会功能，如社交焦虑者不能完成社交活动，锐器恐怖者不敢使用刀。

(4) 需要求助心理医生。此状态者大部分不能通过自我调整和非专业人员的帮助而解决根本问题，心理医生的指导是必需的。

4. 心理疾病。它是指由于个人及外界因素引起个体强烈的心理反应（思维、情感、动作行为、意志）并伴有明显的躯体不适感，是大脑功能失调的外在表现。它的特点是：

(1) 强烈的心理反应。可能会出现思维判断上的失误，思维敏捷性下降、记忆力下降，头脑有黏滞感、空白感，有强烈自卑感及痛苦感，缺乏精力，情绪低落忧郁，紧张焦虑，行为失常（如重复动作、动作减少、退缩行为等），意志减退等等。

(2) 明显的躯体不适感。

（3）损害大。此状态者不能或勉强完成其社会功能，缺乏轻松、愉快的体验，痛苦感极为强烈。

（4）需要心理医生的治疗。此状态者一般不能通过自我调整或非心理科专业医生的治疗而康复，心理医生一般采用心理治疗和药物治疗相结合的综合治疗手段。

根据上面对心理健康状态的划分，对照检视自己的心理状态，并制订一份维护和增进心理健康的方案。

## 心理自测

### 症状自评量表（SCL—90）

以下表格中列出了有些人可能有的病痛或问题，请仔细阅读每一条，然后根据自己最近一星期内（或过去）下列问题影响你自己或使你感到苦恼的程度，在方格内选择最合适的一格，画一个勾，如“√”。请不要漏掉问题。

| 序号 | 测试项目 | 选项 | | | | |
|---|---|---|---|---|---|---|
| | | 从无0 | 轻度1 | 中度2 | 偏重3 | 严重4 |
| 1 | 头痛 | | | | | |
| 2 | 神经过敏，心中不踏实 | | | | | |
| 3 | 头脑中有不必要的想法或字句盘旋 | | | | | |
| 4 | 头昏或昏倒 | | | | | |
| 5 | 对异性的兴趣减弱 | | | | | |
| 6 | 对旁人责备求全 | | | | | |
| 7 | 感到别人能控制自己的思想 | | | | | |
| 8 | 责怪别人制造麻烦 | | | | | |
| 9 | 忘性大 | | | | | |
| 10 | 担心自己是否衣饰整齐及仪态端庄 | | | | | |
| 11 | 容易烦恼及激动 | | | | | |
| 12 | 胸痛 | | | | | |
| 13 | 害怕空旷的场所或街道 | | | | | |
| 14 | 感到自己的精力下降，活动减慢 | | | | | |
| 15 | 想结束自己的生命 | | | | | |
| 16 | 听到旁人听不到的声音 | | | | | |
| 17 | 发抖 | | | | | |
| 18 | 感到大多数人都不可信任 | | | | | |

续表

| 序号 | 测试项目 | 选项 | | | | |
|---|---|---|---|---|---|---|
| | | 从无0 | 轻度1 | 中度2 | 偏重3 | 严重4 |
| 19 | 胃口不好 | | | | | |
| 20 | 容易哭泣 | | | | | |
| 21 | 同异性相处时感到害羞不自在 | | | | | |
| 22 | 感到受骗了、中了圈套或有人想抓住自己 | | | | | |
| 23 | 无缘无故地突然感到害怕 | | | | | |
| 24 | 自己不能控制地大发脾气 | | | | | |
| 25 | 怕单独出门 | | | | | |
| 26 | 经常责怪自己 | | | | | |
| 27 | 腰痛 | | | | | |
| 28 | 感到难以完成任务 | | | | | |
| 29 | 感到孤独 | | | | | |
| 30 | 感到苦闷 | | | | | |
| 31 | 过分担忧 | | | | | |
| 32 | 对事物不感兴趣 | | | | | |
| 33 | 感到害怕 | | | | | |
| 34 | 感情容易受到伤害 | | | | | |
| 35 | 感觉旁人能知道自己的私下想法 | | | | | |
| 36 | 感到别人不理解自己、不同情自己 | | | | | |
| 37 | 感到人们对自己不友好、不喜欢自己 | | | | | |
| 38 | 做事必须做得很慢，以保证做得正确 | | | | | |
| 39 | 心跳很快 | | | | | |
| 40 | 恶心或胃部不舒服 | | | | | |
| 41 | 感到比不上别人 | | | | | |
| 42 | 肌肉酸痛 | | | | | |
| 43 | 感到有人在监视自己、谈论自己 | | | | | |
| 44 | 难以入睡 | | | | | |
| 45 | 做事必须反复检查 | | | | | |

续表

| 序号 | 测试项目 | 选项 | | | | |
|---|---|---|---|---|---|---|
| | | 从无0 | 轻度1 | 中度2 | 偏重3 | 严重4 |
| 46 | 难以做出决定 | | | | | |
| 47 | 怕乘电车、公共汽车、地铁或火车 | | | | | |
| 48 | 呼吸有困难 | | | | | |
| 49 | 一阵阵发冷或发热 | | | | | |
| 50 | 因为感到害怕而避开某些东西、场合或活动 | | | | | |
| 51 | 脑子变空了 | | | | | |
| 52 | 身体发麻或刺痛 | | | | | |
| 53 | 喉咙有疼痛感 | | | | | |
| 54 | 感到前途没有希望 | | | | | |
| 55 | 不能集中注意力 | | | | | |
| 56 | 感到身体的某一部分软弱无力 | | | | | |
| 57 | 感到紧张或容易紧张 | | | | | |
| 58 | 感到手或脚发重 | | | | | |
| 59 | 想到死亡的事 | | | | | |
| 60 | 吃得太多 | | | | | |
| 61 | 当别人看着自己或谈论自己时感到不自在 | | | | | |
| 62 | 有一些不属于自己的想法 | | | | | |
| 63 | 有想打人或伤害他人的冲动 | | | | | |
| 64 | 醒得太早 | | | | | |
| 65 | 必须反复洗手、点数目或触摸某些东西 | | | | | |
| 66 | 睡得不稳、不深 | | | | | |
| 67 | 有想摔坏或破坏东西的冲动 | | | | | |
| 68 | 有一些别人没有的想法或念头 | | | | | |
| 69 | 感到对别人神经过敏 | | | | | |
| 70 | 在商店或电影院等人多的地方感到不自在 | | | | | |
| 71 | 感到任何事情都很困难 | | | | | |
| 72 | 一阵阵恐惧或惊恐 | | | | | |

续表

| 序号 | 测试项目 | 选项 | | | | |
|---|---|---|---|---|---|---|
| | | 从无0 | 轻度1 | 中度2 | 偏重3 | 严重4 |
| 73 | 在公共场合吃东西感到很不舒服 | | | | | |
| 74 | 经常与人争论 | | | | | |
| 75 | 单独一人时神经很紧张 | | | | | |
| 76 | 感到别人对自己的成绩没有做出恰当的评价 | | | | | |
| 77 | 即使和别人在一起也感到孤单 | | | | | |
| 78 | 感到坐立不安、心神不安 | | | | | |
| 79 | 感到自己没有什么价值 | | | | | |
| 80 | 感到熟悉的东西变得陌生或不像真的 | | | | | |
| 81 | 大叫或摔东西 | | | | | |
| 82 | 害怕会在公共场合昏倒 | | | | | |
| 83 | 感到别人想占自己的便宜 | | | | | |
| 84 | 为一些有关性的想法而苦恼 | | | | | |
| 85 | 认为应该为自己的过错而受到惩罚 | | | | | |
| 86 | 感到要很快把事情做完 | | | | | |
| 87 | 感到自己的身体有严重问题 | | | | | |
| 88 | 从未感到和其他人很亲近 | | | | | |
| 89 | 感到自己有罪 | | | | | |
| 90 | 感到自己的脑子有毛病 | | | | | |

SCL－90广泛应用于我国的心理咨询中，它是目前我国使用最广的一种检查心理健康的量表、具有内容多、反映症状丰富、能准确刻画个人自觉症状等优点。

评定时间：可以评定一个特定时间，通常是评定一周时间。

评定方法：分为五级评分（从0～4级），0：从无，1：轻度，2：中度，3：偏重，4：严重。有的也用1～5级，在计算总分时，应将所得总分减去90。SCL－90除了自评外，也可以作为医生评定病人症状的一种方法。

分析统计指标：

（一）总分

1．总分是90个项目所得分之和。

2．总症状指数，也称为总均分，是将总分除以90（总分÷90）。

3．阳性项目数是指评为1～4分的项目数，阳性症状痛苦水平是指总分除以阳性项目数（总分÷阳性项目数）。

（二）因子分

SCL－90包括9个因子，每一个因子反映出病人的某方面症状痛苦情况。通过因子分，可了解症状分布特点。

因子分＝组成某一因子的各项目总分÷组成某一因子的项目数

九个因子的含义及所包含项目为：

1．躯体化：包括1，4，12，27，40，42，48，49，52，53，56，58共12项。该因子主要反映身体不适感，包括心血管、胃肠道、呼吸和其他系统的不适，头痛、背痛、肌肉酸痛，以及焦虑的其他躯体表现。

2．强迫症状：包括3，9，10，28，38，45，46，51，55，65共10项。主要指那些明知没有必要，但又无法摆脱的无意义的思想、冲动和行为，还有一些比较一般的认知障碍的行为征象也在这一因子中反映。

3．人际关系敏感：包括6，21，34，36，37，41，61，69，73共9项。主要指不自在与自卑感，特别是与其他人相比较时更加突出。在人际交往中的自卑感、心神不安、明显不自在以及人际交流中的自我意识、消极的期待，亦是这方面症状的典型原因。

4．抑郁：包括5，14，15，20，22，26，29，30，31，32，54，71，79共13项。苦闷的情感与心境为代表性症状，还以生活兴趣的减退、动力缺乏、活力丧失等为特征。此外，还反映失望、悲观以及与抑郁相联系的认知和躯体方面的感受，也包括有关死亡的思想和自杀观念。

5．焦虑：包括2，17，23，33，39，57，72，78，80共9项。一般指那些烦躁、坐立不安、神经过敏、紧张以及由此产生的躯体征象，如震颤等。测定游离不定的焦虑及惊恐发作是本因子的主要内容，还包括一些解体感受的项目。

6．敌对：包括11，24，63，67，74，81共6项。主要从三方面来反映敌对的表现：思想、感情及行为。其项目包括厌烦的感觉、摔物、争论直到不可控制的脾气暴发等方面。

7．恐怖行为：包括13，25，47，50，70，75，82共7项。恐惧的对象包括出门旅行、空旷场地、人群或公共场所和交通工具。此外，还有反映社交恐怖的一些项目。

8．偏执：包括8，18，43，68，76，83共6项。本因子是围绕偏执性思维的基本特征而制定的，主要指投射性思维、敌对、猜疑、关系观念、妄想、被动体验和夸大等。

9．精神病性：包括7，16，35，62，77，84，85，87，88，90共10项。反映各式各样的急性症状和行为，即限定不严的精神病过程的指征。此外，也可以反映精神病性行为的继发征兆和分裂性生活方式的指征。

此外，还有19，44，59，60，64，66，89共7个项目未列入任何因子，主要反映睡眠及饮食情况。分析时将这7项作为附加项目或其他，作为第10个因子来处理，以便使各因子之和等于总分。

各因子的因子分的计算方法是：各因子所有项目的分数之和除以因子项目数。例如，强迫症状因子各项目的分数之和假设为30，共有10个项目，所以，因子分为3。在5级评分制中，粗略简单地判断方法是看因子分是否超过3分，若超过3分，即表明该因子的症状已达到中等以上的严重程度。下面是正常成人SCL－90的因子分常模，如果因子分超过常模即为异常。

| 项　目 | X±SD | 项　目 | X±SD |
|---|---|---|---|
| 躯体化 | 1.37±0.48 | 敌对 | 1.46±0.45 |
| 强迫症状 | 1.62±0.58 | 恐怖行为 | 1.23±0.41 |
| 人际关系敏感 | 1.65±0.61 | 偏执 | 1.43±0.57 |
| 抑郁 | 1.50±0.59 | 精神病性 | 1.29±0.52 |
| 焦虑 | 1.39±0.43 | | |

# 主要参考书目


[1]刘志伟.秘书专业培训手册[M].北京：中国纺织出版社，2006.

[2]陈霞. 当代秘书学与秘书实务[M]. 北京：清华大学出版社，2012.

[3]谭一平. 我是职业秘书[M]. 北京：机械工业出版社，2008.

[4]孟庆荣，等. 秘书工作案例及分析[M]. 北京：清华大学出版社，2010.

[5]彭聃龄. 普通心理学[M]. 北京：北京师范大学出版社，2004.

[6]刘华. 社会心理学[M]. 杭州：浙江教育出版社，2009.

[7]朱同. 你身边的心理学[M]. 北京：新世界出版社，2006.

[8]赵中利，等. 现代秘书心理学[M]. 青岛：青岛出版社，2001.

[9]黄希庭，等. 心理学十五讲[M]. 北京：北京大学出版社，2005.

[10]郑杭生，等. 社会学概论新修[M]. 北京：中国人民大学出版社，2003.

[11]黄冬梅. 心理卫生与心理咨询[M]. 长春：吉林大学出版社，1999.

[12]章志光. 社会心理学[M]. 北京：人民教育出版社，1998.

[13]陈勇. 管理心理学[M]. 大连：大连出版社，2011.

[14]季水河. 秘书心理学[M]. 长沙：中南工业大学出版社，1997.

[15]廖金泽. 秘书行政指南[M]. 北京：首都经济贸易大学出版社，2007.

[16]张大成. 秘书工作实务[M]. 北京：中国人民大学出版社，2008.

[17]董宣，等. 商务秘书理论与实务[M]. 北京：中国水利水电出版社，2010.

[18]郑健儿. 秘书心理学[M]. 上海：华东师范大学出版社，2013.

[19]迈尔斯，等. 社会心理学[M]. 候玉波，等，译. 北京：人民邮电出版社，2006.

[20]格里格，等. 心理学与生活[M]. 王垒，等，译. 北京：人民邮电出版社，2003.

[21]斯奈德，等. 积极心理学[M]. 王彦，等，译. 北京：人民邮电出版社，2013.

[22] 伯格.人格心理学[M]. 陈会昌，等，译. 北京：中国轻工业出版社，2012.